Michael Wolffsohn / Thomas Brechenmacher

Die Deutschen und ihre Vornamen

200 Jahre Politik
und öffentliche Meinung

Diana Verlag
München Zürich

Copyright © 1999 by Diana Verlag AG
München und Zürich
Umschlaggestaltung: Hauptmann & Kampa
Werbeagentur, CH-Zug
Satz: Filmsatz Schröter GmbH, München
Druck und Bindung GGP, Pößneck
Printed in Germany

Die Verwertung des Textes, auch auszugsweise,
ist ohne Zustimmung des Verlags urheber-
rechtswidrig und strafbar

ISBN 3-8284-5018-0

*Elisabeth Noelle-Neumann,
der Lehrmeisterin
demoskopischer Deutschstunden*

Inhalt

I. Vorwort. »Horsta« – ein deutsches Schicksal 11

II. Nomen est omen. Vornamen als politischer und gesellschaftlicher Indikator 14
Vornamen, politische Orientierungen und sozialer Wandel 14 · Eine neue Forschungsmethode 16 · »Öffentliche Meinung« in vordemoskopischer Zeit 18 · Anregende und vergleichbare Studien 20 · Die Quellen und ihre Auswertung 22 · Die Namensgruppen 30 · »Die Deutschen«? 36

III. Werden die Deutschen Franzosen? Revolution und Revolutionszeit im westfälischen Raum, 1785–1817 39
Die Macht der Tradition 40 · Der unmittelbare Eindruck der Revolution: Verunsicherung 42 · Nach 1795: Mehr Innovation, weniger Tradition 43 · Die neuen, protestantischen Herren 44 · Die Verpreußung der Münsterländer 46 · Preußen oder Frankreich? 47 · Kein Stoff für Mythenbildung 53

IV. Vom Königreich ins Kaiserreich: Bayerisch-deutsche Politik im Spiegel der öffentlichen Meinung Münchens 55
Wer »macht« Geschichte? 55 · Dynastische Orientierungen im »bürgerlichen Zeitalter« 56 · Die bayerischen Königsnamen »Maximilian« und »Ludwig« 65 · Oppositionsgeist Ludwig 69 · Die »regierenden Maximilians« in Gunst und Ungunst einzelner Bevölkerungsschichten 73 · Die Aussagekraft der Schichtenanalyse 78 · Das Bild des Thronfolgers in der Bevölkerung 79 · Ludwig, Lola und die Bürger 83 · »Systemwechsel« und »Kniebeugeerlaß«: Den Protestanten bläst der Wind ins Gesicht 90 · Triaspolitik und Nordlichterstreit: Konstanten der Regierungszeit von Max II. 94 · Grenzen quantitativer Vornamenanalyse 101 · Der »Märchenkönig« 103 · Der Griechen-Otto 110 · Der Preußen-Otto 116

V. Säkularisierung und sozialer Wandel:
Eine städtische Gesellschaft im 19. Jahrhundert ... 138

Der Bayer an sich und der Münchner im besonderen 138 · Säkularisierung und Pluralisierung: Der langsame Einzug der Moderne in München 142 · Verdrießlichkeit oder Lehrbegierde: Der »ächte alte Münchner« und die Innovation 145 · Die Legende vom bayerischen Separatismus 150 · Landesmutter für alle Stände und Schichten: Königin Caroline 151 · Eine zusätzliche Analysemöglichkeit: Namengebung bei nichtehelichen Kindern 156 · Die gefallenen Mütter und die Königsnamen: Konventionen und deren Wandel 159 · Gleichheit vor den Namen: Keine Stigmatisierung nichtehelicher Kinder 162 · »Eigentlich hätte es ein Junge werden sollen«: Movierte Namen 164 · Von der Adels- zur Bürgerkultur: Bildungsreligion und Bürgeridentität 166 · Geschichte, Sprache, Namen: Charakter und Einheit der Kulturnation 171 · Südwesteuropäische Namen: Offenheit nach außen, soziales Scheidungsmerkmal nach innen 177 · Altes und Neues Testament: jüdisches Erbe und christliche Bibelfrömmigkeit 180

VI. Auf dem Weg nach Deutschland und zur
Verbürgerlichung 184

Wilhelm II. und die Deutschen in Nord und Süd 184 · So vergeht der Glanz der Welt: Bayerns dritter Ludwig und Preußens Alter Fritz 195 · Letztes Aufbäumen: Die Monarchisten und der Weltkrieg 201

VII. Adolf und Horst, Uta, Sigrun und Gundomar:
Die Deutschen im »Dritten Reich« 211

Adolf, Nazis und Germanen: Noch ein Niedergang 211 · Horst: »Die Fahne hoch!« 228 · Uta, das Muster deutscher Weiblichkeit 233 · Doppelnamen: Nach altgermanischer Art? 237 · Wie weiland Wotan: Deutsche Neugermanen 238 · Deutsche Wikinger? 241 · Schlichtere Germanen und wirkliche Nazis 242 · Verjudete Deutsche? 243 · Religiosität im »Dritten Reich« 245 · Die Liebe zu den germanischen Brüdern 246 · »Erbfeind« Frankreich? 248 · Das Land, »wo die Zitronen blühn« – und Mussolini regiert 250 · Noch ein »faschistischer« Partner: Franco-Spanien 251 · Liebe deinen Feind? Deutsche und Russen 253 · Feindliches Ausland? 256 · Was sonst noch zerbrach 257 · Bilderstürmer: Der Fall der Heiligen 260 · Finis Bavariae: Das Ende Bayerns? 261

VIII. Die Bundesrepublik als »neues Deutschland«? 263
Der Untertan wird Bürger: Befreiung von der Obrigkeit 263 · Die Last des Nationalsozialismus 265 · Das Ende der Tradition? 267 · Neue Gläubigkeit? 268 · Bayern oder Friesen? 272 · Weltoffenheit? 274 · Der alte Erbfeind als Freund: Frankreich 280 · Mit Italien längst versöhnt 282 · Das Erbe von Guernica und das neue Spanien nach Franco 283 · Der nicht mehr »schreckliche« Iwan: Die Ostpolitik als Wende 284 · Ein »europäisches Deutschland« 284 · Bildungsexplosion 285 · Wie die Deutschen »jüdeln« 288

IX. DDR: Westsucht im Osten? 300
Untertanen? 302 · Traditionsbruch? 305 · Entnazifiziert und entgermanisiert 307 · Die Ostbindung der »Ossis« 309 · Die Westsucht der »Ossis« 311 · Bildungsbürger im deutschen Arbeiter- und Bauernstaat 313 · Die Bibel: »Opium für das Volk«? 314

X. Wo lange alles beim alten blieb:
Ein Dorf im Altmühltal 318
Gott lebte lang 320 · Zusammenbruch 322 · Die Neue Welt 323 · Spuren des Zeitgeistes am Ende der Welt 326 · »Gotteswinkel« wird politisch 328

XI. Über die Deutschen 343

Anhang 355
Ergänzende Bemerkungen zur Methodik 357 · Art und Umfang der ausgewerteten Archivquellenbestände 368 · Systematik der Namensgruppen 376 · Anmerkungen 394 · Quellen- und Literaturverzeichnis 433 · Abbildungsverzeichnis 447 · Danksagung 450 · Register 452 · Rechtenachweis 464

I.
Vorwort
»Horsta« – ein deutsches Schicksal

Horsta K. ist 1942 geboren. Ihr Vorname sagt uns viel über die politische Gesinnung und Mentalität ihrer Eltern. Familie K. hatte sich damals einen Buben gewünscht. Er hätte »Horst« geheißen, zur Erinnerung an den SA-Sturmführer Horst Wessel, der 1930 in Berlin von einem Kommunisten ermordet worden war. Nationalhymnisch besangen ihn die deutschen »Volksgenossen« während der NS-Zeit im Horst-Wessel-Lied: »Die Fahne hoch ...«.

Der ersehnte Junge war jedoch ein Mädchen. Die Eltern wußten sich zu helfen: Aus »Horst« wurde eine »Horsta«. Den männlichen Vornamen wandelten sie in einen weiblichen um. »Movieren« nennen das die Fachleute.

In jenen Zeiten handelten andere Eltern ähnlich. Beliebt war der »putzige« Vorname »Adolfine«. Ganz Hundertprozentige machten ihre Tochter gar zur »Hitlerine« oder »Hitlerike«. Das allerdings sah der »Führer« nicht so gerne, wie er überhaupt einer inflationären Benutzung seines Vor- und Familiennamens distanziert gegenüberstand. Als sozusagen zweitbeste Möglichkeit bot sich »Horst« an. Und wenn das »schlechte« geschlechtliche Schicksal keinen »Horst« ermöglichte, wurde es eben eine »Horsta«. Nach 1945 war das Mädchen, später die erwachsene Frau, gezeichnet. Nicht durch ein Kainsmal, wohl aber durch ein Vornamensmal. Der Vorname als äußeres Zeichen der elterlichen Gesinnung. »Horsta«, ein deutsches Schicksal.

So extrem wie Familie K. bekundeten nicht alle Eltern während der nationalsozialistischen Schreckensherrschaft ihre Meinung. Es waren aber sehr viele. Wie viele? Können wir aus diesen Zahlen Hinweise auf die politischen Einstellungen »der

Deutschen« gewinnen? Ist gar die Auswertung von Vornamen auf nationaler Ebene eine Art Ersatz für Umfragen in umfragelosen Zeiten, für die Demoskopie in vordemoskopischer Zeit?

Vorab aufgeregte und angespannte Leser, die aus heutiger Sicht ideologisch verdächtige Vornamen tragen, können sich entspannen: Ihre Eltern sitzen hier nicht auf der kollektiven Anklagebank. Wir zeigen – und betonen –, daß es lange vor 1933 schon »Adolfs« und »Horsts« gab. Ganz unverdächtig, zum Beispiel aufgrund von Familientradition, Zuneigung zum Taufpaten oder aus anderen Beweggründen. Wir spüren keine Einzelfälle auf, sondern betrachten die nationale Ebene. Und hier kann man zweifelsfrei feststellen, daß es ab 1933 einen großen ideologischen »Adolf«- und »Horst«-Sprung gab. Vergleichbare Entwicklungen zeigen wir darüber hinaus für »200 Jahre Politik und öffentliche Meinung«. Wir betrachten wirklich »die Deutschen« und nicht den einen oder anderen Deutschen. Das mag »der« oder »die« Deutsche bedenken.

Wir wollen in diesem Buch beweisen, daß Vornamen tatsächlich als vordemoskopischer Indikator benutzt werden können. Das gilt für die Zeiten der französisch-napoleonischen Besatzung, die Freiheitskriege, die Restauration nach 1815, die Revolution von 1848, die Zeit der Reichsgründung, des Kaiserreichs, des Ersten Weltkriegs, der Weimarer Republik, des »Dritten Reichs«, der Bundesrepublik und auch der DDR. Den Bogen schlagen wir bis in die Ära Kohl. Rund 200 Jahre Politik und öffentliche Meinung, auch Literatur der Deutschen werden vorgestellt und untersucht – wissenschaftlich fundiert und zugleich jedermann verständlich.

Was also dachten »die Deutschen« im 19. Jahrhundert – wirklich? Was hielten sie von ihrem Kaiser Wilhelm – wirklich? Wie standen sie zu Hitlers »Drittem Reich« – wirklich? Wie fest standen die Bürger der DDR zu ihrem Staat und der »unverbrüchlichen Freundschaft« zwischen der DDR und der großen Sowjetunion – wirklich? Nachweisbare, empirische und zum Teil ganz neue Antworten auf diese und andere Fragen werden hier vorgelegt. Neue Antworten mit einer neuen

Methode, Aussagen über »die Deutschen« in vordemoskopischer Zeit.

Vielleicht, hoffentlich, erscheinen irgendwann vergleichbare Bücher über »die Franzosen«, »die Amerikaner« oder andere – ohne Klischees und billige Verallgemeinerungen und mit dem Blick auf die schöngeistige Literatur, zur Information, zur Erbauung und Anregung, und auch zum Vergleich zwischen Fiktion und Fakten.

II.
Nomen est omen.
Vornamen als politischer und gesellschaftlicher Indikator

Vornamen, politische Orientierungen und sozialer Wandel

Das »Horstmal« als Kainsmal: Horsta K.s Vorname wird ihre Trägerin ständig an das dunkelste Stück deutscher Geschichte erinnern. Das Namensmal hat Horstas Lebensweg mit jenem düsteren Geschichtskapitel nahezu unablösbar verknüpft und – so nehmen wir an – auf bestimmte Handlungen und Haltungen festgelegt. Die Verantwortung dafür tragen Horstas Eltern, die glaubten, ihrer »rechten« Gesinnung, ihrer treuen »Volksgenossenschaft«, ihrem Glauben an das herrschende Regime durch die Benennung ihres Kindes besonderen Ausdruck verleihen zu müssen. Mit ihrer Wahl äußerten Horstas Eltern Gesinnung und Meinung – politische Meinung. Der Akt der Benennung ihres Mädchens gewann durch den Namen Bekenntnischarakter. Er erscheint unversehens selbst als politische Handlung, die – das bedachten die Eltern wohl kaum – ungeahnte, möglicherweise schwerwiegende Konsequenzen für das Leben ihres Kindes zeitigte.

Der »gute Nationalsozialist« betone »seine Bluts- und Seelenverwandtschaft mit den Germanen, mit den Menschen und Göttern des Nordens« durch die Namenwahl. Victor Klemperer, dem minutiösen Chronisten des Alltags im Nationalsozialismus, entging auch diese Ideologisierung der Namengebung nicht. »Was bisher Mode oder Gepflogenheit neben anderen Gepflogenheiten war«, mache »das Dritte Reich beinahe zu Pflicht und Uniform.«[1] Aber: Trotz dieses brutalen Anpassungsdrucks handelten nicht alle Eltern damals so wie Horstas

Eltern, sondern zeigten Mut, Augenmaß und Verantwortungsbewußtsein, erwiesen sich als unbeeinflußt vom herrschenden Geist der Zeit, anderen Traditionen und Bindungen verknüpft, oder demonstrierten sogar ihre Ablehnung gegen die braunen Barbaren. Dann nannten sie ihr Kind nicht »Horsta«, nannten es nicht nach irgendwelchen Parteihelden, germanischen oder nordischen Sagengestalten, sondern vielleicht nach anderen, von den Machthabern weniger gern gesehenen Vorbildern, etwa Heiligen. Viele – bei weitem aber nicht alle Deutschen – waren »Hitlers willige Vollstrecker«.

Zustimmung oder Ablehnung, unverkennbar und offensichtlich oder aber still und im verborgenen: In jeder Art von Benennung eines Kindes schwingt etwas von jener »politischen« Handlung, von jenem Akt der Meinungsäußerung mit. Jedes Elternpaar steht in seiner Zeit, keines bewegt sich vollkommen unabhängig und frei von Werten, Strömungen, Tendenzen und Bezügen auf die Um- und Mitwelt.[2] Natürlich wird in den wenigsten Fällen der ausgesprochen ideologische Aspekt so dominieren wie im Falle »Horsta«; vielfach herrschen private, familiäre Motivationen deutlich vor. Bis in unser Jahrhundert hinein erfolgte die Namengebung hauptsächlich nach zwei Systemen: nach den Eltern, Großeltern, Paten, also der Familientradition, oder aber nach Heiligen und biblischen Gestalten, der überkommenen religiösen Orientierung. Daneben gab es freilich immer schon Ausnahmen, Abweichungen, wie sie etwa Elizabeth Gaskell in der Biographie ihrer Freundin Charlotte Brontë beschreibt:

> Die in einer Gegend dominierenden Vornamen sind oft ein Hinweis dafür, in welche Richtung sich die aktuelle Heldenverehrung gerade bewegt. Politische oder religiöse Fanatiker nehmen die absurde Komponente in den Namen, die sie ihren Kindern geben, meist gar nicht wahr. Und noch heute findet man [...] kleine Buben, die als Lamartine, Kossuth und Dembinsky durchs Leben werden gehen müssen.[3]

Neben solchen Abweichungen, seien sie nun so extrem wie die von Gaskell beobachteten oder moderater, brachen die alten Benennungssysteme selbst auf, seit dem 19. Jahrhundert in zunehmendem und beschleunigtem Maße, wenn auch mit großen regionalen Unterschieden.[4] Beides, Normabweichung und Normablösung, so unsere Grundannahme, müßte sich messen und quantifizieren lassen, müßte also in genauen Zahlenverhältnissen darzustellen sein. Die Meßergebnisse wiederum könnten zu Erkenntnissen über die politischen Orientierungen größerer Bevölkerungsgruppen führen sowie zu Einsichten in die Prozesse sozialen Wandels, die sich innerhalb der untersuchten Gruppen abspielen.[5]

Eine neue Forschungsmethode

Bereits 1855 stellte der Münchner Kulturhistoriker Wilhelm Heinrich Riehl (1823–1897) eine ähnliche Überlegung für seine volkskundlichen Forschungen zur Geschichte der Familie an. »Untersuchungen über die Geschichte der Tauf- und Familiennamen geben [...] gar merkwürdige Aufschlüsse über die Wandelungen im nationalen, gesellschaftlichen und Familiengeiste des Volkes.«[6] Der Fall »Horsta« legt die Vermutung nahe, diese Einsicht treffe nicht nur in dem von Riehl angesprochenen diachronischen Sinn zu, der die kulturgeschichtliche Entwicklung der Namen über den Lauf der Jahrhunderte hinweg zu erforschen versucht, mit dem vorrangigen Ziel, »in die innersten Zustände der Familienverfassung hinein[zu]schauen«.[7] Daneben besteht vielmehr auch die Möglichkeit, synchronisch, also innerhalb *einer* zeitlichen Ebene querschnittartig, nach den jeweils im Schatz der vergebenen Vornamen zum Ausdruck kommenden politischen und gesellschaftlichen Orientierungen zu fragen. Der Blick wäre also nicht auf die Geschichte, sondern auf die jeweilige Vergabe der Namen in einer Epoche zu richten.

Mit anderen Worten: Der Fall »Horsta« führt fast zwangsläufig zu der Frage, ob nicht jenes Moment politischen und gesellschaftlichen Handelns, jener Aspekt der Meinungsäußerung, der sich in dieser wie – in sehr unterschiedlichen Graden – in jeder Namengebung verbirgt, durch die Aufsummierung und Quantifizierung vieler einzelner solcher Namengebungsakte meßbar sein könnte. Er führt gleichzeitig zu der Hypothese, daß als Ergebnis solcher Messungen in verschiedenen Abschnitten der deutschen Geschichte tatsächlich »gar merkwürdige Aufschlüsse« über die politischen und gesellschaftlichen Orientierungen »der Deutschen« zu erwarten wären, jener schweigenden Mehrheit, die sich durch eigenes politisches Engagement in aller Regel nicht äußert, weil ihr Zeit, Ausdrucksmöglichkeiten und -gelegenheiten nicht zu Gebote stehen.

Gab es, so wollten wir – nicht nur für die NS-Zeit – wissen, viele solcher und ähnlicher »Horstas« oder wenige? In welchen Teilen der Bevölkerung traten sie bevorzugt auf und in welchen Jahren? Welche Namen erschienen neben, mit und gegen die »Horstas« auf der Bildfläche? Lassen sich bestimmte Gruppen bilden, lassen sich Einflüsse aus anderen Sprachen, Staaten, nationalen Kulturen – englische, französische, russische – erkennen und von der wechselnden Häufigkeit eher innerdeutscher Konnotationen – germanische Namen, Bildungsnamen, dynastische Namen – unterscheiden, zu ihr in Kontrast setzen? Haben Vornamen, so fragen wir, einen im weitesten Sinne demoskopieähnlichen Aussagewert? Liefern sie politische und soziale Meinungsbilder, die jenen aus den Umfragen moderner Zeit gewonnenen gleichen? Fiele die Antwort positiv aus, so erschlösse sich eine neue geschichts- und sozialwissenschaftliche Methode. Im Zeitalter der Meinungsforschung eröffnete sie zusätzliche, ergänzende Ergebnisse und Einsichten; vor allem aber für vordemoskopische Zeiten, für solche Zeiten also, aus denen keine demoskopischen Daten in Form von Umfragen vorliegen, böte sie endlich eine Möglichkeit, »öffentliche Meinung« wenigstens in Ansätzen sachgerecht zu erforschen.

»Öffentliche Meinung«
in vordemoskopischer Zeit

Über die »öffentliche Meinung« oder die »Stimmungslage der Bevölkerung« in vor- oder nichtdemoskopischer Zeit findet man immer wieder die erstaunlichsten Feststellungen. Manche scheinen stimmig und sind wahrscheinlich richtig, doch empirisch abgesichert sind sie selten. Als öffentliche Meinung werden dem Leser meistens die veröffentlichten Meinungen, ein Zeitungsartikel, noch besser: recht viele aus den jeweiligen Perioden, präsentiert; auch Briefe, Flugblätter, Transparente, Petitionen und Proteste, Propaganda und Parteiprogramme, Wahlaufrufe, Schmähschriften, sogar Nachlässe und persönliche Erinnerungen – alles soll eine authentische Quelle für Stimmung und Einstellung der »Öffentlichkeit« sein. Die veröffentlichte Meinung wird mit der öffentlichen Meinung gleichgestellt. Das »Als-Ob« wird zum Ersatz des Wirklichen, weil das Wirkliche bislang nicht genauer ermittelt werden konnte.

Damit werden andere Studien wahrhaftig nicht in Grund und Boden verdammt – weil dies auch unmöglich ist. Erstaunlich bleibt trotzdem die immer wieder feststellbare methodische Unschärfe bei der Beurteilung der vermeintlich öffentlichen Meinung. Selbst in den besten Handbüchern und Gesamtdarstellungen stößt man leider allzu oft auf dieses Defizit. Es vermindert freilich nicht die Qualität jener Arbeiten insgesamt, es relativiert allein die Aussagen über die politischen Einstellungen und die Mentalitäten der Menschen zum oder im sozialen Wandel.

Wer wollte wegen dieser Mängel beispielsweise die bahnbrechende *Deutsche Gesellschaftsgeschichte* von Hans-Ulrich Wehler beckmesserisch bekritteln? Töricht wäre dieses Ansinnen, zumal gerade Wehler ansonsten, weit mehr als viele andere Kollegen, über »Geschichte als Sozialwissenschaft« nicht nur redet. Doch selbst er zitiert ohne wirklich empirische Belege die »öffentliche Meinung und soziale Mentalität«.[8] So schreibt er: »Der Imperialismus und Sozialdarwinismus erwiesen sich als weitaus stärkere Mächte in der öffentlichen Meinung« des deutschen Kaiserreiches.⁹ Vom »zeitgenössischen Lob« im Vormärz ist die Rede. Es habe der »Bürokratie als Modernisierungskraft« gegolten.¹⁰ Welche empirischen Belege werden für diese vermeintlich repräsentative Aussage geliefert? Keine, weil dafür eben bislang kein Instrumentarium entwickelt wurde.

In unserer Welt, in der alles und jeder in Schubladen geschoben wird, gilt Wehler als »Linker«. Zu Recht oder nicht, das ist nicht die Frage – nicht hier. Der Ausgewogenheit halber sei nach einem »linken« Spitzenhistoriker ein nichtlinker (gleich »rechter«?) Spitzenhistoriker erwähnt: Klaus Hildebrand. Sein Buch *Das vergangene Reich. Deutsche Außenpolitik von Bismarck bis Hitler, 1871–1945* sucht seinesgleichen. Wer über dieses Thema umfassend unterrichtet werden möchte, muß zu diesem großen Werk greifen; ebenso, wie sozialgeschichtlich Interessierte nicht an der *Deutschen Gesellschaftsgeschichte* Wehlers vorbeikommen. »Zunehmend unwirsch wendeten sich immer mehr Deutsche vom Kurs der ›Saturiertheit‹ ab; durchaus zeitgemäß huldigten sie dagegen einem Kult der Bewegung«, schreibt Klaus Hildebrand in Hinblick auf die letzten Jahre Bismarckscher Kanzlerschaft.¹¹ Empirische Belege für diese Repräsentativität beanspruchende Aussage liefert er nicht. Das »Bewußtsein der deutschen Öffentlichkeit« wird geschildert; aber was ist die empirische Grundlage für diese Darstellung? Umfangreiches Material, gewiß; auch sorgfältig wie immer bei Klaus Hildebrand aufgearbeitet und abwägend interpretiert, aber eben nicht wirklich empirisch im Sinne der Repräsentativität.

Wir begnügen uns mit diesen Beispielen. Sie ließen sich mühelos durch weitere im Werk dieser beiden wirklich bedeutenden Historiker ergänzen. Daß weniger ausgewiesene Mitglieder der Zunft bei der Darstellung und Analyse der »öffentlichen Meinung« ebenso unempirisch, also methodisch unscharf, arbeiten, hat sich uns gleichfalls häufig bestätigt.

Es besteht weder ein Anlaß noch der Wille zu »Feldzügen« gegen Kollegen, zumal da wir Hans-Ulrich Wehler und Klaus Hildebrand sowie viele andere Historiker-Kollegen, die wir nicht genannt haben, außerordentlich hochschätzen. Methodische Teilkritik auf einem Teilgebiet ist alles andere als fachliche oder persönliche Totalkritik. Auf diese Feststellung legen wir größten Wert.

Anregende und vergleichbare Studien

Der Versuch, durch quantitative Analysen von Vornamen neue Erkenntnisse über öffentliche Meinung zu erlangen, liegt keineswegs besonders fern. Die Namenkunde im allgemeinen blüht als eigenständige Forschungsdisziplin. Linguistik und Soziologie, aber auch Genealogie, Familienforschung und Heimatkunde bedienen sich ihrer als Hilfswissenschaft.[12] Was hingegen Volkskundlern und Heimatforschern vollkommen geläufig ist – die Arbeit mit Orts-, Flur-, Personennamen –, hat sich bisher weder bei den traditionellen noch bei den sozialwissenschaftlich orientierten Historikern durchgesetzt. Auch im Zeichen des Postulats der historischen Sozialwissenschaft, neuartige Quellen und Methoden zu erschließen,[13] richtete sich die Aufmerksamkeit der Historiker nur selten auf den vielfältigen Bereich der Vornamen.

Immerhin jedoch scheint sich hier eine Wende anzubahnen. Mehrere bedeutende Untersuchungen haben in jüngster Zeit versucht, den Quellenwert von Vornamen unter verschiedenen Fragestellungen zu historischem Erkenntnisgewinn zu nutzen.

Nicoline Hörsch legte 1994 ihre Forschungen zur »republikanischen« Personennamengebung während der Französischen Revolution vor, in denen sie zeigt, wie eine auf alle Lebensbereiche ausgreifende revolutionäre Ideologie sich auch diesen privatesten zu unterwerfen trachtete.[14] Auf größere Resonanz als Hörschs bei aller Bedeutung etwas schwerfälliges Werk ist Dietz Berings 1987 erschienene Studie *Der Name als Stigma. Antisemitismus im deutschen Alltag 1812–1933* gestoßen.[15] Am Beispiel der preußischen Namensänderungspolitik zwischen dem Emanzipationsedikt von 1812 und dem Ende der Weimarer Republik arbeitet Bering die zunehmende und zuletzt gezielt antisemitische Aufladung bestimmter Vor- und Familiennamen heraus und schildert die verzweifelten Bemühungen einer bedrohten Minderheit, unter entrechtender Fremdbestimmung sich mit den jeweiligen Namen auch ihres »Stigmas« zu entledigen. Nicht weniger brillant, wenn auch sehr viel weiter ausgreifend geht schließlich Michael Mitterauers großes Buch *Ahnen und Heilige* von 1993 mit dem Quellenmaterial »Vornamen« um. Mitterauer liefert eine epochen- und kulturenübergreifende Sozialgeschichte der Namengebung, deren Aufmerksamkeit sich in erster Linie auf die Geschichte der beiden großen Benennungssysteme – nach Ahnen und nach Heiligen – richtet.[16] Alle drei Autoren, Hörsch, Bering und Mitterauer, führen bravourös einige der vielfältigen Möglichkeiten vor, Namen als Quelle historischer Erkenntnis erfolgreich zu befragen. Von unserem Ansatz unterscheiden sie sich inhaltlich wie methodisch gleichwohl grundlegend.[17]

Unsere Frage nach den Zusammenhängen zwischen Vornamengebung und politischen Haltungen sowie gesellschaftlichen Orientierungen großer Bevölkerungsgruppen ist in vergleichbarer Repräsentativität und mit vergleichbarer Datendichte über zwei Jahrhunderte hinweg bisher nicht behandelt worden. Abgesehen von einigen kleineren Studien, die mit ähnlichen Methoden allenfalls experimentieren,[18] legte nur der israelische Soziologe Sasha Weitman eine ausgereifte und abgeschlossene Untersuchung vor.

Weitmans Forschungen über die Zusammenhänge zwischen zionistisch-israelischer Vornamengebung und nationalen Orientierungen im Jahrhundert zwischen 1882 und 1980[19] legen eine Beobachtung zugrunde, auf die früher bereits Amos Elon hingewiesen hatte, indem er Namen als »wesentliche Symbole der Identität« bezeichnete.[20] Dieses Merkmal spielt in der israelischen Vornamengebung offensichtlich eine besondere Rolle. So deuten beispielsweise »gerade Hebraisierungen zahlreicher Diasporanamen [...] die Hinwendung zu neuen Idealen und die Prägung neuer Identitäten an«.[21] Im Mittelpunkt von Weitmans Interesse stand die Frage, ob aus der Praxis der Vornamengebung der Israelis Rückschlüsse auf natio-

nale Identifikationsmuster und deren Wandel möglich seien.
»Welche unterschiedlichen Arten nationaler Orientierung lassen sich aus der Wahl der Vornamen seit 1882 erkennen? [...] Wann, wie und auf welche Weise wandelten sich diese nationalen Orientierungen im Verlauf des hier untersuchten Jahrhunderts? [...] Was waren die Gründe für diese Wandlungen?«[22] Weitman konnte auf eine erstaunliche und gut aufbereitete Quellenbasis zurückgreifen: Das zentrale Bevölkerungsregister im israelischen Innenministerium stellte ihm zwei Millionen israelischer Vornamen in maschinenlesbarer Form zur Verfügung.[23] Diesen Daten ist Repräsentativität in höchstem Maß eigen, da sie sich nicht nur auf Teile der Bevölkerung, sondern auf deren Gesamtheit beziehen. Die Auswertungsergebnisse schließlich leisteten einen wichtigen Beitrag auf dem Weg zu sozialwissenschaftlich gesicherten Aussagen über Kontinuität und Wandel des israelischen Nationalgefühls. In methodischer Hinsicht bewies Weitman zuerst, daß Vornamen tatsächlich einen Indikator für öffentliche Meinung darstellen. Seine Studie gab eine wichtige Anregung für unser Projekt. Läßt sich, so fragten wir, ein ähnlicher Versuch für Deutschland unternehmen?

Die Quellen und ihre Auswertung

Sicher war Weitmans Ansatz bezüglich des zionistisch-israelischen Vornamenschatzes nicht ohne weiteres auf den deutschen zu übertragen. Denn nicht nur die politischen, kulturellen und mentalen Voraussetzungen unterscheiden sich in Deutschland und Israel grundsätzlich, sondern bereits die Quellenlage. Ausgeschlossen war es, etwa für das Gebiet des Deutschen Bundes, des Kaiserreiches von 1871 oder der Bundesrepublik Deutschland die Vornamengebung der jeweiligen Gesamtbevölkerungen zu untersuchen. Eine möglichst repräsentative Auswahl mußte getroffen werden. Auch den zeitlichen Rahmen zogen wir anders als Weitman, nahmen nicht nur das 20., sondern ebenso das gesamte 19. Jahrhundert in den Blick. Um unsere

Methode wirklich zu erproben, mußten wir eine größere Spanne vordemoskopischer Zeit behandeln; außerdem schien es inhaltlich sinnvoll, jene Epoche der Moderne insgesamt zu betrachten, die mit den großen politischen, wirtschaftlichen und sozialen Umbrüchen der Französischen Revolution begann und mit dem Zusammenbruch der Nachkriegsordnung von 1945, der Auflösung des kommunistischen Ostblocks in der friedlichen Revolution von 1989 und der deutschen Wiedervereinigung im Jahre 1990 endete.

Umfangreiche und für unseren Zweck brauchbare Quellenveröffentlichungen in Form von Namenslisten aus Dörfern, Städten, Regionen oder gar ganzen Ländern lagen hierzu kaum vor. Die jährlich publizierten Hitlisten der zehn oder zwanzig beliebtesten Vornamen dienten unserer Fragestellung wenig: Wir wollten ja möglichst Gesamtheiten betrachten, um den Namenschatz als Ganzes klassifizieren und auswerten zu können und ein exaktes Bild von der Norm, aber auch von den Normabweichungen zu gewinnen. Immerhin haben die Statistischen Ämter verschiedener Städte in älterer und neuerer Zeit einiges geeignete Material herausgegeben, und auch einzelne Forscher trugen Sammlungen bei, so daß sich auf diese Weise Momentaufnahmen für die Städte Kiel, Berlin, Stuttgart und Mannheim[24] sowie – durch die Studie von Achim Masser – für den Raum Südtirol[25] ergaben. Ein ganzes Kapitel unseres Buches baut jedoch auf *eine* großangelegte und bedeutende veröffentlichte Sammlung von Vornamen: dasjenige über die DDR. Zur Vornamengebung in der DDR zwischen 1960 und 1990 hat Bernd Kleinteich 1992 eine Auswahl vorgelegt, die in jeder Hinsicht Repräsentativität beanspruchen kann.[26] Für die frühen Jahre der DDR wird sie ergänzt durch das von Horst Naumann bereits 1973 aufbereitete Material.[27]

Den umfangreichsten Teil unserer Quellen mußten wir freilich in den Archiven erheben beziehungsweise in Zusammenarbeit mit den zuständigen Ämtern erst »erhebbar machen«. Trotz des Fleißes unserer Mitarbeiter und der Hilfsbereitschaft aller beteiligten Archivare, Statistiker und Verwaltungsangestellten, waren der Aushebungskapazität hier von vornherein Grenzen gesetzt. Aus diesem Grund bildet die Stadt München sowohl für das 19. als auch für das 20. Jahrhundert das geographische Zentrum und statistische Rückgrat des Buches. Die Vornamengebung in München und die Vornamen der Münchner werteten wir für den gesamten Untersuchungszeitraum aus, während die Exkurse in andere Gemeinden, Städte und Gebiete sich in der Regel auf einzelne zeitliche Segmente beschränken. Eine Ausnahme bildet das Altmühltal, jene ländliche Region, für die wir als Gegenstück zur Stadt München ebenfalls den gesamten Zeitraum von der Französischen Revolution bis ins Jahr 1990 untersucht haben.

Als klassische Quellengattung kristallisierte sich für das 19. Jahrhundert – und, soweit zugänglich, auch für das 20. – die kirchliche Taufmatrikel heraus, die in geradezu idealtypischer Weise alle für unsere Fragen wichtigen Angaben enthält.[28] Neben den Namen der jeweiligen Täuflinge erscheinen Informationen über die Namen von Eltern und Paten sowie Daten zum sozialen Stand der Eltern, verbunden mit Hinweisen über eheliche oder nichteheliche Geburt des Kindes. Das zum Verständnis nicht nur der Gesellschafts- und Geistesgeschichte, sondern auch der politischen Geschichte Deutschlands im 19. Jahrhundert sehr bedeutsame Kriterium der Konfessionszugehörigkeit der jeweiligen Bevölkerung ergibt sich in der Regel aus dieser Quelle selbst. Für München zogen wir mehrere katholische Pfarreien heran, wobei wir den Schwerpunkt auf die älteste Pfarrei der Stadt, St. Peter, legten. Ergänzend dazu wurde die seit dem frühen 19. Jahrhundert bestehende protestantische Gemeinde untersucht.[29] Das einleitende Kapitel über die Revolutionszeit im Münsterland basiert ebenso auf den Matrikeln örtlicher Pfarreien wie das abschließende Kapitel zur Namengebung im Altmühltal. Als methodische Grundforderung galt bei der Arbeit mit den Taufbüchern, prinzipiell alle auszuwertenden Geburtsjahrgänge *vollständig* zu erfassen. Verzicht auf die Erstellung statistisch mehr oder weniger gut fundierter Stichproben (Samples) oder gar nur willkürlich-zufälliger Auswahlen schien uns angeraten. Der

Rückschluß auf das Verhalten der Gesamtheit mußte um so exakter ausfallen, je vollständiger die Namengebungsakte innerhalb des Jahrgangs Berücksichtigung fanden.[30] Im Falle kleinerer Bevölkerungen erlaubte diese Vorgehensweise, die Geburtsjahrgänge in geringeren zeitlichen Abständen zu erheben – in unserem Altmühltaldorf »Gotteswinkel« sogar Jahr für Jahr, in der protestantischen Gemeinde Münchens jedes zweite Jahr. Größere Grundgesamtheiten hingegen – vor allem St. Peter in München – erforderten auch größere Zwischenintervalle.

Die hohe sozialhistorische Aussagekraft der Taufmatrikeln ermöglichte fundierte Urteile über die politischen Haltungen und sozialen Orientierungen der Menschen in den untersuchten Gebieten. Vor allem in den beiden Kapiteln über die Residenzstadt des drittgrößten deutschen Staates während des 19. Jahrhunderts versuchen wir darzulegen, welchen Nuancierungsgrad diese Urteile, in der Differenzierung nach Konfession, sozialer Schicht und dem Kriterium ehelicher beziehungsweise nichtehelicher Geburt, erreichen können.

Schwieriger gestaltete sich unter den geltenden Bestimmungen des Archivrechts und des Datenschutzes die Suche nach einer brauchbaren Quellenbasis für das 20. Jahrhundert, das heißt eigentlich für die Zeit nach der Einführung staatlicher Standesämter in den 1870er Jahren. Eine Einsichtnahme in die kirchlichen Matrikeln wird ab diesem Zeitpunkt kaum mehr gestattet, ebensowenig eine Benutzung der standesamtlichen Register. Selbst aggregierte Datencorpora, die an individuellen Personenstandsangaben (wie insbesondere Familienname, genaues Geburtsdatum, Wohnort) gar kein Interesse zeigen, sind nicht erhebbar. So waren wir für die Zeit seit der Reichsgründung von 1871 verstärkt auf das wenige publizierte und vorbearbeitete Material angewiesen.

In dieser Situation stellte uns glücklicherweise das Statistische Amt der Stadt München, das selbst seit einigen Jahren historische Vornamenanalysen betreibt,[31] einen den Gesetzen entsprechend reduzierten Auszug aus dem Münchner Einwohnermelderegister zur Verfügung, der uns mit einer umfangreichen, repräsentativen Datenmenge für die Zeit von etwa 1890 bis über 1990 hinaus versorgte. Alle zum Stichtag 31.12.1994 mit Hauptwohnsitz in München gemeldeten Deutschen, die ältesten wie die jüngsten, waren hier nach Geburtsjahrgängen verzeichnet, rund 1,1 Millionen Einträge. Von diesen Deutschen sind oder waren nur etwa 27 Prozent gebürtige Münchner, weitere rund 26 Prozent gebürtige Bayern; die verbleibenden 47 Prozent stammen oder stammten aus den übrigen Bundesländern.[32] So erhielten wir zwar erneut einen Schwerpunkt auf München und Bayern, was freilich der Gesamtanlage entsprach: ohne eine solche regionale Akzentuierung wäre das Projekt nicht durchführbar gewesen. Darüber hinaus jedoch eröffneten jene 47 Prozent Nichtbayern – in absoluter Zahl stattliche 520000 Deutsche – eine Perspektive, die gesamtdeutsche, mindestens jedoch bundesrepublikanische Repräsentativität durchaus beanspruchen darf.[33] Über eine breitere Stichprobenbasis, als sie die meisten Umfragen erreichen und sie die meisten sozialwissenschaftlichen Samples zugrunde legen, verfügten wir damit allemal.[34] In Kontrast zu den vollständig ausgewerteten Geburtsjahrgängen fest umrissener Bevölkerungsgrundgesamtheiten des 19. Jahrhunderts trat mit dem Auszug aus dem Einwohnermelderegister der Stadt München – für den überwiegenden Teil unserer Studien zum 20. Jahrhundert[35] – ein extensiver Querschnitt, dessen Aussagekraft sich nicht allein aus der Größe, sondern auch aus der geographischen Streuung der erfaßten Geburten ergibt. Das Auswahlkriterium »Zuwanderung Deutscher aus dem gesamten Bundesgebiet nach München« wirkt dabei wie eine Art Zufallsgenerator.

Allerdings – und darin liegt ein entscheidender Nachteil dieser Quelle – blieben uns die Angaben über Konfession, eheliche und nichteheliche Geburt sowie sozialen Status der Eltern versagt, so daß die Auswertungsergebnisse notgedrungen weniger differenziert als diejenigen für das 19. Jahrhundert ausfallen mußten. Zu den Bedingungen des Historikerberufs gehört es eben, mit den verfügbaren Quellen arbeiten zu müssen, wenn dies auch in vielen Fällen nicht immer die optimal denkbaren sind. Immerhin läßt sich anhand der Taufmatrikelquellen für das 19. Jahrhundert vorführen, was durch die quantitative Analyse von Vornamen bei einer offeneren Quellenlage auch in bezug auf das 20. Jahrhundert noch zusätzlich zu leisten wäre. In ihrer Kombination schließlich wirken beide methodischen Zugriffsweisen vorteilhaft zusammen, lassen hier punktuell in die Tiefe blicken und zeichnen dort ein weites Panorama.

Zur Auswertung der Datenbanken stehen grundsätzlich zwei Möglichkeiten zur Verfügung: die *Betrachtung von Einzelnamen* sowie die *Bildung von Namensgruppen*. Während eine Analyse der Entwicklungslinien bestimmter Einzelnamen notwendigerweise für solche Zeiten aufschlußreicher ausfällt, in denen eine stärkere Identifikation mit bestimmten historischen Persönlichkeiten, seien es Könige, Feldherrn, Politiker oder »Führer«, stattfand, bietet sich die Untersuchung von Namensgruppen in allen Epochen an. Unabhängig von ihrer jeweiligen Anwendbarkeit unterscheiden sich beide Auswertungsstrategien im Charakter ihrer Ergebnisse: Stellen die Namensgruppen sensible Indikatoren sozialen Wandels dar, so führt die Analyse der Vergabehäufigkeit von Einzelnamen eher zu Einsichten in die öffentliche Meinung zur großen Politik. Weil die Arbeit mit Namensgruppen größere prozentuale Segmente aus dem Datenmaterial schneidet, können die aus ihr gewonnenen Urteile eine graduell höhere Allgemeingültigkeit beanspruchen als die aus der Einzelnamenanalyse abgeleiteten. Sie erfordert freilich als weiteren Bearbeitungsschritt sowohl bei den selbsterhobenen als auch bei den veröffentlichten Quellen die durchgängige Klassifizierung aller Einzelnamen nach vorher festgelegten Kriterien.

Die Klassifizierungsarbeit gestaltete sich zeitaufwendig und schwierig. Denn in den wenigsten Fällen – am ehesten noch in den ländlichen Gemeinden des 19. Jahrhunderts – lassen sich die Vornamen auf Anhieb eindeutig bestimmten Gruppen zuordnen. Die konstanten, kontext- und situationsunabhängigen Grundbedeutungen, in der Fachsprache die »Denotationen« der einzelnen Namen, durften dabei nicht in erster Linie ausschlaggebend sein. Vielmehr ging es vor allem darum herauszufinden, mit welchen »Konnotationen«, mit welchen individuellen, regionalen, gruppenbezogenen Nebensinnen die Vornamen jeweils behaftet, ihre Denotate im Bewußtsein der namengebenden Menschen jeweils verbunden beziehungsweise überlagert waren.[36] Konnotat und Denotat ergänzen sich in jedem einzelnen Namen zu einem facettenreichen Bedeutungszusammenhang. Seine Wandelbarkeit im Lauf der Zeiten sowie innerhalb verschiedener Gesellschaften erforderte eine möglichst »dynamische« Klassifizierung.

Der hebräische Name »Joseph«, dessen Denotat ›Er (Gott) möge (weitere Kinder) hinzufügen‹ lautet,[37] kann »Heiligenname«, »traditioneller Name« oder aber auch »Modename« sein; stets jedoch drängen diese Konnotationen bei Christen das Denotat »hebräisch« fast ganz in den Hintergrund. »Ludwig«, weil Name des Königs, ist im Bayern des 19. Jahrhunderts ein »dynastischer Name«, in Preußen dagegen nicht. »Caroline« beginnt seine Karriere in Bayern als »dynastischer« Königinnenname und entwickelt sich, lange nach dem Tod der Königin, zum beliebten »traditionellen Namen«. »Uta« erhält seine ideologische, deutschtümelnde Färbung erst während der zwanziger Jahre, was sich mitunter in Schreibweisen wie »Utha«, »Utta« oder sogar »Utah« niedergeschlagen hat. Vor dieser Zeit war sie einfach als »normalgermanisch« zu betrachten.

In sehr vielen Fällen erfaßt *eine* Klassifikation nicht den vollen Umfang aller Konnotationen eines Vornamens. Dies hängt einerseits mit den Namen selbst, andererseits mit dem Charakter der Namensgruppen zusammen. Mehrere gleichberechtigte Konnotationen stehen oftmals nebeneinander und neben der Denotation. Der »französische« Name »Louise« kann »dynastischer« oder »Bildungsname« sein, sehr wohl aber auch beides zusammen. Die Namensgruppen selbst ergänzen sich nicht, sondern überschneiden sich teilweise. »Maria« ist eben nicht nur »heilig«, sondern auch »traditionell«, während »Krispin« zwar auch als »heilig«, in Bayern zusätzlich jedoch als »innovativ« zu klassifizieren ist.[38] Doppel- und Mehrfachnamen betrachteten wir immer als Ganzes, so daß jede Klassifikation pro gewerteter Name nur einmal vergeben wurde (z. B. »Joseph Anton« erhält nur einmal »heilig«). Erst-, Zweit-, Dritt- und weitere Vornamen gewichteten wir strikt gleichberechtigt, weil allein aus der Abfolge in den Matrikeln oder Registern in der Regel kein zwingender Schluß auf stärkere oder schwächere Motivationen bei der Benennung gezogen werden kann. Insgesamt erforderte jede Klassifikation eines Namens ein genaues Studium der individuellen und regionalen Gegebenheiten in den Herkunftsgebieten der einzelnen Quellen. Je enger der geographische Raum, aus dem die Quellen stammen, desto einfacher, je weiter der Raum, desto schwieriger gestaltete sich diese Arbeit.[39] Alle Einstufungen wurden mehrfach diskutiert, auf ihre Stimmigkeit geprüft und gegebenenfalls wiederholt verändert.

Das Schema der Namensgruppen stand nicht von vornherein fest, sondern entwickelte sich aus der konkreten Arbeit mit dem Quellenmaterial. Einige Klassen, mit denen wir anfangs experimentierten, ließen wir bald wieder fallen (z. B. »obrigkeitsorientierte« oder »Modenamen«), andere kamen im Lauf der Zeit hinzu. Wir sind uns darüber im klaren, daß eine letztgültige Systematisierung nicht gelingen konnte, weil Vornamen, wie wenige andere historische Quellen, die Vielschichtigkeit menschlichen Lebens und Handelns widerspiegeln, der sich Wissenschaftler immer nur annähern, die sie aber nie im Maßstab eins zu eins abbilden können. Für unsere Fragestellungen jedoch hat sich das Klassifizierungsschema als sinnvoll und praktikabel erwiesen.

Mit den Auszählungen begannen wir erst, wenn wir bei allen Namen der bestmöglichen Klassifizierung sicher waren. Die prozentualen Angaben beziehen sich stets auf die Anzahl der untersuchten Geburten eines Jahrgangs, nicht auf die Anzahl der vergebenen Vornamen: »90 Prozent Heiligennamen« bedeutet, daß 90 Prozent der Kinder im Geburtsjahrgang einen (oder mehrere) Vornamen mit der Konnotation »heilig« tragen; 5 Prozent »Ludwig« verweist auf einen Anteil von 5 Prozent Jungen im Jahrgang, die mit einem ihrer Vornamen »Ludwig« heißen. Da wir keine Aussagen über die Entwicklung des

Namenschatzes in den vergangenen 200 Jahren treffen wollen, sondern über die politischen und sozialen Orientierungen der Eltern, mußten wir uns für diese Berechnungsweise entscheiden. Im Zentrum unseres Interesses stehen das Handeln der Eltern, ihre Motivationen bei der Namengebung, nur daraus abgeleitet und an zweiter Stelle steht die Frage nach den Komponenten des Namenschatzes.

Die Namensgruppen

Die Dynamik von Tradition und Wandel in einer Gesellschaft läßt sich aus ihrem Vornamenschatz nach einem weitgehend formalen Kriterium ablesen, wenn man eine Einteilung nach *traditionellen* und *innovativen* Namen vornimmt.[40] Zwischen traditionell und innovativ existiert eine mehr oder minder große Grauzone von Namen, die weder zur einen noch zur anderen Gruppe tendieren; in ländlichen Gesellschaften – etwa im Altmühltal – ergibt die Summe der traditionellen und innovativen Namen eher 100 Prozent als in städtischen. Bei kleinen Grundgesamtheiten, deren Vornamengebung Jahr für Jahr untersucht werden kann, sind innovative Namen leichter zu erkennen als bei großen Bevölkerungen, weil einerseits die Möglichkeit besteht, das Jahr des ersten Auftretens eines Namens exakt zu bestimmen, und weil andererseits für wenige Familien auch die Nachbenennungsverhältnisse besser überblickbar sind. Abgesehen von jener variierenden Grauzone, läßt sich für jede Gesellschaft das Gros (etwa 90 Prozent) der traditionellen wie der innovativen Namen recht präzise kennzeichnen. Je mehr Jahrgänge man bearbeitet, desto sicherer wird der Blick. Daß hier, wie bei allen anderen Namensgruppen auch, Dynamik oberstes methodisches Gebot ist, bedarf kaum zusätzlicher Erwähnung: Selbstverständlich können ehemals traditionelle Namen diesen Status verlieren, wenn Häufigkeit und Konstanz ihres Vorkommens sinken oder sie ganz verschwinden; ebenso können einstmals innovative Namen sich im Laufe der Zeit als traditionelle etablieren.

Innovative Namen sind nicht deckungsgleich mit den – seltenen – sprachlichen Neuschöpfungen (Neologismen), wenngleich diese immer *auch* als innovativ gelten.[41] Im Gegensatz zu den traditionellen Namen, deren Bestand sich aus den konstant über längere Zeiträume hinweg vorkommenden Namen innerhalb der jeweils untersuchten Bevölkerung ergibt, gelten jene Namen als innovativ, die ohne erkennbare Tradition zum ersten Mal, lediglich in einzelnen Jahrgängen und ohne Regelmäßigkeit auftreten. Als zweites Merkmal gesellt sich dasjenige der Häufigkeit hinzu: Im 19. Jahrhundert und der ersten Hälfte des 20. Jahrhunderts sind die traditionellen Vornamen stets mit hohen Anteilen vertreten, die innovativen mit sehr geringen; der Umkehrschluß trifft jedoch, besonders für die Zeit nach 1945, nicht zu. Die Traditionslinie des Namens »Maria« reißt nie ab, wenngleich seine Anteile von über 30 Prozent in München zu Beginn des 19. Jahrhunderts auf nur noch 0,6 Prozent in der Bundesrepublik im Jahr 1975 sinken (und danach wieder leicht ansteigen). Dagegen erscheinen innovative Namen nicht selten sofort mit relativ großer Häufigkeit, wenn sich Modeströmungen schnell und impulsiv auswirken (z. B. »Yannick«, in der Bundesrepublik 1990). »Otto«, obwohl alter bayerisch-dynastischer Name, ist im Jahr 1814 in München innovativ, weil seit langen Jahren zum ersten Mal wieder nachweisbar. Spätestens mit der Geburt des Prinzen Otto bürgert er sich jedoch wieder ein und muß im weiteren Verlauf des 19. Jahrhunderts als traditionell gelten. Ähnliches gilt für den Vornamen »Caroline«, der sich in Bayern erst durch die Kurfürstin und spätere Königin Caroline vom innovativen zum traditionellen Namen wandelt.

Der formalen Grundklassifikation schließt sich die eigentlich inhaltliche Gruppierung der Namen nach Konnotationen und Denotationen an. Nach dem religiösen Gehalt unterscheiden wir Heiligen- und biblische Vornamen.

Heiligennamen bilden die für den Namenschatz einer dominant katholischen Bevölkerung im 19. Jahrhundert am deutlichsten kennzeichnende und bis in die Gegenwart am stärksten besetzte Gruppe. Schwierigkeiten bei der Klassifikation ergeben sich hier weniger durch die Frage: »Was ist kein Heiligenname?« als vielmehr: »Was ist noch Heiligenname?« Denn zur überwiegenden Mehrheit der in Bayern während des 19. Jahrhunderts vergebenen Namen verzeichnet der Heiligenkalender auch einen Heiligen. Insofern mußte wie bei allen Klassifizierungen nach der Konnotation abgewägt werden, welcher Vorrang dem Kriterium »heilig« jeweils zukommen sollte. Auch hier entwickelten sich im Laufe der Arbeit Kontrollmechanismen, etwa in Zweifelsfällen die Abgleichung des Geburtstages mit den Angaben des Heiligenkalenders. Wiederum galt: Der Kernbestand der eindeutig konnotierten Heiligennamen war insbesondere für die ältere Zeit relativ sicher zu ermitteln.[42] Schwierigkeiten ergaben sich im 20. Jahrhundert bei der Frage, ob und wann sich die Konnotation »heilig« von bestimmten Vornamen wie etwa »Peter«, »Franz« oder »Joseph« löste. Weil dies in den meisten Fällen nicht sicher zu entscheiden ist, verfuhren wir vorsichtig und behielten die Klassifikation »heilig« in der Regel bei. Um so erstaunlicher müssen unter dieser Voraussetzung die Urteile über den Grad der Verweltlichung (Säkularisierung) ausfallen. Anzunehmen ist, daß der Rückgang der wirklich und eindeutig konnotierten Heiligennamen noch stärker war, als dies unsere Graphiken zeigen.

Kommt die Intensität der christlich-religiösen Orientierung einer katholischen Gesellschaft hinreichend im Grad der Vergabe von Heiligennamen zum Ausdruck, so scheint es besonders für protestantische Bevölkerungen sinnvoll, zusätzlich eine Kategorie *biblischer Namen* einzuführen, die die Vergabe alt- und neutestamentlicher Namen separat dokumentiert. Auch bei Katholiken läßt sich so unterscheiden, welche Arten von Religiosität zu welchen Zeiten bevorzugt wurden, ob Bibelfrömmigkeit Konjunktur hatte oder sich die Religiosität in den Bahnen traditioneller Volks- und Heiligenfrömmigkeit bewegte.

Neben die Namen mit religiöser Konnotation stellen wir die Gruppe der »Idol- und Demonstrativnamen«, in denen politisch-soziale Haltungen der Namengeber in besonderem Maße aufscheinen.[43] Als *dynastische Namen* kennzeichnen wir hier zunächst all jene Vornamen, die dem Namenschatz der bedeutenden deutschen Fürstenhäuser und Dynastien – nicht nur der in Bayern herrschenden Wittelsbacher – entstammen und bei denen davon auszugehen ist, daß die dynastische Konnotation von den namengebenden Eltern in der jeweiligen Zeit besonders wahrgenommen wurde.[44] Unter *Bildungsnamen* versammeln sich sodann solche Namen, die einen deutlichen Hinweis auf die dem klassischen Kanon humanistisch-deutscher Bildungswerte beigemessenen Stellenwert geben (z. B. »Egmont«, »Ossian«, »Nathan«, »Ottilie«, »Lotte«, »Stella«, aber auch Kombinationen wie »Wolfgang Amadeus« oder »Gotthold Ephraim«).

Bedeutung für die Frage nach Geschlossenheit und Offenheit einer Gesellschaft, nach ihrer Nationalität und Internationalität, nach Ost-, Westorientierung oder Kosmopolitismus besitzen die jeweiligen »Fremdanteile« des Namenschatzes. »Gebt den Kindern deutsche Namen!« forderten nicht erst die nationalsozialistischen Ideologen. Wenn wir, besonders für die Zeit des »Dritten Reiches« fragen, wie viele Kinder *germanisch-ideologische*, also Vornamen mit einer ausgeprägt »deutschtümelnden« Färbung, bekamen, erreichen wir in der Systematik unserer Namensgruppen den fließenden Übergang von der Klassifizierung nach der Konnotation zur Klassifizierung nach der Denotation. Germanisch-ideologische Namen gehen ebenso wie die übergreifenden Gruppen *germanischer* und *nordischer* Namen auf germanische oder, sprachgeschichtlich, auf althochdeutsche, altsächsische und altnordische Wurzeln zurück. Während jene ihren besonderen ideologischen Beigeschmack durch eine Konnotation erhalten, klassifizieren wir diese in erster Linie nach ihrem objektiven, sprachhistorischen Ursprung.[45]

Wie viele Kinder erhielten zu welcher Zeit germanische Namen? Wie viele Eltern hielten es dagegen eher mit den europäischen Nachbarn beziehungsweise Kulturen und entschieden sich für *anglo-amerikanische, französische, italienische, spanische, russische* und *slawische Vornamen*?

Über die sprachliche Herkunft definieren sich auch die *la-*

teinischen und *altgriechischen Namen,* wobei hier Überschneidungen mit und Parallelen zu den *Bildungsnamen* bestehen. Ebenso wie aus den »nationalen« Orientierungen lassen sich aus diesen Gruppen, einschließlich der Bildungsnamen, Rückschlüsse auf das Selbstverständnis einer Gesellschaft beziehungsweise einzelner ihrer Schichten ziehen. Die Überschneidungen haben wir bewußt nicht vermieden, um die Möglichkeit zu erhalten, die Entwicklungsverläufe einzelner Namensgruppen kombiniert, mit- oder gegeneinander zu betrachten und auf diese Weise zu möglichst differenzierten und abgewogenen Aussagen zu gelangen.

Eine Schnittmenge ergibt sich gleichfalls zwischen *biblischen* und *hebräisch-jüdischen Namen.* Besonders die alttestamentlichen sind in der Regel hebräische Namen. Freilich führen wir diese Klassifikation nicht streng nach sprachhistorischem Denotat durch, weil viele hebräische Namen im christlichen Umfeld von spezifisch christlich-biblischen Konnotationen überlagert worden sind, neben denen die hebräisch-jüdischen Wurzeln in Vergessenheit oder zumindest in den Hintergrund gerieten (»Jakob«, »Magdalena«, »Gabriele«, »Susanne«, »Martha«). Daneben treten aber immer auch Namen auf, bei denen der Hinweis auf die hebräisch-jüdische Kultur klar dominiert, so daß der Eindruck entsteht, neben ihrem biblischen Charakter habe der hebräische Ursprung von den Eltern besonders betont werden sollen (»Esther«, »Judith«, »Lea«, »Sarah«, »Aaron«, »Abraham«, »Isaak«). Diese Namensgruppe bezeichnen wir als »hebräisch« und ergänzen sie gegebenenfalls durch *jüdische Namen* nichtbiblischer Herkunft – die freilich im 19. Jahrhundert bei Katholiken wie Protestanten sehr selten erscheinen, im 20. Jahrhundert hin und wieder, bedingt etwa durch die Neuetablierung eines spezifisch zionistischen Namenschatzes (»Chaim«, »Dov«, »Ehud«, »Chaja«, »Arjeh«). Wenn die *hebräisch-jüdischen Namen* auch mit großer Vorsicht zusammengestellt sowie ihr jeweiliger Anteil am Gesamtnamenschatz behutsam interpretiert werden muß, so scheint uns mit ihnen doch ein Gradmesser für die Haltung der Christen zu Juden, Judentum und jüdischer Kultur vorzuliegen. Besonders in der Zeit des »Dritten Reiches« kommt diesem Gradmesser aus bekannten Gründen eine wichtige Rolle zu.

Im Gegensatz zur Gruppe der hebräischen Namen stellte die Identifikation *regional-bayerischer Namensformen* keine besonderen Anforderungen, zumindest nicht an die »Eingeborenen« unter unseren Mitarbeitern.[46]

Von einem wiederum formalen Kriterium geht zuletzt die Gruppe der *movierten Namen* aus. Dabei handelt es sich um ursprünglich männliche Namen, die durch Anhängen bestimmter Endungen zu weiblichen Varianten »moviert« werden und keinen eigenständigen Mädchennamen darstellen. (z. B. »Pauline«, »Ernestine«, »Maximiliane«, »Wilhelmine«, »Philippine«, »Horsta«).

Bei der Auswertung des Materials haben wir stets beide der geschilderten Strategien verfolgt. Im 19. und frühen 20. Jahrhundert fiel dabei den Betrachtungen von Einzelnamen ein etwas größeres Gewicht zu. Mit dem Ende des nationalsozialistischen Führerkults verringert sich jedoch auch die Anwendbarkeit dieser Methode: Nach den »Adolfs«, »Horsts« und »Utas« hatten die Deutschen endgültig genug von Führern und Volkshelden. Mit Sport- und Popstars verhält es sich anders; allerdings gelingt es selbst den populärsten unter diesen nie, in vergleichbare Höhen vorzustoßen. In der Bundesrepublik spielte politischer Personenkult ohnehin keine Rolle; und selbst in der DDR, die neue Volkshelden fleißig propagierte, konnten Einzelidentifikationen dieser Art nie mehr richtig Fuß fassen. Von den monarchischen Leitfiguren der Vergangenheit ganz zu schweigen; deren Vorbildwert war schon 1918 tief gesunken.

Weil es um öffentliche Meinung geht, weil wir zeigen wollen und zeigen können, wie sehr diese nun aus »harten Daten« ermittelte »öffentliche Meinung« oftmals von der Einschätzung zeitgenössischer Betrachter sowie rückblickender, literarischer und wissenschaftlicher Beurteiler abweicht, kontrastierten wir unsere Ergebnisse mit literarischen, autobiographischen und wissenschaftlichen Quellen aller Art. Dies belebt nicht nur die Darstellung, setzt Kontraste, sondern zeigt vor allem, welche Abweichungen nicht selten zwischen veröffentlichter und tatsächlich öffentlicher Meinung bestehen.

»Die Deutschen?«

»Die Deutschen und ihre Vornamen«. Ein hochgestochener Titel, mag mancher denken. Auch ein zu hoch gesteckter Anspruch? Geben wir anhand des Indikators »Vornamen« wirklich die politischen Meinungen, die sozialen Orientierungen »der Deutschen« in den letzten zweihundert Jahren wieder? Kann man diesen Anspruch überhaupt erfüllen?

Man kann ihn erfüllen, nicht absolut, aber doch annähernd. Wir meinen, mit unserer Methode einen sehr hohen Grad der Annäherung zu erreichen. Zumindest einen höheren als jene, die immer nur die veröffentlichte Meinung zitieren, wenn sie von der öffentlichen Meinung sprechen wollen. Wodurch ist diese »alte Methode« zur »Messung« öffentlicher Meinung unserer breiten Datenbasis überlegen? Dokumentiert sie öffentliche Meinung wirklich? Nein, sagen wir; Repräsentativität und breite Empirie sind unerläßlich, um Aussagen über »die Deutschen« in vordemoskopischer Zeit zu treffen.

Wir schreiben keine deutsche Geschichte der vergangenen 200 Jahre in umfassendem Sinn, aber wir präsentieren unsere Ergebnisse vor dem Hintergrund der deutschen Geschichte und in stetem Bezug auf sie. Wir schreiben andererseits auch kein Buch über Vornamen. Wir bedienen uns ihrer lediglich als Mittel zum Zweck. Wir legen eine Methode vor, die hieb- und stichfestes, hartes Datenmaterial vor allem auch für Zeiten liefert, in denen Umfragen noch nicht existierten. Wir führen sie anhand einer Stichprobenbasis vor, die weit über das hinausgeht, was Umfragen in der Regel erheben, und wir nehmen über einen Zeitraum von 200 Jahren hinweg nicht nur die Zentren deutschen Lebens (München, Berlin), sondern auch die »Nebenkriegsschauplätze« (Münsterland, Altmühltal) in den Blick. Dieser Blick erstreckt sich auf Stadt und Land sowie auf unterschiedliche staatliche Verfaßtheiten der deutschen Nation (Altes Reich, Deutscher Bund, Kaiserreich, »Drittes Reich«, Bundesrepublik Deutschland und die ehemalige DDR).

Sicher, *alle* Deutschen befragen auch wir nicht, und wir räumen ein, daß weitere Vornamenstudien aus anderen, von uns nicht berücksichtigten Gebieten zusätzliche, detailliertere Einsichten hervorbringen, wohl auch regionale Unterschiede deutlicher herausarbeiten können. Aber an den großen Linien, davon sind wir überzeugt, werden sie sicherlich nichts Wesentliches ändern. Insofern: ja, »die Deutschen«.

Aber, um einen weiteren Einwand vorwegzunehmen, unsere Methode erfaßt nicht wirklich alle Mitglieder einer Gesellschaft, sondern nur diejenigen, die Vornamen vergeben, also Kinder bekommen: die Frauen im »gebärfähigen«, die Männer im »zeugungsfähigen« Alter. Sie stellen jedoch einen prägnanten Ausschnitt aus der Gesamtbevölkerung dar, in etwa die Gruppe der Zwanzig- bis (bei den Männern) über Fünfzigjährigen. Damit erfassen wir die meisten Menschen, die aktiv im täglichen Leben stehen, die den Alltag im wesentlichen gestalten. Wenn sich »Zeitgeist«, wenn sich Mentalitäten, gesellschaftliche Orientierungen und auch »öffentliche« politische Meinung irgendwo besonders augenscheinlich niederschlagen, dann in dieser Bevölkerungsgruppe.

Die politische Sozialisation prägt sich bei den meisten Menschen zwischen dem siebzehnten und dem fünfundzwanzigsten Lebensjahr aus. Danach ist sie im wesentlichen abgeschlossen. Kinder und Familie kommen in der Regel erst nach dieser Sozialisationsphase. Dies gilt für das 19. wie für das 20. Jahrhundert, für Stadt wie Land. Was an Motivationen auch immer in die Vornamengebung einfließt, kann als Willensausdruck fertig sozialisierter, mündiger Menschen gelten, als Produkt jener sozialen und politischen Ordnungen, in die diese Menschen hineingewachsen sind. Auch in diesem Sinne spiegelt Vornamengebung etwas Typisches; auch hier also: ja, »die Deutschen.«

Schauen wir uns ihre politischen Einstellungen und sozialen

Mentalitäten an: nicht durch die Demoskopie, sondern anhand der vollständigen und daher für die untersuchte Gruppe repräsentativen Auswertung von Entscheidungen für bestimmte Vornamen.

III.
Werden die Deutschen Franzosen? Revolution und Revolutionszeit im westfälischen Raum, 1785–1817

Die Französische Revolution von 1789 gilt als Eingangstor zur Moderne. Jahrhundertealte Ordnungen fielen in ihrem Gefolge, neue Ideen drangen auf Umsetzung, traten in Konkurrenz zum Althergebrachten und eröffneten jenen Umgestaltungsprozeß, der im Laufe des 19. Jahrhunderts der europäischen Welt ein neues Gesicht verlieh. Kaum ein Zeitgenosse sah sich unberührt von den Auswirkungen der Revolution, sei es durch einen oder mehrere Wechsel des Staats- oder Untertanenverbandes, dem er angehörte, sei es durch Änderung seiner eigenen Lebens- oder Rechtsstellung, sei es durch Militärdienst, auf seiten der Revolutionsarmee oder auch auf seiten der Verteidiger des Alten.

Die Bevölkerung des westfälischen Münsterlandes hatte seit 1802 besonderen Anlaß, zu den Folgen der Französischen Revolution Stellung zu beziehen. Mit der Auflösung der geistlichen Fürstentümer (Säkularisation) sowie der im Reichsdeputationshauptschluß 1803 festgelegten Entschädigung linksrheinischer Gebietsverluste deutscher Staaten aus der Masse der säkularisierten Territorien war die Ära des alten Fürstbistums Münster zu Ende gegangen. General Blücher hatte die Preußen und damit das Prinzip moderner Staatlichkeit nach Münster geführt. Allerdings hielt sich die neue Obrigkeit nicht lange: Nach der preußischen Katastrophe von Jena und Auerstedt im Oktober 1806 übernahmen die Franzosen die Herrschaft. Teile des Münsterlandes fielen an das neue Großherzogtum Berg, das von der alten Grafschaft Bentheim bis an die Lahn reichte, Teile an das 1807 künstlich gebildete Königreich Westfalen. Beide gehörten keinem Heiligen Römischen Reich

Deutscher Nation mehr an, sondern Napoleons Rheinbund, einzelne Gebiete nach 1810 sogar dem französischen Kaiserreich. Auch diese Ordnung dauerte nur wenige Jahre. Der Empereur und sein Weltreich stürzten; im Münsterland zogen die Preußen wieder ein. Als Teil der preußischen Rheinprovinz trat Westfalen 1815 in den Deutschen Bund ein.

Drei Herrschaftswechsel in einem Zeitraum von weniger als zwanzig Jahren, verbunden mit jeweils tiefgreifenden Einschnitten in Recht, Verwaltung, wirtschaftliches und soziales Leben. Wir beginnen mit unserer Untersuchung der Vornamengebung einige Jahre vor der Revolution, 1785, und verfolgen sie bis 1817. Die Entwicklung in der »Metropole« Münster blenden wir aus und konzentrieren uns auf das Münster*land*, anhand von vier ausgewählten, ländlich geprägten Kleinstädten: Burgsteinfurt im Nordwesten, Greven im Norden, Freckenhorst im Osten, Sendenhorst im Südosten der Bistumsstadt.[1] Der zeitliche Bogen spannt sich von der Spätzeit des Ancien régime bis in die Anfänge des neuen, nachrevolutionären deutschen Staatenbundes. Wir fragen, welche Auswirkungen von Revolution und Revolutionszeit auf die traditionsverwurzelte, ländliche, bäuerliche bis handwerklich-gewerbliche Bevölkerung des Münsterlandes aus deren Vornamengebung erkennbar sind.

Die Macht der Tradition

Annette von Droste-Hülshoff hat in ihren *Westphälischen Schilderungen* Charakterzüge und Lebensweise der Münsterländer beschrieben, wie sie in der Mitte des 19. Jahrhunderts noch anzutreffen waren. »Gutmütigkeit, Furchtsamkeit, tiefes Rechtsgefühl, und eine stille Ordnung und Wirtlichkeit« verkörperten ihr »den Charakter des Landvolks«. Wohlstand und Lebensweise im Münsterland nähere sich bedeutend dem Nachbarn Holland, »obwohl Abgeschlossenheit und gänzlich auf den innern Verkehr beschränktes Wirken [seine] Bevölkerung von all den sittlichen Einflüssen, denen handelnde Nationen nicht entgehen können, so frei gehalten haben wie kaum einen anderen Landstrich«. Dem Münsterländer fehlten »Mut und Betriebsamkeit des Batavers«, hingegen zeichne sich sein »patriarchalisches Leben« durch »Sitteneinfalt und Milde« aus.[2]

Die Vornamengebung im Münsterland entspricht auch in den Jahren vor der Französischen Revolution sehr genau diesem Bild einer weitgehend in sich abgeschlossenen Gesellschaft, reguliert und organisiert durch uralte Gebräuche und Gesetze. Als zentraler Orientierungsfaktor der Bevölkerung des Fürstbistums in Fragen der alltäglichen Lebensgestaltung wie der längerfristigen Lebensausrichtung erscheint die Bindung an die katholische Kirche. Deutlich mehr als die Hälfte der Neugeborenen trägt 1785 einen religiös motivierten Namen, in der Regel einen Heiligennamen (Abb. 1, S. 130).[3]

Innerhalb eines solchen traditionell-katholischen Wertesystems nimmt die *Familie* einen hohen Rang ein – nicht nur die Kernfamilie um Vater, Mutter, Kinder, sondern ein weiterer Kreis, der Onkel, Tanten, Großeltern selbstverständlich mit einbezieht. Unangefochten herrschte vor 1789 auch im Münsterland jenes neben der religiösen Benennung nach Heiligen zweite so wirkungsvolle Muster europäischer Vornamengebung, das System der Benennung nach Eltern, Großeltern oder Paten:[4] 86 Prozent der Kinder erhielten 1785 einen derart »gebundenen« Namen (Abb. 1, S. 130). So stand der gebräuchliche Vornamenschatz fest; er setzte sich zusammen aus den immer gleichen Vorgaben des Heiligenkalenders einerseits und der Familientradition andererseits. Die Einführung neuer Namen, die dem Schatz der Vornamen bisher nicht angehörten – wir nennen sie »innovative« Namen –, fiel da schwer und blieb Ausnahme. 1785 entstammten weniger als 4 Prozent aller vergebenen Vornamen dieser Kategorie (Abb. 2, S. 130).

Der unmittelbare Eindruck der Revolution: Verunsicherung

Auch ohne das Wissen um die revolutionären Ereignisse des Jahres 1789 in Frankreich wiesen uns doch verschiedene Entwicklungen innerhalb der Vornamengebung im Münsterland auf außergewöhnliche Vorgänge in jenen Jahren hin. Im Jahrzehnt nach 1785 zeigen sich auffällige Bewegungen. Das System der gebundenen Namengebung scheint aufzubrechen: Zumindest sackte der Anteil solcher Vornamen im Jahr nach dem Ausbruch der Revolution, 1790, um fast zehn Prozentpunkte auf rund 77 Prozent ab, während der Anteil innovativer Namen um mehr als einen Prozentpunkt zulegte. Hatten Wellen der Revolution, vielleicht übermittelt durch Flüchtlinge, so früh schon das entfernte Münsterland erreicht und die alte Tradition der gebundenen Namengebung zugunsten der vermehrten Aufnahme neuer, möglicherweise sogar französischer Namen vom Sockel gestürzt?

Zu vorschnell wäre in diesem Sinne argumentiert. Im Gegensatz zu den gebundenen blieb nämlich die Rate der Heiligennamen von der Revolution zunächst völlig unbeeinflußt; sie nahm 1790 noch geringfügig zu. Schließlich aber stieg sie fünf Jahre später kräftig, auf über 60 Prozent, an. Überraschend, aber diesmal im Einklang mit den Heiligennamen, entwickelten sich die gebundenen und innovativen Namen. Während gebundene Namen 1795 wieder häufiger vorkamen, brach der Anteil neuer Namen dramatisch ein: Weniger als ein halbes Prozent der Münsterländer wollten ihrem Kind in diesem Jahr einen Namen geben, der außerhalb des tradierten Vornamenschatzes lag.

Die Kenntnis dieser weiteren Entwicklung legt eine andere Interpretationslinie nahe. Offensichtlich führte der unmittelbare Eindruck der revolutionären Ereignisse 1790 ähnlich einem Seismographen zu einem abrupten Ausschlag, der in der Abweichung von hergebrachten Mustern der Namengebung bestand.

Das Jahr 1795 hingegen zeigt eine genau entgegenlaufende

Reaktion, eine Rückkehr zu den früheren Gewohnheiten, die
– im Falle der religiösen wie der innovativen Namen, durch
stark positiven Ausschlag hier, stark negativen dort – besonders akzentuiert ausfiel. Vor dem Hintergrund der Ereignisse
in Frankreich bleibt diese Wendung nicht unverständlich. Die
Revolution des Jahres 1789 hatte sich auf bedrohliche Weise
gewandelt, aus der französischen Angelegenheit war eine europäische Krise geworden,[5] die nicht allen so recht kam wie
ihren Anhängern in Deutschland. Nun, so dachten deutsche
Jakobiner, sollte sich auch ihr Vaterland den »Franken« anschließen und den »Fahnen der Freiheit« folgen. Der deutsche
Jakobiner »Josephe« richtete sich *An mein Vaterland*:

> Die Freiheit ruft! Auf, folget ihren Fahnen!
> Die Franken gehn voran;
> Zerreißt, wie sie, das Vorurteil der Ahnen,
> Des großen Pöbels Wahn.[6]

Unter den Münsterländern waren wenige gesonnen, solchen
pathetischen Appellen Folge zu leisten. Im Gegenteil: Man hatte wohl eher Angst. Mit der Eroberung der Niederlande im Januar 1795 war das revolutionäre Frankreich in gefährliche
Nähe zum Münsterland gerückt. Dadurch gestaltete sich die
Betroffenheit direkter und persönlicher, erschienen die alten
Ordnungen, auch des Reiches, ernsthaft gefährdet. Anfängliche Sympathiewerte mochten da schnell sinken. In der Vornamengebung des Jahres 1795, besonders in der gestiegenen Rate
religiös motivierter Namen, drückte sich zweifellos ein Teil der
Hoffnung aus, der radikale Umsturz möge dem eigenen Land
erspart bleiben.

Nach 1795: Mehr Innovation, weniger Tradition

Zeugen die gegenläufigen Bewegungen der gebundenen und
der innovativen Namengebung im Jahrzehnt zwischen 1785
und 1795 vom unmittelbaren, verunsichernden Eindruck der

ersten Revolutionsjahre auf ein Territorium des noch existierenden Alten Reiches, so dokumentieren die weiteren Entwicklungslinien auch tiefergehende und längerfristig sich auswirkende Einflüsse der Revolution. Die Münsterländer entwickelten sich nicht zu Revolutionären, aber ganz ohne Folgen auf das feste Gefüge ihrer sozialen Bindungen blieb die Revolution nicht. Obwohl der Anteil innovativer Namen 1795 einen Tiefpunkt erreichte, konnte er sich nach 1800 auf ingesamt hohem Niveau etablieren. Von 1815 abgesehen, erreichten die innovativen Vornamen in den Folgejahren regelmäßig einen erheblich höheren Anteil als vor der Revolution, ja überstiegen 1805 und 1817, wie bereits 1790, die 4,5-Prozent-Marke (Abb. 2, S. 130). Der Anteil gebunden vergebener Namen hingegen stagnierte im Bereich von knapp über 80 Prozent. Die vorrevolutionäre Marke von 86 Prozent kannte er nicht mehr erreichen. Noch aussagekräftiger entwickelte sich die Quote der Heiligennamen. 1795 auf über 60, fiel sie fast stetig auf 48 Prozent im Jahr 1817 (Abb. 1, S. 130).

Hier wandelte sich ein Muster sozialen Handelns. Gebundene Vornamengebung nahm ab zugunsten einer freieren und innovativeren Auswahl. Eine bisher sehr enge und kleine Welt begann, sich zu öffnen. Abseits aller politischer Veränderungen beeinflußte die Französische Revolution auf diese Weise eine so konservative Gesellschaft wie die münsterländische, der revolutionäre Akte ganz fremd waren.

Die neuen, protestantischen Herren

Auch konkretere Folgen der Revolution blieben den Münsterländern nicht erspart. Im Zuge der Säkularisation geistlicher Territorien zum Zwecke der Entschädigung linksrheinischer Gebietsverluste der großen weltlichen Fürstentümer fielen nach 1802/03 weite Teile des Münsterlandes an Preußen.[7] An die Stelle des kleinstaatlich-ständischen Kirchenregiments traten der absolutistisch-bürokratische Apparat, Recht und Verwaltung eines großen Königreiches. Die Bewohner des ehemals souveränen Fürstbistums hatten sich neu zu orientieren in ihrer nunmehrigen Rolle als abseitig gelegene und unbedeutende Untertanen des Königs Friedrich Wilhelm im fernen Berlin. Privilegien und politische Mitspracherechte von Klerus und Adel erloschen, das Allgemeine Preußische Landrecht begann das Leben zu reglementieren; Steuern, Abgaben oder militärische Einquartierungen belasteten die Bevölkerung und damit das Verhältnis zu den neuen Herren.

Zu den wirtschaftlichen und sozialen Folgen des Herrschaftswechsels gesellten sich konfessionelle Spannungen. Das traditionell katholische Land sah sich plötzlich mit einer Kaste protestantischer Herrschaftsträger konfrontiert. »Luthersge Dickköppe« als Ausführungsorgane des preußischen »Ketzerkönigs« Friedrich Wilhelm III., so ließen sich oppositionelle Stimmen vernehmen, führten nun das große Wort im Münsterland.[8] Standardwerke zur Westfälischen Geschichte erklären Aussagen dieser Art kurzerhand zur »öffentlichen Meinung« der Münsterländer gegenüber den Preußen. Indem sie sich auf jenen Kanon einschlägiger Quellen beschränken, denen in der Regel öffentliche Meinung in vordemoskopischer Zeit entnehmbar scheint – den Schilderungen von Zeitgenossen, der Haltung der Presse, den Ansichten der jeweiligen Meinungslenker[9] –, verzichten sie freilich auf die weitergehenden Erkenntnismöglichkeiten anderer Forschungsmethoden. Die antipreußische Einstellung der Bevölkerung in den säkularisierten Hochstiften scheint diesen Historikern zufolge »allgemein verbreitet gewesen zu sein«.[10] Und: »Bei der Bevölkerung seiner neuen Gebiete stieß Preußen allerdings noch lange auf starke Zurückhaltung.«[11]

Während sich solche Einschätzungen vor allem auf *veröffentlichte* Meinung stützen, liefert die quantitative Analyse von Vornamen gesichertes empirisches Datenmaterial – unverzichtbares Datenmaterial zur differenzierten Erforschung und Bewertung politischer und gesellschaftlicher Orientierungen großer Bevölkerungsteile.

Ein genauerer Blick auf die Entwicklung der Heiligennamen im Münsterland bestätigt zunächst die Annahme eines starken konfessionellen Gegensatzes zwischen katholischer Bevölkerung und neuer protestantischer Obrigkeit. Sowohl in der unsicheren Zeit um 1800 als auch 1805, nach der ersten Etablierung der Preußen, zeigt sich eine besondere Wertschätzung dieser Art von Namen. Zwar erreichte die Rate nicht mehr den absoluten Höchststand des Jahres 1795, aber sie lag doch deutlich über den Werten von 1785 und 1790 (Abb. 1, S. 130). Offensichtlich neigte ein Großteil der Münsterländer dazu, durch die Wahl eindeutig religiös motivierter katholischer Namen auf die Bedeutung der vorherrschenden heimischen Konfession den Preußen gegenüber hinzuweisen. Erst in der zweiten Preußenzeit, nach 1813, scheint dieses Bestreben abgenommen zu haben. Aus der deutlich gesunkenen Rate religiös motivierter Vornamen der Jahre 1815 und 1817 spricht gewiß ein Stück Gewöhnung an die sich nun dauerhafter einrichtende preußische Herrschaft und zeigt sich – neben dem Aufbrechen einer alten Tradition und der Öffnung für neue Einflüsse – eine nachlassende Opposition (Abb. 2, S. 130).

Die Verpreußung der Münsterländer

Daß Anpassungsbereitschaft innerhalb der Bevölkerung des ehemaligen Fürstbistums auch bereits während der ersten Periode preußischer Herrschaft, nach 1802/03, grundsätzlich vorhanden war, demonstriert die Entwicklungslinie der preußischen Königsnamen »Friedrich« und »Wilhelm« (Abb. 2, S. 130). Ausgerechnet die Namen des »Ketzers« nahmen 1804 gegenüber 1800 sprunghaft, von 4,5 auf 7,7 Prozent, zu und erreichten damit einen für zwei Einzelnamen überdurchschnittlich hohen Anteil. Wenn auch dieser Wert nach 1804 wieder fiel – was unter anderem mit der seit 1805 durchgeführten Einziehung der Landesbürger zur preußischen Armee zusammenhängen könnte[12] – und sich während der Franzosenzeit an der 5-Prozent-Marke einpendelte, so deutet der Ausschlag des Jahres 1804 doch auf eine bestimmte Neigung von Teilen der Bevölkerung zu schneller Anpassung hin.

Obwohl die veröffentlichte Meinung der neuen Landesherrschaft gegenüber eine vorwiegend oppositionelle Haltung anschlug, bleibt die gegenläufige Tendenz unverkennbar, die neue Lage zu akzeptieren, ja sich durch Annahme der Vorbildfunktion des neuen Monarchen relativ schnell in sie zu fügen. Entgegen allen veröffentlichten Meinungskundgebungen äußert sich in der Beliebtheit der Namen »Friedrich« und »Wilhelm« 1804 im Münsterland das konkrete Bedürfnis der Bevölkerung, den neuen Herrn anzuerkennen. Die Analyse der Vornamengebung führt in diesem Fall zu einem erstaunlichen Ergebnis und bereichert die bisherige Auffassung von der »öffentlichen Meinung« der Münsterländer hinsichtlich der ersten Machtübernahme der Preußen um einen wichtigen Aspekt.

Preußen oder Frankreich?

Den Franzosen gegenüber, die 1806 das Münsterland besetzten, fiel die Anpassungsbereitschaft der Einheimischen deutlich geringer aus. Revolutionärer Geist war, wie wir gesehen haben, in der ländlichen Bevölkerung ohnehin nur in geringem Maße zu finden. Hinzu kam, daß die Bevölkerung sehr bald schon unter den Folgen der schnell durchgeführten napoleonischen Umgestaltung von Verwaltung und Rechtsordnung zu leiden hatte. Mit erheblichen Steuer- und Abgabenforderungen beutete die französische Herrschaft das Land noch weit mehr aus als die vorangehende preußische.[13]

Zu welch geistiger und materieller Not die Besatzung führen konnte, beschreibt Theodor Fontane in *Vor dem Sturm*, seinem großen Panorama »aus dem Winter 1812 auf 13«. In die Erlebnisse des märkischen Gutsherrn Berndt von Vitzewitz läßt er viel Zeittypisches einfließen. Ähnliches mag sich im Münsterländischen zugetragen haben.

Der Tag von Jena hatte über das Schicksal Preußens entschieden; elf Tage später hielten bereits angemeldete französische Offiziere vor dem Herrenhause in Hohen-Vietz, zu deren Bewillkommnung, um nicht Anstoß zu geben, auch die kaum von einem hitzigen Fieber wiederhergestellte, noch die Blässe der Krankheit zeigende Dame vom Hause erschienen war. In der Halle war gedeckt. Frau von Vitzewitz blieb und schien ihren Zweck, ein leidliches Einvernehmen zwischen Wirt und Gästen herzustellen, erreichen zu sollen, als sich, während schon der Nachtisch aufgetragen wurde, ein ihr gegenübersitzender Kapitän [...] erhob und in unziemlichster Huldigung Worte lallte, die der schönen Frau das Blut in die Wangen trieben. Berndt von Vitzewitz fuhr auf den Elenden ein, andere Offiziere, dazwischen springend, trennten die miteinander Ringenden, und Partei ergreifend für den beleidigten Gemahl, steckten sie draußen im Park den Platz ab, wo der Handel auf der Stelle ausgemacht werden sollte. Berndt, ein Meister auf den Degen, verwundete seinen Gegner schwer am Kopf, und die Franzosen [...] beglückwünschten ihn [...] zu seinem Triumph. Aber es war ein kurzer Sieg, zum mindesten ein teuer erkaufter. Die heftigen, von solchen Vorgängen unzertrennlichen Erregungen warfen die schöne Frau aufs Krankenbett zurück, am dritten Tag war sie aufgegeben, am neunten trugen sie sie die alte Nußbaumallee hinauf, bis an die Hohen-Vietzer Kirche, und senkten sie [...] ein. [...] Berndts Charakter hatte sich unter diesen Schlägen aus dem Ernsten völlig ins Finstere gewandelt. Die Lage des zerbröckelten, nahezu aus der Reihe der Staaten gestrichenen Vaterlandes war nicht dazu angetan, ihn aufzurichten. Sein eigner Besitz entwertet, die Ernten geraubt, das Gehöft von Räuberhänden halb niedergebrannt – so verfiel er auf Jahr und Tag in brütenden Tiefsinn und lebte erst wieder auf, als Sorge und Mißgeschick, die beinahe unausgesetzt auf ihn eindrangen, einen großen Haß in ihm gezeitigt hatten.[14]

Bei Fontane spielt der Haß des Berndt von Vitzewitz eine bestimmte Rolle als eine der Voraussetzungen für die glorreiche und mythifizierte »deutsche Erhebung«. Er wird übrigens äußerst moderat und differenziert gezeichnet, zwar durchaus gegen alles gerichtet, »was von jenseit des Rheines kam«, aber doch mit einem »Unterschied in dem, was er gegen den Machthaber und gegen die französische Nation empfand«.[15] Ob ein ähnlicher Haß gegen die Franzosen unter den Münsterländern schwelte, darüber geben die Vornamen keine Auskunft; sie können, innerhalb einer gewissen Bandbreite natürlich, nur Zustimmung oder Ablehnung, nicht aber Liebe und Haß signalisieren.

Befragen wir unser Material, dann fällt auf, daß sich tatsächlich französische Namen nur äußerst schwer einbürgerten. Bis 1810, fast vier Jahre nach der Machtübernahme der Franzosen, spielten solche Vornamen im Münsterland keine nennenswerte Rolle (Abb. 2, S. 130); immerhin stieg ihr Anteil in den Jahren 1809/1810 leicht an. Dieser Befund weist weder auf »Franzosenhaß« noch auf eine übermäßige Neigung zur Identifikation mit der Besatzung hin. Dabei blieb es zunächst. Die fehlende Identifikation schlug unter den Münsterländern offensichtlich nicht in Haß um – ganz im Gegensatz zu Berndt von Vitzewitz, dessen Haß sich unter den Erniedrigungen langsam aber stetig entwickelt. Im Roman Fontanes erfüllt der Franzosenhaß eine wichtige Aufgabe. Wie sah er in Wirklichkeit aus? Für die Kernlande Preußens wären dazu eigene Untersuchungen notwendig; für das »preußische« Münsterland läßt die quantitative Analyse der Vornamengebung den Schluß auf besonders ausgeprägten Franzosenhaß nicht unbedingt zu. Im Gegenteil: Nicht so schnell wie unter der Preußenherrschaft, im Ergebnis jedoch ganz ähnlich, lassen sich mit zunehmender Dauer auch unter dem Regiment der Franzosen Öffnungs- und Anpassungstendenzen im Münsterland beobachten. Der Anteil französischer Namen stieg 1811 auf etwas über 1 Prozent, um 1813 auf fast 7 Prozent hochzuschnellen (Abb. 2, S. 130). Hatten sich die Münsterländer nach sieben Jahren mit den Franzosen arrangiert? Schlug da plötzlich eine Mode durch?

Verallgemeinerungen fallen gerade in diesem Fall schwer, weil sich die lokalen Unterschiede der untersuchten Gemeinden verzerrend auf das Gesamtbild auswirken. Die Vergabehäufigkeit französischer Namen nahm 1813 vor allem in jenen Orten überproportional zu, deren Neigung zur Innovation generell höher zu veranschlagen ist.[16] Die ehemals gräfliche Residenzstadt Burgsteinfurt mit ihrer konfessionell gemischten Bevölkerung, ihrer geographischen Nähe zu den Niederlanden sowie ihrer auch während der »Franzosenzeit« handelspolitisch günstigen Lage weist 1813 den außergewöhnlich hohen Anteil von 26 Prozent französischer Namen auf. Freckenhorst folgt weit abgeschlagen, mit nur 2 Prozent, während in den Gemeinden Greven und Sendenhorst auch im Jahr 1813 keine französischen Vornamen erscheinen.[17] So zeichnet für den hohen Durchschnittswert des Jahres 1813 vor allem die Sonderentwicklung in Burgsteinfurt verantwortlich. Diese Differenzierung zeigt, daß selbst in einer relativ homogenen Region wie dem Münsterland die Vornamengebung je nach geographischer Lage, konfessioneller und ökonomischer Situation der einzelnen Gemeinden variieren kann. Sie spricht andererseits jedoch nicht wirklich gegen die Annahme allgemeiner Öffnungs- und Anpassungstendenzen im Münsterland insgesamt. Selbstverständlich lassen sich solche Tendenzen zunächst vorrangig in jenen Landesteilen beobachten, deren Bevölkerung Veränderungen seit jeher am aufgeschlossensten gegenüberstand; davon abgesehen deuten die Entwicklungsverläufe der Heiligennamen, der gebundenen und der innovativen Namen zur gleichen Zeit auch in den konservativer orientierten Gemeinden auf phasenverschobene Reaktionen hin, die sich auf die französischen Namen sicherlich ausgedehnt hätten, wäre die französische Besatzung über 1813 hinaus im Lande verblieben.[18]

Neben der ausgeprägten Neigung zur Neuorientierung in einzelnen Gemeinden des Münsterlandes muß die Erklärung der rapiden Zunahme französischer Namen zwischen 1812 und 1813 einen zweiten Faktor berücksichtigen: den Anstieg französischer Soldaten als Väter. Vielleicht hatte es der *Tambourmajor*, wie ihn Heinrich Heine in seinem gleichnamigen Gedicht beschreibt, den westfälischen Mädchen angetan.

Er kam und sah und siegte leicht,
Wohl über alle Schönen;
Sein schwarzer Schnurrbart wurde feucht
Von deutschen Frauentränen.

Wir mußten es dulden! In jedem Land,
Wo die fremden Eroberer kamen,
Der Kaiser die Herren überwand,
Der Tambourmajor die Damen.

Und Heine schließt:

Der Alte ist dein Vater vielleicht
Von mütterlicher Seite.[19]

Exakte Informationen über das Ausmaß dieser speziellen Art deutsch-französischer Kollaboration und ihrer Folgen für die Vornamengebung können wir den Taufmatrikeln nicht entnehmen. Da die Kinder französischer Väter und münsterländischer Mütter zum großen Teil als »Illegitimi«, als Nichteheliche, zur Welt kamen, und da in solchen Fällen das Taufbuch oftmals über den Erzeuger schweigt, bleiben wir auf Mutmaßungen angewiesen. Trotzdem: Eingedenk aller notwendigen Differenzierungen und Relativierungen, eingedenk auch der methodischen Mahnung, hohe prozentuale Schwankungen bei kleineren Datenmengen nicht überzubewerten,[20] spricht der immer noch abrupt zu nennende Anstieg französischer Namen im Jahr 1813 für die Annahme einer allgemein gestiegenen Bereitschaft zur Akzeptanz der Franzosen im Münsterland. Allerdings weist der Einbruch von 1814 darauf hin, daß diese Bereitschaft lediglich an der Oberfläche haftete und nur zu sehr vom politischen Geschick der französischen Machthaber abhing.

Die Entwicklung der französischen Vornamen im Münsterland (Abb. 2, S. 130) spiegelt Napoleons russisches Debakel vom Winter 1812 sowie die Niederlage in der Leipziger Völkerschlacht vom Oktober 1813 exakt wider. Hier zeigt sich am konkreten Beispiel ein erstes Mal jene zeitliche Verschiebung, von der wir bei der Suche nach den Auswirkungen einschneidender politischer Ereignisse auf die Vornamengebung stets ausgehen müssen.[21] Zwar hatte der Mißerfolg des Rußlandfeldzuges das napoleonische Herrschaftssystem schwer angeschlagen, doch noch keineswegs – und schon gar nicht in Westfalen – gebrochen. Münsterländische Eltern, die im Frühjahr 1813 ihr Kind tauften, hatten die Entscheidung für einen französischen Vornamen entweder schon vor der Niederlage in Rußland gefaßt oder sahen – falls sie den Namen erst spontan kurz vor oder nach der Geburt auswählten – in dem weit entfernten militärisch-politischen Geschehen zunächst noch keinen Grund, sich in der Namenwahl von der seit sechs Jahren etablierten Besatzungsmacht abzukehren. Mochten auch eigene Landsleute in Rußland umgekommen sein, die Franzosen standen weiterhin in ihrer Heimat, und noch deutete nur wenig darauf hin, daß sich dies sehr bald ändern sollte. Die Vornamen bestätigen diesen Gedankengang. Noch 1813 dominierten die Anpassungstendenzen an die französischen Herrscher; mehr noch: So viele Eltern wie nie zuvor, einschließlich natürlich der neuartigen deutsch-französischen Elternpaare, bevorzugten französische Namen, zeigten Bereitschaft, sich der französischen Kultur zu öffnen. Im Jahr darauf jedoch, jetzt aber nach dem faktischen Ende der französischen Besatzung, setzte sich die Gegenreaktion vollständig durch. In den untersuchten Gemeinden erscheint 1814 kein einziger französischer Name mehr.

Noch im November 1813 hatten die Franzosen fluchtartig das Land geräumt und waren die Preußen wieder eingezogen. Friedrich Wilhelm III., den einstigen »Ketzerkönig«, der nach Memel geflohen war, konnten nun viele als den Befreier vom Joch der Fremdherrschaft begrüßen. Wenigstens legen die neuerlich gestiegenen Werte der preußischen Königsnamen in den Jahren 1815/16 eine solche Auffassung nahe; ab 1817 fiel deren Quote wieder in jenen Normalbereich zwischen 4 und 5 Prozent zurück, in dem sich diese Namen bereits vor der ersten Preußenherrschaft bewegt hatten.

Einen wenigstens mittelfristig nachwirkenden Eindruck hat die Franzosenzeit im Münsterland aber dennoch hinterlassen.

Französische Namen, bis 1809 in dieser Gegend nicht üblich, bürgerten sich seit 1810 auf einem durchschnittlichen Niveau von etwa 1 Prozent ein. Nach den politischen Eruptionen der Jahre 1812/13, die sich in der Kurve phasenverschoben für 1813/14 wiederfinden, blieben die französischen Namen seit 1815 auf diesem Niveau und überschritten es 1816 sogar mit dem relativ hohen Wert von 3,5 Prozent (Abb. 2, S. 130).

Kein Stoff für Mythenbildung

Extreme Haltungen lassen sich bei der Masse der Münsterländer zwischen Revolution und Restauration nicht finden: Sie waren in ihrer Mehrheit weder Revolutionäre noch Freiheitskämpfer. Weder liefen sie, wie der Jakobiner Josephe, den revolutionären Schlagworten von »Freiheit, Gleichheit, Brüderlichkeit« nach, noch sangen sie mit Ernst Moritz Arndt vom »Gott, der Eisen wachsen ließ«.[22] Während der Zeit der Revolutionskriege und der napoleonischen Vorherrschaft über den Kontinent wandelten sie sich – wie andere Deutsche auch – keineswegs zu Franzosen. Sie liebten sie nicht besonders, haßten sie wohl aber auch nicht. Sie neigten zur Anpassung.

Die Vornamen der Münsterländer spiegeln eine von den politischen Veränderungen vielfältig betroffene ländliche Bevölkerung, die sich in ihren Einstellungen von den jeweils herrschenden Tendenzen und Strömungen stark beeinflussen ließ. Nicht unmittelbar, aber doch regelmäßig und mit den üblichen zeitlichen Phasenverschiebungen reagierte die öffentliche Meinung in dieser Region auf die politischen Hauptereignisse, sei es die Revolution in Frankreich, seien es in deren Gefolge die Herrschaftswechsel im Lande. Die Revolution wirkte zunächst verunsichernd und brachte später eine Gegenreaktion in Gang. Gleichzeitig bot sie einen Anlaß, von alten Traditionen abzugehen und sich für neue Einflüsse zu öffnen. Sie gab Impulse und löste bestimmte Trends aus, die sich erst in der längerfristigen Perspektive durchsetzten: etwa die Säkularisierung einer traditionell katholischen Gesellschaft und deren Modernisierung. Trends, die an der Abnahme der religiös motivierten Vornamen sowie der gleichzeitigen Zunahme der Innovationsfreudigkeit zu erkennen sind.

Bemerkenswerter noch – und hier liefert die Analyse der Vornamengebung wichtige zusätzliche Aspekte zu einer vornehmlich aus veröffentlichten Quellen gewonnenen »öffentlichen Meinung« – erscheint die Beobachtung des grundsätzlichen Anpassungsverhaltens der Bevölkerung gegenüber einer neuen Herrschaft, obwohl der Herrschaftswechsel beide Male durchweg erhebliche Belastungen der Bevölkerung mit sich brachte. Trotz des radikalen Umsturzes der alten fürstbischöflichen Ordnung durch die neue preußische Verwaltung verweist die Vornamengebung auf die prinzipielle Bereitschaft, den neuen König anzunehmen und in seiner Vorbildfunktion zu akzeptieren. Auf der anderen Seite hielt zwar die anfängliche Distanz gegenüber den Franzosen, die sich als militärische Besatzungsmacht etablierten, länger an, ließ freilich auch hier nach, sobald sich die Ordnung des Rheinbundes zu festigen schien. Nach dem schnellen Zusammenbruch des napoleonischen Systems fand jedoch auch diese neue Anpassung ihr abruptes Ende. Wer weiß, vielleicht wären die Münsterländer doch Franzosen geworden, hätte sich deren Herrschaft nur tiefer einwurzeln können?

So aber wurden sie Preußen und blieben Deutsche. Öffentliche und veröffentlichte Meinung, das zeigt dieses Beispiel, decken sich nicht immer. Wo der Intellektuelle, der scheinbare Meinungsleithammel, noch Opposition predigt, kann die breite Masse längst schon anders denken. Über die Motive jener Anpassungstendenzen der Münsterländer bleibt zu spekulieren. Regionalstolz scheint aber 1804 sowenig einen Anreiz zu verstärkter Opposition geboten zu haben wie 1813 ein deutsches Nationalgefühl. Eher entsteht nach unseren Betrachtungen der Eindruck, man habe sich so gut und so bald wie möglich mit den jeweiligen Verhältnissen arrangiert. Für den Mythos von der glorreichen »deutschen Erhebung« sprechen in diesem Falle die Vornamen nicht.

IV.
Vom Königreich ins Kaiserreich: Bayerisch-deutsche Politik im Spiegel der öffentlichen Meinung Münchens

Wer »macht« Geschichte?

Eine alte geschichtswissenschaftliche Auseinandersetzung kreist um die Frage, wer denn Geschichte eigentlich »macht«. Wirken einzelne, schicksalsgewählte Persönlichkeiten segensreich oder unheilbringend, aufbauend oder zerstörend auf die Gestaltung einer Zeit ein, oder handeln sie lediglich als Werkzeuge größerer, überindividueller Kräfte, Strukturen, vielleicht gar Gesetzmäßigkeiten? Der zurückblickende Wissenschaftler mag einer Antwort auf diese Frage besonderes Gewicht beimessen; dem Zeitgenossen, der Geschichte oder Politik miterlebt und kommentiert, bedeutet sie in der Regel wenig. Ohne viel darüber nachzudenken, neigt er zur Personifizierung, zur Identifikation des erlebten Geschehens mit den Namen und Persönlichkeiten der jeweiligen Handlungsträger, der Politiker, Staatsmänner, Könige und Feldherren, der Machthaber oder Machtverwalter. Offensichtlich erklären sich politische Prozesse leichter, stellen sich einfacher dar, sobald sie in direkter Beziehung zum konkreten Handeln einer öffentlichen Persönlichkeit stehen.

Indem sie diese wohl in allen Zeiten vorzufindende Neigung zur Personifikation ausnutzen, erstellen die Politbarometer der Gegenwart regelmäßig Skalen mit Sympathiewerten für Politiker. Auch geschichtswissenschaftlich läßt sich damit arbeiten. An die Stelle der fehlenden Umfragen treten in diesem Fall die Vornamen, in deren Vergabe sich eine Personifizierung im Sinne von Identifikation und Orientierung besonders ausdrückt.

Das gilt für die europäische Vornamengebung allgemein,

die, ob im System der Benennung nach Sippen- oder Familienangehörigen, ob in ihrer Bindung an die christlichen Heiligengestalten, stets vorbildbezogen war. Je mehr diese Systeme aufbrachen, desto mehr Freiräume entstanden für andere Einflüsse. Daß die Auseinandersetzung mit den augenscheinlichen »Machern« der Geschichte eine der wichtigsten Motivationen der freier gewordenen Vornamengebung bildete, klang im vorangehenden Kapitel, in der Vergabe der preußischen Königsnamen »Friedrich« und »Wilhelm« im Münsterland schon an. Am Beispiel Bayerns im 19. Jahrhundert wollen wir diesen Zusammenhängen intensiver nachgehen. Dabei halten wir uns in diesem Kapitel an die Einzelnamen der Handlungsträger, die Namen der Monarchen, Fürsten und Adeligen, deren dynastisches Bewußtsein sich auch über die Kontinuität bestimmter Vornamen prägte und weiterbildete. Vor der Einzelanalyse ergibt sich jedoch die Möglichkeit, am Beispiel einer Namensgruppe, der »dynastischen Namen«, zunächst allgemeinere Tendenzen zu verfolgen und die Fragestellungen zu präzisieren. Nicht zuletzt dient uns der Blick auf die dynastischen Namen auch zur Einführung unserer neuen Untersuchungsbasis: der bürgerlichen Bevölkerung Münchens im 19. Jahrhundert.[1]

Dynastische Orientierungen im »bürgerlichen Zeitalter«

Das 19. Jahrhundert erscheint oft als das »bürgerliche Jahrhundert«. Das Bürgertum, wie auch immer definiert, sei im Laufe dieser Epoche zur wirtschaftlich und gesellschaftlich bestimmenden Schicht aufgestiegen.[2] Trotzdem blieb auf der Ebene staatlicher Organisation die Monarchie bis 1918 das vorherrschende Modell, wenn auch zunehmend »bürgerlich«, durch Verfassungen eingehegt. Und obgleich sich die Höfe selbst in steigendem Maße verbürgerlichten, repräsentierten doch Adelige, Dynasten und Monarchen weiterhin die maßgebliche Klasse der politisch Handelnden, an der sich das aufstrebende

Bürgertum auf seinem Weg zur eigenen politischen Handlungsfähigkeit grundsätzlich orientierte.

Allgemeine Entwicklungslinien fordern Differenzierung, gerade für Deutschland, wo sich bis zum Ende des Alten Reiches eine einzigartige Vielfalt von Herrschaftsformen ausgebildet hatte, Formen nicht nur fürstlicher, sondern – vor allem in den Reichsstädten – auch bürgerlicher Macht. Damit war es nach 1806 im wesentlichen zu Ende. Staatliche Macht modernisierte und zentralisierte sich zugunsten der großen Königreiche und Fürstentümer. Innerhalb dieses großen Prozesses mußte sich das Bürgertum neben allen wirtschaftlichen und gesellschaftlichen Erfolgen auch politisch seinen Weg zum Aufstieg suchen. Dabei scheint es, als sei dieser Weg wenigstens in seiner ersten Phase durch das Bestreben gekennzeichnet, sich dynastisches Terrain zu erschließen. Vornamen bildeten einen wichtigen Teil dieses Terrains.

München, seit 1799 Residenz des Kurfürsten Maximilian IV. Joseph und seit 1806 Hauptstadt eines Königreiches,[3] steht im Zentrum eines jener Staaten, die von den Prozessen der Säkularisation, Mediatisierung sowie der Zentralisierung erheblich profitierten. Als solches bildet es sicher kein repräsentatives Beispiel für ganz Deutschland, aber doch einen aussagekräftigen Brennpunkt symptomatischer Strömungen. Im Gegensatz zur vorwiegend ländlich-bäuerlichen Bevölkerung des Münsterlandes sowie des – später noch eingehend zu betrachtenden – Altmühltals rückt jenes aufstrebende, *städtische Bürgertum* nun in den Mittelpunkt des Interesses. Dabei führt die Sozialstruktur der hauptsächlich untersuchten Münchner Pfarrei St. Peter sofort den »Zwittercharakter« dieses Bürgertums vor Augen, der einerseits pauschale Urteile über den Aufstieg des Bürgertums so problematisch erscheinen läßt, dessen Berücksichtigung in Verbindung mit der quantitativen Vornamenanalyse andererseits allerdings erstaunlich differenzierte Einsichten ermöglicht: Einsichten nicht nur in die politischen Orientierungen, sondern auch in den gesellschaftlichen Wandel dieser sozialwissenschaftlich oftmals vage beschriebenen Schicht.

Im Sprengel der ältesten Münchner Pfarrei[4] finden sich genau jene Ausprägungen von Bürgertum, aus deren Neben- und Miteinander sich der Zwittercharakter hauptsächlich herleitet: »traditionales Stadtbürgertum« auf der einen, »zwischen Funktionsstand und Berufsklasse schwebende bildungsbürgerliche Intelligenz« auf der anderen Seite bezeichnen seine beiden Erscheinungsweisen. Die eine, so Hans-Ulrich Wehler, habe sich eher der »versinkenden Vergangenheit«, die andere der »aufsteigenden Zukunft« zugewandt.[5]

Das *traditionelle Stadtbürgertum* alter Prägung herrschte in St. Peter vor: Handwerksmeister, Ladenbesitzer, selbständig Dienstleistende, niedere Beamte und Angestellte repräsentierten zwischen 1787 und 1876 recht konstant um die 60 Prozent der Bevölkerung.[6] Daneben stand eine relativ breite *bildungsbürgerliche Schicht*. Der Anteil von mittleren und hohen Beamten und Angestellten, Lehrern und Professoren, Ärzten und Apothekern, Künstlern und Offizieren betrug regelmäßig um die 13 bis 15 Prozent.[7] Eine weitere, im Laufe des 19. Jahrhunderts entstehende Gruppe von reichen, kapitalkräftigen Wirtschaftsbürgern, die »Bourgeoisie«,[8] erscheint nur in sehr geringen Prozentsätzen, die eine quantifizierende Untersuchung ihrer Vornamengebung kaum zulassen.

Von den bürgerlichen können wir nichtbürgerliche Schichten unterscheiden. Voll- und Kleinbauern sind im Stadtgebiet nur in relativ kleiner Zahl anzutreffen.[9] Bürgerliche und teils auch bäuerliche *Unterschichten* (Handwerksgesellen und -gehilfen, Tagelöhner und sonstige Lohnarbeiter, Gütler, Häusler, Gesinde) hingegen formieren sich zu einer dritten wichtigen Klasse,[10] deren Bewegung im unteren Grenzbereich des »klassisch« bürgerlichen Spektrums Aufschlüsse über Bestrebungen zuläßt, entweder selbst den Sprung ins bürgerliche Lager zu schaffen oder aber eigene Identitäten zu bilden. In diesem Zusammenhang wäre die seit Ende der sechziger Jahre verstärkt auftretende Industriearbeiterschaft gleichfalls von Interesse; freilich bleibt aber auch diese in St. Peter während des gesamten Untersuchungszeitraumes unterrepräsentiert.[11]

Abgesehen von dem zahlenmäßig kaum ins Gewicht fallenden Wirtschaftsbürgertum erfaßt also die Münchner Pfarrei St. Peter das Gros städtischen Bürgertums in seiner charakteristischen Aufspaltung recht gut. Neben jener Zweiteilung in traditionelles, handwerklich-gewerbliches Bürgertum und Bildungsbürgertum sollten wir jedoch einen zweiten Faktor nicht vergessen, dessen politische wie gesellschaftliche Sprengkraft während des 19. Jahrhunderts noch einmal kraß zutage trat: der *Konfessionalismus*. Unter den Königen Ludwig I. und Maximilian II. entwickelte sich München zu einer bevorzugten Bühne der Auseinandersetzungen zwischen Katholizismus und Protestantismus. Zwar herrschte von jeher das katholische Bekenntnis vor, doch stiegen – nicht zuletzt durch die königliche Kulturpolitik – Größe und Bedeutung der zu Beginn des 19. Jahrhunderts noch kleinen protestantischen Gemeinde stetig, so daß die Frage nach der öffentlichen Meinung nur unvollständig beantwortet wäre, blieben die Protestanten unberücksichtigt. Auch bei diesen spiegelt sich das bürgerliche Zwitterwesen; im Vergleich zu den Katholiken nimmt der Anteil protestantischer Bildungsbürger über das ganze Jahrhundert hinweg einen höheren Stellenwert ein. Das weist auf eine etwas andere gesellschaftliche Funktion vieler Protestanten hin. Grundsätzlich jedoch unterscheiden sich die beiden Bevölkerungsgruppen in ihrer Schichtung nicht maßgeblich.[12]

Hinsichtlich der Orientierung am fürstlichen Adel, der politisch nach wie vor aktiv und gesellschaftlich maßgeblich war, nahmen die Protestanten in München offensichtlich eine Vorreiterrolle ein. Um die 40 Prozent, in manchen Jahren sogar mehr als die Hälfte bedachten vor 1817 ihre Kinder mit Vornamen, die dem Namenschatz deutscher Fürstenhäuser und Dynastien entnommen waren: »Amalia«, »Augusta«, »Louise«, »Sophie«, »Wilhelmine« – »Albrecht«, »Ferdinand«, »Rudolf« oder »Wilhelm«.[13] Im Verlauf des Jahrhunderts freilich sank diese hohe Rate, pendelte von 1817 bis 1847 im Bereich zwischen 30 und 40 Prozent, um sich schließlich – mit einzelnen Ausreißern nach unten (1855, 1859) – knapp unter der 30-Prozent-Marke einzuschwingen (Abb. 3, S. 131).

Ganz anders verhielten sich die Katholiken von St. Peter (Abb. 4, S. 131). Dynastische Vornamen, so legt ein Blick auf den Beginn des Untersuchungszeitraumes nahe, hatten in der katholischen Namengebung weit weniger Tradition als in der protestantischen. Nicht einmal 6 Prozent der katholischen Eltern gaben ihrem Kind vor 1797, noch während der Regierungszeit des – unbeliebten – Kurfürsten Karl Theodor, einen dynastischen Namen. Der absolute Tiefpunkt von 1791 (3 Prozent) könnte auch in München einen Reflex der Französischen Revolution darstellen. Spätestens seit 1797 jedoch stieg der Anteil schnell an. Die Beliebtheit des neuen Kurfürsten- und späteren Königspaares spielte hierbei sicherlich eine Rolle; in unsere Gruppe der dynastischen Vornamen fließen ja die bayerischen Königsnamen »Maximilian« (»Max«) und »Ludwig« sowie die Königinnennamen »Caroline« und »Therese« mit ein. Wir bleiben aber zunächst bei der Frage nach dem Aufstieg des Bürgertums und betrachten auch für die Münchner Katholiken die Langzeitentwicklung der dynastischen Namen. Selbst den niedrigsten Anteil dynastischer Namen bei den Protestanten (21,5 Prozent: 1859) erreichten die Katholiken nie. Trotzdem bewegten sie sich zwischen 1817 und 1849 auf einem neuen, ungewohnt hohen Niveau zwischen 15 und fast 20 Prozent. Lief diese Entwicklung bis dahin jedoch der fallenden protestantischen entgegen, so zeigte sie nach 1849 parallel zu dieser auch bei den Katholiken wieder nach unten und pendelte sich nach 1863 zwischen 12 und 14 Prozent ein.

Während sich die Protestanten bereits am Anfang des 19. Jahrhunderts stark nach dynastischen Vornamen ausrichteten, entwickelten die Katholiken jene Neigung erst seit Ende des 18. und in den ersten beiden Jahrzehnten des 19. Jahrhunderts. Beide Konfessionsgruppen jedoch verloren in der zweiten Jahrhunderthälfte das Interesse an Namen dieser Art. Welche Erklärungsmöglichkeiten bieten sich zum Verständnis dieser Entwicklung an?

Ein Blick auf die dynastische Orientierung der einzelnen Bevölkerungsschichten hilft hier weiter. Die Graphiken zeigen für die Katholiken (Abb. 4, S. 131) nach 1817 ein stark schwankendes Verhalten der Bildungsbürger auf hohem Niveau mit absteigender Tendenz. Die beiden anderen Gruppen – traditionelles Stadtbürgertum und unterbürgerliche Schichten – bewegen sich dagegen auf niedrigerem Niveau relativ stetig und seit den dreißiger Jahren gleichfalls, wenn auch weniger steil, nach unten. In dieser Ausprägung erscheint die nach Schichten differenzierte Entwicklungslinie dynastischer Vornamen mit einem für die Katholiken Münchens charakteristischen Gesicht. Einem bewegten und unsteten Verlauf beim Bildungsbürgertum tritt der ruhigere, weniger abrupt schwankende Fluß der Kurven für handwerklich-gewerbliches Bürgertum und mit Einschränkungen auch für unterbürgerliche Schichten gegenüber.

Das Verhalten des katholischen Bildungsbürgertums vor 1817 fällt sofort ins Auge: Dem langsamen, aber kontinuierlichen Wachstum in den beiden anderen Bevölkerungsgruppen setzte es zwischen 1803 und 1811 eine Steigerung der Rate dynastischer Vornamen um mehr als 100 Prozent entgegen, von knapp 20 auf über 40 Prozent aller in dieser Gruppe pro Jahrgang vergebenen Namen. Für den steilen Anstieg des katholischen Gesamtanteils in jenen Jahren (Abb. 4, S. 131), zeichnete damit in erster Linie das Bildungsbürgertum verantwortlich.

Auch unter den Protestanten spielt das Bildungsbürgertum seine besondere Rolle (Abb. 3, S. 131). Verglichen mit den beiden anderen Gruppen, setzt der Wert für die Bildungsbürger der protestantischen Gemeinde Münchens zwischen 1817 und 1821 niedriger an.[14] Während aber handwerklich-gewerbliches Bürgertum und unterbürgerliche Schichten nach unten tendieren, steigt die Quote der dynastischen Vornamen im Bildungsbürgertum bis 1825 rapide. Erst danach schließt sie sich dem allgemeinen Trend zur Abnahme dieser Namen an, ohne jedoch – analog zu den Verhältnissen bei den Katholiken – ganz auf das tiefere Niveau der beiden anderen Schichten abzusinken. Hier verbirgt also der durchschnittliche Gesamtverlauf das Sonderverhalten eines Teiles der Bevölkerung.

Waren traditionelles Bürgertum und unterbürgerliche, unterbäuerliche Schichten innerhalb der protestantischen Bevölkerung zu Beginn des Jahrhunderts anscheinend stark von dynastischen Vornamen angezogen, zeigen sich diese Gruppen in der katholischen Bevölkerung davon weniger berührt. 1829 markieren knapp 20 Prozent dynastischer Namen die absolut höchste Quote dieser Vornamen unter katholischen Handwerkern und Gewerbetreibenden. Die katholisch-unterbürgerlichen Schichten erreichen 1837 gar nur knapp 16 Prozent (Abb. 4, S. 131). Demnach scheint sich das traditionelle Stadtbürgertum ebenso wie die unterbürgerlichen Schichten katholischer Konfession zunächst kaum übermäßig auf den politisch wie gesellschaftlich vorherrschenden fürstlichen und dynastischen Adel ausgerichtet zu haben, wenngleich beide sich während der zwanziger Jahre dynastischen Vornamen in zunehmendem Maße öffneten. Freilich kam dieser Öffnungsprozeß schon bald zum Stillstand, und die dynastischen Namen pendelten sich auf tieferem Niveau wieder ein. Anders verhält es sich bei den Protestanten. Hier präsentierten sich jene beiden Bevölkerungsgruppen zu Beginn des Jahrhunderts als deutlich stärker auf dynastische Namen fixiert; aber auch das nachlassende Interesse bildet sich früher und ausgeprägter ab.

Im Münchner *Bildungsbürgertum*, dessen Sonderentwicklung die nach Schichten differenzierten Kurven auf beiden Seiten überdeutlich zum Ausdruck bringen, erkennen wir zu Beginn des Jahrhunderts den starken Drang, das politische und gesellschaftliche Aufstiegsstreben durch die Vergabe dynastischer Vornamen zu bekräftigen. Etwas phasenverschoben sowie bei den Protestanten auf höherem Niveau als bei den Katholiken sticht der abrupte Anstieg von jeweils über 20 Prozentpunkten innerhalb von acht Jahren (Katholiken – Abb. 4, S. 131) bzw. sechs Jahren (Protestanten – Abb. 3, S. 131) sofort ins Auge. Dynastische Vornamen erscheinen so während des ersten Jahrhundertdrittels als ein wesentliches Ausdrucksmittel des bildungsbürgerlichen Aufstiegsstrebens: Man orientierte sich an der Klasse der politisch Mächtigen, Handlungsbefugten und gesellschaftlich Maßgebenden und neigte zweifellos dazu, durch entsprechende Vergabe von Vornamen den Anspruch auf ein Vordringen in deren Domänen anzumelden. Sogar unter Bildungsbürgern, die mit dem Anspruch auftraten, besonders aufgeklärt, liberal und »fortschrittlich« zu sein, herrschte mitunter ein kindischer Eifer im Nachahmen adeliger Lebensformen. Noch im München der fünfziger Jahre buhlten von König Maximilian II. berufene, vorwiegend protestantische Gelehrte um die Gunst, am Hofleben teilnehmen zu dürfen. Mit besonderer Aufmerksamkeit wurde dabei auf eine Einladung ins königliche Hoflager nach Berchtesgaden geachtet. Schon im Vorfeld liefen hierzu vertrauliche Briefwechsel, und besorgte Kandidaten, wie der in Ungnade gefallene ehemalige Königsberater Wilhelm von Doenniges, versuchten rechtzeitig zu erfahren, ob ihnen das Glück zuteil werde:

> Denken Sie nicht, daß ich so unbescheiden bin, vorauszusetzen, daß mich eine Einladung wiederum dieses Jahr treffen könnte, indessen was man wünscht, wissen Sie, das nimmt man leicht als möglich an und so wende ich mich an Sie mit der Bitte, mir im Vertrauen zu schreiben, ob Se. Majestät für mich eine Einladung dieses Jahr beabsichtigen oder nicht.[15]

Als »Höfling« und »Schranze« charakterisierte sich denn auch der ebenfalls dem Gelehrtenkreis um Maximilian angehörige Paul Heyse. Man verachtete zwar den »Herrendienst«,[16] aber man leistete ihn, weil er das Sozialprestige des Bildungsbürgers hob. »Repräsentative Lebensführung, Auszeichnungen und Hofzutritt [...]. Mit diesen Statussymbolen orientierte sich das aufstrebende Bildungsbürgertum an den Denkkategorien des Adels.«[17] Die Vergabe dynastischer Vornamen bildet einen Aspekt dieses Verhaltens, ihre Analyse liefert einen Beleg dafür.

Wie lange diese Orientierung vorhielt, ist nicht einfach zu beantworten. Die Zeugnisse aus dem Kreis um Wilhelm von Doenniges, Paul Heyse, Emanuel Geibel, Justus von Liebig und anderen stammen aus den fünfziger und sechziger Jahren des 19. Jahrhunderts. Jedoch handelt es sich bei diesen Wissenschaftlern und Dichtern um eine besonders exponierte Gruppe von Bildungsbürgern, deren gesellschaftliches Prestige von der Nähe zum Herrscherhaus überdurchschnittlich stark abhing. Die Untersuchung der Vornamen dagegen legt den Schluß nahe, daß im Bildungsbürgertum allgemein die Orientierung am Adel bereits früher nachgelassen habe. Denn schon seit dem zweiten Jahrhundertdrittel sank der Anteil dynastischer Namen bei Katholiken wie Protestanten. Hatte damit das Bildungsbürgertum seinen Anspruch aufgegeben? Hatte der Adel seine Vorbildfunktion verloren, politische Macht und gesellschaftliche Verbindlichkeit eingebüßt? Oder hatte sich innerhalb des Bildungsbürgertums eine andere, neue Identität herausgebildet, welche die alten Orientierungen ablöste und die dynastischen Vornamen verdrängte? Offensichtlich benötigte das aufstrebende Bildungsbürgertum jene dynastische Orientierung, um seinen Anspruch anzumelden. Je mehr der Aufstieg gelang, um so mehr konnte es sich von diesen Namen lösen und an deren Stelle andere Namengebungsmuster treten lassen, die dem neugewonnenen bildungsbürgerlichen Bewußtsein besser entsprachen.

Es ist zu vermuten, daß es so war. Bei den weiteren Untersuchungen über die Namengebung der Stadtbevölkerung Münchens im 19. Jahrhundert behalten wir diese Vermutung im Auge und greifen sie wieder auf, sobald wir uns im Kapitel über die gesellschaftlichen Orientierungen den Bildungsnamen und den germanischen Namen zuwenden (Vgl. Abb. 21–23, S. 205/206). Vorerst befragen wir jedoch anhand der Vornamen das »Zwitterwesen« Bürgertum nach seinen konkreten politischen Meinungen.

Die bayerischen Königsnamen:
»Maximilian« und »Ludwig«

Seit Neujahr 1806 regierte in Bayern ein König. In der von Frankreich unterstützten Erhebung des wittelsbachischen Hauses zu monarchischen Würden drückte sich am augenfälligsten jener erstaunliche Wandlungsprozeß aus, der Bayern seit der Regierungsübernahme Max IV. Josephs und seines leitenden Ministers Maximilian Joseph Freiherr von Montgelas 1799 in den Kreis der großen europäischen Mächte geführt hatte. Kluge Politik auf seiten der stärksten Kraft, Frankreichs, hatte seit 1801 den Aufstieg vorangetrieben, und nicht minder kluge Politik, die den Zeitpunkt des Koalitionswechsels rechtzeitig erkannte, hatte dazu beigetragen, das Erreichte auch über den Niedergang Napoleons hinaus in eine neue Ordnung hinüberzuretten.[18]

Bayern unter königlicher Herrschaft: Das bot nun ungeahnte neue Möglichkeiten zu öffentlicher Auseinandersetzung mit dem jeweiligen Monarchen; ein König war etwas anderes als ein Herzog oder Kurfürst. Und freilich, jene vier Persönlichkeiten, die sich im Laufe des Jahrhunderts auf dem königlich-bayerischen Thron ablösten, luden in vielfacher Weise zur Stellungnahme ein, nicht immer nur mit positivem, sondern oftmals auch mit negativem Tenor: Max I. Joseph (1806 bis 1825), Ludwig I. (1825–1848), Maximilian II. (1848–1864), Ludwig II. (1864–1886). Die Vornamen »Maximilian« (»Max«) und »Ludwig« gewannen durch diese königlichen Träger eine zusätzliche Dimension. Mehr oder weniger stark schwang fortan immer ein Bezug auf den jeweiligen Monarchen mit, sobald in Bayern – und wohl besonders in der Residenzstadt München – Neugeborene einen dieser Namen erhielten.[19]

»Maximilian«, »Max« und »Ludwig« zählten vor der Max-Joseph-Zeit kaum zu den beliebtesten Vornamen der Münchner Katholiken (Abb. 5, S. 132). Beide Namen zusammen erreichten vor 1803 jeweils nur einen Anteil von weniger als 5 Prozent. Zwischen 1803 und 1811 stieg dieser Anteil auf fast 12, um sich im weiteren Verlauf bis 1833 relativ konstant zwischen 10 und 12 Prozent zu bewegen. Eine Periode neuerlichen Anstiegs begann 1833 und führte – während der Regierungszeiten Ludwigs I. und Maximilians II. – den Anteil der Königsnamen bei den Katholiken auf fast 16 Prozent. Nach 1857 fiel die Rate wieder.

Einen anderen, weniger stetigen Entwicklungsverlauf zeigen die Protestanten (Abb. 6, S. 132). Bei ihnen erreichte der Anteil bayerischer Königsnamen 1809 – verläßliche Zahlen für frühere Jahre lassen sich nicht ermitteln – 25 Prozent. Im Verlauf des Jahrhunderts aber sank er auf weit unter 10 Prozent und lag im Jahre 1871 bei 7,5 Prozent. Sogleich fällt die Spitze des Jahres 1811 (37 Prozent) ins Auge, die einem ersten Höhepunkt der Entwicklung bei den Katholiken entspricht. Beide Spitzenwerte zusammengenommen deuten auf einen besonderen Abschnitt bayerischer Geschichte, auf eine besonders hohe Identifikation mit dem neuen Königshaus in den Jahren zwischen 1810 und 1812 hin. Der extrem hohe Wert bei den Protestanten verweist auf eine zusätzlich motivierte Bindung, von der wir im Zusammenhang mit der beliebten Königin Caroline noch ausführlich sprechen werden.[20]

Bereits an der übergreifenden Kategorie dynastischer Namen haben wir gesehen, daß sich die bürgerlich-katholische Bevölkerung Münchens während der ersten Jahrzehnte des 19. Jahrhunderts zunehmend am politisch handelnden Adel ausrichtete. Diese Orientierung spiegelt sich sehr konkret auch in der Vergabehäufigkeit des königlichen Vornamens. Man wandte sich den erfolgreichen »Machern« des politischen Aufschwungs Bayerns zu, denen es gelungen war, durch Anlehnung an Frankreich einen enormen Macht- und Bedeutungszuwachs zu erzielen. Aufgrund der eigenartigen Gleichheit der Vornamen jenes kongenialen Paares, das die bayerische Politik bis 1817 lenkte, gewinnt die Kurve der bayerischen Königsnamen in diesen Jahren noch zusätzliche Aussagekraft: Nicht nur der König hieß ja Maximilian Joseph, sondern auch sein politischer Spiritus rector Montgelas.

Wenn sich der Anteil der »Maximilians« in der katholischen Bevölkerung zwischen 1803 und 1817 von 2,7 auf 6,5 Prozent mehr als verdoppelt (Abb. 5, S. 132), dürfte dies also durchaus Zustimmung zu der von den beiden Maximilians vertretenen profranzösischen Politik signalisieren. Diese Beobachtung steht im Einklang mit der gängigen Forschungsmeinung, derzufolge in Altbayern während des ersten Jahrzehnts des 19. Jahrhunderts eine »starke Sympathie für Frankreich« bestanden habe. Das formelle Bündnis mit Frankreich von 1805 habe nicht nur der »Staatsräson«, sondern auch der »Volksmeinung aller Stände« entsprochen.[21] Freilich, die Zustimmung erschien als Lohn des Erfolgs. Napoleons Sieg im dritten Koalitionskrieg brachte Bayern neue Gebietsgewinne sowie die volle staatliche Souveränität. 1806 erfolgte die Erhebung zum Königreich, der österreichische Feldzug von 1809 schließlich führte Bayern auf den Höhepunkt seiner territorialen Ausdehnung.

Auf der anderen Seite stellten sich nach drei Kriegen im Gefolge Napoleons Erschöpfung, Auszehrung und Friedenssehnsucht ein. Nur widerwillig nahm Bayern noch am Feldzug von 1812 nach Rußland teil. Niederlage und horrende Verluste im bayerischen Heer trugen alles Weitere dazu bei, den Stimmungsumschwung zu vollenden.

Einen Eindruck von den Greueln des Rückzuges aus Rußland, den nur knapp zehntausend der anfangs über eine halbe Million Soldaten umfassenden »Grande Armée« überlebten, vermittelt Ernst Moritz Arndt. Anfang Januar 1813 reiste er im Gefolge des Freiherrn vom Stein von St. Petersburg in Richtung Westen, um an der bevorstehenden »Befreiung des Vaterlandes« mitzuwirken. Bei einem Zwischenaufenthalt in der litauischen Hauptstadt Wilna beschrieb Arndt die Verwüstungen, die die fliehende französische und die hinterhereilende russische Armee hinterlassen hatten.

Welche Gräuel habe ich hier gesehen! Unweit von meinem Gasthause das Thor, aus welchem man nach Grodno fährt […], jetzt Alles, was geöffnet geleert und zerbrochen werden konnte, offen leer und verwüstet, die öden Fensterluken, kein Fenster ganz, doch in einzelnen inneren Gemächern immer noch einige kranke oder verwundete Gefangene; der Hof draußen ein Leichenhof [...]: die Todten, wie sie gestorben, als nackte Leichen, immer sogleich frisch aus den Fenstern geworfen, lagen in gräßlich gethürmten Haufen bis zum dritten Stockwerk empor, jetzt gottlob alle auch zu Eis gefroren [...]. Eben waren Hunderte Schlitten beschäftigt hier und vor andern Lazarethen der Stadt die klappernden Gebeine aufzuladen und in die [...] Wilia zu werfen, damit sie [...] fortgespült würden. – [...] Reste von abgedachten, zum Theil auch eingeäscherten Häusern Hütten und Scheunen – Holz und Stroh und was von Balken und Sparren niederzureißen war, hatten die unglücklichen Flüchtlinge natürlich zum Feuermachen oder Kochen verbraucht – da lagen in einem großen Saale [...] die zerrissenen Leichen von Kleidern Mützen Hüten Scherpen, unter ihnen auch ein paar von Menschen; es lagen auch einige Leichen, zum Theil angebrannt, neben und in Backöfen, Oefen und Kaminen [...], halbverbrauchte Holzkohlen und Holzklötze neben den halbverbrannten Leichen, deren Inhaber in der erstarrten Besinnungslosigkeit dem Feuer leicht zu nahe gekrochen sein mogten. O Menschengeschicke! wie viele Leichen lagen so in Wäldern und Feldern hinter Mauern und Zäunen, ja auf Misthaufen, unbeweint und unbegraben, über deren Wiegen einst auch glückselige Mütter gesungen gebetet und gesegnet haben![22]

Zahlreiche bayerische Mütter, Väter und Ehefrauen waren von dieser Katastrophe im fernen Rußland ebenfalls direkt betroffen. Dreißigtausend bayerische Soldaten kamen ums Leben; der Obelisk auf dem Münchner Karolinenplatz erinnert an ihr Schicksal. Der Stimmungsumschwung in der Münchner Bevölkerung gegenüber der von den regierenden Maximilians getragenen profranzösischen Politik geht im wesentlichen auf das napoleonische Debakel von 1812 zurück. War man zwar Frankreich selbst gegenüber schon seit 1809 mindestens skeptischer eingestellt als in den vorangehenden Jahren,[23] so lastete man dem König und seinem Minister nun die Mitverantwortung für das militärische Desaster an.

Der Anteil französischer Namen ging bei Katholiken wie Protestanten schon zwischen 1807/09 und 1811 deutlich zurück (vgl. Abb. 24, S. 206). Die Königsnamen hingegen stiegen in beiden Konfessionsgruppen zunächst weiter an. Bei den Katholiken hielt der Anstieg bis 1811 und – wenn auch stagnierend – sogar noch bis 1817 vor. Dieser Entwicklung ungeachtet lag der eigentliche Höhepunkt beim Jahr 1811, dem Jahr vor dem Rußlandfeldzug. Darauf deuten die Spitzenwerte der Gesamtkurve hin (Abb. 5, S. 132), und dafür spricht die zusätzlich erstellte Kurve für den vollen Königs- und Ministernamen, »Maximilian Joseph« (Spitzenwert 1811: 3,8 Prozent).

Auch das Bild bei den Protestanten bestätigt diesen Eindruck (Abb. 6, S. 132). Auf eine kräftige Zunahme des »Maximilian«-Anteils zwischen 1809 und 1811 folgte Stagnation und Rückgang bis 1815. Während also der sinkende Anteil französischer Vornamen in der Münchner Bevölkerung schon nach etwa 1807/09 auf eine verringerte Frankreichbegeisterung hinweist, präsentiert sich, gemessen an der Vergabehäufigkeit der Vornamen des Königs und seines leitenden Ministers Montgelas, jedoch erst das Jahr 1812 als das eigentliche Wendejahr der »öffentlichen Meinung« Münchens.

Oppositionsgeist Ludwig

Seit spätestens 1806 trat in Person des Kronprinzen Ludwig bei Hofe eine hartnäckige Gegenposition zur herrschenden Politik des Königs und seines Ministers hervor. Ludwig haßte Napoleon, haßte Frankreich und versuchte auch nicht sonderlich, dies zu verbergen.[24] Äußert sich in der Entwicklung des Kronprinzennamens bis etwa 1813 auch eine Art öffentlicher Opposition gegen die offizielle Bündnispolitik?[25] Zunächst: Keineswegs ging die Begeisterung innerhalb der katholischen Bevölkerung während der Jahre größter Identifikation mit dem profranzösischen Kurs Max Josephs und Montgelas' bis 1811/12 so weit, daß sie die gegenläufige pro-österreichische Haltung Ludwigs durch konsequente Verweigerung einer Vergabe des Kronprinzennamens sozusagen bestrafte. Eine solche Erwartung stellte wohl auch zu hohe Ansprüche an den Indikator Vornamen. Zwar fiel der Anteil des Namens »Ludwig« zwischen 1803 und 1807 (Abb. 5, S. 132), was aber wohl eher damit zusammenhing, daß sich der Thronfolger in jener Zeit kaum in München aufhielt.[26] Zwischen 1807 und 1811 schließlich nahm die Rate erheblich zu, stieg von 1,6 auf 5 Prozent, also nicht minder sprunghaft als der »Maximilian«-Anteil. Möglicherweise spiegelt dieser Anstieg ein gewisses antifranzösisches, pro-österreichisches Potential. Dafür spricht: Ludwig zeigte sich nach seiner Teilnahme am Krieg von 1807 wieder öfter in München, trat häufiger bei Hofe, in größerer Öffentlichkeit sowie auch in politischen Angelegenheiten auf.[27] Im Feldzug gegen Österreich von 1809 agierte er als widerborstiger Kommandeur der ersten bayerischen Division. Der Kronprinz erlangte in jenen Jahren Bekanntheit als eine politische Figur, mit der künftig zu rechnen war.

Mehr noch als bei den Katholiken fällt eine hohe Ludwig-Begeisterung gerade zwischen 1809 und 1811 bei den Protestanten auf (Abb. 6, S. 132). 1811 überflügelte der »Ludwig«-Anteil mit 20 Prozent die Rate für »Maximilian«/»Max« sogar um einiges. Auch hier spielten vielleicht politische Oppositionshaltungen mit. Freilich stagnierte bei den Katholiken »Ludwig« nach 1811 und nahm bis 1821 sogar geringfügig ab; bei den Protestanten fiel sein Anteil schon 1813 extrem und blieb bis 1817 niedrig. Hatte Kronprinz Ludwig als potentielle Leitfigur der wachsenden Opposition nach der späten Wende von 1813 ausgedient, konnte dann Vater Max wieder eher als Identifikationsgestalt dienen? Indizien hierfür liegen in dem auffälligen nochmaligen Zuwachs der »Maximilian«-Rate bei den Protestanten zwischen 1815 und 1817, aber auch in jenem gegenüber 1811 geringfügig höheren Wert von 1817 in der Gesamtkurve der Katholiken (Abb. 5, S. 132).

Öffentliche Wertschätzung des Kronprinzen aus seiner Oppositionshaltung gegen Frankreich abzuleiten, scheint nicht unplausibel, bleibt aber mit vielen Unsicherheitsfaktoren behaftet, zumal die vielschichtige und komplizierte Persönlichkeit Ludwigs einander widersprechende Einschätzungen unter den Zeitgenossen geradezu erzwingen mußte.[28] Näherliegend wäre es, den Beliebtheitssprung des Namens »Ludwig« im Jahre 1811 sowohl in katholischen als auch in protestantischen Kreisen mit einem Ereignis zu erklären, das fast immer massenhaften Jubel auslöste, je öffentlicher es gefeiert wurde, um so mehr: einer Fürstenhochzeit. Im Oktober 1810 vermählte sich der Kronprinz mit der wettinischen Prinzessin Therese von Sachsen-Hildburghausen. Der zukünftige Bayernkönig hatte sich eine Braut aus einer weitgehend unbedeutenden ernestinischen Nebenlinie erkoren, eine Brautwerbung, die unter mehreren, auch gegen Napoleon gerichteten Aspekten zu sehen ist. Weil politisch wenig brisant, hatte dieser immerhin seine Einwilligung gegeben.

Liebe, wie in jenen Zeiten und Kreisen üblich, war weniger im Spiel. Allerdings besaß der empfindsame Ludwig »die Gabe, sich in geeignete Stimmungen zu versetzen«, so daß er »zwar nicht gerade als leidenschaftlich Verliebter, wohl aber als leidlich glücklicher Hochzeiter« aufzutreten wußte.[29] Manche der gefühlsgeladenen Briefe und Gedichte, in denen er seine Braut feierte, hätten in Therese freilich eher Befürchtungen wecken müssen, nicht nur hinsichtlich der poetischen, sondern auch der (außerehelichen) erotischen Potenz ihres Anverlobten. Etwa jenes Sonett, betitelt *An Therese*:

> Wenn mir verführerische Blicke winken,
> Daß ich vom Pfade nicht der Tugend scheide,
> Verhinderst du, daß ich auf ihm nicht gleite,
> Wenn's in der Schönheit Arme drängt zu sinken.
>
> Der Wollust Küsse dürstet mich zu trinken,
> Ein Engel stehest du jedoch zur Seite,
> Beschützend gebend sicheres Geleite,
> Ob Firmamente gleich von Augen blinken.
>
> So, rettend, führe mich durch's ganze Leben,
> Du, Himmlische, vom Himmel mir gesendet,
> Und liebend laß' mich einst zu ihm entschweben.

Dich sieht mein Geist und nie wird mehr verblendet
Der Blick von Sinnenlust, die nie gegeben
Befriedigung, den Frieden nur entwendet.[30]

Die Hochzeit des bayerischen Thronfolgers war nicht nur ein dynastisches, sondern auch ein populäres Ereignis. München feierte fünf Tage lang, mit Glockengeläut und Illumination, mit Bewirtung sowohl ausgewählter Bürger in den Gasthäusern als auch »herbeygeströmter Volkshaufen« auf Straßen und Plätzen. Den abschließenden Höhepunkt bildete ein Pferderennen auf dem Gelände vor dem Sendlinger Tor »seitwärts der Straße, die nach Italien führt« – jenes berühmte Pferderennen, aus dem in den nachfolgenden Jahren das Münchner *Oktoberfest* hervorging und dessen Ort alsbald Theresienwiese genannt wurde.[31]

Ludwigs Heirat beeinflußte ohne Zweifel die Vergabehäufigkeit des Namens »Therese« und seiner landesüblichen Variationen (»Theresia«, »Theresa«, »Theres«). Nach über zehnjährigem beständigem Niedergang stieg dessen Anteil in der katholischen Bevölkerung 1811 zu erstenmal wieder; und auch bei den Protestanten legte er zwischen 1809 und 1811 um über 5 Prozentpunkte zu. Gerade diese mußten allen Grund zur Freude haben: Zum zweitenmal in Folge heiratete ein künftiger katholischer Landesherr eine protestantische Prinzessin (vgl. Abb. 16, S. 137).

Was für den Namen der Kronprinzessin offensichtlich erscheint, dürfte auch für denjenigen des Kronprinzen gelten. Leider überdeckt das klare öffentliche Identifikationsangebot der Thronfolger-Hochzeit in seinen Wirkungen auf die Namengebung in diesem Fall andere Zusammenhänge, die mit der Vergabe des Namens »Ludwig« gleichfalls hätten angesprochen sein können – etwa die mögliche Äußerung politischen Oppositionsgeistes in der Benennung eines Kindes nach dem Kronprinzen. Zu bedenken wäre auch, daß über die bisher betrachteten Entwicklungsverläufe für die ausschließlich nach Konfessionen gegliederte Gesamtbevölkerung Einsichten in vielschichtigere Zusammenhänge methodisch vielleicht gar nicht möglich sind. Erst die Aufschlüsselung nach Bevölkerungsschichten erlaubt unter Umständen differenziertere Aussagen über die Beurteilung königlich-bayerischer Politik in der öffentlichen Meinung Münchens. Um dies zu prüfen, wenden wir uns einzelnen zentralen Aspekten dieser Politik zu. Dabei stellen wir die Frage nach der Aufnahme von Ludwigs Oppositionsrolle zurück und widmen uns erneut seinem Vater, König Max Joseph (Abb. 7, S. 133).

Die »regierenden Maximilians« in Gunst und Ungunst einzelner Bevölkerungsschichten

Relativ unbeeinflußt vom Regierungsantritt des neuen Herrn gaben sich zwischen 1797 und 1801 die traditionell handwerklich-gewerblichen bürgerlich-katholischen Schichten (Abb. 7, S. 133). Erst nach 1803 erlangte bei diesen der Königs- und Ministername größere Beliebtheit. Auch am unteren Rand der bürgerlichen Stadtgesellschaft herrschte Distanz, ja der »Maximilian«-Anteil fiel hier sogar überraschend deutlich bis 1801.

Unmittelbar und heftig reagierte allein das Bildungsbürgertum. Um mehr als 5 Prozentpunkte legten die »Maximilians« in dieser Klasse zu, von 7,4 Prozent im Jahr 1797 auf 12,5 Prozent im Jahr 1801. Hingegen brach gerade deren Anteil sofort nach 1801 ein, verlor wieder 8 Prozentpunkte bis 1803 (4,5 Prozent). Spiegelt sich in dieser Entwicklung jener Vorgang, der in den Jahren nach dem Frieden von Lunéville (1801) und der Abtretung des linken Rheinufers an Frankreich die Landkarte des Reiches so dramatisch umgestaltete: die Auflösung (Säkularisation) geistlicher Territorien zugunsten der mittleren und großen weltlichen Fürstentümer? Freilich, diese Veränderungen hatten sich seit langem abgezeichnet, so daß die Annahme einer derart spontanen Reaktion innerhalb des katholischen Bildungsbürgertums nur wenig plausibel erscheint. Näher liegt die Annahme eines Zusammenhangs mit dem zweiten Aspekt der Säkularisation, der erst kurz vor dem Schluß der Reichsdeputation im Februar 1803 konkretere Form annahm und an dessen letztendlicher Durchsetzung gerade auch Bayern entschiedenen Anteil hatte: der Aufhebung sämtlicher noch bestehender landsässiger Klöster, Abteien, Stifter und Kapitel.[32] Güterbesitz, Vermögen und Kulturschätze dieser Einrichtungen fielen in die weltlichen Hände des Fiskus, eine Maßnahme, die aufgrund ihrer Gewaltsamkeit nicht überall auf Zustimmung stieß.[33]

Daß betont katholische Bildungsschichten über einen als willkürlich empfundenen Zugriff des neuen, modernen und nach rationalistischen Prinzipien organisierten Staates auf das Eigentum des alten Kulturfaktors Kirche Verbitterung und Enttäuschung empfanden, liegt nicht fern. Daß sich dieses Unbehagen 1803 auf die Popularität zweier Hauptverantwortlicher für diese Maßnahme durchschlug, scheint zumindest erwägenswert. Zu bedenken bleibt allerdings, daß die traditionsverhaftete Klasse der Handwerksmeister, in der ja doch auch ein gut katholisches Potential verborgen lag, darauf offensichtlich nicht reagierte (Abb. 7, S. 133, trad. Bürgertum, 1801: 1,8 Prozent; 1803: 2,2 Prozent). Sehr wohl aber zeigt sich ein Ausschlag bei den unterbürgerlichen Schichten, fast spiegelverkehrt zu demjenigen im Bildungsbürgertum, wenngleich mit geringerer Intensität. In dieser Schicht nahm der Anteil der »Maximilians« zwischen 1801 und 1803 wieder zu. Freute man sich unter den noch eher revolutionär eingestellten Handwerksgesellen und Tagelöhnern gar über die Enteignung der reichen Äbte und Pfaffen und hielt es für angemessen, die regierenden Maximilians dafür zu loben?

Nach 1803, spätestens seit 1805/06, dominierten wieder andere Fragen die Politik. Bayern stieg, im Gefolge Frankreichs, stetig auf. Die Erhebung zum Königreich würdigten sogar die sonst nur schwer beweglichen traditionell handwerklichen und gewerblichen Schichten sofort mit der in ihrer Klasse größten Zunahme des »Maximilian«-Anteils in der Zeit vor 1825 (1803: 2,2 Prozent; 1807: 4,6 Prozent).

Befremdlich hingegen erscheint die Reaktion bei den Unterbürgerlichen, die 1807, im Jahr nach der Königserhebung, keinen einzigen »Maximilian« beisteuerten. Der Rückgang von

3,9 Prozent 1803 auf null Prozent 1807 entspricht in dieser Schicht demjenigen zwischen 1797 und 1801 (4,7 Prozent auf 1,6 Prozent). Schien es in unterbürgerlichen Kreisen nicht schicklich, unmittelbar nach dem Regierungsantritt (1799) beziehungsweise unmittelbar nach der Königserhebung (1806) die Kinder auf den Namen des neuen Landesherrn, des neuen Königs zu taufen? Vielleicht war hier erst eine gewisse Scheu abzubauen, bis nach einiger zeitlicher Verzögerung der hohe Name auch am unteren Rand des bürgerlichen Spektrums Einzug halten konnte.

Die Bildungsbürger auf der anderen Seite betrachteten den Namen ihres Monarchen nach 1803 auf einmal wieder als akzeptabel, wenn nicht sogar als sehr erwünscht. Sollte tatsächlich im Tief von 1803 eine Mißbilligung der Gütersäkularisation zum Ausdruck gekommen sein, so kann diese jedenfalls nicht lange angehalten haben. Offenbar herrschte in gebildeten katholischen Kreisen ein – gar nicht unkatholischer – Geist der Vergebung. Im übrigen darf der abrupte Wiederanstieg des Namens »Maximilian« / »Max« von 4,5 Prozent 1803 auf knapp 13 Prozent 1807 in der sprunghaften Klasse der Bildungsbürger nicht als ungewöhnlich erscheinen. Allerdings legt das weitere Wachstum bis auf fast 20 Prozent im Jahr 1811 doch eine hohe bildungsbürgerliche Zufriedenheit mit der Person des Monarchen, des Ministers sowie mit der von beiden repräsentierten Politik nahe. Deutlich ausgeprägt wie nirgends sonst fällt daran anschließend das Wendejahr 1812 ins Auge. »Maximilian« verlor im katholischen Bildungsbürgertum fortan an Attraktivität, sank bis 1829 kontinuierlich auf einen in dieser Schicht bisher noch nie erreichten Tiefpunkt von weniger als 2 Prozent.

Während im Bildungsbürgertum die Beliebtheit des Monarchen- und Ministernamens nach 1811 gebrochen erscheint, legte dessen Anteil im Bereich der unterbürgerlichen Schichten noch einmal kräftig zu (Abb. 7, S. 133). 1817 stand bei ihnen der »Maximilian«-Anteil auf einer bis dato ungekannten Höhe von 8,3 Prozent. Wenn also die Gesamtkurve (Abb. 5, S. 132) noch bis 1817 einen leichten Anstieg des Königsnamens »Maximilian« / »Max« aufweist, zeichnet dafür vor allem diese Entwicklung im Bereich der unterbürgerlichen Schichten verantwortlich. Möglicherweise liegt auch hier eine gewisse »Verspätung« der unterbürgerlichen Schichten vor. Phasenverschoben und mit niedrigerer Intensität ahmten sie das bildungsbürgerliche Verhalten nach. Im Jahr des Höchststandes bei den Bildungsbürgern, 1811, setzte bei ihnen der Aufschwung ein und erreichte seinen Zenit 1817. Der Niedergang jedoch vollzog sich schneller als bei diesen: Schon 1825, im Todesjahr Max Josephs, lag die Quote wieder bei Null.

Gänzlich unbeeindruckt von solchem Auf und Ab zeigt sich weiterhin das handwerklich-gewerbliche Bürgertum. Zwischen 1807 und 1825 blieb bei den Handwerksmeistern und Gewerbetreibenden der Anteil des Königsnamens nahezu konstant etwas über der 4-Prozent-Marke, erreichte nur 1821 kurzfristig einmal die 5 Prozent. Unsere Vermutung, nach der politischen Neuorientierung von 1813 und dem Absacken des Oppositionsrepräsentanten »Ludwig« (Abb. 5, S. 132) habe »Maximilian« wieder eine größere Rolle in der Gunst der Münchner einnehmen können, bleibt – wenigstens für den katholischen Teil – unbestätigt. Wenn in der Pfarrei St. Peter insgesamt der »Maximilian«-Anteil auch zwischen 1811 und 1817 weiterhin zunahm, so zeichnete dafür allein die phasenverschobene Reaktion der unterbürgerlichen Schichten verantwortlich. Durch diesen Effekt entsteht bei ausschließlicher Betrachtung der Gesamtentwicklung ein irreführender Eindruck.

Fazit: Der nach Bevölkerungsschichten differenzierende Blick führt tatsächlich zu aussagekräftigeren Ergebnissen als die Gesamtsicht. Er zeigt, daß die große Popularität der beiden regierenden Maximilians im wesentlichen 1811/12 gebrochen war und sich danach nicht mehr dauerhaft einstellte. Bei Bildungsbürgern und – nach dem phasenverschobenen Aufschwung – Unterbürgerlichen ging sie rapide zurück; das traditionelle Stadtbürgertum blieb gleichgültig.

Etwas anders verlief die Entwicklung bei den Protestanten (Abb. 7, S. 133). Bei diesen hatten wir ja zwischen 1815 und 1817 noch einmal einen kräftigen Anstieg der »Maximilians«

beobachtet (Abb. 6, S. 132). Im Gegensatz zu den Katholiken spielten in der protestantischen Gemeinde die unterbürgerlichen Schichten dabei keine Rolle; in deren Reihen sank der »Maximilian«-Anteil seit 1809 stetig. Aufgrund der geringen absoluten Basis dürfen aber die hohen Prozentzahlen hier nur relative Gültigkeit beanspruchen. Sie signalisieren eher den Trend als die tatsächliche prozentuale Repräsentanz des Namens »Maximilian« in dieser Gruppe.

Tendenziell identisch zu den Katholiken, jedoch mit mindestens einem bedeutsamen Unterschied im Detail, verhielten sich die protestantischen Bildungsbürger: Der »Maximilian«-Anteil fiel seit 1809 ab, erreichte seinen Tiefpunkt 1811, erholte sich leicht 1813 und 1815, seit 1817 zeigt schließlich aber niemand mehr Interesse für »Maximilian.«

Bemerkenswert scheint im Vergleich beider Schichten mit ihren jeweiligen katholischen Pendants, daß der Niedergang hier bereits 1809 und nicht erst 1811/12 einsetzte. Protestantische Bildungsbürger und unterbürgerliche Schichten blieben der frankreichorientierten Politik Max Josephs und Montgelas' wohl nicht so lange wohlgesonnen wie ihre jeweiligen katholischen Mitbürger. Und – dem Bild auf katholischer Seite wieder ähnlicher: Offensichtlich konnten sich die Protestanten auch nach der realpolitischen Wende von 1813 nicht mehr sonderlich für die beiden begeistern; allenfalls flackert in den erneut gestiegenen Werten im Bildungsbürgertum 1813 und 1815 noch einmal zeitweise Zustimmung auf.

Die Zunahme des »Maximilian«-Anteils in der Gesamtkurve verursachten auf seiten der Protestanten die (bei den Katholiken so bodenständigen) traditionell stadtbürgerlichen Handwerker. Abweichend von den beiden anderen Klassen blieben sie zwischen 1809 und 1811 den regierenden Maximilians durchaus treu, ja entwickelten überhaupt erst eine gewisse Vorliebe für diesen Namen. Sehr schön zeigt sich dann der Einbruch zwischen 1811 und 1813 (von 20 auf 12,5 Prozent) sowie anschließend, wiederum gegenläufig zu den anderen Teilen der Bevölkerung, die steigende Akzeptanz bis auf 38,5 Prozent 1817.[34] Seit diesem Jahr aber bröckelte auch hier die

Popularität; kontinuierlich sackte der »Maximilian«-Anteil ab, um sich im Todesjahr des Monarchen zusammen mit den Quoten der beiden anderen Klassen im Nullpunkt zu treffen.

Verdrängten katholische wie protestantische Münchner den einen Königsnamen durch den anderen? Wenn ja, in welchem Maße geschah dies, in welchen Bevölkerungsteilen besonders, in welchen weniger und seit wann? Steht eine solche Verdrängung in Verbindung mit gewandelten politischen Orientierungen? Zur Erörterung dieser Fragen rückt der Thronfolger Ludwig wieder ins Zentrum unseres Interesses. Zuvor einige zusammenfassenden Bemerkungen:

Die Aussagekraft der Schichtenanalyse

Die Betrachtung der nach Bevölkerungsschichten differenzierten Entwicklungsverläufe hat einige frühere Beobachtungen präzisiert. Am Beispiel der Entwicklung des Königs- und Ministernamens »Maximilian« zwischen 1797 (Katholiken), 1809 (Protestanten) und 1825/29 ergab sich folgendes Bild:

Spontan und schlagartig reagiert bei Katholiken wie Protestanten stets das *gebildete Bürgertum* auf den Wandel der Politik. Auch *unterbürgerliche Schichten* zeigen, besonders bei den Katholiken, mitunter schnelle und sprunghafte Ausschläge, wobei hier der Eindruck gewisser – möglicherweise vom Bildungsbürgertum abhängiger – Phasenverschiebungen und zeitlich verzögerter »Nachahmungsreaktionen« entsteht. Weitgehend statisch, wenig reaktionsfreudig und über viele Jahre hinweg konstant in ihren Benennungsgewohnheiten tritt auf katholischer Seite die Schicht des *handwerklich-gewerblichen, traditionell-städtischen Bürgertums* auf; davon abweichend, aktiver, verhält sich derselbe Bevölkerungsteil protestantischer Konfession.

Während bei den Katholiken das Jahr 1812 als das eigentliche Wendejahr der öffentlichen Meinung gegenüber der von Max Joseph und Montgelas vertretenen profranzösischen Orientierung erschien, zeichnete sich diese Wende auf seiten der Protestanten bereits früher, spätestens 1809, ab. In beiden Konfessionen konnten der König und sein Minister nach der realpolitischen Wende von 1813 die frühere Popularität nicht mehr wiedergewinnen. Natürlich, ein Aufstieg, wie ihn Bayern zwischen 1803 und 1809/11 erlebte und wie er sich in der gleichzeitig so erheblichen Zunahme des königlichen Namens frappierend spiegelt, fand nach 1813/15 auch nicht mehr statt. Die Politik hatte sich beruhigt und normalisiert. Aber die Vornamen dokumentieren je nach Bevölkerungsschicht auch in jener großen Zeit Bayerns nicht nur den Aufschwung, nicht nur ungeteilte Zustimmung. Auch Irritation und Opposition finden in ihnen ihren Ausdruck, so etwa die katholisch-bildungsbürgerliche Mißbilligung der ungebremsten Klöstersäkularisation von 1803.

»Der König fuhr, da wir eben in die Stadt kamen, durch die erleuchteten Straßen, das Volk jauchzte, und Freudentränen rollten über die Wangen der harten Nation; ich warf ihm auch Kußhände zu, und ich gönn' ihm, daß er geliebt ist«, notierte Bettina von Arnim am 18. Mai 1809 in München.[35] Die kleine Szene führt König Max Joseph auf dem Höhepunkt seiner Popularität vor. Daß, warum und in welchen Teilen der Bevölkerung diese Beliebtheit bald gesunken war, hat unsere Analyse der öffentlichen Meinung der Münchner gezeigt.

Das Bild des Thronfolgers in der Bevölkerung

Bettina von Arnim lernte während ihres Münchner Aufenthalts von 1809 auch Kronprinz Ludwig kennen. Auf einem Maskenfest habe sie

> eine Weile mit ihm gesprochen, ohne zu wissen, wer er sei, er hat etwas Zusprechendes, Freundliches und wohl auch originell Geistreiches; sein ganzes Wesen scheint zwar mehr nach Freiheit zu ringen, als mit ihr geboren zu sein; seine Stimme, seine Sprache und Gebärden haben etwas Angestrengtes [...]. Und wer weiß, wie seine Kinderjahre, seine

Neigungen bedrängt oder durch Widerspruch gereizt wurden, ich seh' ihm an, daß er schon manches überwinden mußte, und auch, daß sich Großes aus ihm entwickeln kann; ich bin ihm gut [...]; seine guten Münchner, wie er sie nennt, sind ihm nicht grün; ja wartet nur, bis er mündig ist, entweder er beschämt euch alle, oder er wird's euch garstig eintränken.[36]

Daß keineswegs *alle* Münchner ihrem späteren König nicht grün waren, sahen wir bereits in der Episode seiner Hochzeit. Wir wollen das Bild des Thronfolgers in der Bevölkerung noch deutlicher zu fassen versuchen, um es einerseits von der dichterischen Charakterisierung Bettinas abzusetzen, andererseits aber auch die Frage nach dem »Oppositionsgeist« Ludwig präziser beantworten zu können.

Der Vorname »Ludwig« trat innerhalb der katholischen Bevölkerung vor 1803 mit einer gewissen Regelmäßigkeit, aber leicht rückläufigen Tendenz unter den traditionell handwerklich-gewerblichen Bürgern auf (Abb. 8, S. 133). Die Bildungsbürger vergaben den Namen 1797 relativ häufig, nicht jedoch 1801, zwei Jahre nach der Münchner Thronfolge des pfalzzweibrückischen Hauses. 1803 wiederum lag »Ludwig« in dieser Gruppe mit ungewöhnlich hohen 6,8 Prozent ein erstes Mal deutlich über der »Maximilian«-Quote. Freilich schiene es reichlich gewagt, hier eine Verbindung zu unseren Mutmaßungen über die katholisch-bildungsbürgerliche Mißbilligung der Klöstersäkularisation von 1803, die ihren Niederschlag im Einbruch des »Maximilian«-Anteils gefunden haben könnte, herzustellen. War doch das politische Gewicht des damals siebzehnjährigen Ludwig zu gering, um als Repräsentant eines Gegenmodells zur väterlichen Politik auf öffentliche Zustimmung zu stoßen. Aber auffällig bleibt der Ausschlag doch. Vielleicht bildete die Hinwendung zum Namen des Thronfolgers ja wirklich eine Möglichkeit, oppositioneller Haltung Ausdruck zu verleihen, ohne von der dynastischen Orientierung abgehen zu müssen (Abb. 8, S. 133).

Bei den Unterbürgerlichen schließlich verfügte »Ludwig«

vor 1803 über keinerlei Tradition; erst 1807 läßt sich hier eine geringe Rate beobachten. Um so mehr fällt auf, daß zwischen 1807 und 1811 allein in dieser Schicht der Anteil des Kronprinzennamens »Ludwig« den des Königs- und Ministernamens »Maximilian« übertraf. Nach 1811 kehrte sich beider Verhältnis wieder um: »Ludwig« fiel, »Maximilian« erklomm eine neue Spitze. Mit dieser Entwicklung verhielten sich die katholischen Unterbürgerlichen abweichend von den anderen Bevölkerungsgruppen, bei denen sich der »Ludwig«-Anstieg viel anhaltender und ausgeprägter zeigt. Im handwerklich-gewerblichen, traditionellen Bürgertum setzte er sich stetig fort; im Bildungsbürgertum fiel er zwar zwischen 1817 und 1821, um sich jedoch bis zum Jahr des Thronwechsels 1825 wieder zu erholen.

Unter Rückgriff auf das »Ludwig«-Gesamtbild (Abb. 5, S. 132) und die Ausführungen über den Einfluß der Thronfolgerhochzeit von 1810 läßt sich nun sagen: Während 1811 der einsame »Ludwig«-Gipfel bei den katholischen Unterbürgerlichen zweifellos auf die Hochzeit als hauptverantwortliche Ursache verweist, hebt sich dieses Ereignis in den Entwicklungsverläufen für die beiden anderen Klassen weniger deutlich ab und erscheint somit lediglich als Teilfaktor eines allgemeinen Popularitätszuwachses, den der Name »Ludwig« in diesen Bevölkerungskreisen seit 1807 verzeichnen konnte. Unter Handwerksmeistern und Gewerbetreibenden setzte sich dieser Anstieg – bei gleichzeitig stagnierender »Maximilian«-Quote – ungebrochen fort; im Bildungsbürgertum dauerte er zunächst immerhin bis 1817 an. Wo immer bei letzteren auch die Gründe liegen mochten für den nachfolgenden Einbruch »Ludwigs« zwischen 1817 und 1821 – ein neuerlicher Wiederanstieg des »Max«-Anteils korrespondierte mit diesem Einbruch nicht (Abb. 8, S. 133).

Übertragen auf die Frage nach einer möglichen politischen Oppositionsrolle des Kronprinzen, legen diese Beobachtungen einmal mehr den Schluß nahe, daß König Max Joseph und Minister Montgelas, nachdem sie Bayern an der Seite Frankreichs 1809/11 auf den Höhepunkt seiner Macht geführt hatten, an

Popularität nicht mehr zulegen konnten – außer im Bereich der unterbürgerlichen Schichten.

Auf der anderen Seite spricht die ansteigende »Ludwig«-Quote in allen drei Schichten für eine wachsende Billigung des Thronfolgers und der von ihm vertretenen pro-österreichischen Politik, vor allem im traditionell handwerklich-gewerblichen und im Bildungsbürgertum. Bei den unterbürgerlichen Schichten scheint dafür eher seine prunkvolle Hochzeit von 1810 verantwortlich. Während die Gesamtkurve für »Ludwig« in erster Linie auf das dynastische Ereignis verweist, führt die schichtenspezifisch differenzierte Betrachtung zu präziseren Aussagen über einen möglichen Reflex der politischen Opposition des Thronfolgers innerhalb einzelner Bevölkerungsteile.

Blicken wir unter derselben Fragestellung noch kurz auf die Protestanten (ohne Abb.). Bei diesen, so scheint es, hat die Oppositionsrolle Ludwigs weniger Anklang gefunden. Vielleicht war ihnen Ludwig zu katholisch. Daß er sich, wenn auch in jenen Jahren durchaus gemäßigt, für die Stärkung katholischer Belange einsetzte, war bekannt.[37]

Beliebtheitssprünge des Namens »Ludwig« bei Bildungsbürgern und Unterbürgerlichen im Jahr 1811 stehen isoliert und verweisen eher wieder auf die Hochzeit von 1810 als auf politische Faktoren. Im handwerklich-gewerblichen Bürgertum verzeichnen wir sogar eine Gegenbewegung: zwischen 1811 und 1817 ist kein einziger »Ludwig« zu finden. Vater Max und Minister Montgelas verfügten – wie beobachtet – über eine starke Klientel in diesen Kreisen. Immerhin zeigte sich seit 1817 zunehmendes Interesse für den Thronfolgernamen. Erstaunlicherweise tauften aber im Jahr des Thronwechsels 1825 weder die protestantischen Handwerksmeister noch die unterbürgerlichen Schichten dieses Bekenntnisses eines ihrer Kinder auf den Namen des neuen Königs. Allein die Bildungsbürger reagierten ein weiteres Mal prompt: 1825 erreichte »Ludwig« bei diesen einmal wieder eine Rekordmarke von über 35 Prozent.

Bettina von Arnim gibt also kaum mehr als ein momentanes Stimmungsbild, wenn sie berichtet, daß die Münchner ihrem zukünftigen König »nicht grün« gewesen seien. Eine literarische Momentaufnahme zum Zeugnis für öffentliche Meinung zu erheben, erweist sich als irreführend. Dagegen belegen die aus der Vornamenanalyse gewonnenen empirischen Daten, wie sehr die Beurteilung des Thronfolgers nicht nur von zufälligen Emotionen, sondern auch von konkreten politischen (und konfessionellen) Einstellungen abhängig war.

Ludwig, Lola und die Bürger

Jahre eines Thronwechsel sowie die Zeit unmittelbar davor oder danach bieten sich für die Analyse der Vornamengebung geradezu an, läßt sich doch in diesen Perioden besonders gut beobachten, wieviel die Menschen mit dem Namen des alten Königs überhaupt noch verbanden beziehungsweise wieviel Hoffnungen sie in den neuen setzten. Die Bayern erlebten während des 19. Jahrhunderts drei Thronwechsel: 1825, 1848 und 1864 (den Übergang von Ludwig II. auf den Prinzregenten Luitpold, 1886, lassen wir hier außer acht). Am meisten Interesse unter diesen beansprucht zweifellos der Thronwechsel von 1848, die Abdankung Ludwigs I. und die Regierungsübernahme durch seinen Sohn Maximilian II. Der Übergang erfolgte unter dem Druck der Märzrevolution von 1848; freilich hatte er mit der königlichen Affäre zwischen Ludwig und der Tänzerin Lola Montez sein besonderes Vorspiel gehabt. Im wesentlichen zwar überstanden, wirkte diese Episode doch bis in die Märztage des Jahres 1848 hinein nach, verlieh den Unruhen in München einen zusätzlichen Impuls und trug ihren nicht unerheblichen Teil bei zur Abdankung des Königs am 19./20. März 1848.[38]

> Ich *glaube dir*, und wenn der Schein auch trüget,
> Du bist getreu und du bist immer wahr,
> Die Stimme in dem Innern mir nicht lüget,
> Sie sagt: dein liebendes Gefühl ist klar.

Und hätt' die Welt sich wider dich verschworen,
Ich trete in die Schranken gegen sie;
Du gehest meinem Herzen nicht verloren,
Du bleibst darin, ich lasse von dir nie.[39]

Gegen die Welt mußte König Ludwig für Lola Montez nicht gerade in die Schranken treten, wie er in diesem Gedicht *An L**** reimte; immerhin brachte er es in seiner blinden Erotomanie aber fertig, das Königreich in gewaltigen Aufruhr zu versetzen. Seit Ende des Jahres 1846 erschütterte seine Affäre mit der obskuren spanischen Tänzerin Lola Montez Staat und Gesellschaft bis zur ernsten Krise: Eine Regierung dankte ab, berühmte Professoren wurden in den Zwangsruhestand versetzt, die Studenten rebellierten (woraufhin Ludwig die Universität schließen ließ), die Bürger schäumten vor Zorn über das Verhalten ihres Königs. Solchermaßen angeschlagen, konnte Ludwig der Revolution vom März 1848 nur noch wenig entgegensetzen. Wenn er zwar nicht *durch* Lola fiel, so doch auch *wegen* ihr. Heinz Gollwitzer, Ludwigs Biograph, charakterisiert die Episode als »ein Trauerspiel«, als »die Verblendung eines alternden Mannes durch eine vermutlich hochgradig psychotische, habsüchtige und krankhaft geltungsbedürftige Frau.«[40]

Die Affäre um Lola Montez rief in der Münchner Öffentlichkeit einen beachtenswerten Solidarisierungseffekt hervor. Gemessen an den Ergebnissen der Vornamenanalyse zeigt sich, daß auch subjektive Eindrücke der Zeitgenossen in diesem Fall die Stimmungslage erfaßten. Der Münchner Geschichtsprofessor Constantin Höfler, selbst 1847 des Amtes enthoben, erstattete Ende 1846 seinem Kollegen Friedrich Emanuel Hurter in Wien Bericht über die Lage in München:

> Erst jetzt komme ich zur Beantwortung Ihres schätzbaren Schreibens, das mich [...] inmitten jenes öffentlichen Jammers traf, welcher wie ein schwerlastendes Verhängniß die Herzen aller Bürger erfüllt. Vergeblich sind die öffentlichen Gebete, vergeblich die Vorstellungen der Freunde [...] ge-

wesen; sie konnten [...] den Angriff gegen die öffentliche Moral nicht hindern, der mit jedem Tage an Umfang so gewinnt, daß man sich ängstlich frägt, ob die verflossene Stunde neuen Scandal geboren habe. Nur Eines tröstet: die entschlossene Haltung des Volkes, aller Stände, der feste Wille, bestimmte Grenzen zu ziehen, welche der Gegenstand des öffentlichen Ärgernisses nicht überschreiten darf. Alle früheren Gegensätze, politische und religiöse, sind verwischt und Männer der verschiedensten Richtungen reichen sich zum passiven Widerstande gern und bereitwillig die Hand.[41]

»Der hiesige Adel«, ergänzte der ebenfalls entlassene Philosophieprofessor Ernst von Lasaulx einige Monate später, nach dem Rücktritt des Ministerpräsidenten, »hat einen Schuft darauf gesetzt, wenn einer ihrer Standesgenossen jetzt eine Ministerstelle annehme. [...] Die Verhältnisse in denen wir hier leben sind gräulich, wenn es so fortgeht, so gehen wir einer völligen Auflösung aller sittlichen Ordnung entgegen.« Der König, ganz in den Händen seiner »europäischen Hure Lola Montez« sei »wie das Thier Dionysos, je mehr geprügelt desto störriger, gestochen von einer spanischen Fliege und alles um sich hier zertretend.«[42]

Wäre nichts von den revolutionären Umständen sowie dem amourösen Vorspiel des bayerischen Thronwechsels von 1848 bekannt, allein die Entwicklung der Namen, besonders in der katholischen Bevölkerung, legte die Annahme erheblicher öffentlicher Wirren nahe. Weder der Wechsel von Max Joseph zu Ludwig I., 1825, noch der von Maximilian II. zu Ludwig II., 1864, übten auf die Vergabehäufigkeit der bayerischen Königsnamen bei den Katholiken von St. Peter einen so starken Eindruck aus (Abb. 5, S. 132). Zwar kreuzen sich auch zwischen 1821 und 1825 die aufsteigende »Ludwig«- und die absteigende »Maximilian«-Kurve. Beide steigen beziehungsweise fallen jedoch nicht in dem Maße wie 23 Jahre später in jeweils umgekehrter Richtung. Während der Regierungszeit des zweiten »Max« schließlich gewinnt die Quote für diesen Königsnamen nicht mehr hinzu; der Thronwechsel von 1864 spiegelt sich nur noch schwach in einem kurzen Zwischenhoch des ebenfalls insgesamt fallenden »Ludwig«-Anteils.

Ganz anders 1848/49: 3,2 Prozentpunkte Verlust für »Ludwig« im Vergleich zu 1841 deuten 1849 auf einen dramatischen Rückgang des königlichen Ansehens innerhalb der katholischen Öffentlichkeit hin. Keine der Stichproben aus der Regierungszeit Ludwigs I. ergab einen ähnlich tiefen Wert. In einer Rangliste der Vornamen nach dem Beliebtheitsgrad äußert sich dieser rapide Popularitätsverlust zwischen 1841 und 1849 in einem Rückfall des Namens von Platz fünf 1841 auf Platz sieben 1849.[43]

Fast genau spiegelbildlich dazu entwickelte sich »Maximilian«. Der zweite bayerische Königsname, seit dem Tode Max Josephs 1825 innerhalb der katholischen Bevölkerung Münchens mit einer Rate zwischen 4 und 5 Prozent vertreten, bei fallender Tendenz seit 1829, erfreute sich 1849 einer schier außergewöhnlichen Beliebtheit: 8,5 gegenüber 3,9 Prozent 1841. Das entspricht in der Beliebtheitsskala einem Vorrücken vom zwölften auf den fünften Platz. Jedoch scheinen diese überbordenden Sympathiewellen eher auf eine Gegenbewegung zum Popularitätsverlust Ludwigs als auf eine wirkliche Hochschätzung der Persönlichkeit des neuen Königs hinzuweisen. Während der gesamten – allerdings nur sechzehnjährigen – Regierungszeit dieses Monarchen sank nämlich der Anteil des Namens »Maximilian« kontinuierlich ab, um 1867 unter 6 und 1871 sogar wieder unter 5 Prozent anzulangen (Abb. 5, S. 132).

Weder dem Namen »Ludwig« noch seinem prominenten Träger, dem alten König, hingegen hat das revolutionäre Tief dauerhaft geschadet. Sogleich nach 1849 nahm die »Ludwig«-Quote erneut zu und erreichte im Jahr 1857 mit 8,4 Prozent den absoluten Höchststand unter den im gesamten Untersuchungszeitraum genommenen Stichproben. Kaum ein schlagenderer Beleg aus harten Daten läßt sich denken für die neue Art von Popularität des abgedankten Königs, der seinen Sohn und Nachfolger um vier Jahre überlebte, der Politik zwar zunehmend entfremdet, aber doch als Mäzen und als Mann der

Gesellschaft nach wie vor präsent. Oskar Maria Graf zeichnet den alten Ludwig in *Das Leben meiner Mutter* als »häßlichen, eisgrauen, genialischen Großvater«, der »noch einige Jahre als unauffälliger, schäbig gekleideter Privatmann« in München herumlief und auch hin und wieder in der Heimat der Familie Graf am Starnberger See zu sehen war.[44] Ludwigs derartiger Habitus und vielleicht auch wehmütige und mythisierte Erinnerungen an die Zeit seiner Regierung verhalfen ihm, wie Gollwitzer formuliert, »zu einer unpolitischen Popularität, die freilich mehr münchnerisch lokaler Natur war«[45]: In der Vornamengebung hat sich diese Altersvolkstümlichkeit – bis 1857 zumindest – unübersehbar niedergeschlagen.

Mit erstaunlicher Deutlichkeit geben die Namenskurven den revolutionären Umbruch von 1848/49 in München wieder. Sie zeigen, daß die Münchner Katholiken auf die Abdankung des Königs 1848 impulsiver reagierten als die Protestanten. Bei diesen fehlt zwar gleichfalls der Eindruck der Revolution nicht; »Ludwig« erreichte auch hier 1849 den Tiefpunkt einer seit 1841 andauernden Abwärtsbewegung (Abb. 6, S. 132). Eine Aufwärtsbewegung von »Maximilian« gab es dabei jedoch nicht. Wie bei den Katholiken steht im protestantischen Lager der Wiederanstieg der »Ludwig«-Quote nach 1849 zu beobachten, hier nun tatsächlich mit einer fast spiegelbildlichen Entsprechung im Jahr 1853: stolzer Höhepunkt für »Ludwig« (13,2 Prozent) – Tiefstand für »Maximilian« (2,8 Prozent). Auch bei den Protestanten – so legt nicht nur diese Beobachtung, sondern ebenso der weitere Verlauf der beiden Kurven nahe –, konnte Maximilian II. kaum höhere Popularität erreichen als sein Vorgänger: immerhin erstaunlich bei einem Monarchen, der spezifisch »protestantischen« Ausprägungen von Bürgerlichkeit wie Bildung und Wissenschaft so nahe stand.[46]

Welche Reaktionen rief der Thronwechsel von 1848 in den einzelnen Schichten der Münchner Bevölkerung hervor? Am wenigsten ausgeprägt reagierten die traditionell handwerklich-gewerblichen Schichten innerhalb der katholischen Bevölkerung auf die Lola-Montez-Affäre und Abdankung des Königs (Abb. 9, S. 134). Immerhin aber erreichte auch in dieser Schicht der »Ludwig«-Anteil 1849 den seit 1821 tiefsten Stand von 5,4 Prozent, auf dem er dann im wesentlichen bis nach 1857 verharrte. Im Einklang mit dem bereits mehrfach beobachteten statischen und traditionsverhafteten Verhalten des handwerklich-gewerblichen Stadtbürgertums steht diese Entwicklung durchaus; allerdings verbirgt sie nicht, daß auch dieser Teil der Bevölkerung von Vorgeschichte und revolutionären Begleiterscheinungen des Thronwechsels bewegt war, kurz, daß König Ludwig selbst in dieser sonst so ruhigen Schicht deutlich an Popularität verlor – und sie auch nicht so bald wiedergewann.

Die dramatischen Ausschläge der Gesamtkurve gehen jedoch einmal mehr auf das Verhalten der Bildungsbürger und unterbürgerlichen Schichten zurück und zwar in jenem ebenfalls bereits beobachteten Verhältnis von Vorreiter und Nachzügler (Abb. 7, S. 133). In beiden Schichten unterlag »Ludwig« einem Abwärtstrend – bei den Bildungsbürgern seit spätestens 1837, bei den Unterbürgerlichen seit 1841 –, der 1849 beziehungsweise 1853 zum jeweils tiefsten Punkt seit 1821 führte. Die größten Verluste erlitt der Anteil des Königsnamens dabei im Bereich des Bildungsbürgertums: 1837 bei 12,2, erreichte er 1849 nur noch magere 1,7 Prozent (Abb. 9, S. 134). Aus dem länger, bis 1853, anhaltenden Abwärtstrend im Bereich der unterbürgerlichen Schichten und den anschließenden erneuten Zuwächsen in beiden Schichten ergibt sich der Eindruck einer phasenverschobenen Parallele zwischen Bildungsbürgertum und Unterbürgerlichen.

Ganz eindeutig setzte in der katholischen Bevölkerung das Bildungsbürgertum den »Trend«. Die niedrige Rate von nur noch 1,7 Prozent für den Namen des abgetretenen Herrschers kommentiert 1849 unmißverständlich die Haltung der gebildeten Münchner Katholiken zu den Eskapaden Ludwigs. Aber – auch dies keine neue Feststellung – das Bildungsbürgertum trug nicht nach. Oder war es höchst sprunghaft in seinen Meinungsbezeugungen? Viele hofften vielleicht auch, der an sich bedeutende König möge bald wieder zu sich finden, und waren froh, als dies – wenn auch unter Thronverzicht – tatsächlich geschehen war. Der Literatur- und Sprachgelehrte Johann Andreas Schmeller gab dieser Hoffnung in seinem Tagebucheintrag vom 28. Februar 1847, auf dem Höhepunkt der Lola-Montez-Affäre, Ausdruck: »Möge [...] König Ludwig, der bisher nicht ohne Großes und Gutes gewesen, wieder genesen von dieser hispanischen Monomanie.«[47] Welche Erklärung auch zutrifft: Im Jahrzehnt nach der Abdankung schätzte das katholische Bildungsbürgertum seinen »Ludwig« auf bisher nie gekannte Weise; fast 22 Prozent der gebildeten Münchner tauften ihre Söhne 1857 auf den Namen des ehemaligen Königs.

Wie vor allem die Bildungsbürger für den Einbruch von 1849 verantwortlich zeichneten, so verursachten sie auch die Popularitätswelle der fünfziger Jahre. Jene »unpolitische Popularität« Ludwigs nach seiner Abdankung war in erster Linie eine bildungsbürgerliche Beliebtheit. Zum wiederholten Mal erkennen wir im städtischen Bildungsbürgertum die eigentliche Triebkraft bei Wandlungen der öffentlichen Meinung im München des 19. Jahrhunderts.

In der protestantischen Bevölkerung lagen die Verhältnisse etwas, doch nicht prinzipiell anders. Der wichtigste Unterschied zu den Katholiken bestand hier in der aktiveren Rolle des traditionell handwerklich-gewerblichen Bürgertums (Abb. 10, S. 134), in dessen Reihen »Ludwig« schon seit 1837 nach unten tendierte, bereits 1847 die Sohle erreichte und dann langsam, bis 1849 nur schwach, schließlich bis 1853 stärker, wieder zulegte. Die »Ludwig«-Quote der unterbürgerlichen Schichten blieb, nach anfänglicher Zunahme, seit 1841 relativ konstant und ging erst nach 1853 bedeutend zurück. Als dynamischer Faktor wirkte, ganz parallel zu den Katholiken, das gebildete Bürgertum, wenngleich im vorliegenden Fall auf den ersten Blick seltsam indifferent, in wankelmütigen Zickzackbewegungen. Eine Interpretation dieser Bewegung fällt nicht leicht. Sinnvoll scheint, von einer insgesamt hohen »Ludwig«-Akzeptanz auszugehen, die sich durch zwei Tiefpunkte 1841 und 1849 gebrochen zeigt. Während der Tiefpunkt von 1849 sicherlich wie bei den Katholiken Affäre und Abdankung widerspiegelt, steht derjenige von 1841 möglicherweise in Zusammenhang mit Ludwigs klerikaler politischer Wende von 1837. Leichter zu verstehen scheint dagegen der Anstieg von 1853. Wirkte im katholischen Lager Ludwigs »unpolitische Popularität« nach 1848 vor allem in Bildungsbürgertum und unterbürgerlichen Schichten, so treffen wir sie unter den Protestanten neben dem Bildungsbürgertum eher im traditionell handwerklich-gewerblichen Bürgertum an. Insgesamt gilt für Protestanten wie für Katholiken: Das Bildungsbürgertum setzte die entscheidenden Akzente.

»Systemwechsel« und »Kniebeugeerlaß«: Den Protestanten bläst der Wind ins Gesicht

Religions- und Konfessionspolitik stellte für jeden bayerischen König des 19. Jahrhunderts eine Grundkonstante seiner Regierungstätigkeit dar, für die beiden mittleren – Ludwig I. und Max II. – war sie eine der zentralen Aufgaben überhaupt. Seit sich in den ersten Jahrzehnten des Jahrhunderts das religiöse Leben und Empfinden in allen Bereichen intensiviert hatte, waren auch zunehmend schärfere Töne zwischen den Konfessionen nicht ausgeblieben. Oftmals gemahnten die heftigen Polemiken, wie der Historiker Franz Schnabel formuliert hat, an die erbitterten Auseinandersetzungen des 16., des Reformationsjahrhunderts.[48] Zum interkonfessionellen Streit kam der politische Konflikt des Katholizismus mit dem entstehenden, Hoheit über alle Lebensbereiche fordernden modernen Staat. Weil hiermit eine zentrale politische und gesellschaftliche Thematik jener Zeit, eine Thematik nicht nur weniger Intellektueller, sondern wirklich »der Deutschen« angesprochen ist, müssen wir ausführlicher darauf eingehen. Wir versuchen es wiederum exemplarisch für Bayern, anhand einiger konfessionspolitischer Aspekte der Regierungsperioden Ludwigs I. und Maximilians II.

Kehren wir noch einmal zurück zur Verteilung des Namens

»Ludwig« bei den protestantischen Münchner Bildungsbürgern (Abb. 10, S. 134). Um den hier beobachteten ersten Tiefpunkt von 1841 zu verstehen, bedarf es der Berücksichtigung der Konfessionspolitik. Beunruhigt durch die französische Julirevolution von 1830, hatte König Ludwig seinen anfänglich liberaleren politischen Kurs während der dreißiger Jahre zunehmend verschärft. Im November 1837 fand er sich zum »Systemwechsel« bereit, zur Berufung Karl von Abels zum leitenden Minister, der als ultramontan, d. h. streng papstgläubig, galt und der dem orthodox-katholischen Kreis um Joseph Görres nahestand.[49] Im gesamten Deutschen Bund verschlechterte sich das konfessionspolitische Klima in jenen Jahren. Während Preußen 1837 durch die Festnahme des Erzbischofs von Köln in der Auseinandersetzung um die Frage nach den jeweiligen Rechten von Staat und Kirche eine harte Linie demonstrieren wollte,[50] versuchte Ludwig, seine politischen Interessen in größerem Einklang mit dem orthodoxen, an Rom orientierten Katholizismus zu verfolgen. Kurz, seit 1837 blies den Protestanten in Bayern der Wind ins Gesicht.

Allein angesichts der politischen Wende dürfte der drastische Rückgang des Königsnamens im protestantischen Bildungsbürgertum nach 1837 nicht verwundern. Eine Maßnahme, die – eigentlich marginal, konfessionspolitisch jedoch höchst unklug – erhebliches öffentliches Aufsehen erregte, erzeugte zusätzlichen Unmut: Im August 1838 hatte Ludwig die Kniebeugung des Militärs, also auch protestantischer Soldaten, vor dem Allerheiligsten angeordnet. Was der König und Minister Abel mit einem Hinweis auf das militärische Prinzip von Befehl und Gehorsam rechtfertigten, rief, als Mißachtung des religiösen Gewissens, im protestantischen Lager sogleich Empörung hervor.[51] Auch diese Episode steigerte die Beliebtheit Ludwigs unter den Protestanten nicht, und sie spielte sicher ihre zusätzliche Rolle beim Einbruch des »Ludwig«-Anteils im Bildungsbürgertum 1841.

Gut ins Bild paßt der gleichzeitige Abwärtstrend bei den traditionell handwerklich-gewerblichen Stadtbürgern protestantischen Bekenntnisses. In dieser Bevölkerungsschicht trug der

»Kniebeugeerlaß« möglicherweise sogar noch stärker zum Sinken des »Ludwig«-Anteils bei: Eine Vielzahl von Soldaten in Unteroffiziers- oder Feldwebelrängen enstammte ihr, nicht nur aktiv dienende, sondern vor allem auch Angehörige der Landwehr, unter denen sich die Empörung besonders ausbreitete.[52] Die unterbürgerlichen protestantischen Schichten hingegen scheinen Systemwechsel und Kniebeugeerlaß weniger bewegt zu haben; bei ihnen zumindest läßt sich zwischen 1837 und 1841 ein Zuwachs der »Ludwig«-Quote feststellen.

Erneut zeigt sich die ausgeprägteste Reaktionsbereitschaft im Bildungsbürgertum. Überrascht bemerken wir, daß der »Ludwig«-Wert in dieser Schicht nach dem Tief von 1841 schon 1847 wieder die 25-Prozent-Marke erreichte. Was motivierte diesen neuerlichen Wechsel der Popularität? Sicher, das Bündnis des Königs mit den Ultramontanen hatte sich bald als brüchig erwiesen und kriselte beständig. Konkreter dürfte sich jedoch die Rücknahme der Kniebeugeordre unmittelbar vor der Eröffnung des Landtages im Dezember 1845 ausgewirkt haben. Und vielleicht spiegelt die hohe Rate von 1847 auch eine erste – zunächst zustimmende – Reaktion der protestantischen Bildungsbürger auf den im Februar 1847 erfolgten Rücktritt des Ministeriums Abel, durch den die Zusammenarbeit Ludwigs mit dem orthodoxen Katholizismus ihr Ende fand. Den unmittelbaren Anlaß zum Rücktritt gab Ludwigs Versuch, Lola Montez in den Adelsstand zu erheben. Interessant mag in diesem Zusammenhang eine Beobachtung Gollwitzers sein, der zufolge »die liberalen Teile der Bevölkerung«, obwohl sie mit der Urheberin der Veränderungen an der Regierungsspitze nichts zu tun haben wollten, diese Veränderungen gleichwohl begrüßten.[53] Daß liberale und protestantische Kräfte den Sturz Abels mit Wohlgefallen sahen, steht außer Frage. Ob sich dieses Wohlgefallen jedoch auf die liberalen Kräfte in ihrer Gesamtheit erstreckte sowie auf Dauer den Unmut über die königliche Liebesaffäre dämpfen konnte, bleibt doch zu bezweifeln. Unsere Vornamenanalysen deuten zumindest nicht darauf hin.

Die Aufhebung des Kniebeugeerlasses und das Ende des Ministeriums Abel mochten 1847 bei der erneut hohen »Ludwig«-Rate im protestantischen Bildungsbürgertum eine Rolle spielen; die Lola-Montez-Affäre selbst in ihrer ganzen Tragweite schlug damals jedoch wohl noch kaum auf die Namengebung durch. Deren Auswirkungen, verstärkt durch die Abdankung des Königs in den revolutionären Märztagen, sind erst 1849 mit Sicherheit anhand der Entwicklungslinien nachweisbar.

Fast erstaunlicher als die »Ludwig«-Kurve der protestantischen Bildungsbürger erscheint vor dem Hintergrund der orthodox-katholischen Ära Abel diejenige der katholischen Bildungsbürger in den zwölf Jahren zwischen 1837 und 1849 (Abb. 9, S. 134). Anstelle einer zu erwartenden hohen »Ludwig«-Akzeptanz begegnet uns die bereits erwähnte kontinuierliche Abnahme. Der am weitesten führende Schluß aus dieser Beobachtung, selbst in der katholischen gebildeten Bevölkerung Münchens sei die ultramontane Wendung des Königs nicht auf Gegenliebe gestoßen, erscheint vielleicht voreilig. Aber die Werte legen doch die Vermutung nahe, daß ein großer, eher liberal ausgerichteter Teil gebildeter Münchner Katholiken die Ära Abel skeptisch und distanziert betrachtete. Der Ablehnung bei den Protestanten stand zumindest keine ungeteilte Zustimmung auf katholischer Seite gegenüber; insofern scheint das Gros katholischen wie protestantischen Bildungsbürgertums in seinem politischen Urteil über die Zusammenarbeit König Ludwigs mit dem Minister Karl von Abel keine allzu großen Diskrepanzen entwickelt zu haben.

Skepsis und Distanz können wir durch die Untersuchung der Vornamen nachweisen. Viele Bürger haben sicherlich auch Hohn und Spott über ihren frauen-, kunst- und katholizismusverliebten Ludwig ausgegegossen – wie viele, wissen wir nicht. Kaum einem wird auch der Spott so bravourös aus der Feder geflossen sein wie Heinrich Heine, in dessen *Lobgesängen auf König Ludwig* der Wittelsbacher nicht nur wegen seiner Reimereien literarische Prügel bezog:

Das ist Herr Ludwig von Bayerland,
Desgleichen gibt es wenig';
Das Volk der Bavaren verehrt in ihm
Den angestammten König.

Er liebt die Kunst, und die schönsten Frau'n
Die läßt er porträtieren;
Er geht in diesem gemalten Serail
Als Kunst-Eunuch spazieren.

Bei Regensburg läßt er erbau'n
Eine marmorne Schädelstätte,
Und er hat höchstselbst für jeden Kopf
Verfertigt die Etikette. [...]

Herr Ludwig ist ein großer Poet,
Und singt er, so stürzt Apollo
Vor ihm auf die Kniee und bittet und fleht:
›Halt ein! ich werde sonst toll, o!‹ [...]

Stirbt einst Herr Ludwig, so kanonisiert
Zu Rom ihn der heilige Vater –
Die Glorie paßt für ein solches Gesicht
Wie Manschetten für unseren Kater!

Sobald auch die Affen und Känguruhs
Zum Christentum sich bekehren,
Sie werden gewiß Sankt Ludewig
Als Schutzpatron verehren.[54]

Triaspolitik und Nordlichterstreit: Konstanten der Regierungszeit von Max II.

Konfessionelle Spaltung bedeutet, diesem Beispiel aus der Regierungszeit König Ludwigs I. zufolge, keineswegs automatisch politische Spaltung. Katholisch ist ebensowenig identisch mit konservativ wie protestantisch mit liberal. Während der Zeit des Ministeriums Abel polarisierte freilich die nationale

Frage das Bildungsbürgertum noch nicht in jenem Maße, das nach 1848/49 zunehmend die innere deutsche Politik kennzeichnete. Die Einheitsproblematik rückte – bei aller nötigen Differenzierung – katholische und protestantische Bildungsbürger politisch weiter auseinander, begünstigte eine großdeutsch-konservative Wendung der Katholiken sowie eine kleindeutsch-nationalliberale Wendung der Protestanten. Die Revolution erzeugte Spannungsfelder, in denen sich auch der neue bayerische König Max II. durchaus ambivalent verhielt.[55] Zunächst offensichtlich bereit, den noch unter Ludwig eingeleiteten Reformkurs weiterzusteuern, den Märzforderungen in Bayern zur Durchsetzung zu verhelfen,[56] erlosch dieser Eifer alsbald unter dem Eindruck der Entwicklungen in der Frankfurter Nationalversammlung. Politisch mißfiel König Max II. und seinem langjährigen Minister Ludwig Freiherr von der Pfordten das Vordringen Preußens in die Rolle der deutschen Vormacht. Österreich sollte nicht zugunsten eines preußisch dominierten zentralistischen Einheitsstaates aus Deutschland ausscheiden . Die Mittelstaaten unter bayerischer Führung sollten der Entstehung einer föderalistisch bestimmten »deutschen Trias« Vorschub leisten. Im Inneren korrespondierte mit dieser Deutschlandpolitik Maximilians während der fünfziger Jahre ein gemäßigter Reaktionskurs, der zunehmend auf Distanz zum Landtag ging und die Erfüllung vieler Märzforderungen auf die lange Bank schob.[57]

So preußenfeindlich sich Max II. einerseits deutschlandpolitisch verhielt, so nordorientiert gab er sich andererseits auf einem zweiten großen Gebiet seiner Regierungstätigkeit, der Wissenschaftspolitik. In der Überzeugung, der zurückgebliebenen bayerischen Wissenschaft helfen zu müssen, holte er zahlreiche protestantische »Nordlichter« an die Universitäten des Landes, womit er freilich – vor allem durch die Berufung des Historikers Heinrich von Sybel nach München – kleindeutsch-preußisch-protestantischen Geschichtsbildern ein breites Forum bereitete.[58] Diese Wissenschaftspolitik des Königs war keineswegs ein Nebenkriegsschauplatz, sondern ein kontrovers bis unversöhnlich diskutiertes öffentliches Thema.

Max II., so urteilt der Historiker Wilhelm Liebhart, sei »von allen Wittelsbacher Königen und Regenten des 19. Jahrhunderts [...] in der Volksmeinung der am wenigsten populäre Herrscher gewesen«.[59] »Maximilian II. war kein volkstümlicher, leutseliger Herrscher, sondern er erschien meist kühl, distanziert und hölzern«, faßt Achim Sing den Grundtenor der Charakterisierungen des Königs zusammen.[60]

In Regierungsgeschäften sei der Mann zwar guten Willens, aber als Person gekennzeichnet von »Hypochondrie, Schöngeisterei, Tändelei, Unruhe, Schwäche«, berichtete der österreichische Gesandte im März 1860 über Maximilian II. nach Wien.[61] Leopold von Ranke hingegen, der den König seit dessen Studentenzeit gut kannte, schilderte nicht nur seine persönliche Liebenswürdigkeit in den wärmsten Farben, sondern schätzte auch seine Popularität, besonders in den letzten Regentschaftsjahren, sehr hoch ein.

> Im Augenblick des Todes war König Maximilian der Zweite von Bayern wohl der populärste deutsche Fürst. Nicht als ob seine Natur so geartet gewesen wäre, daß er danach getrachtet oder die Menschen durch einen unbewußten Zug von Enthusiasmus mit sich fortgerissen hätte. Erst nach und nach, in Folge seiner Haltung ist ihm Popularität zu Theil geworden; innerhalb seines Landes durch das allseitige Wohlwollen das er bewies, sein unbescholtenes durch eine glückliche Ehe befestigtes Privatleben, seine Persönlichkeit überhaupt, die ohne Prätention war, und den der Förderung der Sache entsprechenden ruhigen Ernst seines Lebens; in Deutschland überhaupt durch seine den allgemeinen Interessen zugewandte Richtung und die Vorliebe, die er den Wissenschaften widmete.[62]

Läßt sich die von Ranke behauptete Popularität Maximilians anhand der Vornamenvergabe der Münchner bestätigen? Oder bleibt der Eindruck einer gewissen Distanz zu einem für das Volk relativ unnahbaren Herrscher? Immerhin erreichte sein Name im Jahr nach dem Thronwechsel bei den Münchner Katholiken eine Marke (8,5 Prozent; zum Vergleich: »Ludwig« 1841: 8,1 Prozent), die für den anderen Königsnamen »Ludwig« bis dahin undenkbar gewesen war (Abb. 5, S. 132). Trotzdem sank gleich anschließend die Rate, und »Ludwig« überflügelte »Maximilian« wieder. Bei den Protestanten dagegen konnte die »Maximilian«-Quote diejenige »Ludwigs« schon seit 1819 nicht mehr übersteigen (Abb. 6, S. 132). Die Popularität seiner Vorgänger erreichte Max II. – der Blick auf die Namengebung bestätigt dies – also tatsächlich nicht, abgesehen von eben jener Ausnahme seines zweiten Regierungsjahres, 1849.

Einerseits mochte das Hoch von 1849 einer Art Gegenreaktion zum plötzlichen Wegfall des Königsnamens »Ludwig« entspringen (vgl. die Gesamtkurve in Abb. 5, S. 132). Andererseits spielten bei der »Maximilian«-Konjunktur möglicherweise auch politische Hoffnungen des liberalen Bürgertums im Anschluß an den Reformlandtag von 1848 mit. Wäre dem so, dann böten die differenzierten Kurven freilich ein Indiz dafür, daß dieses liberale Bürgertum hauptsächlich unter den Katholiken zu finden war. Die protestantischen Bildungsbürger zeigten erst 1851 einen gesteigerten »Max«-Anteil (Abb. 11, S. 135).

Erstaunlich erscheint bei den Protestanten das Verhalten der unterbürgerlichen Schichten: über 7 Prozent »Maximilians« 1849, dann kontinuierlich 0 Prozent, schließlich 1859 6,7 Prozent. Beide Gipfel können auf Zufällen beruhen; andererseits markieren sie exakt jenes »reaktionäre« Jahrzehnt König Maximilians, in dem er deutliche Distanz zu liberalen und weiter links davon angesiedelten politischen Forderungen hielt. Im Frühjahr 1859 wechselte Max diesen Kurs, entließ – auf dessen eigenen Wunsch – seinen Minister von der Pfordten und bekannte, er wolle »Frieden haben mit Meinem Volk und mit den Kammern«.[63] Nach der weiteren Entwicklung zu schließen, hätte aber auch diese Friedenssehnsucht bei den unterbürgerlichen Schichten nur wenig dauerhaften Erfolg gezeigt. Der Gipfel von 1859 blieb punktuell. Zwei Jahre später lag die »Maximilian«-Rate erneut bei Null, und erst nach des Königs

Tod nahm sie innerhalb dieser Bevölkerungsklasse wieder stärker zu.

Wir müssen bei dieser Gelegenheit daran erinnern: Die absolute Zahlenbasis der nach Klassen spezifizierten protestantischen Werte ist gering, so daß schon minimale Schwankungen im Vorkommen der einzelnen Namen zu größeren prozentualen Veränderungen führen; grundsätzliche Vorsicht scheint also bei Interpretationen im Bereich dieser Bevölkerungsteile am Platz. Jedenfalls – dies geht aus den Entwicklungslinien mit relativer Sicherheit hervor und steht auch im Einklang mit den üblichen Einschätzungen der schwierigen königlichen Persönlichkeit[64] –, Maximilian II. war kein König der breiten Masse, des Volkes am unteren Rand der bürgerlichen Stadtgesellschaft.

Das Bild für die katholischen Unterbürgerlichen widerspricht dem nicht. Zum wiederholten Mal tritt hier der »Nachzüglereffekt« auf: Hoffnungen in den neuen König, so läßt die ansteigende Tendenz schließen, hielten in dieser Bevölkerungsschicht etwa bis 1853 an, ebbten alsbald aber wieder ab (Abb. 11, S. 135).

Das Verhalten der handwerklich-gewerblichen Bürger innerhalb der katholischen Bevölkerung überrascht nicht. In ihrer maßvollen Beharrlichkeit zeigen sich Handwerksmeister und Ladenbesitzer aufs neue als ein sehr traditionsorientierter Bevölkerungsteil. Nicht anders als »Ludwig« während der Regierungszeit des gleichnamigen Königs pendelte nun auch »Maximilian« in dieser Gruppe zwischen etwa 5 und etwa 8 Prozent. Immerhin beobachten wir einen leichten Anstieg bis 1853 sowie ein anschließendes Abflauen. Abrupten, ruckartigen Reaktionen gab sich jedoch diese Schicht nicht hin.

Einmal mehr präsentieren sich da die protestantischen Handwerksmeister aktiver (Abb. 11, S. 135). Deren »Maximilian«-Kurve zerfällt während der Max-II.-Periode in zwei Teile: kontinuierliches Wachstum im Reaktionsjahrzehnt auf relativ hohem Niveau, Absacken 1859 und daran anschließend wiederum leichtes Wachstum auf tieferem Niveau. Sollte sich die »Traditionalität« der protestantischen Handwerker darin aus-

drücken, daß diese den konservativeren Kurs ihres Königs bevorzugten und den Wandel von 1859 mit Abwendung quittierten?
Von besonders hoher Popularität König Maximilians II. kann angesichts dieser Entwicklungsverläufe kaum die Rede sein – von besonders niedriger aber gleichfalls nicht. Verglichen mit seinem Vorgänger Ludwig I. war Maximilian sicher der weniger volkstümliche. Hier bewegen sich unsere Ergebnisse durchaus im Einklang mit der gängigen Forschungsmeinung und bestätigen sie mit empirischem Datenmaterial. Die Betrachtung der nach sozialen Schichten differenzierten Kurven hinterläßt den Eindruck, als hätten während der Regierungsjahre Maximilians je nach untersuchtem Bevölkerungsausschnitt ganz unterschiedliche Faktoren die Vergabe des Herrschernamens beeinflußt. Während das traditionelle, handwerklich-gewerbliche Stadtbürgertum eher dazu tendierte, die königliche Wirtschafts- und Sozialpolitik zu bewerten, die ja gerade in jener Zeit sehr konkrete Auswirkungen für den klassischen Handwerksbetrieb haben konnte, spiegeln sich im Verhalten des Bildungsbürgertums mehr die »klassischen« Schwerpunkte der maximilianischen Politik: Einheits- und Wissenschaftspolitik.

Die zuletzt betrachtete Entwicklung des »Maximilian«-Anteils bei den protestantischen Handwerksmeistern und Gewerbetreibenden mit ihrem auffälligen Rückgang zwischen 1857 und 1859 (Abb. 11, S. 135) gibt Anlaß, über eventuelle Zusammenhänge mit der heftigen Krise nachzudenken, die in jenen Jahren das traditionelle Handwerk erschütterte. Nicht nur auf Politik im Sinne von Verfassung, Bürgerrechten und Mitbestimmung bezogen sich die liberalen Märzforderungen von 1848; sie erstreckten sich gleichermaßen auf Justiz und Verwaltung, Handel und Gewerbe. Veränderungen in diesen Bereichen setzten sich auch während der Reaktionsperiode der fünfziger Jahre bereits durch. Unterstützt von einer insgesamt modernen, offenen Handels- und Gewerbepolitik brachen sich Automatisierung und Industrialisierung Bahn und bedrohten wiederum die Existenz des klassischen Handwerks- oder Gewerbebetriebes.[65] Angesichts dieser Entwicklungen setzten vielleicht die Stadthandwerker traditioneller Prägung in ihrem Bestreben, alte Privilegien zu behalten oder besonderen Schutz zu genießen, starke Hoffnungen in den König, solange dieser, während seines »Reaktionsjahrzehnts«, wenigstens politisch noch die Distanz zum Liberalismus hielt. Mit der Wende von 1859 ging aber auch diese Basis und mit ihr die Hoffnungen der Handwerksmeister verloren: 7 Prozent Verlust für den Anteil des königlichen Vornamens wären in diesem Zusammenhang ein deutlich sichtbares Zeichen der Enttäuschung.

Mutmaßungen solcher Art provozieren natürlich mehr Fragen, als sie zunächst Antworten geben. Träfen unsere Vermutungen über die Krise des alten Handwerks und ihre eventuellen Auswirkungen auf die Vergabe des königlichen Vornamens in den betroffenen Bevölkerungskreisen zu, dann bliebe doch das Verhalten der katholischen Handwerker auffallend und unerklärt. Sie erschütterte der Strukturwandel ganz genauso; in ihrer Namenkurve ist jedoch keine der protestantischen annähernd ähnliche Reaktion nachzuweisen. Die bekannte Trägheit des katholischen handwerklich-gewerblichen Stadtbürgertums fällt hier wohl ins Gewicht, und immerhin – auch seine »Maximilian«-Kurve tendiert schon seit 1853 nach unten, wenn freilich nicht in dramatischem Ausmaß (1853: 7,8 Prozent – 1863: 5,7 Prozent).

Fragezeichen bleiben auch hinsichtlich des Verhaltens der katholischen wie protestantischen Bildungsbürger während der Regierungsjahre Maximilians II. Spielten wirtschaftspolitische Erwägungen für die Orientierungen des traditionell handwerklich-gewerblichen Bürgertums möglicherweise eine besondere Rolle, so schwankte das Bildungsbürgertum offensichtlich zwischen jenen beiden Polen, die auch den König selbst zu ambivalenten Haltungen nötigten. Einerseits, stellt Wilhelm Liebhart fest, habe das »liberale Bürgertum [...] diese zehn Jahre bis zur innenpolitischen Krise von 1859« – also fast zwei Drittel der gesamten Regierungszeit Maximilians – »als Restauration, zum Teil als Reaktion« empfunden. Andererseits sei dieser König gerade aufgrund seiner Wissenschafts- und Bildungspolitik ein »Repräsentant des Bildungsbürgertums« gewesen.[66] Da stehen zwei Aussagen gegeneinander, die sich nur scheinbar auf klar voneinander gesonderte Größen beziehen. Das »Bildungsbürgertum« ist nicht immer liberal, aber das »liberale Bürgertum« doch in der Regel stets Bildungsbürgertum. Obendrein durchzieht der konfessionelle Gegensatz diesen Mischkomplex aus Bildung und liberaler politischer Orientierung und erschwert ein pauschales Urteilen über die öffentliche Meinung in jener Schicht der Bevölkerung zusätzlich. Aufgrund des Charakters der Quellen kann unsere Art der Vornamenanalyse nur nach Konfession und Bildung, nicht nach politischer Grundeinstellung kategorisieren, muß also, will sie zu einigermaßen zutreffenden Aussagen über das Verhalten *des* Bildungsbürgertums kommen, diese fließenden Übergänge stets im Auge behalten.

Grenzen quantitativer Vornamenanalyse

Wir wollen, um das Problem zu entfalten, genauer hinsehen und müssen uns dabei vorwiegend im Konjunktiv ausdrücken: Wäre das katholische Bildungsbürgertum im Gegensatz zum protestantischen eher konservativ einzuschätzen und deutete dessen »Maximilian«-Kurve in erster Linie auf die Hauptrichtung der Politik, so verwunderte der hohe »Max«-Anteil 1857 (21,9 Prozent – Abb. 11, S. 135) nicht. Dem vorausgegangen wäre ein »Max«-Bonus im zweiten Regierungsjahr und möglicherweise eine gewisse, etwas phasenverschobene Enttäuschung über die anfänglich liberale Politik, die freilich bis 1857 der Genugtuung über die schließlich doch einsetzende konservativere Haltung gewichen wäre. Einer solchen Ansicht korrespondierte gleichzeitig die seit spätestens 1863 gesunkene Quote als Reaktion des konservativ-katholischen gebildeten Bürgertums auf die Liberalisierung der allgemeinen Politik.

Dagegen stellen sich allerdings folgende Fragen: Hätte nicht ein derart orientiertes Bildungsbürgertum Einspruch erheben müssen gegen die Berufung protestantischer und liberaler Wissenschaftler, der »Nordlichter«, in jenen Jahren? Oder aber – worauf die Reaktionen derselben Bevölkerungsschicht während der Ära Abel verwiesen – urteilte dieses Bürgertum gar nicht so konservativ, tendierte eher zu moderat liberalen Anschauungen? Wie wäre dann der Gipfel von 1857 zu verstehen? Vielleicht als Reaktion auf die 1856 erfolgte Berufung Heinrich von Sybels an die Münchner Universität, die, trotz mannigfacher Proteste von seiten der veröffentlichten, wirklich katholisch-konservativen Meinung, liberaler denkenden und nationalpolitisch interessierten Bildungsbürgern nur zusagen konnte?[67]

Wir werden im nächsten Kapitel im Zusammenhang mit der Frage nach einer spezifischen Bürgerkultur, die sich in jenen Jahren gegen die Adelskultur heftig auflehnte, auf diese Fragen zurückkommen. Für den Augenblick genügt uns festzustellen: Die Entwicklung des Namens »Maximilian« im gebildeten katholischen Bürgertum entzieht sich einer eindeutigen Erklärung. Verschiedene Möglichkeiten stehen nebeneinander. Vielleicht übertrug sich ja ein Stück der königlichen Ambivalenz selbst auf die öffentliche Meinung und schlug auf die Vergabehäufigkeiten des königlichen Namens durch.

Etwas einfacher, wenn auch nicht durchweg eindeutiger, gestaltet sich die Auswertung der »Maximilian«-Kurve des protestantischen Bildungsbürgertums (Abb. 11, S. 135). Ähnlich der Entwicklung bei den protestantischen Handwerksmeistern und Gewerbetreibenden zerfällt sie in zwei Teilstrecken, die jedoch gegensätzlich zu denen der beiden anderen Schichten verlaufen. Bis 1859 hält sie – mit leichten Zickzacksprüngen – ein niedriges Niveau (zwischen etwa 4 und etwa 7 Prozent), danach – mit ausgeprägten Schwankungen – ein insgesamt höheres (zwischen etwa 9 und etwa 11 Prozent). Erneut liegt die Zäsur im Jahr des Ministerwechsels. So fügt sie sich auch einigermaßen ins Bild eines liberal orientierten protestantischen Bildungsbürgertums: Der Königsname gewinnt in der Zeit des liberaleren politischen Kurses an Popularität. Der Tiefpunkt von 1861 bliebe zu erklären.

Ein solcher Interpretationsansatz setzt die überwiegende Beurteilung der Hauptrichtlinien königlicher Politik in der Vergabe von Vornamen voraus. Der spezifisch bildungsbürgerliche Aspekt, der sich gerade bei den Protestanten in einer Hochschätzung des Königs aufgrund von dessen Bildungs- und Wissenschaftspolitik hätte niederschlagen müssen, träte dahinter zurück.

Sollte tatsächlich die Bewertung des politischen Gesamtkurses den Verlauf der Namenkurven stärker bestimmen als die Haltung zur bildungspolitischen »Nordlichterfrage« – wofür wohl doch höhere Wahrscheinlichkeit spricht –, so hätte sich das katholische gebildete Bürgertum Münchens runde zwanzig Jahre nach der Ära Abel in eine konservativere Richtung entwickelt und hätte sich der konfessionspolitische Gegensatz stärker ausgeprägt. Das Urteil Liebharts über die ablehnende Haltung des liberalen Bürgertums während des Reaktionsjahrzehnts bezöge sich dann in erster Linie auf das protestantische Bildungsbürgertum. Aufgrund der ambivalenten Haltungen des »Bildungsbürgerkönigs« Maximilian II. selbst fällt aber eine letzte Entscheidung, ein letztes Urteil schwer. Kurz: Quantitative Vornamenanalyse *allein* führt in solchen Fällen nicht weiter.

Im Gegensatz zu den Regierungsperioden Max Josephs und Ludwigs I. war die Welt für den Münchner, so scheint es, auch komplexer und uneindeutiger geworden. Das Namengebungsverhalten und die sich darin ausdrückende öffentliche Meinung blieb von dieser gestiegenen Vielschichtigkeit nicht unbeeinflußt.

Der »Märchenkönig«

Es waren die letzten Jahre Ludwigs II., die ich in München sah. Die Menschenfeindschaft und Geistesverdüsterung des Königs war nicht mehr weit von ihrer Krisis […]. Auf dem Lande, zumal im Oberlande und in den Bergdörfern, war der König ohne Zweifel beliebt, trotz seiner Absonderlichkeit, die vor aller Augen lag. Er baute dort seine Schlösser, fuhr ein und aus [...] und brachte Geld unter die Leute. Aber eben dieses Geld entzog er seiner Haupt- und Residenzstadt, die doch den ersten Anspruch darauf zu haben glaubte. Der König war in München ebenso unbeliebt, wie man ihn auf dem Lande verehrte. Er erschien nur noch selten in seiner Residenz, fuhr stets im geschlossenen Wagen [...] aus. [...] Hinter ihm schauten die Leute finster drein und manche schüttelten die Fäuste, wie ich mit eigenen Augen gesehen habe. – Es ist eine spätere Legende, erst nach dem tragischen Tode des Königs entstanden, daß man ihn gerade in München so besonders geliebt habe: Nach meinen Beobachtungen ist das Gegenteil der Fall. Richtig mag sein, daß in diesem so offen geäußerten Haß auch eine gute Portion von gekränkter Liebe enthalten war. Denn das damalige Münchnertum war monarchistisch bis in die Knochen und hatte ja auch gute Gründe dafür.[68]

Die Vergabe der Vornamen bestätigt diese Jugenderinnerungen des Dichters Max Halbe – im großen und ganzen. Wiederum können wir aber den Rückblick des Zeitgenossen, die Ausgestaltung des Literaten ergänzen, teils korrigieren, können hinzufügen und differenzieren.

Mehr noch als bei Halbe zum Ausdruck kommt, will es scheinen, als habe Ludwig II. nicht nur die Liebe der Münchner zu seiner Person, sondern zur Monarchie überhaupt gekränkt.[69] Mit dem letzten der drei großen bayerischen Monarchen erreichte die Konjunktur der Königsnamen in München ihr Ende. In den Gesamtkurven für beide Königsnamen (»Ludwig« und »Maximilian« / »Max« – Abb. 5/6, S. 132) zeigt sich die Stagnation bei den Protestanten bereits 1851, bei den Katholiken 1855. Die »Maximilian«-Quote der Katholiken tendierte schon seit 1849 konstant nach unten, die »Ludwig«-Quote seit 1857, mit einer gewissen Stabilisierung während der Jahre um den Thronwechsel von 1864 (Abb. 5, S. 132). Diese Stabilisierung steht freilich in keinem Vergleich zu den Ausschlägen im Umkreis der vorangehenden Thronwechsel von 1825 und 1848. Lediglich in der protestantischen »Ludwig«-Kurve fällt ein Aufschwung seit 1859 ins Auge; jedoch erreichte er seinen Höhepunkt schon 1863 und flaute gleich danach wieder ab (Abb. 6, S. 132). Der Herrscherwechsel von Maximilian II. zu Ludwig II. zeichnet sich also in den Vergabehäufigkeiten der Königsnamen weit weniger deutlich ab als die früheren Wechsel an der Staatsspitze.

Ein Beleg für das Urteil, Maximilian II. sei in der Volksmeinung der unpopulärste der bayerischen Könige gewesen, läßt sich im Vergleich mit seinem Nachfolger aus den Vornamen im übrigen nur schwer ableiten. Diese Einschätzung geht fehl, soweit sie sich auf die Bevölkerung der Hauptstadt bezieht. Die von Halbe erinnerten Unterschiede in der Beurteilung des eigenwilligen Monarchen durch die hauptstädtische Bevölkerung und diejenige des von Ludwig als Aufenthaltsort bevorzugten »Oberlandes« sollten wir nicht aus dem Auge verlieren, zumal sie auch von andern zeitgenössischen Beobachtern, etwa von Oskar Maria Graf in *Das Leben meiner Mutter*, nahezu identisch geschildert werden.[70]

Wir müssen uns vor Verallgemeinerungen hüten: Die Vornamendaten erweisen für *München*, daß »Maximilian« während der Herrschaft Max' II. bei den Katholiken fast durchweg höhere Prozentzahlen erzielte als »Ludwig« während der ersten Hälfte der Regierung des mythenumwobenen »Märchenkönigs« (Abb. 5, S. 132), über die zweite Hälfte können wir nichts aussagen, weil unsere Daten 1876 enden).[71] Wenn bei den Protestanten die Verhältnisse umgekehrt lagen,[72] so hing dies vor allem mit deren spezifischer Namengebungstradition zusammen, die »Ludwig« seit 1819 immer schon häufiger gewählt hatte als »Maximilian« (Abb. 6, S. 132). Gleichwohl unterlag »Ludwig« seit ungefähr 1830 einem allgemeinen Abwärtstrend in der protestantischen Bevölkerung, den auch König Ludwig II. nicht zu stoppen oder gar umzukehren vermochte.

Auf eine eher distanzierte Haltung bestimmter protestantischer Kreise gegenüber Ludwig II. läßt die nach Schichten aufgeteilte Kurve schließen. Die sonst so »aktiven« Schichten reagierten kaum und wenn, dann eher negativ (Abb. 10, S. 134). Sowohl bei den protestantischen Bildungsbürgern als auch bei den handwerklich-gewerblichen Stadtbürgern fiel der »Ludwig«-Anteil nach 1863. Verantwortlich für den Anstieg in der Gesamtkurve zeichneten bis 1863 traditionelles Handwerksbürgertum und unterbürgerliche Schichten gemeinsam. Bei den Unterbürgerlichen setzte sich dieser Anstieg jedoch bis 1865 stark fort. Hegten diese noch am meisten Hoffnungen hinsichtlich des jugendlichen Thronfolgers, die – so sie denn tatsächlich auftraten – freilich bald schwanden? 1867 jedenfalls befand sich der »Ludwig«-Anteil in dieser Schicht schon wieder an einem Tiefpunkt und blieb fortan im unteren Bereich, niedriger noch als die Quoten der beiden anderen. Zwischen 1869 und 1871 verlor der Königsname in allen drei Schichten der protestantischen Bevölkerung gleichermaßen.

Die gewohnten »Aktivitätsgrade« zeigen sich in der katholischen Bevölkerung: kaum Bewegung unter den traditionell handwerklich-gewerblichen Bürgern, leichter Trend nach unten seit 1863 (Abb. 9, S. 134). Stark abwärts tendierten seit demselben Jahr die unterbürgerlichen Schichten, während die Bildungsbürger, ganz im Gegensatz zu ihren protestantischen Standesgenossen, nach dem Tief von 1863 wieder zulegten und ein Niveau erreichten, das den Stand der späteren zwanziger und dreißiger Jahre noch überstieg. Das Absacken bei den Unterbürgerlichen wie auch die langsame Abwärtsbewegung im traditionellen Bürgertum stellt der Popularität Ludwigs II. innerhalb breiter Schichten der katholischen Bevölkerung seiner Residenzstadt kein besonders gutes Zeugnis aus.

Etwas abweichend von diesem Trend gestaltet sich die Situation bei den katholischen Bildungsbürgern. Nach langer und rapider Talfahrt seit 1857 nahm »Ludwig« in dieser Gruppe zwischen 1863 und 1867 wieder deutlich, um über 10 Prozentpunkte, zu. Wieder einmal reagierten die Bildungsbürger prompt auf den Thronwechsel. Aber selbst unter ihnen läßt sich ein dauerhafter Aufwärtstrend nicht beobachten. Schon 1871 lag der Wert erneut tiefer, und man darf annehmen, daß er weiterhin gefallen wäre, hätte nicht das bekannte gesamtdeutsche Ereignis die bildungsbürgerliche Euphorie auch für den Bayernkönig wieder angefacht.

Eine Entwicklungsrichtung einte bei allen Unterschieden sämtliche Bevölkerungsschichten: der Abfall der »Ludwig«-Quote im Jahr der Reichsgründung 1871. Für die Regierungszeit des passiven Ludwig II. fällt die Interpretation der Königsnamenkurve in Zusammenhang mit den politischen Ereignissen schwerer als bei seinen politisch aktiven Vorgängern. Auffällig bleibt jene Beobachtung gleichwohl: Im Jahr der Gründung des deutschen Reiches spielte der Name des bayerischen Königs kaum eine Rolle (vgl. auch Abb. 5/6, S. 132), ja erreichte durchweg einen neuen Tiefpunkt.

Die deutlich abnehmende Beliebtheit des Königsnamens steht in bemerkenswertem Kontrast zu den Ovationen, die Münchner Bürger Ludwig II. zu Beginn und Ende des Deutsch-Französischen Krieges entgegenbrachten. So berichtete Friedrich Smetana am 22. Juli 1870 in einem Brief aus München an seine Frau, daß er den König gesehen habe,»als ihm die Bürger eine Ovation bereiteten, weil er sich für die Beteiligung am Kampfe gegen Napoleon ausgesprochen hat. Sie riefen ihm ›Hoch‹ und ›Vivat‹ zu und er neigte sich aus dem Fenster und dankte.«[73] Seine Erinnerung an die Siegesfeier im Hoftheater gestaltete der Münchner Schriftsteller Michael Georg Conrad in seinem naturalistischen Roman *Was die Isar rauscht*.

> Beim Siegeseinzug anno Einundsiebzig, abends bei der Festvorstellung im Hoftheater. Es ist mir noch alles im Gedächtnis. Wallensteins Lager wurde gegeben. Haufenweis war das Volk ins Theater geströmt. Als der junge König mit seiner Mutter und dem deutschen Kronprinzen in der Hofloge erschien, brach alles in Jubel aus […] Bei jeder patriotischen Stelle des Schillerschen Stückes erschallte brausender Beifall. Als schließlich Kindermann das Reiterlied anstimmte ›Wohlauf Kameraden, aufs Pferd, aufs Pferd, in das Feld, in die Freiheit gezogen‹ und dann die Wacht am Rhein gesungen wurde, ging's wie Sturmesbrausen durchs Haus und

alles jubelte zur Königsloge hinauf. Der König und der deutsche Kronprinz faßten sich bei der Hand und verneigten sich. Zwei herrliche, stolze, deutsche Männer. [...] Und jetzt nimmt unser König ein solches Ende.« Dem Greis versagte die Stimme. Dicke Thränen rollten ihm über die Wangen.[74]

Die Aufzeichnungen eines Augenzeugen wie die literarische Verarbeitung der Siegesfeier von 1871 sollten nicht zu falschen Schlüssen führen. Gerade der Auszug aus dem 1887 erschienenen Roman Conrads reflektiert eher die bald nach dem mysteriösen Tod des Königs einsetzende Mythenbildung denn seine tatsächliche Wertschätzung in der öffentlichen Meinung zu Lebzeiten. Die gesunkene Beliebtheit des Königsnamens »Ludwig« im Jahr 1871 legt im Kontrast dazu fast zwingend den Schluß nahe, daß die patriotischen Aufwallungen der Münchner 1870 und 1871 sich zwar durch die Ovationen an die Person des Königs richteten, jedoch nicht wirklich ihr galten, sondern dem durch preußische Politik vorangetriebenen Geschehen. Wenn es einen politischen Helden dieser Jahre gab, den auch die Bayern feierten, dann war es, wie die Vornamen belegen, »Otto« – Otto von Bismarck.

Gegenüber den zeitgenössischen Berichten über euphorische Feiern und Ovationen, die ja höchstens nur Schlaglichter werfen können, verweist das Studium der Vornamen auch auf das zeitliche Kontinuum und ermöglicht Aussagen über längerfristige Entwicklungen. Der Abwärtstrend der Gesamtkurve des Königsnamens seit Regierungsantritt Ludwigs II. 1864 entspricht sehr genau der tatsächlichen Rolle des Königs, der politisch auf den Weg Bayerns in den deutschen Nationalstaat so gut wie keinen Einfluß nahm.[75] Indifferent wie der König selbst, verlor dessen Name an Bedeutung; denn weder mit nationaler Begeisterung noch mit klarer Ablehnung des neuen Reiches konnte man ihn in Verbindung bringen.

Nach Abschluß der Verhandlungen von Versailles stellte sich König Ludwig II. widerstrebend auf den Boden des Reiches, ja unterzeichnete, wenn auch von Bismarck »erkauft« und vorformuliert, jenen Kaiserbrief, der König Wilhelm von Preußen den Titel eines Deutschen Kaisers antrug.[76] Im Innersten lief dem König die ganze Entwicklung jedoch zutiefst entgegen. »Ich erlebte mittlerweile recht viel Trauriges«, schrieb er am 25. November 1870 seinem Bruder, dem Prinzen Otto. »So schauderhaft und entsetzlich es immerhin bleibt, [ist es] ein Akt von politischer Klugheit, ja von Nothwendigkeit im Interesse der Krone und des Landes, wenn der König von Bayern jenes Anerbieten stellt. [...] Jammervoll ist es, daß es so kam, aber nicht mehr zu ändern.«[77]

Bayern blieb zwar im Deutschen Reich von 1871 mit Sonderrechten ausgestattet, aber es stand doch jetzt eingebunden in einen Bundesstaat, der seine ehemalige Souveränität wesentlich beschnitt. König Ludwig hatte trotz allen Widerwillens hierzu schließlich sein Placet erteilt, gegen Widerstände aus der eigenen Familie, aber auch aus den Reihen der sich seit den späten sechziger Jahren formierenden katholisch-konservativ dominierten und separatistisch orientierten bayerischen Patriotenpartei, die neben der bäuerlichen Bevölkerung gerade im traditionellen Stadtbürgertum auf Resonanz stieß.[78] In der für diese Bevölkerungsschicht auch nach 1871 sinkenden »Ludwig«-Kurve kommen solche Haltungen sicherlich mit zum Ausdruck. Die weiterhin abnehmende Tendenz bei traditionellen Handwerkern und Gewerbetreibenden verhinderte jedoch nicht, daß der Anteil des Namens »Ludwig« in der katholischen Bevölkerung insgesamt nach 1871 wieder anstieg. Verantwortlich dafür zeichneten Bildungsbürgertum und vor allem unterbürgerliche Schichten (Abb. 9, S. 134).

Während also die traditionell stadtbürgerliche Schicht der Handwerksmeister und Ladenbesitzer die ablehnende Haltung dem Königsnamen gegenüber beibehielt, änderte sich der Trend bei Bildungsbürgern und unterbürgerlichen Schichten. Worin mögen Gründe für diese gewandelten Orientierungen liegen? Wir können die Entwicklung aufgrund der Quellenlage nur bis 1876 verfolgen, bleiben also für die späten siebziger und frühen achtziger Jahre auf Mutmaßungen angewiesen.

Möglicherweise wirkte in jenen beiden Schichten der durch die Reichsgründung ausgelöste patriotische Effekt länger nach als bei den Handwerkern und kam auch dem König selbst länger zugute. Mehr und mehr wird auch die Reichspolitik nach Bayern hineingewirkt, wird Landespolitik überspielt und überflügelt haben. Hier hatte Bismarck bereits 1871 den Kulturkampf gegen die katholische Kirche in Deutschland, deren politische Ansprüche und deren Institutionen angezettelt. Diese innenpolitische Krise blieb auch in Bayern, dem größten katholischen Staat des neuen Reiches, nicht ohne Echo. Präzisere Aussagen über die Art dieses Echos läßt freilich eher eine Untersuchung der »Otto«- als der »Ludwig«-Kurve erwarten. Der Bayernkönig spielte in der Tagespolitik allenfalls noch eine Nebenrolle, nicht nur seiner Persönlichkeit wegen, sondern auch aufgrund der gewandelten Rolle Bayerns als Teilstaat eines Deutschen Reiches; Bismarck hingegen war der beherrschende Hauptakteur auf der politischen Bühne. Dadurch wuchs auch seinem Vornamen ein ganz neuer Wert als Indikator öffentlicher Meinung zu.

Der Griechen-Otto

Bevor wir uns dem »Preußen-Otto« zuwenden, vergegenwärtigen wir uns eine andere Geschichte: diejenige vom »Griechen-Otto«. Denn nicht Bismarck allein verhalf »Otto« zu Popularität; im Gegenteil, ein Wittelsbacher war es, der diesen Namen im ersten Drittel des 19. Jahrhunderts aus langem Tiefschlaf erweckte.

Trotz seiner alten dynastisch-wittelsbachischen Tradition war »Otto« zu Beginn des 19. Jahrhunderts aus dem Namenschatz der Münchner Katholiken so gut wie verschwunden (Abb. 12, S. 135); in denjenigen der Protestanten fand er zunächst erst gar keinen Eingang (Abb. 13, S. 136). Jene Namenstradition wurzelte wohl kaum mehr im Bewußtsein größerer Kreise: Zuletzt hatte in der rudolfinischen (pfälzischen) Linie Pfalzgraf Ottheinrich (Otto Heinrich, 1502–1559) diesen Namen getragen. Noch weiter zurück ins Mittelalter führt die Spur, ehe unter den Abkömmlingen Kaiser Ludwigs des Baiern ein Otto V., »der Faule« (um 1341–1379), erscheint, und ehe sich in der auf Pfalzgraf Otto von Baiern (um 1083 bis 1156) und Herzog Otto I. von Wittelsbach (um 1117–1183) zurückgehenden Hauptlinie jene »Ottos« häufen, auf denen der dynastische Charakter des Namens in diesem Fall gründet.[79] Fortsetzung fand die Tradition im 19. Jahrhundert erst durch den zweiten Sohn König Ludwigs I., den nachmaligen König Otto von Griechenland, geboren am 1. Juni 1815.

Die Namengebung im königlichen Hause weckte schlagartig auch das öffentliche Interesse am lange vergessenen »Otto« wieder – zumindest innerhalb der katholischen Bevölkerungsmehrheit Münchens. Zum ersten Mal seit wenigstens dreißig Jahren stieg sein Anteil in St. Peter 1817 von 0 auf fast 1 Prozent (Abb. 12, S. 135)[80] und verharrte in diesem Bereich bis 1825, bevor er sich zu dem großen Gipfel von 1833 aufschwang. Weniger spontan begrüßten die Protestanten das Königssöhnchen; erst 1825, im Jahr des Thronwechsels, läßt sich hier ein nennenswerter »Otto«-Anteil verbuchen. Innerhalb beider Konfessionsgruppen setzten – wie sollte es anders sein – die Bildungsbürger den Trend; die traditionell handwerklich-gewerblichen Stadtbürger zogen erst 1829 nach; die unterbürgerlichen Schichten bei den Katholiken gar erst mit dem großen Aufschwung von 1833 (Abb. 12, S. 135).[81]

Die »Otto«-Spitze von 1833 fällt sowohl bei den Kurven für die Gesamtbevölkerung als auch für die einzelnen Schichten beider Konfessionsgruppen sofort ins Auge. In St. Peter hielt »Otto« 1833 einen Anteil von 5,3, in der protestantischen Gemeinde sogar von 12,5 Prozent – beide Male der für den untersuchten Zeitraum höchste Anteil. Jedoch etablierten sich die Spitzenwerte nicht auf Dauer. Schon 1837 tauften nur noch etwas weniger als 3 Prozent der Katholiken von St. Peter ihre Söhne auf den Namen »Otto«. Auch bei den Protestanten fiel der »Otto«-Anteil auf ein bescheideneres Niveau zurück. Längerfristige Auswirkungen für den Namenschatz beider Konfessionen gehen von der »Otto«-Spitze des Jahres 1833 trotzdem aus. Der Anteil pendelte sich bei den Katholiken in einem erheblich höheren Bereich ein als zuvor, allerdings mit Tendenz nach unten bis mindestens 1857; bei den Protestanten stabilisierte er sich zunächst in dem Bereich um 2 Prozent, um nach 1849 tendenziell anzusteigen.

Was hat 1833 die Beliebtheit des Namens »Otto« in der Bevölkerung Münchens so explosionsartig in die Höhe schnellen lassen? Die Antwort auf diese Frage liefert bereits ein oberflächlicher Blick in jedes Schulbuch bayerischer Geschichte: Im Februar 1833 betrat der siebzehnjährige Prinz Otto als neuer König von Griechenland die Stätte seines zukünftigen Wirkens. Bereits seit Oktober des vorangegangenen Jahres, als eine Delegation der griechischen Nationalversammlung dem zweiten Sohn König Ludwigs I. den Huldigungseid geleistet hatte, stand fest, daß der Wittelsbacher den Thron des neuen unabhängigen griechischen Staates besteigen sollte.[82] »König Otto« – das war nicht nur ein Triumph dynastischer Machtpolitik des Hausvorstandes Ludwig mit der Ambition, Bayern im Kreis der großen Mächte auch zukünftig eine bedeutende Rolle zu sichern. »König Otto« war ebenso ein Triumph der im eigenen Lande stark bedrängten deutschen Nationalbewegung, die ihre Wünsche und Hoffnungen philhellenisch in die Unabhängigkeitsbestrebungen der Griechen hineinprojizierte und -interpretierte. Und schließlich war »König Otto« ein vor allem von Königin Therese mit ihrem Lieblingssohn inszeniertes volkstümliches Rührstück, das die Herzen nicht nur der Münchner zu bewegen verstand.

Die gesamte königliche Familie begleitete Otto am Tag seiner Abreise, dem 6. Dezember 1832, unter großer Anteilnahme der Bevölkerung bis hinaus vor die Tore Münchens. An der Stelle, wo König Ludwig und die Geschwister Abschied nahmen, ließ man eine »Ottosäule« errichten; noch heute erinnert der Name des – zur guten Adresse gewordenen – Dorfes Ottobrunn an diesen Ort. Mutter Therese geleitete Otto weiter bis Bad Aibling, wo mit einem »Theresienmonument« des historischen Tages gedacht wurde. »König Ludwigs zweitgeborener Sohn Otto«, lautet dessen Inschrift, »riß sich hier vom Mutterherzen, um Retter und König Griechenlands zu werden.« Bis Mai 1833 sollte es allerdings dauern, ehe die Mutter von der glücklichen Ankunft des Sohnes am Ort seiner Bestimmung hörte, Anlaß genug, um ihrer Freude durch Stiftung einer reichlichen Armenspeisung Ausdruck zu geben.[83]

Für öffentliches Aufsehen sorgte nicht nur die Thronfolge selbst, sondern auch deren populistische Inszenierung. Beides schlägt sich in den Kurven für den Vornamen »Otto« nieder. Daß ein einschneidendes, aber nur für kurze Zeit wirkendes Ereignis den Ausschlag von 1833 bedingt haben muß, legt die Art des Ausschlages nahe; daß es ein Identifikationsangebot für alle Konfessionsgruppen der Bevölkerung enthielt, belegen die Einzelkurven: ausnahmslos überall – und ohne Phasenverschiebungen – liegt 1833 ein Spitzenwert vor. Der Hauptimpuls ging auch hier vom gebildeten Bürgertum aus, bei Katholiken (13 Prozent) wie Protestanten (25 Prozent). Gleichfalls aber zogen die sonst so traditionsverhafteten handwerklich-gewerblichen Bürger in einem ungewöhnlichen Ausmaß mit, und schließlich trugen auch, soweit ermittelbar, die unterbürgerlichen Schichten ihren Teil bei. Solch ungewöhnliche Einmütigkeit deutet auf eine große öffentliche Zustimmung zur Königserhebung des jungen Prinzen, wenngleich im einzelnen die jeweiligen Motivationen dieser Zustimmung sehr unterschiedlich gelagert sein konnten. Mochte sie dem katholisch-dynastisch gesinnten Bildungsbürger zum Ausdruck der Freude über eine vermeintliche Stärkung der Macht des Hauses Wittelsbach sowie Bayerns im Gefüge der europäischen Politik dienen, so vertrat sie seinem liberal-protestantischen und philhellenischen Pendant die Hoffnung auf einen zukünftigen Triumph des Nationalstaatsprinzips auch im eigenen Lande. Durch den wohlinszenierten Abgang des noch minderjährigen Königs in ein fremdes Land, bis weit hinaus vor die Tore der Stadt geleitet von seiner liebenden Mutter, fanden sich daneben wohl auch emotionalere Bedürfnisse angesprochen, die möglicherweise in den handwerklich-gewerblichen und unterbürgerlichen Schichten jene zustimmenden Reaktionen hervorriefen. Noch wahrscheinlicher aber durchdrangen sich all diese Motivationen quer durch die Bevölkerung der Residenzstadt und erzeugten erst in ihrem Zusammenspiel den fast schon eruptiv zu nennenden Ausschlag der »Otto-Kurve« im Jahr 1833 (Abb. 13, S. 136).

So schnell die Begeisterung für den Namen »Otto« aufgekommen war, flaute sie wieder ab. Verständlich: Der Prinz weilte als König in Griechenland, also außerhalb des Horizontes der großen Bevölkerungsmasse. Auf der anderen Seite verloren gerade auch die politisch besser informierten, jedoch notorisch wendigen Bildungsbürger sofort das Interesse an ihrem Liebling. Nur der unmittelbare Akt der Königserhebung und der mit ihr direkt verbundenen Feierlichkeiten, so steht also zu schließen, hatte die Gemüter in Aufwallung versetzt.

Die nachfolgende Geschichte des bayerischen Engagements in Griechenland läßt sich im übrigen nicht in solchem Maße mit dem Namen des jugendlichen Königs identifizieren, daß hierüber anhand der Vornamenvergabe Aussagen getroffen werden könnten. Wieviel die bayerische Hilfe zum Aufbau des modernen Griechenland beitrug, erkennt die moderne Forschung an; allerdings hebt sie auch hervor, wie sehr die veröffentlichte Meinung in Bayern dieses Engagement ablehnte. Besonders die aus ihm erwachsenden fiskalischen Belastungen gerieten immer wieder zum Ausgangspunkt heftiger Attacken.[84] Mag sein, daß diese Kritik auf die Vergabe des Vornamens »Otto« zurückschlug. Indiz hierfür könnten die Talsohlen sein, in der die »Otto«-Quote im bildungsbürgerlichen Lager wiederholt versank – bei den Protestanten bereits in der zweiten Hälfte der dreißiger Jahre und zwischen 1849 und 1857, bei den Katholiken besonders während der fünfziger Jahre. Viel eher jedoch, nehmen wir an, traf auf den armen Otto das alte Sprichwort zu: Aus den Augen, aus dem Sinn!

Im Endergebnis bleibt trotz des schnellen Abflauens der »Otto«-Euphorie von 1833 für die Gesamtbevölkerung der untersuchten Gemeinden Münchens die Zunahme des »Otto«-Anteils am Vornamenschatz insgesamt. Die Wiederbelebung des alten dynastischen Namens können wir damit dem Griechen-Otto als Verdienst in seiner bayerischen Heimat wenigstens anrechnen. In seiner griechischen Wahlheimat amtierte der harmlose Otto als »überforderter« und »lethargischer« König. Heinrich Heine »pries« ihn nicht minder als seinen königlichen Vater:

> Herr Ludwig ist ein mutiger Held,
> Wie Otto, das Kind, sein Söhnchen;
> Der kriegte den Durchfall zu Athen,
> Und hat dort besudelt sein Thrönchen.[85]

Bevor seine Kinderlosigkeit die Frage einer wittelsbachischen Thronfolge zum Problem aufgeworfen hätte, stürzte ihn 1862 ein Aufstand.[86] Otto mußte nach Bayern zurückkehren und starb 1867 im »Exil« zu Bamberg. Inwieweit seine Rückkehr einen Niederschlag auf die Vornamengebung in München gefunden hat, bleibt nur im Rahmen einer Abwägung von Wahrscheinlichkeiten zu beantworten. Aus dem Verlauf der Gesamtkurve für die protestantische Bevölkerung in den Jahren zwischen 1861 und 1867 (Abb. 13, S. 136) geht diesbezüglich wenig bis nichts hervor. Bei den Katholiken (Abb. 12, S. 135) fallen sofort die Spitze von 1863, der Einbruch bis 1867 sowie der daran anschließende steile Anstieg des »Otto«-Anteils bis 1876 auf. Sicherlich könnten die Werte für das Jahr nach seiner Rückkehr sowie für sein Todesjahr mit dem griechischen Otto in Zusammenhang stehen. Wie wäre aber dann die weitere Entwicklung zu erklären? War das Lebensende des Königs von Griechenland nicht nur eine Randepisode im Vergleich mit den Vorgängen, die Deutschland in den sechziger und frühen siebziger Jahren erschütterten und endlich neu gestalteten, die in München, dem Zentrum bayerischer Politik, doch sehr viel direkter zu erfahren waren als das Schicksal des exilierten Königs, und in deren Mittelpunkt just ein Staatsmann desselben Namens stand: Otto von Bismarck?

Der Preußen-Otto

Daß die politischen und kriegerischen Vorgänge der Jahre 1866 bis 1871, die zur Gründung des ersten deutschen Nationalstaates führten, die öffentliche Meinung intensiv bewegten, ist schwerlich von der Hand zu weisen. Aber bereits die vorangehenden fünf Jahre hatten mit dem dänischen Krieg und dem sich über der Schleswig-Holstein-Frage zuspitzenden preußisch-österreichischen Dualismus allerhand nationalpolitischen Diskussionsstoff geboten. Im Mittelpunkt stand, seit seiner Berufung zum preußischen Ministerpräsidenten im September 1862 und seinem forschen Auftreten im preußischen Verfassungskonflikt, Bismarck. Von König Otto in Bamberg dürften dagegen nur wenige noch Notiz genommen haben, zumal in München, wo er sich kaum mehr sehen ließ. Und selbst wenn die eine oder andere Vornamenvergabe noch seinetwegen erfolgt sein sollte, lieferte dies für den so auffälligen Verlauf der »Otto«-Kurve bei den Münchner Katholiken seit 1863 doch keinen überzeugenden Erklärungsansatz.

Alle Wahrscheinlichkeit deutet darauf hin, daß der – nicht ungeteilt begrüßte – Aufstieg Otto von Bismarcks während der sechziger Jahre vom Krautjunker zum »Dompteur einer fundamentalen Krise Preußens« zur »ersten Inkarnation charismatischer Herrschaft in Deutschland«, zum »erfolgreichsten europäischen Berufspolitiker des 19. Jahrhunderts«[87] auch in der Vergabehäufigkeit des Vornamens »Otto« bei der Bevölkerung der königlich-bayerischen Haupt- und Residenzstadt München seinen Niederschlag gefunden hat.

Fast überall, so faßt der Bismarckbiograph Lothar Gall Reaktionen der Öffentlichkeit auf Bismarcks Ernennung zum preußischen Ministerpräsidenten zusammen, sei diese »auf größte Skepsis und nahezu einhellige Ablehnung« gestoßen, »sowohl im Land selber als auch außerhalb«.[88] Tendenziell trifft diese Beobachtung für den Kreis der politisch Aktiven sowie der engagierten Beobachter und Berichterstatter der Tagespolitik sicherlich zu; aber auch hier erhoben sich erstaunlich differenzierte Stimmen. Selbst Joseph Edmund Jörg, Redakteur und politischer Kommentator des orthodox-katholischen Intelligenzblattes *Historisch-politische Blätter für das katholische Deutschland*, 1869 Mitbegründer der Bayerischen Patriotenpartei und in den siebziger Jahren erbitterter Bismarckgegner im Reichstag,[89] begrüßte Bismarck als einen »Mann der That«, der den »liberalen Schwätzern« unbedingt vorzuziehen sei, »immerhin ein Charakter, kein liberaler Hoflakai«. Freilich sah er die Gefahr, daß sich Preußen unter Bismarck seiner »fridericianischen Tradition« besinnen und den »bewaffneten Weg« einer deutschen Politik einschlagen könnte, um von der inneren Verfassungskrise abzulenken. Käme hierzu noch ein Zweckbündnis mit der liberalen Nationalbewegung, dem »Gothaismus«, dann wären einige bisher ungeahnte Wandlungen öffentlicher Meinung zu gewärtigen. »So widerborstig sich auch Alles, was liberal heißt, jetzt gegen den Herrn von Bismarck anstellt, man könnte leicht noch einen unglaublichen Umschlag bis zur Begeisterung erleben«. Der deutsche Liberalismus habe »Hrn. von Bismarck zu einer preußischen Nothwendigkeit gemacht.« Ob er tatsächlich, wie erhofft, bald scheitere, sei noch nicht abzusehen.[90]

Fast mehr noch als Jörg lehnte schon 1862 der liberal-katholische und großdeutsche Münchener Geschichtsprofessor Carl Adolf Cornelius den »Seiltänzer« Bismarck ab, lastete jedoch die von ihm zu erwartende Politik auch der Schwäche des deutschen Volkes an. »Wenn es Bismarck nicht gelingt«, so schrieb Cornelius am 7. November 1862 seinem Onkel, dem preußischen Kultusbeamten Theodor Brüggemann, »eine Razzia gegen Österreich aufs Tapet zu bringen, so sehe ich nur die Alternative: Abdankung oder Verfassungsbruch! Aber es ist ja so verführerisch leicht, das hoffärtige Volk in den deutschen Bürgerkrieg zu führen.«[91] Was hier ein bayerischer Bildungsbürger negativ formulierte, wendete ein früher Parteigänger Bismarcks, der preußische Publizist Constantin Rößler, ins Positive. Könne Bismarck

[...] den Impuls zu einer kühnen, fortwirkenden, unwiderruflichen Tat in der deutschen Frage geben, [...] so wird in wenigen Tagen vergessen sein, was er noch heute und gestern gesprochen, getan und zugelassen hat. Dann ist es mit der Reaktion zu Ende, aber auch mit der Opposition. Unter anfänglichem Widerstreben wird lawinenartig durch die deutschen Provinzen der Ruf nach einer Nation sich fortpflanzen, welche durch die Reden zur Verzweiflung gebracht ist [...]. Die deutsche Nation wird jubelnd rufen: Eine Diktatur für einen Mann![92]

Auch bei Wortführern der veröffentlichten Meinung läßt sich im Herbst 1862 keine wirklich »einhellige Ablehnung« des neuen preußischen Ministerpräsidenten ausmachen. Riskant wäre angesichts dieser Sachlage der Schluß von der *veröffentlichten* zur *öffentlichen* Meinung, um so mehr, als die zitierten zeitgenössischen Urteile hinsichtlich der Haltung »der Deutschen« zu Otto von Bismarck selbst nur Vermutungen, Befürchtungen oder Hoffnungen äußern. Abgesehen vom Widerstand der Liberalen schien wenig sicher gewesen zu sein, und auch Dauer und Stärke des letzteren gaben zu Spekulationen Anlaß. Wie stand es wirklich um die öffentliche Meinung dem »Preußen-Otto« gegenüber? Welchen Wandlungen war sie in den Jahren zwischen 1862 und 1875 ausgesetzt?

In München scheint die unmittelbare Reaktion der Öffentlichkeit auf Bismarcks Berufung nicht geradewegs negativ ausgefallen zu sein. Die »Otto«-Kurve weist sowohl bei den Münchner Protestanten als auch besonders bei den Katholiken nicht auf eine sinkende Popularität dieses Namens hin, im Gegenteil: Nach einer mehrjährigen Talfahrt zwischen 1853 und 1857 nahm sie unter den Protestanten seit 1857 wieder zu (Abb. 13, S. 136). Seinen Gipfel erreichte dieser Aufwärtstrend 1863 mit 4,4 Prozent, ein Wert der – abgesehen von der König-Otto-Euphorie des Jahres 1833 – zuvor nur 1853 und 1837 übertroffen worden war. Auffälliger noch gestaltet sich die Entwicklung im katholischen Lager (Abb. 12, S. 135). Über 3 Prozent der Eltern katholischer Söhne nennen 1863 ihren

Sprößling »Otto«, verglichen mit der auch hier zu beobachtenden Talfahrt zwischen 1849 und 1861 ein sprunghafter Anstieg der Quote.

Eine tendenzielle Ähnlichkeit der »Otto«-Kurven bleibt auch nach 1863 bei Protestanten und Katholiken in München festzustellen, wobei wieder die Reaktion der Katholiken deutlicher erscheint: Abfall des »Otto«-Anteils, gefolgt von einem mehr oder weniger steilen Wiederanstieg bis zum Jahr der Reichsgründung 1871 und – für die Katholiken noch dokumentierbar – darüber hinaus. Abgesehen von der unterschiedlichen Heftigkeit der Ausschläge besteht der entscheidende Unterschied im Jahr des Tiefpunktes: 1865 bei den Protestanten, 1867 bei den Katholiken.

Zwischen den beiden Jahren lag der preußisch-österreichische Krieg von 1866, die Entscheidung von Königgrätz und damit die wichtigste Weichenstellung in Richtung des kleindeutsch-preußischen Kaiserreiches. Österreich schied mit der militärischen Niederlage aus dem Rennen um die Vormachtstellung in Deutschland aus; aber auch die »Triaspolitik« König Maximilians II., der Versuch, ein »drittes Deutschland« der mittleren und kleinen Mächte unter bayerischer Führung zwischen den Polen Preußen und Österreich zu etablieren, war damit endgültig gescheitert.

Die »öffentliche Meinung« in München und in Bayern stand 1866 »aus gesamtdeutschem Empfinden innerlich zu Österreich« und lehnte einen Krieg zwischen Österreich und Preußen ab.[93] Dieses Urteil der Forschung formuliert Hans Rall im *Handbuch der bayerischen Geschichte*; einen Beleg bleibt er schuldig. Wie so oft wird auch er seine Ansicht auf die veröffentlichte Meinung der Presse oder der politisch handelnden beziehungsweise schreibenden Elite gründen; wirklich »harte Daten« zur öffentlichen Meinung liefert einmal mehr die Vornamenanalyse.

Mit »Otto« nimmt sie in diesem Fall den Namen des wichtigsten politischen Akteurs jener Jahre ins Visier. Sogar die Kinder kannten den preußischen Ministerpräsidenten und verbanden mit seiner Gestalt eine bestimmte Bewertung der politischen Tagesereignisse. Der Eisenbahnersohn Anton Mayer, geboren 1862 in München in der Pfarrei St. Peter, aufgewachsen in Schwandorf am Inn, erinnert sich an die Personifizierung bayerischen Preußenhasses nach 1866:

> In Schwandorf saugten wir Kinder nach dem sechsundsechziger Krieg selbstverständlich auch den Haß gegen Preußen auf, namentlich wurde uns tatsächlich oft statt mit dem »Nikolaus« mit dem Bismarck gedroht. Bissige Hunde wurden mit des Siegers Namen gerufen. Im Bezirkskommando [...] lag neben dem Feldwebel und seinem Wichser auch ein Sergeant mit einem gewaltigen Schnurrbart, für uns Kinder also der »Bismarck«. Bis dann dieser harmlose Mensch bei uns am Biertisch saß und der Vater ihm bedeutete, daß der Herr Sergeant sich um seine Zechbereinigung nicht zu kümmern brauche. Da wußte ich dann, daß es mit meinem Respekt zu Ende ging.[94]

Äußerungen wie diese lassen es gerechtfertigt erscheinen, dem Namen »Otto« hohe Aussagekraft zuzubilligen. Der jähe Beliebtheitsschwund dieses Namens in der katholischen Bevölkerung Münchens nach dem erstaunlichen Hoch von 1863 bestätigt die Erinnerungen Anton Mayers und liefert einen Beweis für die Behauptung Ralls. Tatsächlich befand sich demzufolge die Stimmung der katholischen Bevölkerung Münchens 1866/67 auf österreichischer Seite. Allerdings führt die nach Bevölkerungsschichten aufgespaltene Kurve zu einer wichtigen Differenzierung. Die Bildungsbürger erweisen sich wieder als das dynamische Element. Sie trieben offensichtlich die »Verpreußung« Bayerns bereits seit 1863 voran – hätten sie vorangetrieben, wenn ihnen die preußisch-österreichische Auseinandersetzung nicht doch zuviel gewesen wäre. Die Schuld am militärischen Konflikt schrieben sie eindeutig ihrem neuen Helden »Otto« zu, der 1867 über die Namengebung prompt gemahnt wurde: kein einziger »Otto« im bildungsbürgerlichen Lager 1867 statt noch 8 Prozent zwei Jahre zuvor! Freilich, der gebildete Bürger trug nicht nach. Als sich 1870/71 zeigte, daß Ottos Politik (wenn auch über einen neuerlichen Krieg) zur langersehnten Einheit eines Deutschen Reiches (wenn auch nur eines kleindeutschen) führte, setzte sich der Höhenflug seines Namens sogleich fort. Über 11 Prozent der Söhne gebildeter katholischer Münchner Bürger hießen 1871 wie der Reichsgründer, womit nicht mehr viel zur Spitzenmarke der König-Otto-Euphorie von 1833 fehlte.

Traditionell stadtbürgerliche Mittelschichten sowie unterbürgerliche Schichten zeigen sich hingegen von den Turbulenzen um 1866 relativ unberührt; zumindest drangen diese nicht oder nur sehr schwach in deren Vornamengebung ein. »Otto« blieb in jenen Kreisen ein ebenso wichtiger oder unwichtiger Name wie in den vorangegangenen Jahren seit dem Abflauen der König-Otto-Euphorie; nur selten konnte er in einer der beiden Klassen einen Anteil von 3 Prozent erreichen. Für die einen wie für die anderen muß dies gewiß nicht heißen, daß sie sich jedes politischen Urteils entschlagen hätten. Die Erinnerungen des Anton Mayer, der dem sozialen Grenzbereich zwischen unterbürgerlichen Schichten und traditionellem Stadtbürgertum entstammte, sprechen eher für das Gegenteil. Aber als treibende oder auch nur mitbestimmende Kraft bei der Bildung einer öffentlichen Meinung, als Meinungsführer, traten diese Bevölkerungsschichten nicht in Erscheinung. Den Trend gibt auch hier das Bildungsbürgertum vor.

Ganz anders gestalteten sich jedoch die Reaktionen im Fall des Deutsch-Französischen Krieges und der Reichseinigung von 1871. Hier bewegen sich die Kurven für alle untersuchten Bevölkerungsschichten in dieselbe Richtung. Lediglich die katholischen Unterbürgerlichen reagierten mit der bekannten Phasenverschiebung, dann jedoch um so deutlicher. Vielleicht läßt sich aus solchen gleichartigen Kurvenverläufen den politischen Ereignissen eine Wertigkeit zuschreiben, läßt sich unterscheiden zwischen solchen, die nur bestimmte Schichten, und solchen, die ausnahmslos alle ergriffen. Über den Indikator »Otto« wären dann für die Stadtbevölkerung Münchens im Lauf des 19. Jahrhunderts mit den Daten von 1833 und 1871 zwei solcher epochaler Ereignisse zu ermitteln.

Für die »Reichsbegeisterung«, die Dieter Albrecht vor allem beim liberalen Bürgertum Bayerns nach 1871[95] feststellt, ebenso wie Rall, ohne seine Behauptung durch demoskopieähnliche Daten zu belegen, spricht der Gesamtverlauf der »Otto«-Kurve. In einer Zunahme der Quote um 3,7 Prozentpunkte bei den Katholiken zwischen 1867 und 1876 und um 2,3 Prozentpunkte bei den Protestanten zwischen 1865 und 1871 zeigt sich die Bewunderung, die Bismarck im Zuge des Erfolges seiner Politik auch in Bayern mehr und mehr entgegenkam. Nicht nur für die Großstädter, sondern auch für den in Schwandorf heranwachsenden gebürtigen Münchner Anton Mayer hatte sich in den fünf Jahren seit 1866 das Bild Preußens gewandelt. Daß bayerische Truppen zusammen mit preußischen gegen Frankreich zu Felde zogen, stand nicht in Frage.

> Um diese Zeit beginnt der Deutsch-Französische Krieg. Wir Buben, vielleicht auch die Leute, hatten keine Kenntnis von der gefälschten Emser Depesche und Ähnlichem, wir wußten nur, daß der »böse Napoleon« durch seinen Benedetti den »braven König von Preußen« auf dem Spaziergang in dem berühmten Bad Ems beleidigen ließ, und daß der König von Bayern sofort »freiwillig« die bayerische Armee mit den anderen Deutschen marschieren ließ. Daß uns auch die Siegesnachrichten interessierten, ist selbstverständlich.[96]

Bismarck hatte nicht nur, wie der Geschichtsprofessor Cornelius 1862 vermutete, für eine »Razzia gegen Österreich« gesorgt, sondern auch für eine gegen Frankreich. Letztere versöhnte, so scheint es, viele mit der ersten. Die Reaktion der öffentlichen Meinung in München deutet darauf hin, daß sich exakt jene von Rößler prophezeite Wirkung der »kühnen, unwiderruflichen Tat in der deutschen Frage« eingestellt hatte. Wenn auch der Ruf nach der Diktatur des einen Mannes nicht aufkam, so wurde der Held der Einheit doch gefeiert. Die Kurve für den Vornamen »Otto« verläuft seit Mitte der sechziger

Jahre derjenigen für »Ludwig« entgegengesetzt und demonstriert mit Nachdruck, wem die Münchner Siegesfeier in Wirklichkeit galt: nicht dem bayerischen König, sondern dem neuen, preußischen, Kanzler des Deutschen Reiches.

Im Vergleich der »Otto«-Kurven von Münchner Katholiken und Protestanten zwischen 1862 und 1871 blieb bisher die Frage unbeantwortet, warum beide trotz gleicher Tendenz zwei wichtige Unterschiede aufweisen: die um so vieles heftigere Reaktion der Katholiken sowie das differierende Jahr des jeweiligen Tiefpunktes, 1865 bei den Protestanten und 1867 bei den Katholiken. Ein Blick auf die nach Bevölkerungsschichten aufgespaltene Kurve der Protestanten (Abb. 13, S. 136) zeigt eine unstete Zickzackbewegung beim Bildungsbürgertum seit etwa 1859, die zunächst nach unten, dann seit 1865 wieder nach oben tendiert. Diese Bewegung setzt sich in der Gesamtkurve gegenüber derjenigen des traditionell-handwerklichen Stadtbürgertums durch, bei welchem der Popularitätsverlust des Namens »Otto« wie bei den Katholiken 1867, nach dem preußisch-österreichischen Krieg, sein größtes Ausmaß erreichte. Damit verbirgt sich hinter der protestantischen Gesamtkurve ein von der Tendenz aller anderen Bevölkerungsgruppen abweichendes Verhalten des protestantischen Bildungsbürgertums.

Auch eingedenk der Gefahr einer Überinterpretation läßt sich hier eine Vermutung nicht unterdrücken: Kommt möglicherweise in diesem protestantisch-bildungsbürgerlichen »Sonderweg« das gespaltene Verhältnis des Liberalismus zu Bismarck zum Ausdruck, das dessen einen Teil in die Opposition (»keine Einheit ohne Freiheit«), den anderen in den zustimmenden Nationalliberalismus (»erst die Einheit, dann die Freiheit«) führte; und setzt sich nicht in der vorliegenden Kurve die nationalliberale Position letztendlich durch, für die »Otto« gerade *wegen* des Ereignisses lobenswert wurde, das in den Reihen der Katholiken – und auch der protestantischen Handwerker – zum Popularitätsverlust führte: dem Krieg von 1866? Diese Vermutung bliebe durch die Erhebung zusätzlicher Daten noch zu untermauern. Sie zeigt freilich ein weiteres Mal Möglichkeiten sowie Grenzen der quantitativen Vornamenanalyse als einer empirischen Forschungsmethode auf, die zu differenzierten Urteilen führen kann, aber auch geführt werden muß. Der Untermauerung von Pauschalaussagen dient sie nicht.

»Die öffentliche Meinung« stand also in München 1866 nicht, wie Rall formulierte, »einhellig« auf österreichischer Seite. Zwar nahmen vor allem die Katholiken für Österreich Partei, zumindest jedoch die protestantischen Bildungsbürger nicht. Andererseits – dies ist das überraschende Ergebnis – stellten auch die Katholiken kein Volk von Anti-Bismarckianern dar, weder zwischen 1862 und 1866 noch zwischen 1867 und 1871. Albrechts »Reichsbegeisterung« läßt sich in letzterer Periode deutlich in allen Bevölkerungsgruppen belegen; sogar die katholischen Handwerker zogen hier mit. Die pathetischen Worte des Führers der Bayerischen Patriotenpartei in der Schlußdebatte des bayerischen Landtags vom 21. Januar 1871 über die Annahme der Verträge von Versailles erreichten sie ebensowenig wie einen großen Teil der eigenen Delegierten. »Wir können nicht, was Sie von uns verlangen«, hatte Jörg seine ablehnende Haltung gegenüber dem Beitritt zum neuen deutschen Reich bekräftigt. »Berufen Sie sich an das Volk, es möge andere Hände schicken; die unsrigen beben zurück, sie werden das Grab nicht graben, wie man es von uns verlangt.« 32 von 83 Abgeordneten der Patriotenpartei stimmten gegen die Parteilinie und befanden sich damit in vollständigem Einklang mit der öffentlichen Meinung Münchens.[97]

Wie lange und bei welchen Bevölkerungsschichten die »Otto«-Begeisterung nach 1871 anhielt, kann aufgrund der Quellenlage nur ansatzweise erforscht werden. Für die Münchner Protestanten müssen die Erhebungen schon 1871 enden, für die Katholiken 1876. Anzunehmen steht, daß »Ottos« Popularität gerade unter diesen bald schnell sank. Angesichts des von Bismarck sogleich nach der Reichsgründung vom Zaun gebrochenen Kulturkampfes besannen sich sicherlich viele ihrer im Zuge der »Reichsbegeisterung« vielleicht vernachlässigten katholischen Wurzeln. Ging es doch jetzt darum, der politischen Organisation des deutschen Katholizismus, der Zentrumspartei, beizustehen sowie Rolle und Rechte der katholischen Kirche im neuen deutschen Reich überhaupt zu definieren.

Daß Bismarck gesonnen war, jeglichen Einfluß des katholischen »Reichsfeindes« soweit wie möglich zu reduzieren, zeigt sein rigoroses Vorgehen in Preußen, das in den Maigesetzen von 1873 gipfelte. Auf Reichsebene kam ihm ausgerechnet Bayern entgegen, indem es die Vorlagen zu den beiden wichtigsten Reichsgesetzen des Kulturkampfes, dem Kanzelparagraphen und dem Jesuitengesetz, in den Bundesrat einbrachte. In Bayern selbst lief der Kulturkampf eher im verborgenen ab; Ludwig II. sympathisierte durchaus mit kulturkämpferischen Zielen, wobei ihm vor allem an Ausbau und Bewahrung einer Art staatskirchlicher Oberhoheit gelegen war. Unterstützung fand er bei seinem mächtigen Kultusminister und Ministerpräsidenten Joseph Freiherr von Lutz. Eine wirkliche Kulturkampfgesetzgebung war freilich gegen die Landtagsmehrheit der Patrioten- und späteren Zentrumspartei nicht durchzubringen, weswegen eine offene innenpolitische Auseinandersetzung zu diesem Thema in Bayern weitgehend unterblieb.[98]

So bildete der Kulturkampf eine langwierige und komplexe politische Krise, die sich auf verschiedenen Ebenen in unterschiedlicher Intensität abspielte. Unter diesen Voraussetzungen sind auch die jeweiligen Mobilisierungseffekte innerhalb der Öffentlichkeit mit Vorsicht zu bewerten. Natürlich versuchten die Wortführer der Zentrumspartei – nicht ohne Erfolg – sich in eine Märtyrerrolle zu stilisieren. »Aber denken Sie«, schrieb Jörg Ende 1873 an seinen Fraktionskollegen Anton Ruland, »seitdem die Preußen und die Liberalen es nun so treiben, wie sie thun, fühle ich mich mit jedem Tage mehr ermuntert und getröstet. Es hätte viel schlechter gehen können für unser Vaterland und die Kirche. Wie leicht wären wir zu isoliren und um unsern ganzen Credit zu bringen gewesen, wenn man fortgefahren wäre auf dem Wege der politischen Heuchelei und

Verführung, anstatt mit solcher Plumpheit und empörenden Rohheit dreinzuschlagen!«[99] Mutlos sei er nicht, ergänzte Ruland einige Monate später, »im Gegentheile, voll Vertrauen, daß Gott und sein Gesandter Jesus Christus, gegen dessen Gottheit und seine göttliche Stiftung sich der Teufel in Form des ›Deutschenreichs‹-Preußenthums erhoben hat, diese niederträchtige Buben im letzten Momente zerschmettern wird«.[100]

In der »Kulturkampfwahl« von 1874 erwies sich, daß dieser Optimismus nicht unberechtigt war. Die göttliche Zerschmetterung des Reiches blieb zwar aus, aber die Zentrumspartei errang triumphale Wahlergebnisse und verbesserte ihren Stimmenanteil gegenüber der Reichstagswahl von 1871 von 18,6 auf 27, 9 Prozent, was einem Zugewinn von 28 Mandaten entsprach. Im Regierungsbezirk Oberbayern, der unter anderem die beiden Münchner Wahlkreise umschloß, konnte das Zentrum sogar 76,8 Prozent der Stimmen (gegenüber 47,2 Prozent 1871) auf sich vereinigen, zu Lasten der Liberalen.[101] Wirkte sich auf Reichsebene der Kulturkampf für Bismarck und die ihn stützenden Nationalliberalen eindeutig kontraproduktiv aus, so scheinen die bayerischen Landtagswahlen davon weitgehend unberührt geblieben zu sein. Während das Zentrum (Bayerische Patriotenpartei) in der Landtagswahl von 1875 ein Mandat verlor, gewannen die Liberalen drei hinzu.[102]

Aufgrund des Wahlrechts erfolgten in Bayern die Landtagswahlen bis 1906 nicht direkt, sondern indirekt. Von den Urwählern bestellte Wahlmänner bestimmten die Abgeordneten, so daß sich Wählermobilisierungen wie diejenige zugunsten des Zentrums während des Kulturkampfs nicht in gleicher Weise unmittelbar auf das Ergebnis auswirkten wie beim direkten Reichstagswahlrecht.[103] Insofern bilden die Landtagswahlen von 1875 keinen getreuen Spiegel der Stimmungen, der öffentlichen Meinung. Die Vornamenanalyse ergänzt das Bild. Auch zwischen 1871 und 1876 stieg der Gesamtanteil für »Otto« in der katholischen Münchner Bevölkerung, verglichen mit dem Anstieg seit 1867 jedoch nur noch sehr gebremst (Abb. 12, S. 135). Verantwortlich zeichnete diesmal die phasenverschobene Reaktion der unterbürgerlichen Schichten. Dem Verlauf der Gesamtkurve entspricht das Verhalten der traditionell-städtischen Handwerker und Gewerbetreibenden. Wie dort bremste sich bei ihnen nach 1871 die Aufwärtsbewegung deutlich ab. Verblüffend hingegen die Entwicklung bei den Bildungsbürgern: So schnell die Popularität »Ottos« in dieser Schicht seit 1867 gestiegen war, so dramatisch fiel sie nach 1871 wieder zurück, von 11,1 Prozent 1871 auf 3,2 Prozent 1876. Dieser Beliebtheitsverlust des Namens »Otto« entspricht exakt den Stimmengewinnen des Zentrums in der Reichstagswahl von 1874. Damit steht ein Zusammenhang zu vermuten zwischen dem Wahlverhalten des Münchner gebildeten Bürgertums und dessen Vorlieben bei der Namenwahl. Bismarcks Kulturkampf bewog demzufolge gerade diese Schicht, 1874 für das Zentrum zu stimmen und vom Vornamen des Einigungshelden schnell wieder Abschied zu nehmen.

Im Bereich des traditionellen handwerklich-gewerblichen Bürgertums zeigte sich eine vergleichbare Abwendung bis 1876 noch nicht; immerhin ließ aber auch hier die »Otto«-Euphorie deutlich nach. Daß eine in der Regel stark dem bayerischen Zentrum, der Patriotenpartei, verpflichtete Klientel angesichts des Kulturkampfes den Namen »Otto« weiterhin mit relativ hohen Prozentsätzen (6 Prozent 1876) vergab, verwundert nur auf den ersten Blick. Der Höhenflug des Reichsgründungsjahres wirkte in dieser Bevölkerungsklasse länger nach: So schnell und wendig wie die Bildungsbürger änderten die Handwerksmeister ihre Orientierungen nicht.

Auch wenn sie »Otto« noch eine Zeitlang die Treue hielten, lehnten sie, wir erinnern uns, »Ludwig« hartnäckig ab. Der Anteil des Königsnamens sank im handwerklich-gewerblichen Bürgertum 1876 unter 5 Prozent, zum ersten Mal seit 1821 (Abb. 9, S. 134). Bestimmt hat die wenig katholikenfreundliche Haltung Ludwigs II. das Ihre zur weiterhin sinkenden Quote beigetragen. Nur wenig Bedeutung dürfte dagegen dem Wiederanstieg »Ludwigs« unter den Bildungsbürgern 1876 zukommen. Nach dem Tief von 1871 erklomm dieser Name lediglich wieder das Niveau des Jahres 1867, woraus – verglichen mit dem Einbruch bei »Otto« – kaum Rückschlüsse auf politische Orientierungen zu ziehen sind. Uneingeschränkt jubeln konnten über beide politischen Helden in der Mitte der siebziger Jahre nur die Unterbürgerlichen: 4,7 Prozent »Otto« gegenüber null Prozent 1871 und 11,6 Prozent »Ludwig« gegenüber 1,3 Prozent 1871. Diese Werte mit einer etwaigen Zustimmung zum Kulturkampf in Verbindung zu bringen, scheint aber doch zu gewagt. Wahrscheinlicher ist – und unter Berücksichtigung der bereits öfter zu beobachtenden Phasenverschiebung auch plausibel –, daß König und Reichsgründer nach den Ereignissen von 1871 als politische Leitgestalten und Vorbilder für die Namengebung in dieser Bevölkerungsschicht ganz einfach Konjunktur hatten. Wie lange sie anhielt, wissen wir nicht. Die Taufbücher nach 1876 dürfen nicht eingesehen werden, und unsere neue Quelle, der Auszug aus dem Münchner Einwohnermelderegister, setzt erst in den neunziger Jahren des 19. Jahrhunderts ein.

Aus der europäischen Macht Bayern war 1871 ein Teilstaat des neuen Deutschen Reiches geworden; die ehrgeizige Macht- und Reformpolitik der beiden Maximilians war dem passiven Desinteresse Ludwigs II. gewichen. Wie die öffentliche Meinung Münchens die Politik und Nichtpolitik der Wittelsbacher zwischen Rheinbund und Deutschem Reich bewertete, wie sie sich schließlich zum »Preußen-Otto«, dem neuen Nationalhelden, stellte, haben wir anhand unseres Indikators Vornamen zu zeigen versucht.

»Ohne Kenntniß des bairischen Charakters«, schrieb Constantin Höfler unmittelbar nach dem Tod Ludwigs II. an seinen ehemaligen Kollegen Ignaz Döllinger, »bliebe es unerklärlich, wie man einen Fürsten so lange wirthschaften lassen konnte, bis [...] sein Treiben einen wahren Ekel erregte.«[104] Wie sah er denn aus, dieser »bairische Charakter«? Unterschied er sich so sehr von anderen deutschen Charakteren? Den großen gesellschaftlichen Wandlungen, den sozialen Umbrüchen, die sich im Laufe dieses 19. Jahrhunderts vollzogen, stand der Bayer zumindest genau wie alle anderen Deutschen gegenüber. Er mußte mit ihnen zurechtkommen, mit ihnen leben, sie vielleicht sogar aktiv mitgestalten. Im folgenden Kapitel verlassen wir die »große Politik«, um einige dieser Wandlungen und Umbrüche in den Blick zu nehmen und die Orientierungen der bayerischen Deutschen in diesen Veränderungsprozessen zu beschreiben.

Abbildung 1

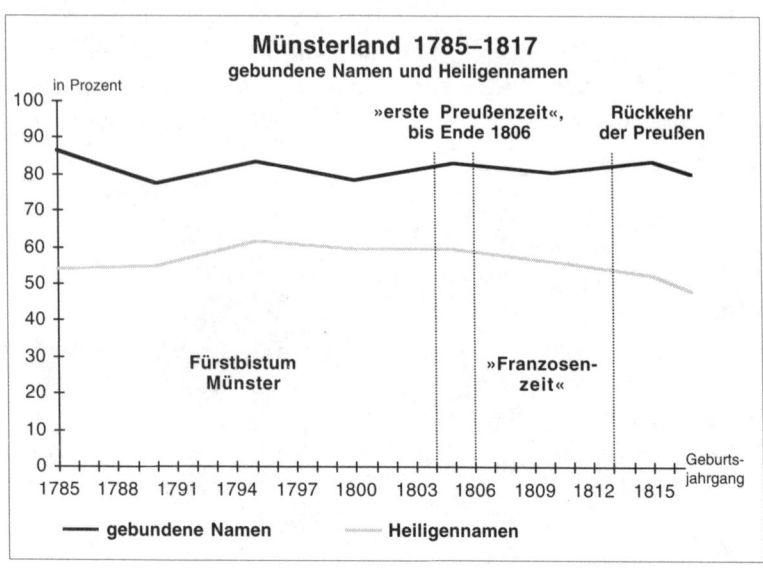

Abbildung 2

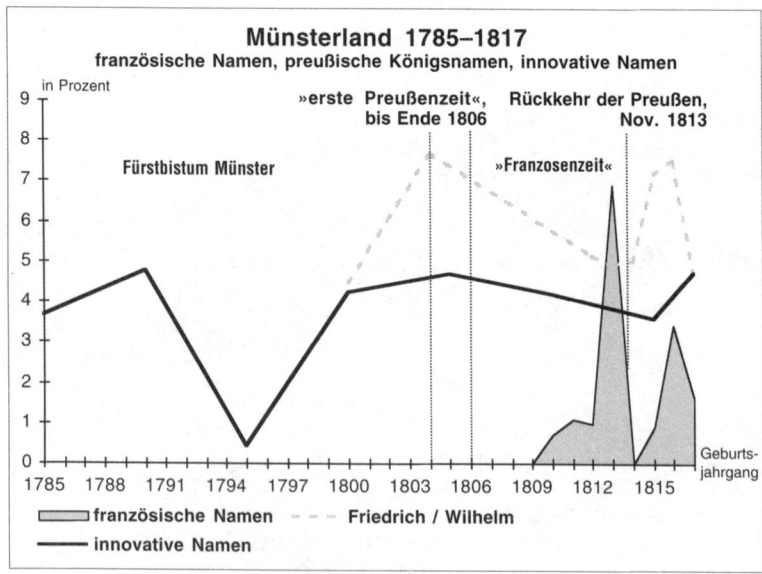

Abbildung 3

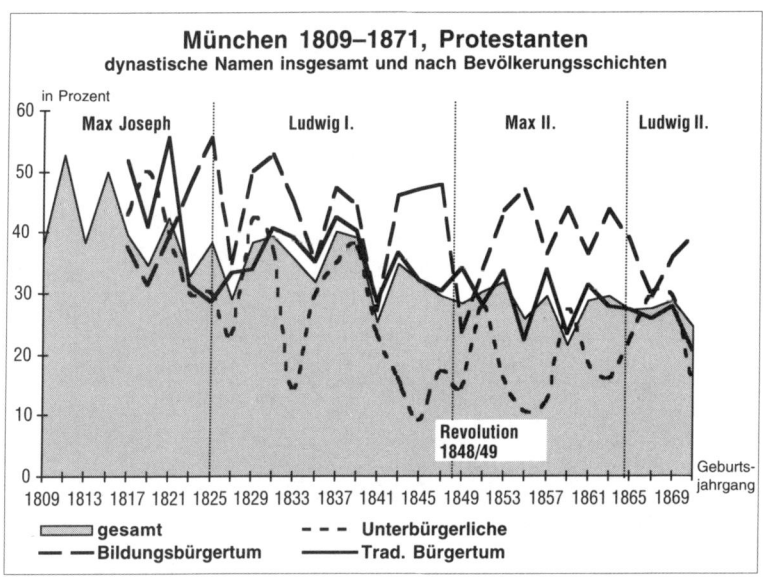

Abbildung 4

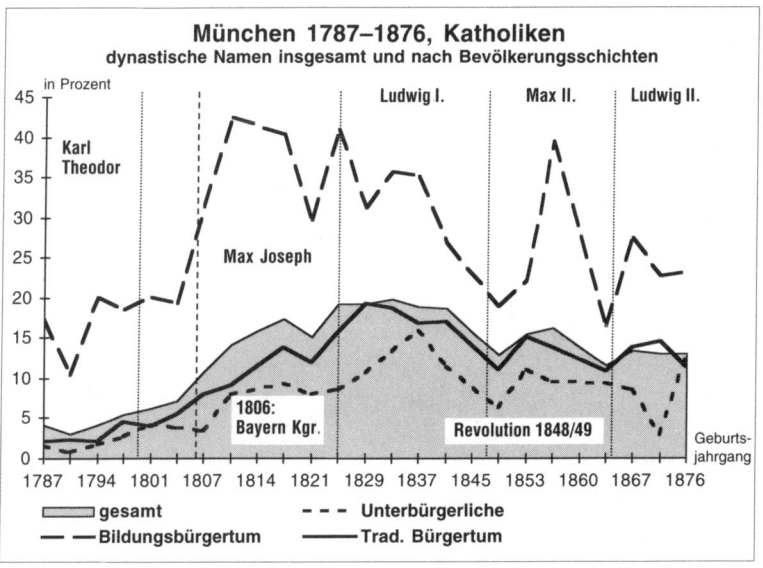

Abbildung 5

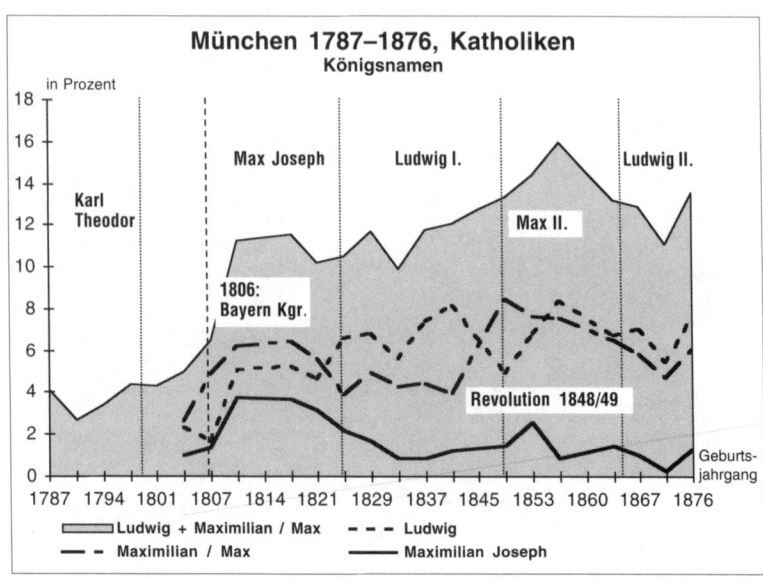

Abbildung 6

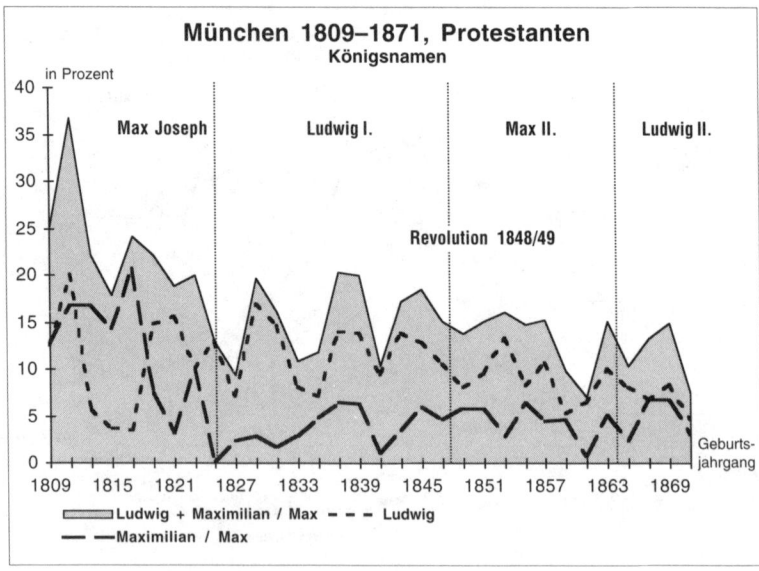

Abbildung 7

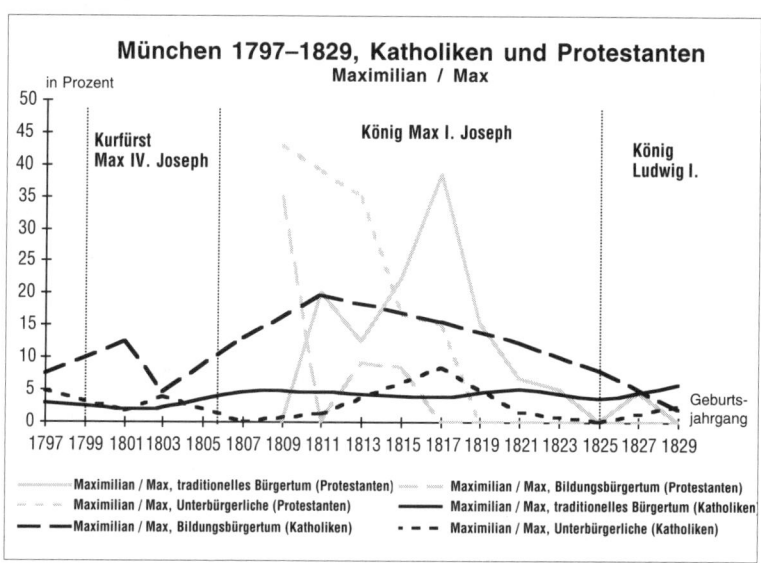

Abbildung 8

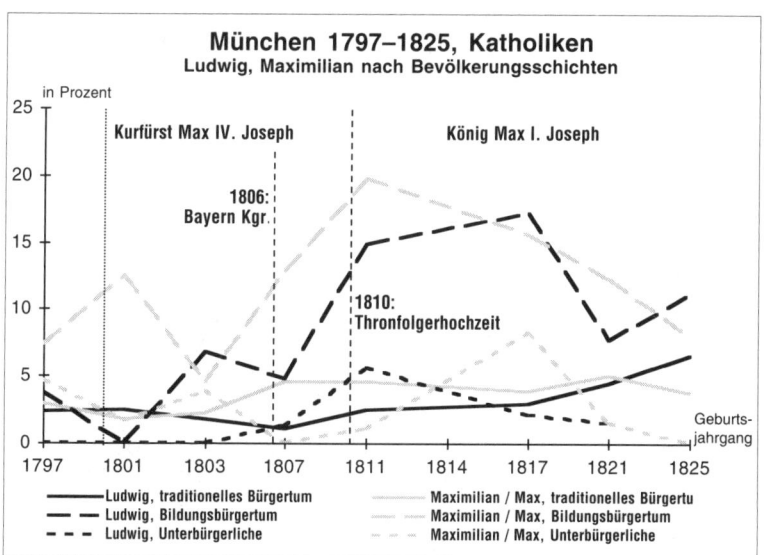

Abbildung 9

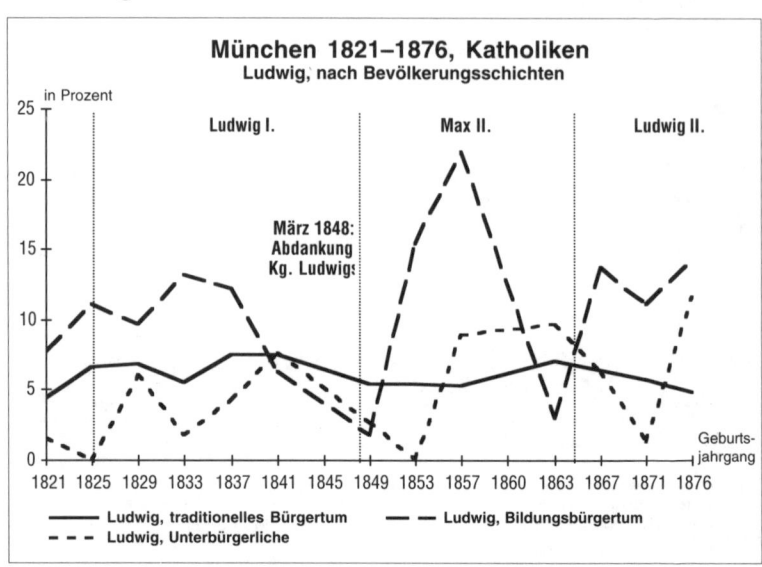

Abbildung 10

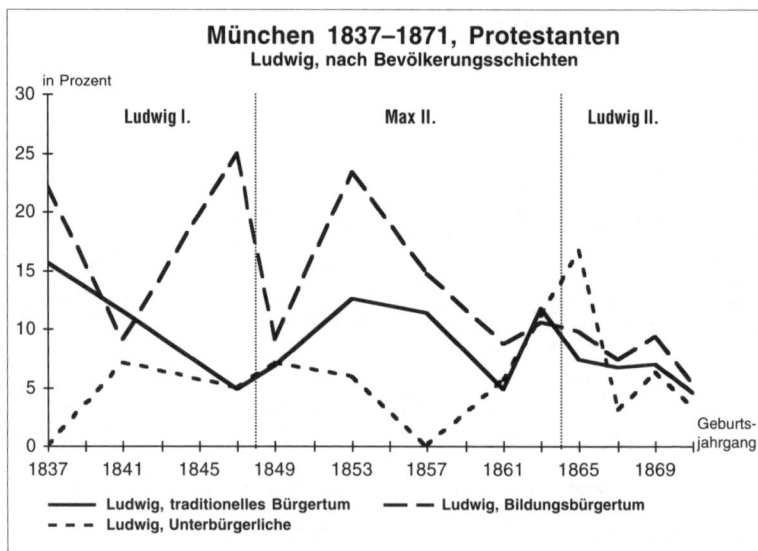

Abbildung 11

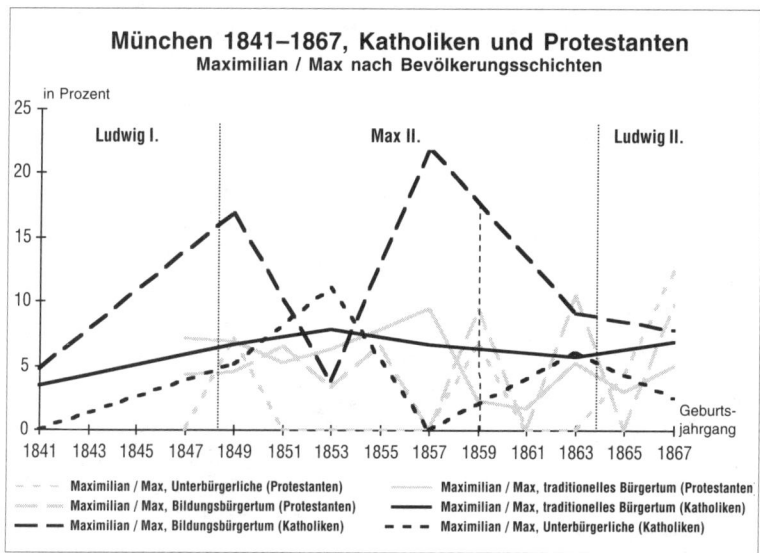

Abbildung 12

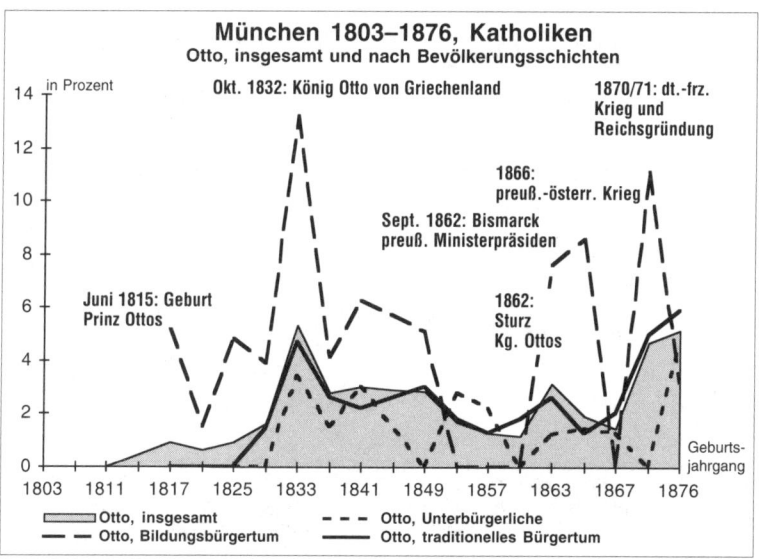

Abbildung 13

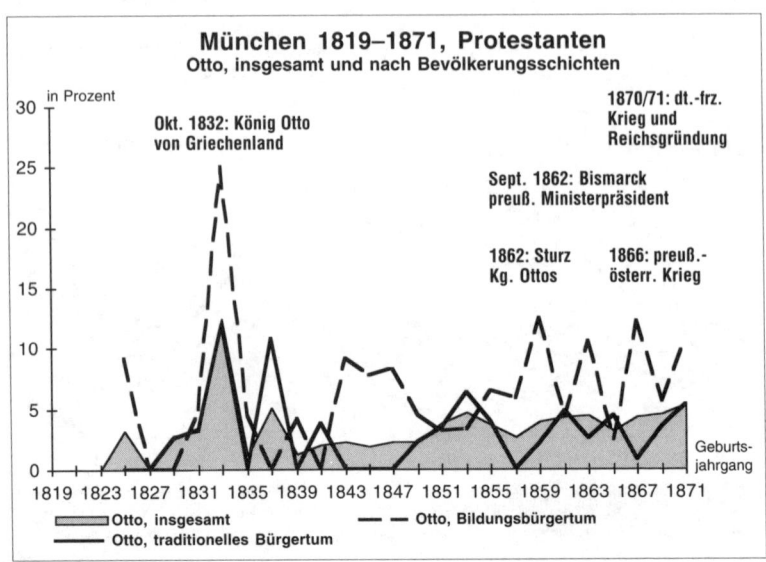

Abbildung 14

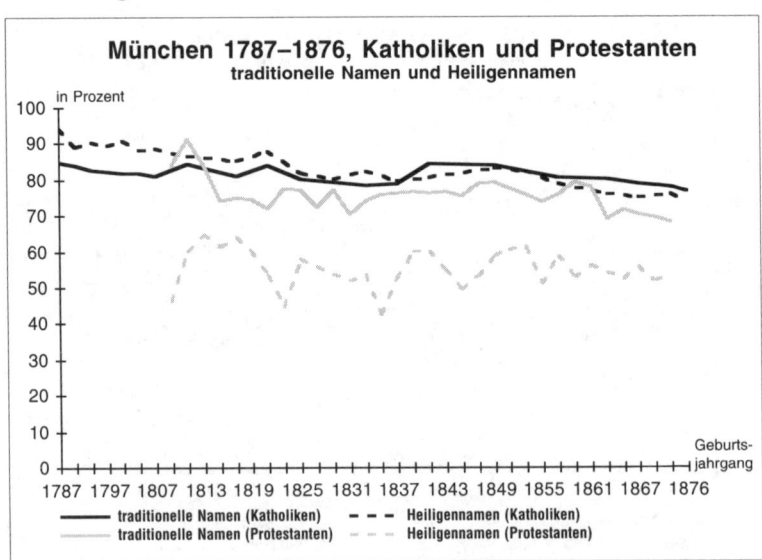

Abbildung 15

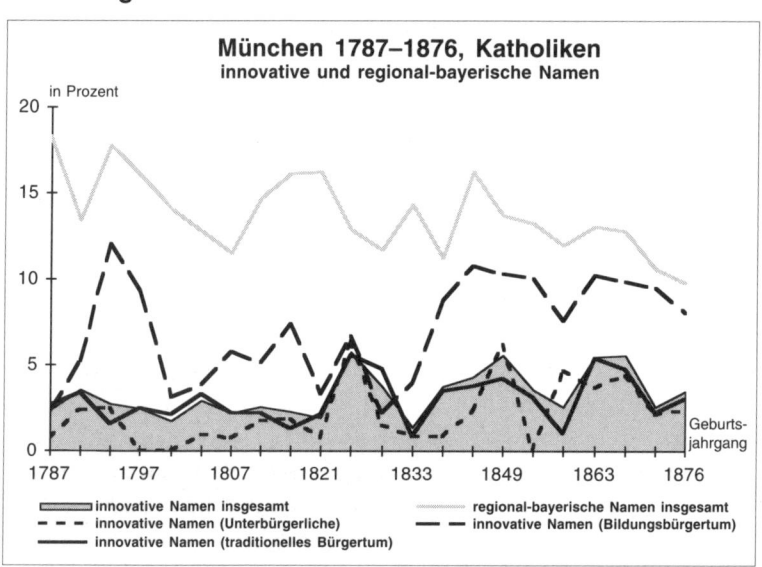

Abbildung 16

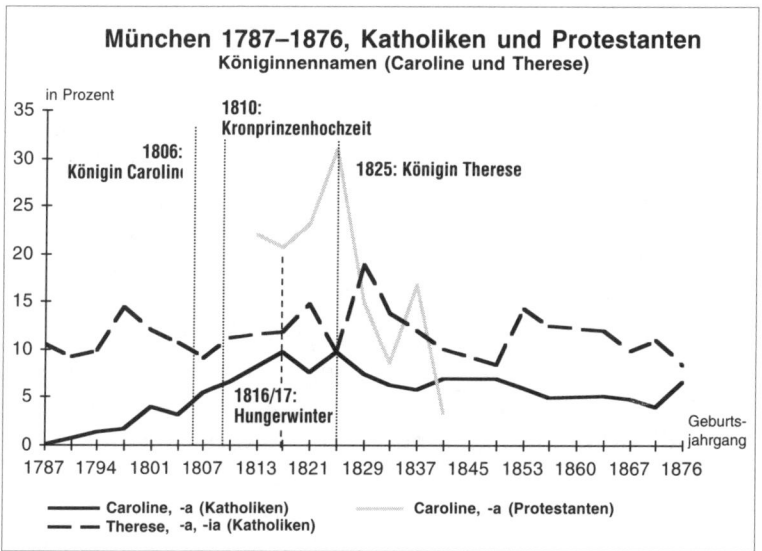

V.
Säkularisierung und sozialer Wandel: Eine städtische Gesellschaft im 19. Jahrhundert

Der Bayer an sich und der Münchner im besonderen

»Das Bier, das Bier, kein andres Interesse in Baiern.«[1] Die Allgegenwart des Nationalgetränks bildete einen der ersten Eindrücke des Berliner Schauspielers Eduard Devrient, als er Ende Mai 1842 eine Gastspielreise nach München antrat. Ein Volk und ein Getränk: Nicht nur Devrient glaubte, einen unlösbaren Zusammenhang zwischen bayerischem Charakter und bayerischem Bier erkennen zu können. Fast jeder Reisende, der im 19. Jahrhundert den deutschen Süden besuchte, fast jeder «Zugereiste«, der eine längere Zeit in einem bayerischen Landstrich oder in der Hauptstadt München verbrachte, wußte bei aller Unterschiedlichkeit der einzelnen Wahrnehmungen vom Bier zu berichten.

Freilich, in der Bewertung der politischen und sozialen Folgen des Bierkonsums für Land und Leute schieden sich die Geister. Einigkeit konnten die Beobachter in der Regel noch darüber erzielen, daß mit dem Kult ums Bier eine ganz eigene Art der Geselligkeit verbunden sei. »Der hiesige Bürgerstand gefällt mir sehr wohl«, befand zu Beginn der dreißiger Jahre der sächsische Arzt Gotthilf Heinrich Schubert:

> Es herrscht bei ihm noch fast allgemein ein kirchlich religiöser Sinn, ein Festhalten an alte Sitte, Freigebigkeit zu wohlthätigen und gemeinnützigen Zwecken. […] Ein gutes Urtheil und ein guter Humor beleben die Gespräche, welche sie unter einander führen, in so unterhaltender Weise, daß man ihnen, an einem Nebentische sitzend, gerne zuhört. Und

dazu findet sich, wenn man etwa in einem öffentlichen Garten seinen Ruhesitz nimmt, öfters Gelegenheit, denn man kennt [...] hier in München nicht jene Abscheidung der Leute nach ihrem Stande und ihren Berufsarten wie bei uns im nördlichen Deutschland.[2]

Vor dem Bier, so erkannte man als bayerisches Spezifikum, waren alle Stände und Schichten der Bevölkerung gleich, im Biergarten verkehrte jeder mit jedem. Paul Heyse sprach von der »demokratisierenden Macht des Bieres«. Der Norddeutsche, so erinnert er sich, fand sich

> durch die ungebundenen Sitten und den farbigen volkstümlichen Zuschnitt des Lebens angezogen, wenn er auch manches Liebgewohnte vermißte. [...] Desto liebenswürdiger erschien uns hier im Süden gegenüber der strengen Sonderung der Stände, die in der Heimat herrschte, der freiere Verkehr der verschiedenen Gesellschaftsklassen untereinander an öffentlichen Orten, der schon an Italien erinnerte. [...] Die demokratisierende Macht des Bieres hatte doch eine Annäherung bewirkt. Der geringste Arbeiter war sich bewußt, daß der hochgeborene Fürst und Graf keinen besseren Trunk sich verschaffen konnte als er; die Gleichheit vor dem Nationalgetränk milderte den Druck der sozialen Gegensätze.[3]

Trotzdem sei jene Macht des Bieres auch überaus gefährlich, dem Intellekt abträglich. Kritische Zeitzeugen wie der Dichter Friedrich Hebbel spekulierten sogar über Zusammenhänge zwischen Bierkonsum und vermeintlicher bayerischer Degeneration.

> Weshalb soll ich mich daran machen, den Münchner speciell zu schildern, d. h. grau in grau zu malen. Er ist ein Deutscher und die Nähe des Italiäners dient nur dazu, zu zeigen, daß er von fremden Sitten und Gebräuchen Nichts annimmt, mögen diese ihm auch noch so dicht auf den Leib rücken. [...] Der Münchner Bürger arbeitet weniger und genießt mehr,

wie irgend ein anderer. Überhaupt ist es der Gedanke an den Genuß, der ganz München electrisirt. Und der höchste Genuß, ein gutes Glas Bier, wie leicht und wie billig ist er zu haben! […] Eine and're Frage ist es, ob das übermäßige Biertrinken an sich selbst nicht ein Übel ist, und ob die Bairische Nation, wenn sie nicht seit drei Jahrhunderten Bier getrunken hätte, sich nicht glänzender und selbständiger entwickelt haben würde. […] Das Gespräch dieser Leute, so wie es nur vom Bier erweckt wird, betrifft auch einzig und allein das Bier; maulfaul und verdrießlich-ernsthaft sitzen sie sich gegenüber und unterhalten sich, wie Liebende, mit Blicken; endlich schlägt der Eine den zinnernen Deckel des Krugs zurück, nippt, schüttelt mit einer vielsagenden Miene den Kopf, nippt noch einmal und seufzt: Alles wird schlechter; der Gevatter legt die Pfeife aus der Hand, räuspert sich, trinkt ebenfalls und sagt: Ja, Ja![4]

Die Bayern im allgemeinen, die Münchner im besonderen, eine Ansammlung aufgequollener Bierbäuche: Gerade aufgeklärte, rationalistische, intellektuelle Norddeutsche witterten in Bayern einen Hort mittelalterlicher Finsternis. Denn, schlimmer noch als das Bier, in Bayern regierte die katholische Kirche, deren Rituale die Geister besonders einlullten, um sie in tiefer Abhängigkeit zu halten. »Den andern Tag«, spottete Hoffmann von Fallersleben, »zogen die Leute von der Fronleichnamsprozession umittelbar mit Schärpen und Fahnenstangen in den Bockkeller, von der Glaubenseinheit zur Biereinheit.«[5] Eduard Devrient, der mit seiner Gattin Therese einen Gottesdienst in der Frauenkirche besuchte, urteilte etwas von oben herab: »Hier blieben wir eine Weile und ließen uns von der Musik, den schön geschmückten Räumen, Lichterglanz und Weihrauchsduft in die gefällig, weich-träge Stimmung lullen, die der Katholik Andacht nennt, und wir gestanden uns, daß diese Religion darum für die Mehrzahl der Menschen einen großen Reiz haben müsse.«[6]

»Wäre München nicht durch die fortwährende Anstrengung seiner Fürsten mit Aufgebot aller Macht und Mittel zu neuen Entwicklungen getrieben, gezogen, gezwungen worden, so würde es jetzt gewiß noch keine bedeutendere Stadt seyn als Freising oder Landshut.« Diese Einschätzung Wilhelm Heinrich Riehls zielte in erster Linie auf König Maximilian II., der die so fortgeschrittenen »Nordlichter« ins Land geholt hatte. »Ja der ächte alte Münchener ist wohl zu verdrießlich über die Vortheile und Fortschritte, die man ihm aufnöthigt.«[7] Kurzum: »1) Abscheuliches Nest, 2) Schlimmes Clima, 3) Schlechte Wohnungen, 4) Rohe Nation.«[8] Wegen dieser »Nachtheile« Münchens hatte Ludwig Tieck 1827 Abstand von einer Übersiedlung genommen. Auch maßvollere Einschätzungen existierten, etwa diejenige Joseph Görres', der 1827 tatsächlich nach München gezogen war. »Das Land so weit ich es gesehen, hat mir schlecht gefallen; die Leute besser als ich es vermuthet. […] Die Einwohner sind sehr gemischt, oben viel abgefeimt und durchtrieben, unten so gut wie irgend anderswo.«[9]

Manche wußten sogar Positives über München zu verbreiten, zeigten sich begeistert, gerade auch von einem unerwarteten Bildungshunger der Bayern. Christian Friedrich Daniel Schubart jedenfalls berichtete 1773 aus München, »dieser alten, feierlich prächtigen, von Menschen wimmelnden Stadt, der schon der große Gustav Adolf Räder wünschte, um sie nach Schweden rollen zu können«: »Der Pöbel war damals noch im tiefsten Aberglauben versunken, und die Grossen schienen über die Religion wenig nachzudenken. Bei dem allen wird man selten in einem Lande eine allgemeinere, heißhungrigere Lehrbegierde antreffen, als in *Baiern*. Auf den sogenannten Dulden oder Messen werden die protestantischen Buchhändler meist ausgekauft.«[10]

Wie stand es nun tatsächlich um jenes exotische Volk in jener exotischen Stadt? Wie jedes andere der deutschen Völker und Länder hatten die Bayern und hatte Bayern, das Land wie seine Hauptstadt, sicherlich liebenswerte und weniger liebenswerte, allgemeinere und individuellere Eigenschaften und Charakterzüge. Alles in allem aber, trotz Bier und Katholizismus, waren die Münchner, um noch einmal mit Friedrich Hebbel zu sprechen, eben »Deutsche« und war München eine »deutsche

Stadt«. Darum geht es uns, wenn wir im Kontrast zu all den Aussagen der Zeitgenossen aufs neue die Vornamen befragen.

Hatten wir bisher die Quellen vor allem nach dem Vorkommen und der Verteilung bestimmter durch Monarchen und Politiker hervorgehobener *Einzelnamen* untersucht, so verlagern wir nun den Schwerpunkt auf die Analyse der *Namensgruppen*. Anhand einzelner Beispiele haben wir diese Methode bereits eingeführt: Im Kapitel über das Münsterland sprachen wir von den gebundenen und innovativen, von den Heiligen- und den französischen Namen (vgl. Abb. 1/2, S. 130). Ähnlich verfuhren wir zu Beginn des vorangehenden Kapitels, als wir die monarchische Gesinnung der Münchner erforschen wollten und dazu die Entwicklung der dynastischen Vornamen nachzeichneten (vgl. Abb. 3, S. 131). Noch mehr rücken die Namensgruppen in den Vordergrund, sobald sich das Interesse von der großen Politik ab- und der Frage nach gesellschaftlichen Zuständen und Veränderungen zuwendet. Als die im Rahmen unserer Methode eigentlichen *Indikatoren sozialen Wandels* ziehen wir sie nun – über die bereits bekannten Gruppen hinaus – in ihrem gesamten Spektrum heran,[11] fragen nach dem Anteil jeder Gruppe am Vornamenschatz von Katholiken und Protestanten, von traditionell handwerklich-gewerblichem Stadtbürgertum, von Bildungsbürgern und von Unterbürgerlichen. Mit den Namen der bayerischen Königinnen bleibt daneben unsere alte Zugriffsweise doch noch erhalten. Und weil für gesellschaftlichen Wandel kaum minder interessant und aussagekräftig, führen wir weiter unten eine zusätzliche, »soziale« Kategorie ein: diejenige der »ledigen Mütter«.

Säkularisierung und Pluralisierung:
Der langsame Einzug der Moderne in München

Ein Kennzeichen der Moderne ist das Aufbrechen jahrhundertelang gültiger Weltbilder und Wertordnungen. Die Französische Revolution beschleunigte Wandlungsprozesse, die schon seit längerer Zeit im Gang waren. Keine städtische und keine ländliche Gemeinschaft – wir haben das am Beispiel des Münsterlandes bereits angedeutet – blieb von Umbrüchen verschont. Freilich gab es erhebliche Unterschiede in Tempo und Intensität dieser Umbrüche. Aber sie fanden statt, überall, auch im katholischen München und sogar, worauf wir in einem späteren Kapitel zu sprechen kommen, im noch katholischeren Altmühltal.

Zwei Stoßrichtungen dieser kopernikanischen Wende der Moderne können wir erkennen, die Entchristianisierung, Verweltlichung, Säkularisierung der Menschen sowie die Pluralisierung der Lebenseinstellungen, -entwürfe und Wertorientierungen. Grob gesprochen brach sich die Säkularisierung vor allem im 19. Jahrhundert Bahn, während die Pluralisierung eher als Phänomen unseres 20. Jahrhunderts, besonders dessen zweiter Hälfte, erscheint.

In München zog die Moderne langsam ein. Die Französische Revolution war für die Münchner deutlich weiter entfernt als für die Münsterländer, zu weit jedenfalls, als daß sie den massiven Block der traditionellen und Heiligennamen in der katholischen Bevölkerung merklich hätte erschüttern können (Abb. 14, S. 136). Immerhin, der Anteil der Heiligennamen erreichte im Untersuchungszeitraum nur noch einmal vor der Revolution, 1787, deutlich über 90 Prozent. Seitdem sank er; bis 1821 bewegte er sich um die 90 Prozent, zwischen 1825 und 1857 um die 80, nach 1863 darunter. Einer nahezu identischen Entwicklung unterlag der Anteil der traditionellen Namen. Solch stetige Verluste, so geringfügig sie auch in der graphischen Darstellung erscheinen mögen, sind doch bedeutend für eine Bevölkerung, deren Vornamenschatz sich im 18. Jahrhundert und zuvor grundsätzlich zu mehr als 90 Prozent aus Heiligennamen und traditionellen Namen zusammengesetzt hatte (Abb. 14, S. 136).

Bemerkenswert erscheint, daß seit etwa 1837 immer weniger Heiligennamen als traditionelle Namen vergeben wurden. Dies bedeutet, daß die Zahl der innovativen Heiligennamen abnahm. Entweder wählten also mehr Eltern traditionelle Namen, denen kein deutlicher religiöser Bezug mehr anhaftete, oder aber sie griffen zu innovativen Namen, auch dann jedoch ohne religiöse Tendenz. In dieser Entwicklung liegt ein sehr deutlicher Beleg für die wachsende Säkularisierung.

Die Revolution von 1848/49 können wir ebensowenig wie die Französische direkt erkennen. Aber erst nach ihr sank der Anteil sowohl der Heiligen- als auch der traditionellen Namen stetig unter die 80-Prozent-Marke. Einen Beschleunigungseffekt dürfen wir also auch hier vermuten. Für das wichtige Vierteljahrhundert zwischen 1876 und 1900 fehlen uns verläßliche Daten. Gleichwohl können wir annehmen, daß der Prozeß der Säkularisierung in der ersten Hälfte des Wihelminischen Kaiserreichs sich auch in München deutlich fortsetzte. Unsere neue Datenreihe weist für das Jahr 1900 nur noch weniger als 60 Prozent Heiligen- und traditionelle Namen auf, gegenüber immerhin noch über 70 Prozent im Jahr 1876. Sicher: In die Werte nach 1900 sind, im Gegensatz zu den vorherigen, Protestanten und Juden mit eingerechnet, so daß hier eine leichte Unschärfe vorliegt (Abb. 35, S. 293). Trotzdem: Die Zeit der Heiligen war im katholischen München vorüber.

Im protestantischen München sieht das Bild etwas anders aus. Wie zu erwarten, liegt der Anteil an Heiligennamen bei den Protestanten weit unter dem der Katholiken. Andererseits: Konfessionsgegensatz und Ablehnung katholischer Heiligenfrömmigkeit hinderten kaum die Hälfte der Protestanten an der Vergabe von Vornamen, die diesem klassisch-katholischen Heiligennamenvorrat entstammen. Während der politisch stürmischen Jahre von 1809 bis 1813 stieg der Anteil dieser Namen bei den Protestanten sogar auf 65 Prozent, danach pendelte er sich in der zweiten Jahrhunderthälfte zwischen 50 und 60 Prozent ein. (Abb. 14, S. 136). Mit ähnlicher Stetigkeit bewegt sich der Anteil traditioneller Namen – bei den Protestanten immer größer als derjenige der Heiligennamen – zwischen 70 und 80 Prozent. Zu Beginn des Jahrhunderts lag er höher, seit 1861 sank er auf recht genau 70 Prozent.

In der Namengebung der protestantischen Bevölkerung läßt sich der Prozeß der Säkularisierung weniger deutlich erkennen als bei der katholischen. Das muß nicht heißen, es habe ihn unter Protestanten nicht gegeben. Vielmehr liegt kein Indikator vor, der diesen Säkularisierungsprozeß annähernd aussagekräftig anzeigen könnte wie die Heiligennamen bei den Katholiken. Denn über die religiöse Orientierung von Protestanten sagt die Prozentrate der Heiligennamen nur wenig aus. Allenfalls über den Grad der Anpassung an die Gepflogenheiten der katholischen Bevölkerungsmehrheit, die bei einer regelmäßigen Rate von über 50 Prozent Heiligennamen sicher nicht gering war. Zu besonderer Abgrenzung vom finsteren Glaubensfeind neigte das Häuflein der wackeren Lutheraner in München demzufolge nicht. Im Gegenteil: Die Namen sprechen eher für die Tendenz, sich dem Milieu zu öffnen. Auffällig scheint dabei, daß sich die Einflüsse aus der katholischen Umwelt bei der Benennung von Mädchen offensichtlich schneller auswirkten als bei Jungen. Erhielten diese beispielsweise 1849 noch zu 58 Prozent die traditionell-protestantischen Vornamen »Friedrich«, »Heinrich« und »Wilhelm«, so tauften die Eltern dieses Jahrgangs ihre Mädchen zu 44 Prozent auf die Heiligennamen »Maria« (nicht »Marie«!),[12] und »Anna« sowie zu weiteren 25 Prozent auf die Namen »Katharina«, »Barbara« und »Magdalena«, denen die Konnotation »heilig« wenigstens teilweise ebenfalls zugesprochen werden kann.[13] Die Namenwahl für den oder die »Stammhalter«, so legt dieses Beispiel nahe, erfolgte bei den Münchner Protestanten mit stärkerer Traditionsbindung als diejenige für Töchter.[14]

Verdrießlichkeit oder Lehrbegierde:
Der »ächte alte Münchner« und die Innovation

Mehr Bewegung als bei traditionellen und Heiligennamen findet sich immer in der Gruppe der innovativen Namen. Im Gegensatz zum statischen Block der Traditionsverhafteten verweist sie auf die variierende Zahl derjenigen, die ihre Kinder mit ungewöhnlichen, ungebräuchlichen, mit solchen Vornamen also versahen, die bisher dem gängigen Vorrat nicht angehörten. Das muß nicht mit einer besonders innovativen Haltung in sonstigen öffentlichen und sozialen Belangen einhergehen. Aber auf grundsätzliche Offenheit, auf die Bereitschaft, etwas einmal abweichend von der Masse, bewußt entgegen altehrwürdiger Gebräuche anzupacken, verweist eine solche Namenwahl doch allemal. Eine derartige Handlungsweise scheint um so aussagekräftiger, je fester und eingewurzelter die Traditionen sind, gegen die man mit ihr verstößt. Insofern erhalten wir durch die Prozentrate der innovativen Namen doch einen gewissen Richtwert hinsichtlich der Innovativität insgesamt in einer Gesellschaft.

Wenn Zusammenhänge zwischen Traditionsbindung und »Verdrießlichkeit« bestehen, dann lebten in München in der Tat eine ganze Menge »ächt verdrießlicher Bürger«, um uns des Urteils von Wihelm Heinrich Riehl zu erinnern. Andererseits finden wir dann aber auch eine erkleckliche Anzahl anderer, denen wohl eher die Schubartsche »Lehrbegierde« zu attestieren wäre. Halten wir uns an die Werte der innovativen Namen: Bis 1821 rangen sich in der Regel nur zwischen 2 und 3 Prozent der Münchner Katholiken zu einem solchen Namen durch, danach stieg die Tendenz; in den Spitzenjahren gaben fast 6 Prozent innovative Namen, nur einmal noch, 1833, fiel der Anteil tief unter die 2-Prozent-Marke (Abb. 15, S. 137).

Nach 1821 kommt deutlich mehr Bewegung in den Kurvenverlauf. Besser als an der ruhigen Abwärtslinie der traditionellen und Heiligennamen erkennen wir hier, daß sich in dieser Zeit auch die Gesellschaft bewegte, daß Perioden größerer Offenheit und solche größerer Rückbesinnung einander ablösten. Die Jahre 1825 – das Jahr des Thronwechsels von Max Joseph zu Ludwig I. –, 1849 und 1867 stechen als Gipfelpunkte ins Auge. Wie in dem Anstieg zwischen 1787 und 1791 die Französische, so spiegelt sich im Höhepunkt von 1849 auch die »deutsche Revolution«, wobei fast noch mehr der seit 1833 stetig wachsende Anteil innovativer Namen auffällt. Diese Zunahme signalisiert Bewegung in einem Jahrzehnt, das politisch von den Folgen der französischen Julirevolution von 1830 und der sich daran im Deutschen Bund anschließenden verschärften Reaktion geprägt war. Auf dem Hambacher Fest von 1832 hatten sich die Anhänger der wieder lebhafter agierenden Nationalbewegung versammelt; ein dauerhaftes und vor allem erfolgreiches Wirken hatten sie jedoch gegen die verstärkte Überwachung durch die Zentralbehörden des Bundes nicht entfalten können. Auch in Bayern hatte sich das Klima verändert, seitdem König Ludwig I. aus Revolutionsangst repressivere Töne anschlug.

Politische Stagnation und politischer Rückschritt bedeuteten aber nicht Stagnation und Rückschritt überhaupt. Unter der dünnen Kruste obrigkeitlich verordneter Ruhe gärte es weiter. Die Entlassung der sieben Göttinger Professoren, die 1837 gegen eine Verfassungsverletzung ihres Landesherrn protestierten, ist nur ein berühmtes Beispiel dafür. Schließlich veränderte sich die Lebenswelt der Menschen in jenen Jahren rasant durch Revolutionen nichtpolitischer Art: Bevölkerungsexplosion, beginnende Industrialisierung und Auflösung der überkommenen Arbeitsstrukturen, Pauperismus, Lese- und Kommunikationsrevolution sowie Verkehrsrevolution bezeichnen nur die Hauptaspekte der Umwälzungen, mit denen die Menschen zurechtkommen mußten. Die Welt rückte näher zusammen. Die Dampfmaschine signalisierte Fortschritt. Seit 1835 fuhr die erste Eisenbahn zwischen Nürnberg und Fürth; ein schneller Ausbau nicht nur der Schienen-, sondern auch der Straßennetze und Wasserstraßen folgte. 1834 brachte der Deutsche Zollverein immerhin die wirtschaftliche Einigung Deutschlands zustande.

Schon den Pionieren des technischen Zeitalters war das Gefühl nicht fremd, durch die neuen Technologien den Menschen erst wirklich zur »Krone der Schöpfung«, zum Beherrscher der Natur erhoben zu haben. Daß jenes Hochgefühl des Ingenieurs mitunter täuschte, daß die Natur nicht nur ihre freundliche, durch den menschlichen Geist gebändigte Seite, sondern nach wie vor auch ihre bedrohliche und unberechenbare Kehrseite zeigen konnte, hat in Balladenform niemand besser gestaltet als Theodor Fontane in *Tand, Tand / Ist das Gebilde von Menschenhand*:

Und es war der Zug. Am Süderturm
Keucht er vorbei jetzt gegen den Sturm,
Und Johnie spricht: »Die Brücke noch!
Aber was tut es, wir zwingen es doch.
Ein fester Kessel, ein doppelter Dampf,
Die bleiben Sieger in solchem Kampf.
Und wie's auch rast und ringt und rennt,
Wir kriegen es unter, das Element.

Und unser Stolz ist unsre Brück';
Ich lache, denk ich an früher zurück,
An all den Jammer und all die Not
Mit dem elend alten Schifferboot;
Wie manche liebe Christfestnacht
Hab' ich im Fährhaus zugebracht
Und sah unsrer Fenster lichten Schein
Und zählte und konnte nicht drüben sein.«

Auf der Norderseite, das Brückenhaus –
Alle Fenster schauen nach Süden aus,
Und die Brücknersleut ohne Rast und Ruh'
Und in Bangen sehen nach Süden zu;
Denn wütender wurde der Winde Spiel,
Und jetzt, als ob Feuer vom Himmel fiel'
Erglüht es in niederschießender Pracht
Überm Wasser unten ... Und wieder ist Nacht.[15]

Im Rahmen der technischen, wirtschaftlichen und sozialen Auf- und Umbrüche der dreißiger und vierziger Jahre müssen wir die »innovative« Unruhe nach 1833 auch im katholischen Münchner Bürgertum sehen. Von wegen Biedermeier: Der deutsche und sogar der katholische Münchner Michel regte sich. Erst nach der Revolution, in den fünfziger Jahren, schien er tatsächlich etwas bequem geworden.

Die nach Bevölkerungsschichten differenzierte Kurve (Abb. 15, S. 137) gewährt uns wiederum Einsichten detaillierterer Art. Am »verdrießlichsten« standen wohl wirklich die traditionellen, handwerklich-gewerblichen Stadtbürger Neuerungen gegenüber. Nur selten gaben mehr als 4 Prozent dieser Bürger ihren Kindern innovative Namen. Allein 1825, im Jahr des Thronwechsels zu Ludwig I., traten sie etwas aus ihrer Reserve; zusammen mit den Unterbürgerlichen bestimmten sie den Gipfel der Gesamtkurve in jenem Jahr.

Den Trend setzten freilich jeweils die Bildungsbürger. Auf die Französische Revolution reagierten sie mit einer regelrechten Explosion des Anteils innovativer Namen auf 12 Prozent im Jahr 1794. Statt »Maria« und »Joseph« nannten sie ihre Kinder in diesem Jahr »Amalia«, »Friederike«, »Helena« und »Leonhard«; ein besonders wagemutiger kurfürstlicher Hofkammerkanzleirat bekannte seine politische Gesinnung sogar durch den Namen »Gallikanus« – gut katholisch gab er diesem Sohn jedoch zusätzlich noch ein »Benedictus« mit ins Leben. Drei Jahre später, 1797, lag der Anteil innovativer Namen bei den bildungsbürgerlichen Kindern noch immer bei 9 Prozent. Nach einem relativ ruhigen ersten Jahrhundertdrittel regte sich die Innovationsfreude dann neuerlich seit 1833 und hielt bis nach der Reichsgründung an. Regelmäßig vergaben über 8 Prozent der Bildungsbürger innovative Vornamen, während der vierziger Jahre sogar um die 10 Prozent.

Auch die unterbürgerlichen Schichten legten zum Teil erhebliche Innovationskraft an den Tag. Bei ihnen wirkte sich vor allem die Revolution von 1848/49 aus (nach der 1853 eine gewisse Rückbesinnung auf die Tradition eintrat: Kein einziger innovativer Name wurde in diesem Jahr von Unterbürgerlichen vergeben). Im Unterschied zu den Bildungsbürgern scheint die Innovativität der Unterbürgerlichen mehr an konkrete Ereignisse gebunden gewesen zu sein, wie an den Thronwechsel von 1825 oder die Revolution von 1848. Die Bildungsbürger dagegen standen deutlich an der Spitze eines gesellschaftlichen Aufbruchs, innerhalb dessen sie sich als maßgebende Schicht fühlten. Handwerksmeister und Ladenbesitzer verharrten zwar nicht gänzlich im Abseits, zeigten sich jedoch sehr viel stärker traditionsverbunden.

Nein, München war kein verschlafenes Hinterwäldlernest, und seine Fürsten mußten die Bevölkerung keineswegs zum

Fortschritt prügeln, wie Riehl feststellen zu können glaubte. Die Bürger bezogen schon selbst Stellung, nahmen – mehr oder weniger – teil an den größen Strömungen der Zeit, ja bestimmten sie durch ihr Verhalten aktiv mit.

Die Legende vom bayerischen Separatismus

Wir haben mehrfach die Urteile des zu seiner Zeit berühmten Volkskundlers und Kulturhistorikers Wilhelm Heinrich Riehl[16] zitiert (und mit empirischen Daten korrigiert). Besondere Pikanterie gewinnen sie dadurch, daß Riehl sogar den obersten Landesherrn, König Maximilian II., über den vermeintlichen Charakter seiner Untertanen belehrte. Separatismus, Abgeschlossenheit, Mißtrauen gegen alles Fremde und Selbstgenügsamkeit zählten für Riehl zu den »Hauptvorzügen« der Bayern.[17] Daß sie aber, was Säkularisierungstendenzen und Innovationsneigung betrifft, ein so schlechtes Zeugnis kaum verdienten, zeigten wir schon. Um den Vorwurf des Separatismus zu mindern, wenn nicht gar entkräften, genügt ein Blick auf den Anteil der ausgesprochen regional gefärbten bayerischen Namen (Abb. 15, S. 137).

»Alois«, »Franz« »Joseph«, »Xaver«, »Benedikt« oder »Ignaz«, »Kreszenz«, »Walburga« oder »Emerentia« hießen gegen Ende des 18. Jahrhunderts immerhin 18 Prozent der Kinder. Schon 1791 brach aber der Anteil ein, auf unter 14 Prozent; seit 1794 ging es stetig abwärts bis 1807. Ein dauerhafter Aufschwung fand nur noch einmal zwischen 1817 und 1821 statt. Anschließend pendelte der Anteil regionaler Namen zumeist zwischen 12 und 14 Prozent, um nach 1867 unter die 12-Prozent-Marke abzufallen.

Auch anhand der regionalen Vornamen können wir eine Öffnung der Gesellschaft im Lauf des 19. Jahrhunderts feststellen: Ihr Anteil am Gesamtnamenschatz nahm stetig ab. Regionale Namen waren demzufolge für die Münchner keineswegs *die*, sondern immer nur *eine*, nicht einmal übermäßig hoch vertretene Gruppe von Namen, aus der sie wählten. Dynastische Namen kamen im Jahrhundertmittel auf durchaus höhere Anteile, sogar die Bildungsnamen zogen wenigstens mit ihnen gleich (Abb. 21, S. 205), und die germanischen Namen – die seit etwa 1835 die 20-Prozent-Marke erreichten und auf dieser Höhe auch blieben – überflügelten sie deutlich (Abb. 23, S. 206).

Selbstverständlich waren nicht alle, die ihrem Kind einen regional gefärbten Namen aussuchten, beschränkte »Mir-san-mir«-Bayern. Wir dürfen die Traditionen nicht vergessen, in denen solche Namen über die Benennung nach Eltern, Großeltern, Paten vielfach weitergegeben wurden. Um so besser: dies verringert nämlich sogar noch die Zahl der wirklich anzunehmenden, überzeugten »Separatisten«. Mit allen anderen Eindrücken aus unserer Betrachtung der Namensgruppen zusammengenommen, spricht dieses Ergebnis gegen Riehl und für unsere Vermutung, daß die Bayern ein normal offenes und insofern repräsentatives unter den deutschen Völkern waren. Sie waren sogar so offen, daß sie eine protestantische Prinzessin als Landesmutter nicht nur akzeptieren, sondern verehren konnten.

Landesmutter für alle Stände und Schichten: Königin Caroline

Wenngleich anders als die Könige, bilden doch auch die Königinnen in Monarchien kaum minder wichtige Zielgestalten öffentlichen Identifikationsbedürfnisses. In der Reihe der bayerischen Königinnen bieten sich für unsere Vornamenstudien vor allem zwei an: die bereits mehrfach erwähnten Caroline Friederike Wilhelmine von Baden, seit 1797 – zweite – Gemahlin Max Josephs, und Therese von Sachsen-Hildburghausen, seit Oktober 1810 mit König Ludwig I. verheiratet.[18] Tatsächlich darf es als Politikum gelten, »daß die Gemahlinnen der drei ersten wittelsbachischen Könige evangelischen Bekenntnisses waren«.[19] Besonders die Ankunft einer protestantischen Frau an der Seite des neuen Regenten Maximilian Joseph im März 1799 mußte im damals praktisch rein katholischen München als höchst ungewöhnlich, wenn nicht gar revolutionär erscheinen.

Caroline erhielt einen eigenen Hofprediger, auf dessen Wirken die Gründung der protestantischen Gemeinde in Müchen zurückgeht. Bis zum Regierungsantritt Max Josephs lebten in der Residenzstadt nur drei verkappte Protestanten; seit der Reformation war kein evangelischer Gottesdienst mehr gehalten worden. »In München waren Protestanten zur Zeit meiner Ankunft eine ganz neue Erscheinung«, berichtet Hofprediger Schmidt von seinen ersten Eindrücken. »Die meisten Einwohner hatten in ihrem Leben keinen gesehen, und glaubten, sie müßten ganz anders aussehen, als andere Leute, darum war die Furcht vor diesen gefährlichen Ketzern und ihr bigotter Intolerantismus sehr begreiflich.«[20] Gerüchte wollten sogar von einer Gefahr für Leib und Leben der Kurfürstin selbst am katholischen Hof wissen; die Einstellung ausschließlich protestantischer Köche und Mundschenke wurde vorgeschlagen, um einem vermeintlich drohenden Giftattentat vorzubeugen.[21] Allen Befürchtungen zum Trotz wuchs und gedieh aber die junge protestantische Gemeinde bald recht gut; von einem Mordanschlag auf die Kurfürstin wissen die Quellen nichts weiter. Im Gegenteil, nicht wenige der verstockten Katholiken begegneten dem Protestantismus ganz vorurteilsfrei und erkannten an, wie Schmidt dankbar bemerkt, daß »der Protestantismus […] doch auch Christentum« sei.[22] Der Kurfürstin schließlich brachten die Münchner nicht nur Respekt, sondern schnell wachsende Zuneigung entgegen.

Die katholische Münchner Bevölkerung zeigte von Anfang an eine außerordentlich hohe Bereitschaft, die neue Regentin zu akzeptieren. Die Offenheit für eine fremde Prinzessin, die einer als Ketzerei geltenden Konfession angehörte, legt ein bemerkenswertes Zeugnis für die oftmals so verschrienen Münchner Bürger ab. Caroline entwickelte sich zur beliebten, ja geliebten Landesmutter, was wiederum lang nachwirkende Folgen für den Vornamenschatz der Münchner Katholiken zeitigte. Erst die protestantische Kurfürstin und spätere Königin etablierte den Namen »Caroline« (und seine regional gefärbte

Nebenform »Carolina«): Bewegte sich dessen Anteil noch zwischen 1787 und 1797 lediglich zwischen 0 und 2 Prozent, so unterschritt er nach dem Tod der Königin (1841) die 4-Prozent-Marke bis 1876 nie mehr (Abb. 16, S. 137). Dieser beispiellose Höhenflug ihres Namens bezeugt die Popularität der Protestantin innerhalb der katholischen Bevölkerung. Schon zwischen 1797 und 1801 verdoppelte sich sein Anteil, um sich bis 1817 zu verfünffachen!

Die große Popularität Max Josephs färbte auf Caroline sicherlich ab. Andererseits ergänzten sich beider Persönlichkeiten zu einem nahezu idealen volkstümlichen Herrscherpaar. Jean Paul, im Sommer 1820 zu Besuch in München, berichtet in einem Brief an seine Frau:

> Bei ihm braucht man nichts, von 7 Uhr an bis 10, als sich zu melden durch den Kammerdiener. Einen solchen weitoffnen, gutmüthigen, unbegehrlichen, anspruchlosen, hausväterlichen König hab' ich mir nie gedacht. [...] »Seine Frau«, sagt er, »habe meine Büste; ob ich sie gesehen etc.« Hierauf ließ ich mich bei ihr anmelden und ich sah sie im Salon. Sie ist nicht schön, aber scharfblickend, ruhig, ungeziert, ohne allen Stolz. Ich sollte das Alter meiner Kinder nennen – langes Gespräch.[23]

Viel stärker als der konfessionelle Faktor fiel in den Augen der gesamten bayerischen Bevölkerung Carolines engagiertes und wohltätiges Wirken ins Gewicht. Während der Typhusepidemie vom Winter 1813/14 stellte sie sich an die Spitze einer karitativen Frauenvereinsbewegung, im Hungerwinter 1816/17 organisierte sie die materielle Unterstützung Bedürftiger von seiten des Königshauses.[24] Gerade dieses soziale Engagement dürfte zu dem Spitzenwert von 1817 (9,6 Prozent) entscheidend beigetragen haben. Nur einmal noch, 1825, erreichte der »Caroline«-Anteil diese Markierung – sicherlich ein Reflex auf das 1824 mit großem Pomp begangene silberne Regierungsjubiläum des Königspaares.[25]

Nach dem Tod Max Josephs sank der Anteil der »Carolinen«, wiewohl die Königin selbst erst 1841 starb. Jedoch war sie nun nicht mehr regierende Königin. Im übrigen trug ihr Stiefsohn, der neue König Ludwig I., Sorge, sie alsbald aus der Residenzstadt zu entfernen. Zwar siedelte Caroline nicht dauerhaft in das von Ludwig gewünschte Würzburg über, aber ihre Präsenz in München nahm in den letzten Jahren ihres Lebens doch deutlich ab. Die persönliche Anwesenheit scheint in diesem Fall einen erheblichen Einfluß auf die Vergabe des Vornamens ausgeübt zu haben.

Das Verhalten der Bildungsbürger belegt diese Vermutung. Die »Caroline«-Begeisterung prägte sich in dieser Schicht vor allem aus, hielt sich jedoch nur, solange Caroline auch regierende und in München ansässige Königin war. Dem absoluten Höhepunkt von 1825 folgte bis 1833 ein jäher Absturz des Namensanteils bei den Bildungsbürgern. Von einem ähnlichen Wert hatte zuletzt 1803 der Aufschwung seinen Anfang genommen. Die Konjunktur des Namens »Caroline« in der katholischen Bevölkerung Münchens zwischen 1803 und 1833 wurzelte demzufolge hauptsächlich im gebildeten Bürgertum, wenngleich auch die anderen Gruppen mit anderen Akzenten dabei ihre Rolle spielten. Zwar zeigt sich die Spitze von 1825 gleichfalls bei Handwerkern wie unterbürgerlichen Schichten, die Spitze von 1817 jedoch nur im traditionell handwerklich-gewerblichen Stadtbürgertum, während die Rate bei den Unterbürgerlichen in jenem Jahr stagnierte, bei den Bildungsbürgern sogar sank (ohne Abb.).

Wiederum erkennen wir im Bildungsbürgertum jene Schicht, die den Aufschwung – in diesem Fall der Popularität der Königin – am nachdrücklichsten und schnellsten repräsentierte. Zögernder verhielten sich die beiden anderen Schichten; auch an ihnen ging jedoch der Trend auf Dauer nicht vorüber. Die traditionell orientierten Handwerksmeister und Ladenbesitzer, so scheint es, bedurften aber eines konkreten Anlasses, um sich voll auf diesen einzulassen. Im Jahr nach dem Hungerwinter von 1816 auf 1817 und dem darin bewährten wohltätigen Engagement der Königin erreichte bei ihnen der Aufschwung seine Spitze. Noch mehr Zeit benötigten die Unterbürgerlichen; sie schwenkten, nach leichter Zunahme des »Caroline«-Anteils zwischen 1803 und 1821, erst 1825 wirklich auf die Linie ein und reagierten wie die anderen Teile der Bevölkerung auf das silberne Regierungsjubiläum der Königin durch eine überdurchschnittlich häufige Vergabe des königlichen Namens.

Das katholische Bildungsbürgertum zeigte sich offen für die protestantische Königin, weil und solange sie regierende Königin war, daran besteht kein Zweifel. Traditioneller orientierte Schichten wollten dagegen eher Taten sehen (1817), standen jedoch nicht an, nach der langen Regierungszeit die Stimmung mitzutragen. Ihr Wirken hatte Caroline auch auf dem Land die Herzen der einfachen Menschen geöffnet, sie war, so paradox es klingt, zu einer Art protestantischer »Patrona Bavariae« geworden. Aus dem Berchtesgadener Land stammte der Trostspruch: »Geht dir die Not bis obenhin, so gehst du zu der Carolin.«[26]

Seit dem Ende der »aktiven« Zeit kehrte dann freilich größere Stille ein um den Namen der Königin. Auf etwas niedrigerem Niveau hat er sich jedoch – wie die Gesamtkurve zeigt – auf Dauer einen festen Platz im Namenschatz der Katholiken erobert.

Für die damals noch sehr kleine protestantische Gemeinde Münchens läßt sich die Entwicklung im Detail kaum nachvollziehen. Soviel jedoch bleibt zu erkennen (Abb. 16, S. 137): »Caroline« nahm im Namenschatz der Protestanten einen sehr viel höheren Prozentsatz ein als im katholischen (20–25 Prozent). Während der Regierungszeit Königin Carolines steigerte sich dieser Anteil noch und erreichte 1825 mehr als 30 Prozent. Der Rückschluß auf eine hohe Einflußnahme der eigentlichen Begründerin der protestantischen Gemeinde Münchens[27] auf diese Entwicklung der Vornamengebung drängt sich geradezu auf. Extremer in den Absolutwerten, tendenziell jedoch dem Bild bei den Katholiken ähnlich, erscheint der Höhepunkt von 1825 sowie der anschließende Rückgang des »Caroline«-Anteils bis unter 5 Prozent im Todesjahr der Königin. Im Gegensatz aber zur katholischen Bevölkerung, innerhalb derer die

Rate des Königinnennamens im Lauf des Jahrhunderts insgesamt zunahm, verfielen bei den Protestanten die sehr hohen Werte der ersten Jahrhunderthälfte. Sie pendelten sich nach 1841 – mit gewissen Schwankungen – zwischen 10 und 15 Prozent ein.[28]

Eine zusätzliche Analysemöglichkeit: Namengebung bei nichtehelichen Kindern

Die Schichtenanalyse hat uns schon mehrfach zu aussagekräftigen Ergebnissen geführt, und zwar sowohl hinsichtlich der auf konkrete Politik bezogenen öffentlichen Meinung als auch der gesellschaftlichen Orientierungen der Münchner Bürger. Nun bietet sich, mit den Taufbüchern als Quelle, eine weitere Differenzierungsmöglichkeit an: die Betrachtung der Vornamengebung bei ehelich und nichtehelich geborenen Kindern. Diese methodische Verfeinerung, sosehr sie natürlich *auch* wiederum öffentliche, politische Meinung dokumentiert, dient doch in erster Linie der Ermittlung von Einsichten in die gesellschaftliche Stellung, aber auch in das soziale Bewußtsein der von der vorherrschenden Moral nach außen hin geächteten Gruppe der ledigen Mütter. Wir setzen bei der Frage an, inwieweit sich die Namengebung im Falle nichtehelicher Kinder von derjenigen bei ehelich geborenen unterscheidet. Am Beispiel der katholischen Bevölkerung Münchens im 19. Jahrhundert gewinnt diese Frage vor allem dadurch Bedeutung, daß die nichtehelich geborenen Kinder zwar immer eine Minderheit, quantitativ jedoch eine teils sehr erhebliche Minderheit darstellten.[29] In St. Peter stieg deren Zahl 1837 auf über 41 Prozent, 1863 auf über 42 Prozent.

Unbegründete Spekulationen über Zusammenhänge dieser hohen Zahl nichtehelicher Kinder mit der vielgerühmten »naiven« Schönheit der Münchnerinnen bei gleichzeitiger Lockerheit der Sitten sollten wir vermeiden. Daß beides aber gleichfalls zu den Stereotypen der literarischen Bilder vom Charakter »des Münchners« (und natürlich »der Münchnerin«) gehört, müssen wir trotzdem festhalten. »Seht das Münchner Mädchen«, begeisterte sich Friedrich Hebbel,

> wenn es im goldnen oder silbernen Riegelhäubchen, anmuthig-stolz, sich selbst gefallend über dies Gefühl leise erröthend, auf den Markt oder zum Tanze geht; seht es besonders, wenn es das [...] Gebetbuch in der Hand, in die dunkle Frauenkirche eintritt, wenn es vor irgend einem [...] marmorstumm herabschauenden Heiligen niederkniet und ihm unter brünstigen Gebeten ein Geheimnis anvertrauet, das ihr die Wangen glühen macht; seht es und fragt euch, ob ihr eine lieblichere Erscheinung kennt. Das Münchner Mädchen ist sinnlich, ja; aber denkt dabei nur nicht an die häßliche, tagscheue, Norddeutsche Sinnlichkeit [...]. Jene Sinnlichkeit ist besserer Art, sie wurzelt in dem süßen Mysterium der Liebe, sie weiß, daß sie da sein darf, und wagt, da zu sein; dazu kommt der dunkle, mit Sternen geschmückte Hintergrund des Katholizismus, es ist reizend an einem Mädchen, wenn sie katholisch ist und dennoch der Gottverlorene Ketzer von ihren Lippen speis't.[30]

Etwas mehr mit dem moralisierenden Zeigefinger, doch im Grunde nicht weniger angezogen von jener so naturverbundenen »Sittenfreiheit« gab sich Paul Heyse:

Die warmblüthigere, sinnlichere Natur der bayerischen Bevölkerung habe in sittlicher Hinsicht manches Bedenkliche. Nicht nur im Gebirge galt das Sprüchlein: »Auf der Alm da gibt's ka Sünd.« Auch in Stadt und Land herrschte eine Sittenfreiheit, die uns anfangs höchlich befremdete. Als wir für unsern Erstgeborenen ein Kindsmädchen mieteten, das noch sehr jugendlich erschien, fragte sie meine Frau, ob sie auch mit einem so kleinen Kinde umzugehen wisse. »No natürlich,« sagte das Mädchen, »ich hab' ja selbst schon ein Kind gehabt«. Und durch die etwas betroffene Miene ihrer Herrin sichtbar gekränkt, fügte sie rasch hinzu: »Was meinen's denn, gnä' Frau? So wüst bin i doch net, daß mi keiner möcht'!« [...] Dazu kam als ein weiterer mildernder Umstand die Erleichterung, die hier im katholischen Lande durch die Absolution der Kirche gewährt wird, während ein protestantisches Gewissen in schweren Kämpfen mit sich selbst zu ringen hat.[31]

Die koketten Schilderungen der Literaten verschweigen die dunkle Seite der Medaille. Mit der kirchlichen Absolution war vielleicht die Sünde der fleischlichen Lust vergeben, das nichteheliche Kind kam jedoch gegebenenfalls trotzdem zur Welt. Weder für die Mutter noch für das Kind war damit in der Regel ein geachtetes Leben verbunden. Nüchtern und unsentimental erzählt Lena Christ in ihren 1912 erschienenen *Erinnerungen einer Überflüssigen* von ihrem Leben als uneheliches Kind. Zuerst von der Mutter, die sich den Lebensunterhalt als Kellnerin verdienen mußte, beim Großvater zurückgelassen, dann, als die Mutter wider Erwarten doch noch einen Mann gefunden hatte, zwar nachgeholt, aber als lästige Erinnerung an den einstigen Fehltritt mißhandelt und ausgenutzt, erlebte Lena eine düstere Jugend. »Geliebt hat mich meine Mutter nie; [...] jetzt aber [...] behandelte sie mich mit offenbarem Haß. Jede, auch die geringste Verfehlung wurde mit Prügeln und Hungerkuren bestraft, und es gab Tage, wo ich vor Schmerzen mich kaum rühren konnte.«[32] Die ledige Mutter, endlich in geordneten bürgerlichen Verhältnissen angekommen, betrachtete ihre uneheliche Tochter selbst als Schande, die man bestenfalls ignorieren, öfter jedoch schikanieren konnte.

Sicherlich drohte ein Schicksal wie dasjenige Lena Christs keineswegs jedem nichtehelichen Kind. Zwischen den harmlosen Schilderungen Hebbels und Heyses und der mißhandelten Leni lag eine vielfach ausdifferenzierte Realität. Einfach nur Normalität gab es jedoch für die meisten ledigen Mütter und deren Kinder erst einmal nicht. Was sagen die von solchen Müttern gewählten Vornamen über ihre Stellung in der Gesellschaft? Existierte womöglich sogar ein besonderes Selbstbewußtsein der ledigen Mütter, das sich auch in den Vornamen äußerte?

Die »gefallenen Mütter« und die Königsnamen: Konventionen und deren Wandel

Wir bleiben zunächst bei den Königinnen- und Königsnamen und prüfen, ob sich ledige Mütter bei deren Vergabe anders verhielten als eheliche. Besonders groß waren, wie wir sehen werden, die Differenzen hier nicht; trotzdem weisen die Daten nachdrücklich darauf hin, daß für die Benennung nichtehelicher Kinder gewisse ungeschriebene Gesetze und Konventionen sehr wohl existierten (Abb. 17, S. 203).

Die Graphik zu den Namen »Caroline« und »Therese« vermittelt den Eindruck, als existiere innerhalb des gesellschaftlichen Verhaltenskanons zu Beginn des Jahrhunderts ein Unterschied hinsichtlich der Wertigkeit der Namen, je nachdem, ob der zu vergebende Vorname einer Kurfürstin, einer Thronfolgerin oder einer Königin angehörte. So scheint die neue Kurfürstin Caroline unmittelbar nach ihrer Ankunft in München von Müttern nichtehelicher Kinder sehr schnell – durchaus schneller als von ehelichen Eltern – zum Namensvorbild gewählt worden zu sein; gleiches gilt für die Thronfolgerin Therese nach ihrer Hochzeit mit dem Kronprinzen (Abb. 17, S. 203). Beide Male hebt sich davon jedoch der auffällige Rückgang der jeweiligen Namensanteile in jener Zeit ab, in der Kurfürstin und Prinzessin zur regierenden bayerischen Königin aufstiegen (1806/07 Caroline; 1825 Therese). Erst nach diesen jähen Einbrüchen erholen sich die Anteile wieder.

Möglicherweise galt es als unschicklich, in der Zeit unmittelbar nach der Thronbesteigung einer neuen Königin uneheliche Kinder auf deren Namen zu taufen. Mit etwas zeitlicher Distanz konnte dies dann – langsamer oder schneller – sehr wohl wieder geschehen. So trugen denn auch die nichtehelichen Mädchen der Jahrgänge 1811 bis 1825 zum Aufschwung des Namens »Caroline« bei, ja blieben ihm nach 1825 sogar noch länger treu als die ehelichen. Fast ähnlich verläuft die Entwicklung von »Therese« zwischen 1825 und 1849, mit dem Unterschied, daß sich in diesem Fall der Aufschwung abrupt, in kürzerer Zeit vollzieht und sich daran, schon während der

Regierungszeit der Königin, bereits ein kontinuierlicher Abschwung anschließt. Auch dieser fand aber wiederum bei ehelichen wie bei unehelichen Kindern statt. Bis auf jene auffälligen Einbrüche in den Jahren der und nach der Thronbesteigung gleichen sich also die Trends in der Namengebung bei ehelichen und nichtehelichen Kindern. Daß freilich die Anteile der Königinnennamen bei den nichtehelich geborenen Mädchen während der Regierungsjahre in der Regel niedriger liegen als bei den ehelich geborenen, bleibt festzuhalten.

Ein Seitenblick auf die analogen Kurven für den Namen des jeweils regierenden Königs, insbesondere für die Regierungszeit Max Josephs (Abb. 18, S. 203), zeigt, daß bei der Benennung nichtehelicher Kinder mit dem Namen des Monarchen größere Hemmschwellen existierten als bei der Benennung mit dem Namen der Monarchin. Zwischen 1797 und 1803 gleicht das Bild für den Kurfürsten Max Joseph demjenigen für die Kurfürstin Caroline, womit die Annahme einer grundsätzlich geringeren Beliebtheit des neuen Herrschers bei nichtehelichen Müttern wohl auszuschließen ist. Identisch auch der Einbruch 1807, im Jahr nach der Königserhebung. Während jedoch der »Caroline«-Anteil bei den nichtehelichen Kindern in den folgenden Jahren kontinuierlich wieder zunahm, blieb »Max« über die gesamte Regierungszeit des Königs auf niedrigem Niveau. Erst nach Max Josephs Tod stieg auch dieser Anteil wieder, und zwar schlagartig. Alles in allem legt dieser Befund die Vermutung nahe, die Mütter nichtehelicher Kinder hätten sich, veranlaßt durch gesellschaftliche Konventionen, bei der Vergabe des königlichen Namens größere Zurückhaltung auferlegen müssen, wohingegen der Name der Königin durchaus und – bei steigender zeitlicher Distanz zum Krönungsjahr – in zunehmendem Maße zur Verfügung stand.

Während der Regierungszeit Ludwigs I. hat sich diese Konvention offenbar gewandelt. Im Vorfeld des Herrscherwechsels sticht vor allem die Hochzeit des Thronfolgers von 1810 ins Auge, die sich sowohl im erhöhten Anteil von »Ludwig« (Abb. 18, S. 203) wie auch »Therese« (Abb. 17, S. 203) niederschlug. Wie zuvor »Caroline« legte auch »Therese« bis zum

Thronwechsel noch zu. Der »Ludwig«-Anteil sank jedoch nach 1811 sofort wieder, nahm kontinuierlich bis 1821 ab, stieg leicht bis 1825, um 1829 einen neuerlichen Tiefpunkt zu erreichen – zu einer Zeit, als der Königsname bei ehelichen Geburten ungewöhnlich hohe Popularität genoß. Danach aber etablierte er sich zunehmend auch für nichtehelich geborene Jungen und langte 1841 auf einem Höhepunkt von über 8 Prozent an, übertraf also noch den Anteil dieses Jahres unter den ehelich Geborenen (7,8 Prozent). In der Folgezeit trugen dann die Eltern ehelicher wie nichtehelicher Kinder gleichermaßen zum politisch motivierten Tiefstand »Ludwigs« von 1849 bei.

Die Entwicklung des »Ludwig«-Anteils unter den nichtehelich geborenen Kindern der Jahre zwischen 1811 und 1841 spricht für eine Veränderung älterer Verhaltenskonventionen hinsichtlich der Vergabe des königlichen Namens. Der Vorname des Thronfolgers stand nichtehelichen Müttern im Zusammenhang mit besonderen Vorkommnissen zur Verfügung, etwa der großangelegten Hochzeit von 1810. Danach freilich fand er in diesen Kreisen, verglichen mit seiner Verbreitung unter ehelichen Kindern, deutlich weniger Verwendung. Das Tabu, das für den Königsnamen galt, erstreckte sich auch auf den des Kronprinzen, bis in die erste Zeit nach dessen Regierungsübernahme hinein. Immerhin spiegelt sich der Thronwechsel von Max Joseph zu Ludwig 1825 bei den nichtehelichen Kindern schon deutlicher als 1806/07 die Erhebung Max Josephs vom Kurfürsten zum König. Trotzdem verschwand die Hemmschwelle auch im Falle Ludwigs erst wirklich in den Jahren nach 1829, schloß sich die Schere zwischen den Benennungspraktiken von Müttern nichtehelicher und Eltern ehelicher Kinder und addierte sich das Verhalten beider Gruppen erst seit dieser Zeit zum allgemeinen Trend, der den Namen »Ludwig« 1849 so dramatisch absacken lassen sollte.

Auch beim Königinnennamen »Therese« ergänzten sich beide zum Gesamttrend (Abb. 17, S. 203), der – im Gegensatz zu dem des schwiegermütterlichen Namens zwischen 1807 und 1821 – seit spätestens 1833 abwärts tendiert (Abb. 16, S. 137). Abgesehen von jenem Höhepunkt der ersten königlichen Jahre

(1829), konnte Therese von Sachsen-Hildburghausen die enorme Popularität ihrer Vorgängerin nie erreichen. Selbst öffentlich zelebrierte Feierlichkeiten wie Silberne Hochzeit und zehnjähriges Thronjubiläum (1835)[33] hinterließen offensichtlich keinen länger anhaltenden Eindruck auf die Vergabehäufigkeit des Namens der Königin. Zwischen 1849 und 1853 erlebte der Name »Therese« noch einmal eine Renaissance in München, die möglicherweise in Parallele zur »Ludwig«-Renaissance in den Jahren nach der Abdankung des Königs (Abb. 9/10, S. 134) steht. Nach Thereses Tod im Oktober 1854 legte sich auch dieser Effekt, und der Anteil des Namens sank in der Folgezeit stetig bis auf 8,4 Prozent 1876. Damit unterschritt er sogar seinen Normalbereich zwischen 9 und 10 Prozent, was im Laufe fast eines ganzen Jahrhunderts bisher nur einmal, im Krisenjahr 1849, geschehen war.[34]

Gleichheit vor den Namen:
Keine Stigmatisierung nichtehelicher Kinder

Soziale Hemmschwellen, die für die Benennung nichtehelicher Kinder zu Beginn des 19. Jahrhunderts existierten, lösten sich in der ersten Jahrhunderthälfte auf. Die Vornamen von König oder Königin, anfangs noch stärker tabuisiert, standen zunehmend ledigen Müttern zur Verfügung und wurden von diesen auch gewählt. Vor den Herrschernamen waren eheliche und nichteheliche Kinder gleichgestellt. Den Namensgruppen entnehmen wir hinsichtlich des Verhaltens lediger Mütter nichts anderes. Fast deckungsgleich verlaufen die Kurven für eheliche und nichteheliche Kinder im Fall der Heiligennamen, und auch bei den traditionellen und den regional-bayerischen Namen fallen keine besonders ausgeprägten Unterschiede auf (ohne Abb.).

Lediglich die Rate der innovativen Namen lag bei nichtehelichen Kindern immer etwas niedriger als bei ehelichen (Abb. 19, S. 204). Dieses Unterschieds ungeachtet, bildet sich der Verlauf der Gesamtkurve sowohl bei Ehelichen wie Nichtehelichen ab. Den Höhepunkt von 1825 finden wir in beiden

Gruppen ebenso wieder wie die Aufwärtsbewegung von 1833 bis 1849. Die ledigen Mütter trugen demzufolge genauso zum jeweiligen Trend bei wie die verheirateten Eltern.

So viele soziale Schranken und Ausgrenzungen für Mütter nichtehelicher Kinder in München während des 19. Jahrhunderts auch bestanden haben – durch die Namen erfolgte keine Ausgrenzung. Konventionen und ungeschriebene Gesetze regelten die Namengebung vor allem am Beginn des Jahrhunderts, wie wir anhand der Königinnen- und Königsnamen beobachten konnten. Aber auch diese Konventionen lösten sich mit der Zeit auf. Davon abgesehen stand der Vornamenschatz gleichermaßen ehelichen wie nichtehelichen Kindern offen. Es gab keine stigmatisierten Namen – um den von Dietz Bering geprägten Begriff aufzunehmen[35] –, Namen also, denen man sogleich ansah, daß ihr Träger ein Illegitimus war, und es bestand kein Zwang für ledige Mütter, zu bestimmten Namen zu greifen.

Allerdings fällt bei nichtehelichen Kindern ein zusätzlicher Faktor ins Gewicht: Oftmals, wohl auch besonders bei Müttern niederer Herkunft, fühlten sich die taufenden Geistlichen bemüßigt, die Namenwahl mehr oder minder gewaltsam an sich zu ziehen.[36] Freilich sind Art und Grad dieser Mitsprache schwer und aus den Taufbüchern auch nicht systematisch zu ermitteln. Daß jedoch Zusammenhänge bestehen zwischen dem Einfluß der Geistlichen und der geringeren Innovationsneigung lediger Mütter im Vergleich zu Elternpaaren, müssen wir vermuten. Andererseits vergaben die Ledigen weder mehr Heiligen- noch mehr traditionelle Namen. Logisch wäre dann der Schluß, daß unter den nichtehelichen Kindern jene Namen aus der Grauzone zwischen »nicht mehr traditionell« und »noch nicht innovativ« überproportional hätten vertreten sein müssen. Empirisch wäre dies im Einzelfall nachzuprüfen. Vielleicht kristallisierte sich dann doch eine Gruppe stigmatisierter Vornamen heraus. Bei unseren bisherigen Forschungen jedenfalls konnten wir eine solche nicht erkennen. Bestätigte sich dieses Ergebnis, so bedeutete es aber auch, daß keine Namensgruppe zu finden wäre, die auf ein besonderes Selbstbewußtsein oder eine besondere Identität der ledigen Mütter verweise.

»Eigentlich hätte es ein Junge werden sollen«:
Movierte Namen

Daß das ganze 19. Jahrhundert eine »Zeit des auswärts gekehrten hohlen Patriarchalismus« war, wie es der österreichische Namenforscher Peter Schmidtbauer charakterisierte,[37] müssen wir bezweifeln. Sicherlich gab es im 19. Jahrhundert Zeiten und Gebiete, in denen sich der Patriarchalismus mehr oder weniger stark ausprägte. Nun ist die politische und gesellschaftliche Dominanz der Männer als solche zunächst einmal Tatsache in jenem Jahrhundert, wie immer man sie bewerten mag. Ebensowenig aber, wie der »Patriarchalismus« schrankenlos tobte, wurden Frauen grundsätzlich unterdrückt. Wie immer geht es dem Historiker darum, ein abgewogenes und der jeweiligen Zeit gerechtes Urteil zu finden. Dies beinhaltet (unter anderem) die Feststellung der Lebens-Normalität sowie der Abweichungen von ihr. Dazu helfen einmal mehr die Vornamen.

Schmidtbauer führt als Beleg für seine These das auffallend häufige Vorkommen »movierter Vornamen« an, solcher Mädchennamen also, die nicht auf eine eigenständige Form zurückgehen, sondern lediglich durch die Verweiblichung typischer Männernamen entstehen: »Adalberta«, »Albertina«, »Ernestine«, »Eugenie«, »Georgina«, »Jakobine«, »Leopoldine«, »Ludovika«, »Pauline«, »Wilhelmine« etc. Man habe, so Schmidtbauer, »den Frauen nicht einmal weibliche Vornamen« zugestanden.[38] Tatsächlich läßt sich bei movierten Namen der Eindruck nicht vermeiden, die derart getauften Mädchen hätten eigentlich Jungen werden sollen und der bereits ausgesuchte Name für den Wunschsohn sei im gegebenen (Not-)Fall flugs in eine weibliche Form gebracht worden. Trotzdem halten wir Schmidtbauers pauschales Urteil für präzisierungs- und differenzierungsbedürftig, nach verschiedenen Seiten hin.

Innerhalb der katholischen Bevölkerung Münchens hatten movierte Namen bis zum Beginn der zwanziger Jahre wenig Konjunktur; sie erreichten seit 1801 recht konstant 5 Prozent, nachdem ihr Anteil zwischen 1791 und 1794 vor allem gestiegen war (Abb. 20, S. 204). Ein deutlicher Aufwärtstrend begann gegen Ende der zwanziger Jahre, ein neuerlicher Gipfel schloß sich Mitte der fünziger Jahre an; in den Sechzigern lag die Rate wiederum tiefer. Über 9 Prozent erreichten die movierten Namen nur einmal, 1853. Im Vornamenschatz der Prostestanten finden sich dabei mehr movierte Namen als bei den Katholiken.[39] Zu Beginn des Jahrhunderts noch bei über 40 Prozent, sank die Rate jedoch schnell und pendelte sich nach 1830 zwischen 15 und 25 Prozent ein, immerhin also noch auf relativ hohem Niveau. Wenden wir diese Ergebnisse auf Schmidtbauers Patriarchalismus-These an, dann hätte sich die Väter- und Männerherrschaft bei den Protestanten sehr viel nachhaltiger ausgeprägt als bei den Katholiken, hätte sich aber im zweiten Jahrhundertdrittel klar reduziert. In der katholischen Bevölkerung wäre sie zwischen 1825 und 1857 stärker zum Ausdruck gekommen als danach, bei insgesamt doch recht schwacher Verankerung.

Die Aufgliederung nach Bevölkerungsschichten zeigt, daß es sich bei den movierten Namen um ein eindeutig bildungsbürgerliches Phänomen handelte (Abb. 20, S. 204). Die katholischen Bildungsbürger hätten demzufolge in ihrem Patriarchalismus den Protestanten insgesamt in nichts nachgestanden. Traditionell handwerklich-gewerbliches Stadtbürgertum und unterbürgerliche Schichten hatten hingegen für Mädchen mehr übrig – wenigstens die eigenständige Namensform.

Offensichtlich galten movierte Namen – so unsere These – eine Zeitlang auch als Zeichen neu entstehender bildungsbürgerlicher Kultur. Freilich sank ihr Anteil seit 1825 im katholischen Bildungsbürgertum stetig, um erst nach 1853 wieder leicht anzusteigen. Das mag auf ein gewandeltes Frauenbild im gebildeten Bürgertum hindeuten, muß aber nicht. Da den movierten Namen oftmals auch eine gewisse dynastische Note anhaftet (»Ludovika«, »Ernestine«, »Albertine«) könnte dieser Rückgang mit dem Schwinden der dynastischen Namen im Lauf des Jahrhunderts ganz allgemein zusammenhängen.

Ein eigenständiges Verhalten legten im Fall der movierten Namen die ledigen Mütter an den Tag. Fast durchweg vergaben sie Namen dieser Art weniger als verheiratete Eltern. Einen Anteil von 6 Prozent erreichten die movierten Namen bei nichtehelichen Kindern nur selten (von zwei Höhepunkten 1857 und 1867 abgesehen). Die Erklärung liegt auf der Hand: Sehr viel öfter waren in diesen Fällen die Frauen allein für die Namenvergabe zuständig. Wo der Einfluß der Väter fehlte, ging offensichtlich auch die Anzahl der movierten Namen zurück und erhielten Mädchen öfter wirkliche Mädchennamen.

Der Schluß von der Häufigkeit movierter Namen auf die mehr oder minder unterdrückte Rolle der Frau in einer Gesellschaft ist also nicht grundsätzlich von der Hand zu weisen. Gerade das Beispiel der ledigen Mütter spricht sehr deutlich für einen solchen Zusammenhang. Aber auch das Wesen der Namen selbst begründet ihn. Denn die Namenwahl der Eltern sagt ja nicht wenig aus über Wertigkeit, über Individualität und Identität, die dem Neugeborenen zugemessen werden. Insofern haftet den Trägerinnen solcher Namen tatsächlich ein lebenslanges Stigma an, egal, wie bewußt oder unbewußt sich die Eltern bei der Namengebung darüber waren: »Eigentlich hätte ich ein Junge werden sollen!«

Von der Adels- zur Bürgerkultur: Bildungsreligion und Bürgeridentität

Anhand der Gruppe der dynastischen Namen haben wir über die Ausrichtung des Münchner Bürgertums an den Gepflogenheiten des politisch und gesellschaftlich vorherrschenden Adels gesprochen. Einer hohen Rate dynastischer Namen zu Beginn des Jahrhunderts folgte ein Rückgang seit dem zweiten Jahrhundertdrittel. Das gebildete Bürgertum war das Triebrad dieser Entwicklung. Mit zunehmender Herausbildung einer Eigenidentität, die natürlich in Verbindung stand mit wachsender politischer, sozialer und wirtschaftlicher Bedeutung, schwand die Notwendigkeit, die eigenen Lebensformen auf diejenigen des Adels auszurichten, und es entstand als Gegenstück zur adeligen eine bürgerliche Kultur.

Die abnehmende Häufigkeit der dynastischen Namen ist ein wichtiges Indiz für diesen Prozeß. Hinzu kommt ganz allgemein die sinkende Gültigkeit überlieferter gesellschaftlicher Normen, zu beobachten am Rückgang der traditionellen sowie besonders der Heiligennamen. Mit innovativen Namen wurde experimentiert, die Vornamenvielfalt war gestiegen – Anzeichen von Bewegung und einer zaghaften Pluralisierung der Gesellschaft. Einzelne Adelige konnten zwar noch immer Identifikationsfiguren darstellen, wenn sie Persönlichkeiten waren, etwa Königin Caroline, weniger dagegen Königin Therese. Die Popularität der Königsnamen stand in einem starken Zusammenhang mit den konkreten politischen Ereignissen und jeweiligen Entscheidungen.

Gibt es neben all diesen Indizien auch präzisere Hinweise auf das Wesen, auf die Inhalte dieser Bürgerkultur? Drückt sie sich in der Vorliebe für bestimmte Typen von Vornamen aus? Thomas Nipperdey hat dem ersten Band seines Werkes *Deutsche Geschichte 1800–1866* den Untertitel »Bürgerwelt und starker Staat« gegeben. Er spricht von der Bildungsreligion, die 125 Jahre lang prägend gewesen sei »für eine Linie der Auseinandersetzung zwischen Christentum und Modernität«. Anders ausgedrückt: Der Weg der Säkularisierung führte zunächst von der alten in eine neue, die Bildungsreligion. »Der Mensch, das ist der Inhalt der neuen Überzeugung, gewinnt sein eigentliches Wesen, indem er sich ›bildet‹, seine individuelle Persönlichkeit entfaltet. Und das tut er in der Auseinandersetzung mit der Welt der Kultur, mit Kunst, Wissenschaft und Geschichte; Kultur ist nichts Selbstverständliches, sondern eine Aufgabe, ein ethischer Imperativ, man muß sie aneignen und fortentwickeln.«[40]

Die neue Religion ist ein bildungsbürgerliches Phänomen. Ihre Tempel, die Schulen und Universitäten, ihre literarischen, künstlerischen und gelehrten Zirkel richten sich aber nicht allein gegen die Tempel der Kirche, sondern auch gegen die Schlösser und Residenzen der alten vorherrschenden Schicht, des Adels. Insofern begehrt die Bildungsreligion nicht nur gegen eine als überholt empfundene Weltdeutung auf; ihr haftet auch eine »sozialrevolutionäre« Komponente an, weil sie das Selbstbewußtsein einer aufstrebenden Schicht bestimmt, die angetreten ist, die traditionelle Hierarchie politisch wie gesellschaftlich aufzubrechen.

Insbesondere in München führte die Frontstellung der liberalen und protestantischen Bildungsbürger gegen den einheimischen Adel während der Regierungszeit Maximilians II. zu heftigen Kompetenz- und Rangstreitigkeiten, zumal der König selbst, wie man ihm aus Adelskreisen vorwarf, sich zu ungebührlich den Lebens- und Denkformen der gebildeten Bürger anbequemte. Andererseits galt gerade der bayerische Adel als besonders degeneriert. »Der bayerische Adel ist anerkanntermassen vielleicht in ganz Deutschland – was gewiß viel sagen will – der ungebildetste und unwissendste, dabei zugleich aber der aufgeblasenste und in seinem Kastengeist ausschließlichste. Das Biertrinken und Sitzen in ganz gemeinen Kneipen hat ihn im eigentlichen Sinne des Wortes verbauert und er hat sich nie um irgend etwas ernsteres und höheres bekümmert.«[41] Wenn sogar ein Standesgenosse wie der österreichische Gesandte in München, Graf Friedrich von Thun-Hohenstein, ein derart vernichtendes Urteil fällte, wie mußte dann erst die Meinung der selbstbewußt auftretenden neuberufenen Professoren, fast allesamt »Nordlichter«, über den bayerischen Adel ausfallen!

Sicher, die Bildungsreligion ist zunächst und ursprünglich eine protestantische und dann eine Bewegung des liberalen Bürgertums. Aber sie erfaßte nach und nach alle bürgerlichen Schichten, sogar im katholisch-konservativen München. Wir können dies nachvollziehen, wenn wir die Gruppe der Bildungsnamen ins Auge fassen (Abb. 21, S. 205).

Der Unterschied zwischen protestantischer und katholischer Bevölkerung fällt sogleich auf. Bei den Protestanten sank der Anteil der Bildungsnamen praktisch nie unter 20 Prozent, seit 1847 nicht mehr unter 25 Prozent; der Spitzenwert war 1857 erreicht, stolze 34 Prozent. Der größte Aufschwung erfolgte vom Beginn der zwanziger Jahre an bis zum Beginn der vierziger, ein weiterer während der fünfziger Jahre, also eben in jener Zeit, als die Gelehrtenpolitik Maximilians II. München zu einer Pilgerstätte der Bildungsreligion erhob. Daß der absolute Höchstwert 1857 zu finden ist, fügt sich gut ins Bild; dieser Gipfel fällt zeitlich in etwa mit dem Höhepunkt der Wissenschaftspolitik Maximilians zusammen. Die Berufung Heinrich von Sybels im Jahre 1856 wurde recht kontrovers diskutiert, und erst seit 1859 trat eine gewisse Stagnation ein.

Während der Anteil dynastischer Namen (Abb. 3, S. 131) bei den Protestanten seit Beginn des Untersuchungszeitraumes abnahm, stieg derjenige der Bildungsnamen fast kontinuierlich. Etwa 1847 begann der dauerhafte Abstieg der dynastischen Namen unter die 30-Prozent-Marke, 1853 hingegen erreichten die Bildungsnamen auf ihrem Weg nach oben diesen Wert: Die Bildungsorientierung löste die dynastische Orientierung, die bürgerliche Bildungskultur die adelige Kultur ab. Auch unter den Katholiken stieg der Anteil an Bildungsnamen schon seit 1807 und erreichte zwischen 1829 und 1833 die 10-Prozent-Marke, auf welchem Niveau er sich bis 1876 hielt. Die fallenden Werte der dynastischen und die steigenden der Bildungsnamen treffen sich in dieser Gruppe zum ersten Mal 1849 bei 12 Prozent. Ein Reflex der königlichen Wissenschaftspolitik ist der Gesamtkurve für die Katholiken nicht zu entnehmen, um so mehr jedoch der nach Bevölkerungsschichten differenzierten (Abb. 22, S. 205).

Daß auch die katholischen Bildungsbürger am meisten Bildungsnamen vergaben, war schwerlich anders zu erwarten. Sie erreichten fast dieselben Werte wie die Protestanten. Der Gipfelpunkt der Entwicklung fällt, gleich wie bei den Protestanten, ins Jahr 1857: 35 Prozent, nach einer starken Aufwärtsbewegung seit 1849 – dem Regierungsantritt König Maximilians. Als Hohepriester der Bildungsreligion in Bayern wirkte also in der Tat der König selbst; zu dessen neuen Glaubensanhängern zählten nicht nur aufgeklärte Protestanten, sondern auch viele der katholischen Bildungsbürger.

Erinnern wir uns: Hatten wir nicht beim gebildeten katholischen Bürgertum in jenem Jahr 1857 auch einen Höhepunkt des Königsnamens »Max« festgestellt (Abb. 11, S. 135)? Für diesen Höhepunkt hatten wir keine eindeutige Erklärung finden können. Wir vermuteten, daß die katholischen Bildungsbürger Münchens während der fünfziger Jahre des 19. Jahrhunderts offensichtlich weniger klerikal, sondern eher liberal eingestellt waren und im Prinzip Maximilians Wissenschaftspolitik befürworteten, auch wenn diese von den Wortführern der katholisch-klerikalen Gruppe abgelehnt wurde. Die Entwicklung der Bildungsnamen räumt nicht die letzten Zweifel über die Richtigkeit unserer Vermutung aus, aber sie stützt sie doch mit starken Argumenten.

Sogar an den stockkatholischen, biertrinkenden, von der Kirche geknechteten katholischen Münchner Bürgern ging also diese wahrlich emanzipative Bewegung nicht ganz vorüber. Nicht einmal die traditionellsten aller Bürger, die biederen Handwerksmeister und Ladenbesitzer, wollten sich dem Geist der Zeit verschließen. Undramatisch, wie immer in dieser Bevölkerungsschicht, aber unübersehbar schlichen sich auch bei ihnen die Bildungsnamen ein, erreichten 1833 einen Anteil von 10 Prozent und erneut im Jahre 1857! Im Jahr der Reichsgründung stieg er sogar auf 13 Prozent. Mindestens jedes zehnte Handwerkerkind erhielt damit einen Namen aus dem Schatz des klassisch-humanistischen Bildungsgutes, hieß »Eugen«, »Julius«, »Oskar«, »Amalie«, »Agnes«, »Bertha«, »Laura«, ja sogar »Kleopha« und »Achilsohn«.[42] Beachtlich! Noch beachtlicher: Auch die Unterbürgerlichen zogen nach. Freilich konnte der Anteil von Bildungsnamen bei ihnen die 5 Prozent nie wesentlich übersteigen. Im wesentlichen blieb die Bildungsreligion doch ein Mittel der bürgerlichen Selbstdefinition, das aber so stark abstrahlte, um selbst bei unterbürgerlichen Schichten noch in gewissem Rahmen »stilbildend« zu wirken.

Auf die Verteilung von Bildungsnamen bei nichtehelichen Kindern wollen wir nur einen kurzen Blick noch werfen (Abb. 22, S. 205). Während sich bei diesen im ersten Jahrhundertdrittel der Aufwärtstrend noch nahezu identisch zu den ehelichen Geburten gestaltete, fallen sie seit 1837 im Vergleich zu ihnen deutlich zurück. Seit dieser Zeit kommen die Bildungsnamen bei nichtehelich geborenen Kindern wesentlich seltener vor. Ein Anzeichen für eine Änderung des für Nichteheliche »zulässigen« Vornamenschatzes? Denkbar wäre das zumindest: Je mehr der Bildungsname das Image eines untrüglichen Zeichens gutbürgerlichen Selbstverständnisses und, damit verbunden, makelloser Wohlanständigkeit erwarb, desto mehr konnte es inopportun erscheinen, nichtehelichen Kinder solche Namen zu geben.

Über die Bildungsreligion gab sich das Bürgertum im Laufe des 19. Jahrhunderts eine eigene, gegen die alte Adelskultur sich absetzende Identität. Die Verteilung der Bildungsnamen zeigt: Als Vorreiter dieser Entwicklung erscheint das protestantische (Bildungs)Bürgertum, gefolgt vom katholischen. Traditionell handwerklich-gewerbliches Stadtbürgertum wurde ebenso erfaßt wie in gewissem Rahmen die unterbürgerlichen Schichten. Bei nichtehelichen Kindern nahm der Anteil der Bildungsnamen seit dem ersten Jahrhundertdrittel ab, was auf einen gewissen gesellschaftlichen Druck hindeutet, der von seiten der bürgerlichen Kultur auf Normabweichler ausgeübt wurde. Während die dynastischen Namen, Indikatoren für die alte Orientierung am Adel, zurückgingen, stieg der Anteil der Bildungsnamen stetig. So finden wir auch hier in der städtischen Gesellschaft Münchens die Auswirkungen eines allgemeinen sozialhistorischen Prozesses wieder. Unsere Vornamenstudien können seinen Ablauf in dieser Gesellschaft präzise darstellen und mit empirischen Daten untermauern.[43]

Geschichte, Sprache, Namen:
Charakter und Einheit der Kulturnation

Bildungsreligion als bürgerliche Weltanschauung, sowie liberale und nationale Bewegung bildeten in der Geistesgeschichte des 19. Jahrhunderts lange Zeit eine fast untrennbare Einheit. Setzte die Bildung auf die innere Vervollkommnung des Individuums zu größtmöglicher Humanität, so strebten liberale und nationale Bewegung nach der Verwirklichung der hierfür idealen politischen Rahmenbedingungen. Staatliche Einheit und politische Freiheit stellten für den klassischen Liberalen nur zwei Seiten einer Medaille dar. Erst mit dem Auftreten Bismarcks sollte sich dies ändern.

Das nationale Erwachen an der Wende vom 18. zum 19. Jahrhundert erfolgte aus vielfältigen Antrieben. Die Wendung der Deutschen gegen den fremden Eroberer Napoleon stellt dabei nur einen konkret politischen Aspekt dar, der zudem in hohem Maße mythisiert war. Geistesgeschichtlich war spätestens seit Herder das Bild von der Nation als eines gewachsenen Organismus mit individuellen Charaktereigenschaften entstanden, dessen jeweilige Geschichte sozusagen dessen Wachstum dokumentierte. Besonders die Romantiker hatten das Hochmittelalter als eine der Blütezeiten der »deutschen Nation« entdeckt; jener Charakter wurde historisch entwickelt aus den gemeinsamen Wurzeln in Recht und Verfassung, in Kunst und Architektur sowie nicht zuletzt in der Sprache.

Man konnte »Nation« politisch definieren über Staatsgebiet und Staatsverfassung. Nicht weniger wichtig für den bürgerlichen Nationsbegriff der Zeit vor 1866 wurde das Verständnis von der Nation als historisch gewachsener, kultureller, geistiger Nation. Daß mit dieser Begrifflichkeit politisch schwer zu arbeiten war, zeigte sich fast tragisch im ersten deutschen Parlament, der Nationalversammlung in der Frankfurter Paulskirche; daß die politische Nation nicht ohne Gewalt zu erzwingen war, schien Bismarck zu beweisen. Auch mit dem freundlichen und offenherzigen Nationsbild der klassisch liberalen Einheits- und Freiheitsbewegung war es nach 1871 im wesentlichen vorbei. Sein Gesicht entstellte sich zur chauvinistischen und dann zur völkisch-rassistischen Fratze.

Wenn die Kulturnation durch Geschichte, Recht, Sprache, Kunst und Literatur entstand, so trugen auch Vornamen einen wichtigen Teil dazu bei. »Gebt den Kindern deutsche Namen« – diese Forderung erfanden nicht erst die Nazi-Ideologen. Sie tauchte, mit ganz anderer Zielrichtung freilich, schon zu Beginn des 19. Jahrhunderts auf, eben im Zusammenhang mit der einheitlich-freiheitlichen Nationalbewegung jener Jahre. Der Rückgriff auf die Geschichte, insbesondere die germanische »Urgeschichte«, trieb dabei immer wieder Blüten, wenn etwa Friedrich Wilhelm Viehbeck 1818 die »Namen der alten Deutschen als Bilder ihres sittlichen und bürgerlichen Lebens« zeichnete oder Georg Wilhelm Friederich Beneken 1816 die »Urnamen der Deutschen« sammelte und erklärte.[44] »Teuto«, so riet dieser seinen Landsleuten, sollten sie ihre Kinder nennen, »Krafto«, »Gildewin« oder »Hermanfried«, »Blanka«, »Richtrude« oder »Suanhilde«.[45] Derartiger Deutschtümelei im Stile des Turnvaters Jahn war jedoch wenig Breitenwirkung beschieden; in München zumindest sind Namen dieser Art in jenen Jahren nicht zu finden, weder bei Katholiken noch bei Protestanten – abgesehen vielleicht von einem »Godefried« (1807), einem »Wallfried« (1813) und einem »Germanus« (1809).

Solcher Kauzigkeiten ungeachtet, stieg gleichwohl das Interesse an den »normalen« deutschen Namen insgesamt während der ersten Hälfte des 19. Jahrhunderts. Nicht wenige Werke traten als volkstümliche Ratgeber auf. Tilemann Dothias Wiarda legte 1800 eine Abhandlung über »deutsche Vornamen und Geschlechtsnamen« vor. »Wie soll das Kindlein heißen?« fragten gleichlautend die Herrn Schincke, Atzerodt und Kaiser 1827 und 1835, und eine kurze »Belehrung über die Taufnamen für den Bürger und Landmann [...], für jeden Familienvater, besonders auch für Lehrer« gab Franz Otto Stichart 1849.[46] Der deutsche Name wurde zum einheitsstiftenden Faktor – nicht im Sinne von Volkstum, Sippe und Rasse, sondern im Sinne des Rückgriffs auf Geschichte, Kultur, »Sitte« und Recht.

Die Vornamenbücher – die wir gut und gerne als veröffentlichte Meinung bezeichnen können – stießen auf beachtliches Interesse. Wirkten sie selbst meinungsbildend, oder nutzten sie nur den bereits bestehenden Trend? Wir wissen es nicht, können Ursache und Wirkung hier nicht exakt scheiden. Daß aber der kulturell begründete Nationsgedanke die Hauptursache war, die beides, Vornamen und Vornamenliteratur, hervorbrachte, scheint uns ganz eindeutig.

Wir untersuchen den Anteil germanischer Namen in der katholischen und protestantischen Bevölkerung Münchens zwischen 1787 und 1876 (Abb. 23, S. 206). Darunter verstehen wir alle Namen, die aus germanischen Vorstufen über das Alt- und Mittelhochdeutsche in den neuhochdeutschen Vornamenschatz einfließen, ohne an dieser Stelle schon die weiterführende Unterscheidung in »germanisch-ideologische« und »normal-germanische« Namen zu treffen.[47] Sowohl bei Katholiken als auch bei Protestanten durchliefen die germanischen Namen während des ersten Jahrhundertdrittels eine gewaltige Aufwärtsbewegung, ehe sich ihr Anteil an einer Art »Sättigungsgrenze« einpendelte. Höher war die Quote in der protestantischen Bevölkerung: 25 bis maximal 35 Prozent vor 1827, danach recht konstant zwischen 35 und 40 Prozent. Noch ausgeprägter zeigt sich der Aufschwung unter den Katholiken: Gegen Ende des 18. Jahrhunderts nur knapp über fünf Prozent, erreichten die germanischen Namen in diesem Teil der Bevölkerung ihre größte Verbreitung zwischen 1833 und 1837 mit 20 Prozent.

Inwieweit in der katholischen Bevölkerung eine zu Beginn des Jahrhunderts noch eher regional-bayerische Orientierung der national-deutschen wich, inwieweit also München (und Bayern) nach Deutschland hineinwuchs, bliebe ausführlicher zu untersuchen. Ein solcher Prozeß ist nicht ganz zu leugnen. Lag der Anteil regional-bayerischer Namen in den letzten Jahren des 18. Jahrhunderts mitunter noch bei 18 Prozent (gegenüber 5 Prozent bei den germanischen), so kehrte sich das Verhältnis seit spätestens 1825 um: 19 Prozent germanische, aber nur noch etwa 13 Prozent regionale, bei anhaltendem Abwärtstrend (Abb. 15, S. 137).

Den Bildungsnamen entsprechend stieg der Anteil germanischer Namen im katholischen Bildungsbürgertum in protestantische Höhen, fast bis 45 Prozent (Abb. 23, S. 206). Noch stärker als bei jenen waren diesmal aber auch die unterbürgerlichen und sogar die traditionsverhafteten handwerklich-gewerblichen Stadtbürger am Zuwachs der germanischen Vornamen beteiligt. Selbst bei ihnen erreichte der Anteil 1841 zum ersten Mal die 20-Prozent-Marke.

Wie die Bildungsreligion war die Nationalbewegung eine

bildungsbürgerliche Bewegung, die jedoch sehr viel mehr als jene in die unteren Schichten abstrahlte, Handwerksmeister und Ladenbesitzer ebenso erfaßte wie Gesellen, Taglöhner und Dienstboten. Dabei trug die Jugendlichkeit vieler Nationalbegeisterter sicherlich zusätzlich zur Schichtendurchlässigkeit ihrer Ideen – und mehr als im Fall der Bildungsreligion – bei. So spiegelt die Kurve für die germanischen Namen auch den Wandel der sozialen Zusammensetzung der Nationalbewegung, wie er in den beiden großen politischen Manifestationen, dem Wartburgfest vom Oktober 1817 sowie dem Hambacher Fest vom Mai 1832, zum Ausdruck kam. Im Unterschied zu der fast rein studentischen Veranstaltung von 1817 versammelte sich 1832 ein bunter Querschnitt der gesamten Bevölkerung, nicht nur Intellektuelle, sondern ebenso Kaufleute, Handwerker, Gesellen, Lohnarbeiter und Bauern, insgesamt etwa 30 000 Teilnehmer.[48]

Mit reichlich aufklärerischem »Licht«-Pathos beschwor der Redner Philipp Jakob Siebenpfeiffer auf dem Hambacher Schloß den Heilszustand der kommenden nationalen Einheit:

Es wird kommen der Tag, der Tag des edelsten Siegstolzes, wo der Deutsche vom Alpengebirg und der Nordsee, vom Rhein, der Donau und der Elbe den Bruder im Bruder umarmt, wo die Zollstöcke und die Schlagbäume, wo alle Hoheitszeichen der Trennung und Hemmung und Bedrückung verschwinden [...]; wo freie Straßen und freie Ströme den freien Umschwung aller Nationalkräfte und Säfte bezeugen; wo die Fürsten die bunten Hermeline feudalistischer Gottstatthalterschaft mit der männlichen Toga deutscher Nationalwürde vertauschen [...]; wo jeder Stamm, im Innern frei und selbständig, zu bürgerlicher Freiheit sich entwickelt und ein starkes, selbstgewobenes Bruderband alle umschließt zu politischer Einheit und Kraft [...]; wo die deutsche Flagge [...] allen freien Völkern den Bruderkuß bringt. [...] Ja, er wird kommen der Tag, wo ein gemeinsames deutsches Vaterland sich erhebt, das alle Söhne als Bürger begrüßt mit gleicher Liebe, mit gleichem Schutz umfaßt; wo die erhabene Germania dasteht auf dem erzenen Piedestal der Freiheit und des Rechts, in der einen Hand die Fackel der Aufklärung, welche zivilisierend hinausleuchtet in die fernsten Winkel der Erde, in der anderen die Waage des Schiedsrichteramts. [...] Hoch lebe jedes Volk, das seine Ketten bricht und mit uns den Bund der Freiheit schwört![49]

Einen deutlichen Eindruck auf die Entwicklung der germanischen Namen hinterließ das Hambacher Fest auch in München, und zwar nicht nur unter den Bildungsbürgern, sondern ebenso bei den Unterbürgerlichen, bei denen die Quote germanischer Namen 1833 zum ersten Mal auf 17 Prozent stieg und sich Namen wie »Gertrud«, »Mathilde« oder »Walburga«, »Albert«, »Bernhard«, »Friedrich«, »Heinrich« oder »Konrad« nur so häuften. Selbst unter den Handwerksmeistern ging es nach 1833 weiter aufwärts, nachdem deren Anteil 1825 die 15-Prozent-Marke erreicht hatte und zunächst etwas stagniert war (Abb. 23, S. 206).

Der Trend zur Vergabe germanischer Vornamen erfaßte ausnahmslos alle Bevölkerungsschichten – natürlich auch die protestantischen, bei denen die prozentualen Werte noch höher ausfielen als im katholischen Lager: zwischen 50 und 60 Prozent im Bildungsbürgertum, zwischen 30 und 40 Prozent im handwerklich-gewerblichen Stadtbürgertum, zwischen 20 und 30 Prozent bei den Unterbürgerlichen. In beiden Konfessionen spielte das gebildete Bürgertum wiederum die Vorreiterrolle. Wir können erneut feststellen: Auch hier war die Münchner Gesellschaft nicht so hinterwäldlerisch und unaufgeschlossen wie angenommen. Das Bürgertum nahm teil an den politischen und sozialen Strömungen der Zeit, definierte seine neue Rolle tatkräftig mit, unter anderem durch die Vergabe von Vornamen.

Südwesteuropäische Namen: Offenheit nach außen, soziales Scheidungsmerkmal nach innen

Steigendes Nationalbewußtsein ging in jenen Jahren noch nicht einher mit übersteigertem nationalistischem Chauvinismus, der sich selbst von Staats wegen vergötterte. Vielmehr bekundete das Verständnis der eigenen Nation als historisch-kulturell gewachsener Identität zugleich Respekt und Offenheit gegenüber anderen nationalen Identitäten, wovon die Vornamen zeugen: Zwar stiegen die germanischen Namen sprunghaft, aber es deutschtümelte noch nirgends; genügend Raum blieb für Namen auch anderer Herkunft.

Wir können mit unserem örtlichen Schwerpunkt den Grad der Orientierung nach außen nur in südwestlicher Richtung untersuchen. Namen skandinavischer sowie slawischer Herkunft traten im München des 19. Jahrhunderts nur in verschwindend geringen Mengen auf. Immerhin läßt sich daraus schließen, daß der Blick des Münchners, sofern er über Deutschlands Grenzen hinausging, sich eher nach Südwesten denn nach Nord- oder Südosten wandte. Das hängt sicherlich mit der seit jeher starken Ausrichtung Bayerns auf den Alpenraum, auf Italien und Frankreich zusammen. Trotzdem: Die Kultur der Weltmacht Rußland strahlte offensichtlich nicht nachhaltig aus, ebensowenig wie diejenige der damals noch zum Habsburgerrreich gehörenden slawischen und der Balkanländer.

Nehmen wir die Anteile der englischen, französischen und italienischen Vornamen zusammen,[50] so erkennen wir, daß die Südwest-Orientierung im Lauf des Jahrhunderts kräftig zunahm, bei Katholiken wie Protestanten, parallel zur Zunahme der germanischen Namen (Abb. 24, S. 206; Protestanten ohne Abb.). Unter den Katholiken stieg die Quote dieser Namen von etwa 2 Prozent am Ende des 18. Jahrhunderts auf fast 9 Prozent 1853. Bei den Protestanten beobachten wir eine steile Aufwärtsbewegung zwischen 1831 und 1845, die das Niveau der südwestorientierten Namen in den Bereich zwischen 20 und 25 Prozent führte, während es zuvor in der Regel zwischen 10 und 15 Prozent gelegen hatte.

Diese Entwicklung weist zunächst wieder auf die grundsätzliche Öffnung der Gesellschaft hin. Germanische Namen stellten eine zunehmend wichtige Komponente des Vornamenschatzes dar, englische, französische und italienische wurden aber gleichfalls vermehrt gewählt. Man versteifte sich nicht auf den neuen Götzen »Nation«, blieb offen für anderes und Fremderes. Die alten Benennungsmuster mußten auch zugunsten dieser Namen weichen. Während Regionalismus und dynastische Orientierung abnahmen, wuchs nicht nur der Anteil deutscher (germanischer), sondern eben auch westeuropäischer Vornamen: Pluralismus!

Aufgeschlüsselt nach einzelnen Ländern, zeigen sich die französischen Namen (z. B. »Annette, »Antoinette, »Charlotte«, »Eduard«, »Emil«, »Henriette«, »Louise«) bei Protestanten und Katholiken über den größten Teil des Jahrhunderts hinweg als Spitzenreiter (Abb. 24, S. 206). Nicht einmal die politische Wende von 1813 sowie der Krieg von 1870/71 konnten ihre Beliebtheit nachdrücklich beschädigen. Verfügten französische Namen in der protestantischen Bevölkerung schon bei Gründung der Gemeinde über eine ausgeprägte Tradition, so spielten sie bei den Katholiken erst seit dem Ende der Rheinbundzeit eine bedeutendere Rolle, ja stiegen erst richtig an, nachdem die politische Allianz mit Frankreich zerbrochen war. Bis 1811 herrschten noch die italienischen Namen vor, die beim Aufstieg der französischen bis in die sechziger Jahre hinein noch erstaunlich gut mithielten (z. B. »Emilia«, »Laura«, »Luisa«, »Rosa«, »Rosina«, »Rosalia«). Der katholische Münchner hatte (und hat) einen besonderen Bezug zum »Land, wo die Zitronen blühn«, und so ungerechtfertigt erscheint auch im Lichte der Vornamen jene Auffassung nicht, die München zur nördlichsten Stadt Italiens erklärt.

Italienische Vornamen finden sich mit relativ hohen prozentualen Anteilen in allen katholischen Bevölkerungsgruppen,[51] gerade auch bei den unterbürgerlichen Schichten. Ihnen haftete das ganze Jahrhundert über offensichtlich ein ausgesprochen volkstümlicher Charakter an. Französische und besonders englische Namen hingegen erscheinen als ein fast ausschließlich bildungsbürgerliches Phänomen. Immerhin drangen französische Namen seit dem zweiten Jahrhundertdrittel in etwas stärkerem Maße auch nach unten vor. Eine sehr vornehme Note behielten dagegen die englischen Namen (z. B. »Alfred«, »Edgar«, »Edith«, »Edmund«, »Edwin«, »Eleonore«, »Richard«), die vor 1857 bei Unterbürgerlichen nie, danach nur in wenigen Fällen auftraten.

So dienten die Namensgruppen verschiedener südwesteuropäischer Herkunft nicht nur der Demonstration unterschiedlicher europäischer oder übernationaler Orientierungen, sondern vor allem auch der sozialen Abgrenzung. Sie rückten an die Stelle anderer Abgrenzungssymbole, die ihren Indikatorwert im Lauf der Zeit verloren hatten, etwa der dynastischen Namen, deren Verwendbarkeit durch alle Schichten nach unten diffundiert war, oder der Königsnamen, die nach und nach auch den nichtehelichen Kindern zur Verfügung standen. Die soziale Botschaft der südwesteuropäischen Namen dagegen war zumindest für die Dauer des 19. Jahrhunderts noch deutlich: italienische Namen für alle, französische eher nur für das Bildungsbürgertum, englische ausschließlich für die bürgerliche Elite.

Eine angelsächsische Prägung fehlte den Bürgern Münchens im 19. Jahrhundert vollkommen. Deshalb konnten die englischen Namen ein so hohes Maß an Exklusivität beanspruchen. Ihre Häufigkeit insgesamt war verschwindend gering. Bei den Protestanten überstieg ihr Anteil nur selten 4 Prozent, bewegte sich in der Regel sogar unter 2 Prozent; bei den Katholiken kam er nur einmal, 1849, in die Nähe der 2-Prozent-Marke, kümmerte jedoch ansonsten im Bereich zwischen 0 und 1 Prozent. Erst seit 1871 macht sich ein Anstieg bemerkbar. Der große Nachbar Frankreich und der sonnige Nachbar Italien lagen dem Durchschnitts-Münchner offensichtlich viel näher als die angelsächsische Welt.

Aus Nähe und Ferne, aus Vertrautheit und Fremdheit resultiert der soziale Scheidungswert der südwesteuropäischen Namen. Die Reihenfolge Italien, Frankreich, England dürfte dabei typisch für München sein. In nördlicheren Städten (Hamburg etwa) müßten wir die Reihe wahrscheinlich umgekehrt lesen; ob nun aber englische oder italienische Namen exklusiver waren – das Prinzip bleibt immer dasselbe.

Altes und Neues Testament:
Jüdisches Erbe und christliche Bibelfrömmigkeit

Am Ende des Kapitels kehren wir zurück zur weltanschaulichen Grundorientierung, die, allen Umbrüchen und Veränderungen zum Trotz, für die Münchner, die Bayern, ja wir können wohl mit Recht sagen, für die Deutschen des 19. Jahrhunderts noch immer maßgeblich blieb: die Ausrichtung auf die christliche Religion. Wir sprachen vom langsamen, aber unübersehbaren Einzug der Moderne in München, vom Prozeß der Säkularisierung, der sich unaufhaltsam auch in der bayerischen Residenzstadt vollzog: Fast 95 Prozent Heiligennamen 1787, und weniger als 75 Prozent 1876 waren ein deutliches Indiz dafür (Abb. 14, S. 136). Die Heiligennamen bröckelten zuerst, weil ihr riesenhafter Anteil am Vornamenschatz bereits von kleinen Veränderungen sofort betroffen sein mußte. Sie stellen die Grenze nach oben, das Maximum dessen dar, was an christlich-katholischer Religiosität in der Münchner Gesellschaft zu erreichen und zu erwarten war. Ob dagegen die biblischen Namen auf die Kerngruppe derjenigen hinweisen, die Religiosität jenseits aller Gewohnheit zur Wesensbestimmung ihres Lebens erheben, ist schwer zu entscheiden. Auch biblische Namen können konventionell sein; *so* konventionell wie Heiligennamen, die in einer Gesellschaft wie der Münchner des 19. Jahrhunderts das A und O darstellten, sind sie sicher nicht.

Natürlich kann der wirklich Gläubige ebensogut zum Heiligen- wie zum biblischen Namen greifen. Wenn er als Katholik den biblischen Namen wählt, hat er in der Regel eine besondere Motivation dafür, zieht er den direkten Bezug zur Heiligen Schrift dem durch die Kirche und ihre Heiligen vermittelten Weg vor. Und schließlich sind die biblischen Namen, in der katholischen Bevölkerung zumindest, wiederum eher ein Phänomen der gebildeten als der unteren Schichten. Mit aller gebotenen Vorsicht sagen wir nach solchen Vorüberlegungen: Biblische Namen verweisen tendenziell auf eine besondere Wertschätzung der Heiligen Schrift und der in ihr offenbarten Heilslehre, also auf eine ausgeprägte christliche Religiosität, die sich zumindest graduell von der zur Konvention neigenden allgemeinen Heiligenfrömmigkeit unterscheidet (z. B. »Adam«, »Eva«, »Jakob«, »Magdalena«, »Markus«, »Martha«, »Paul«, »Ruth«, »Simon«, »Thomas«, »Veronika«).

Die große Masse der biblischen Namen entstammt dem Alten Testament. Christen glauben an die Auflösung und Vollendung des Alten im Neuen Bund Gottes mit den Menschen, den er durch den Kreuzestod seines Sohnes gestiftet hat. Insofern sieht der Christ das Alte Testament stets auf das Neue Testament bezogen, eben in spezifisch christlicher Deutung. Um davon abgesetzt zu erkennen, inwieweit sich unter den Christen ein speziellerer Reflex jüdischer Religiosität und jüdischen Lebens überhaupt zeigt, haben wir zusätzlich eine Klasse »hebräisch-jüdischer Namen« gebildet, in die wir all jene Namen eingruppieren, bei denen der Hinweis auf die hebräisch-jüdische Geistes- und Lebenswelt deutlich vorherrscht (z. B. »Aaron«, »Dan«, »Esther«, »Henoch«, »Joshua«, »Mirjam«, »Rahel«, »Samuel«, »Sarah«).[52]

Blicken wir zunächst auf diese hebräischen Namen (Abb. 25, S. 207), so stellen wir bei Katholiken wie Protestanten eine während der ersten Jahrzehnte des Jahrhunderts relativ konstante Wertschätzung fest: Bei den Katholiken lag ihr Anteil um die 2, bei Protestanten zwischen 2 Prozent und 4 Prozent. In beiden Bevölkerungsgruppen schrumpfte der Anteil anschließend. Die Katholiken nahmen früher Abstand von hebräischen Namen: Nach 1833 fiel die Quote unter die 2-Prozent-Marke, bei den Protestanten seit Ende der vierziger Jahre. Zusammenhänge mit wachsendem Antisemitismus in der zweiten Jahrhunderthälfte wären zu vermuten, müßten aber anhand der lokalen Geschichte im einzelnen überprüft werden. Immerhin: Die Beliebtheit hebräisch-jüdischer Namen ging zurück, in der katholischen wie der protestantischen Bevölkerung.

Der Anteil biblischer Namen hielt sich in beiden Gruppen relativ konstant. Interessanterweise lag er bei den Protestanten, die doch einen direkteren Bezug zur Heiligen Schrift für sich in Anspruch nehmen, nicht höher als bei den Katholiken; im Jahrhundertmittel bewegte er sich hier wie dort zwischen 8 und 10 Prozent. Das weist uns, wenn wir auf unsere Ausgangsfrage zurückkommen, tatsächlich auf einen relativ stabilen Kern »bibelfrommer« Katholiken wie Protestanten hin. Daß der Anteil biblischer Namen bei den Protestanten so niedrig ausfällt, überrascht gleichwohl. Hatte die Bildungsreligion die Bibelreligion so weit schon zurückgedrängt?

Einen starken Anstieg biblischer Namen bei den Protestanten verzeichnet die Graphik (Abb. 25, S. 207) zwischen 1813 und 1821. In jenen Jahren scheint sich die protestantische Religiosität intensiver ausgeprägt zu haben – womöglich eine Reaktion auf die politisch wirren und krisenhaften Jahre seit 1809, in denen, wie die Kurve gleichfalls zeigt, die biblischen Namen zunächst dramatisch abgenommen hatten. Trotz heftiger Schwankungen im weiteren Verlauf des Jahrhunderts scheint aber der Kern der Bibelfrommen im wesentlichen unerschüttert geblieben zu sein. Der Säkularisierungsprozeß schlug hier zunächst nur schwach an. Daß er auch an den biblischen Namen auf Dauer nicht spurlos vorüberging, zeigt die Entwicklung bei den Katholiken. Seit spätestens 1863 sank der Anteil biblischer Namen unter 6 Prozent ab. Nach 1900 kam er in der Gesamtbevölkerung nicht mehr über 4,5 Prozent hinaus (Abb. 31, S. 210).

Der Münchner, *der* Bayer: vom Bier verdummt, vom Katholizismus geknechtet? Hinterwäldlerisch, allen Neuerungen gegenüber mißtrauisch oder gar feindlich, uninteressiert und schwerfällig? Subjektive Einschätzungen dieser Art mögen auf subjektiven Erfahrungen gründen und aufgrund dieser Erfahrungen auch ihre eigene »Wahrheit« enthalten. Ebenso wie vor dem Schluß von der veröffentlichten auf die öffentliche Meinung sollte man sich aber davor hüten, mit ihnen *die* Gesellschaft oder *den* Volkscharakter zu definieren. Auch unser – immerhin empirisches – Datenmaterial kann über beides kein letztes Urteil treffen. Aber es kann einen mitunter sogar sehr differenzierten Eindruck von den Orientierungen und Haltungen der Menschen vermitteln, ein Eindruck, der viele der literarischen Charakterbilder als reine Fiktion entlarvt und der die Münchner als das präsentiert, was sie wohl am ehesten waren: normal aufgeschlossene Bayern und Deutsche in ihrer Zeit.

VI.
Auf dem Weg nach Deutschland und zur Verbürgerlichung

Wilhelm II. und die Deutschen in Nord und Süd

Zum ersten Mal »verpreußten« sich die Bayern, zumindest die Münchner, in den frühen siebziger Jahren des 19. Jahrhunderts. Nichts war für Bismarck damals so erfolgreich wie der Erfolg; der Erfolg im Krieg gegen Frankreich und damit auch die Gründung des Deutschen Reiches. Viele neugeborene Buben wurden seinerzeit in München von ihren Eltern »Otto« genannt. Alles deutete darauf hin, daß allein Otto von Bismarck dabei die politische Bezugsperson gewesen ist. Wir haben diese Entwicklung beschrieben. Sie gilt freilich nicht nur für München, sondern zum Beispiel auch für Berlin. Bei den bis 1899 Geborenen rangierte hier der Vorname »Otto« auf Platz drei (mit 5,3 Prozent) sogar noch vor (Kaiser) »Wilhelm« auf Platz fünf (mit 4,6 Prozent). Und noch in der Gruppe derer, die zwischen 1900 und 1918 zur Welt kamen, war »Otto« auf Rang 14 (2,9 Prozent) noch populärer als »Wilhelm« auf Rang 15 (2,6 Prozent).[1]

Daß und wie sehr die Auswahl der Vornamen alles andere als unpolitisch oder geschichtlich unbewußt geschah, hat Theodor Fontane in seinem Roman *Der Stechlin* in Hinblick auf die Mark Brandenburg beschrieben; im ersten Kapitel, in dem der alte Dubslav Stechlin räsoniert:

> Diese Worte – wie denn der Eltern Tun nur allzu häufig der Mißbilligung der Kinder begegnet – richteten sich in Wirklichkeit gegen seinen dreimal verheiratet gewesenen Vater, an dem er überhaupt allerlei Großes und Kleines auszusetzen hatte, so beispielsweise auch, daß man ihm, dem Sohne,

den pommerschen Namen »Dubslav« beigelegt hatte. »Gewiß, meine Mutter war eine Pommersche, noch dazu von der Insel Usedom, und ihr Bruder, nun ja, der hieß Dubslav. Und so war denn gegen den Namen schon um des Onkels willen nicht viel einzuwenden, und um so weniger als er ein Erbonkel war. [...] Aber trotzdem bleib' ich dabei, solche Namensmanscherei verwirrt bloß. Was ein Märkischer ist, der muß Joachim heißen oder Woldemar. Bleib im Lande und taufe dich redlich. Wer aus Friesack ist, darf nicht Raoul heißen.«[2]

Häufig geben Literaten nicht die politische Meinung der Mehrheit, sondern ihre ganz persönlichen Wahrnehmungen oder Wünsche wieder. Die zahllosen literarischen Lorbeerkränze, die dem »Eisernen Kanzler« geflochten wurden, entsprachen dagegen durchaus »Volkes Meinung«, wie wir sie in der Vornamengebung gespiegelt finden. Die meisten dieser Lorbeerkränze dürften politisch gewichtiger als literarisch sein. Selbst die Bismarckhymne Theodor Fontanes gehört wohl doch zu seinen literarischen, sagen wir, Ausrutschern. Halten wir ihm zugute, daß *Wo Bismarck liegen soll* unter dem unmittelbaren Eindruck vom Tode des großen Deutschen geschrieben wurde. Der »Eiserne Kanzler«, Otto von Bismarck, war am 30. Juli 1898 gestorben, am 3. August erschien dieses Gedicht Fontanes in der *Vossischen Zeitung*. Nur wenige Wochen später, am 20. September, ist auch Theodor Fontane gestorben.

> Nicht in Dom oder Fürstengruft,
> Er ruh' in Gottes freier Luft
> Draußen auf Berg und Halde,
> Noch besser: tief, tief im Walde;
> Widukind lädt ihn zu sich ein:
> »Ein Sachse war er, drum ist er mein,
> Im Sachsenwald soll er begraben sein.«
>
> Der Leib zerfällt, der Stein zerfällt
> Aber der Sachsenwald, der hält;

Und kommen nach dreitausend Jahren
Fremde hier des Weges gefahren
Und sehen, geborgen vorm Licht der Sonnen,
Den Waldgrund in Efeu tief eingesponnen
Und staunen der Schönheit und jauchzen froh,
So gebietet einer: »Lärmt nicht so! –
Hier unten liegt Bismarck irgendwo.«[3]

Wie heftig war seit 1900 die Beziehung nicht nur der Bayerisch-Münchner, sondern auch anderer deutscher Jungeltern dem obersten deutschen Kriegs- und Friedensherrn gegenüber? Was hielten sie von Wilhelm II.? Und wie standen sie der friderizianisch-preußischen Tradition gegenüber? Welchen Grad an »Borussifizierung« können wir der Namengebung in den Jahren vor und während des Ersten Weltkriegs entnehmen?

Unsere Datenbasis ist für das 20. Jahrhundert erheblich breiter als für das 19. und ausgehende 18. Jahrhundert. Weil wir die Taufbücher nach 1876 nicht mehr benutzen durften, mußten wir uns nach einer neuen Quelle umsehen. Wir fanden sie in einem Auszug aus dem Einwohnermelderegister der Stadt München. Über eine Million Vornamen konnten wir anhand dieser Quelle für das gesamte 20. Jahrhundert auswerten, die Vornamen aller im Dezember 1994 in München lebenden und gemeldeten Einwohner mit deutscher Staatsbürgerschaft, also auch die der »Zugereisten«. Etwas mehr als die Hälfte waren Bayern, knapp die Hälfte stammte aus allen Teilen Deutschlands.[4] Nicht zuletzt deshalb sind die Ergebnisse weit über München und Bayern hinaus aufschlußreich. Wir scheuen uns nicht, aufgrund dieser Materialvielfalt von der Mentalität »der Deutschen« sprechen. Das mag etwas übertrieben sein; etwas, doch nicht sehr, denn die Daten von rund 525 000 nicht in München oder Bayern geborenen Deutschen können nicht ganz unrepräsentativ sein. Hier und da greifen wir zudem auf Daten aus anderen deutschen Städten zurück.[5] Besonders umfangreiches Material liegt für West-Berlin vor: die Vornamen von genau 1 897 066 Menschen, also aller hier 1987 gemeldeten deutschen Einwohner.

Das ist die eine Seite, die erfreuliche. Die Unerfreuliche: Wegen der gesetzlichen Bestimmungen zum Datenschutz war es nicht einmal möglich, aufgeschlüsselte Gesamtangaben zu erhalten; weder in bezug auf die Konfession noch die Berufe der Eltern. Das Bild kann deshalb nur sehr allgemein bleiben und nicht mehr schichtenbezogen gezeichnet werden, was jedoch die Auswertung nicht weniger aussagekräftig macht.

Eines darf man in bezug auf das gesamte 20. Jahrhundert nicht vergessen: So hohe Werte wie im 19. Jahrhundert erhält hier kein Name mehr. Die steigende Vielfalt der Namen führte dazu, daß selbst die beliebtesten Vornamen erheblich niedrigere Anteile erreichten als die Rekordnamen vergangener Zeiten. Konnten die Spitzenreiter der Vornamen-Hitlisten 1876 noch die stattlichen Anteile von 29,6 Prozent – »Maria« bei den Mädchen – und 21,1 Prozent – »Joseph« bei den Jungen – aufweisen, so genügten 1915 für den ersten Platz bereits 11 beziehungsweise 9,4 Prozent. »Maria« hatte ihren angestammten Platz verteidigen können; »Joseph« war jedoch dem modischen Namen »Johann« und dessen Kurzform »Hans« gewichen. Auch fanden sich im Gegensatz zum letzten Drittel des 19. Jahrhunderts nicht mehr ausschließlich traditionelle Namen unter den zehn beliebtesten des Jahrgangs 1915. »Hildegard« drang bei den Mädchen mit 2,1 Prozent auf Rang sieben vor; und die in jenem Jahr innovativen Namen »Erich«, »Walter«, »Elsa« und »Erna« erreichten Anteile von jeweils mehr als 1 Prozent.[6] Einmal mehr und immer wieder: »Modernisierung« der Gesellschaft bedeutete auch Pluralisierung und Differenzierung; die alte Fast-Einheit, die nicht Ergebnis von Einfalt war, weicht der Vielfalt, nicht selten der Beliebigkeit. Gerade die Auswahl von Vornamen dokumentiert diese Entwicklung. Sie dokumentiert sie empirisch, und genau das ist die Stärke dieser Methode.

»Die Deutschen betraten das 20. Jahrhundert mit starker Zuversicht«, berichtet uns der Historiker Eberhard Jäckel in seinem Buch *Das deutsche Jahrhundert*.[7] »Die Deutschen«? Wer war das, wer ist das? In der Literatur des Fin de siècle findet man zum Beispiel keine kraftstrotzende »Zuversicht«, eher Kraftlosigkeit: ein weites Feld. Die Aussage des Wissenschaftlers Jäckel muß ja keineswegs falsch sein, doch der Wunsch nach den empirischen Belegen darf erlaubt sein, muß erlaubt sein. Gewiß, Wahlergebnisse werden präsentiert und analysiert, auch die Grundeinstellung der Presse wird wiedergegeben. Das sind wichtige Hinweise. »Wichtig erscheint [...] die Frage nach den Leuten«, schreibt auch Jäckel.[8] Aber was dachten »die Leute« denn wirklich, empirisch nachweisbar?

Die Lektüre schöngeistiger Literatur lohnt stets. Hilft sie uns weiter? Blättern wir hier und dort. Diederich Heßling, der *Untertan* aus Heinrich Manns gleichnamigem Roman, setzte bekanntlich alle politischen Hebel seines Heimatstädtchens in Bewegung, um ein Denkmal für »Wilhelm den Großen« errichten zu können, wie stramme und nicht nur preußische Patrioten Kaiser Wilhelm I., Vorvorgänger und Großvater Wilhelms II., gerne titulierten. Endlich, zum hundertsten Geburtstag Wilhelms I. am 22. März 1897, war es soweit, und der ebenso schmissige wie durch Schmisse verunstaltete Diederich konnte sich bei der Einweihung an »Eure Excellenzen! Höchste, hohe und geehrte Herren« wenden.

> Er feierte abwechselnd den beispiellosen Aufschwung der Wirtschaft und des nationalen Gedankens. [...] Aber nicht nur vom geschäftlichen Standpunkt, noch mehr geistig und sittlich war der Aufschwung ein beispielloser zu nennen. Wie sah es denn früher aus mit uns? Diederich entwarf ein wenig schmeichelhaftes Bild des älteren Geschlechts, das durch eine einseitige humanitäre Bildung zu zuchtlosen Anschauungen verführt, in nationaler Hinsicht noch keinen Komment gehabt hatte. Wenn das jetzt gründlich anders geworden war, wenn wir, im berechtigten Selbstgefühl, das tüchtigste Volk Europas und der Welt zu sein, von Nörglern und Elenden abgesehen, nur noch eine einzige nationale Partei bildeten, wem verdankten wir es? Allein Seiner Majestät [...].
> »Dies erkennt das Volk denn auch an, indem es die Persönlichkeit des dahingegangenen Kaisers geradezu vergöttert.

Hat er doch Erfolg gehabt; und wo der Erfolg ist, da ist Gott! Im Mittelalter wäre Wilhelm der Große heiliggesprochen worden. Heute setzen wir ihm ein erstklassiges Denkmal.«[9]

Eiferten Diederich Heßling viele Deutsche nach, indem sie Kaiser »Wilhelm« in ihrer Familie ein Vornamens-Denkmal setzten? Suggerierte Heinrich Manns Untertan Repräsentativität, oder liefen die Diederichs haufenweise herum? Auch in München?

Von den 1994 in München lebenden, aus allen Teilen Deutschlands stammenden Männern des Jahrgangs 1900 hießen 6 Prozent »Wilhelm«, »Willi« oder »Willy«. Ein enormer Anteil, denn diese Größenordnungen erreichten im 20. Jahrhundert stets nur die beliebtesten aller Vornamen.[10] Auf Distanz zum Kaiser gingen die Deutschen mit dem regionalen Schwerpunkt München und Bayern also wahrlich nicht. Der Vergleich mit einem anderen Gebiet drängt sich geradezu auf: Mit 7,9 Prozent nimmt bei den um 1889 geborenen Berliner Jungen »Wilhelm«, einschließlich »Willi« und »Willy«, unangefochten die Spitze der Rangliste ein. Unter den um 1899 geborenen Männern des Berliner Einwohnermelderegisters liegt der Anteil noch höher, bei 9 Prozent.[11]

Der vergleichende Blick auf die süddeutsche Quelle zeigt ein deutliches Nord-Süd-Gefälle. Hier liegt der Durchschnittsanteil »Wilhelms« und seiner Nebenformen bei den vor 1900 Geborenen nur bei 2,2 Prozent. Dies entspricht den Erwartungen: Im preußisch-hauptstädtischen Berlin war der Name des Hohenzollernkaisers um das Jahr 1900 sehr viel beliebter als im bayerischen München. Jedoch weisen einzelne Jahre, etwa das Jahr 1900 mit seinen 6 Prozent, sehr viel höhere Anteile aus, so daß wir auch für süddeutsche Verhältnisse von einer nicht geringen Akzeptanz des Kaisernamens im letzten Jahrzehnt des 19. Jahrhunderts ausgehen dürfen.[12] Außerdem steht beim Vergleich mit dem Berliner Material zu bedenken, daß die Daten für die in München lebenden Männer 1994, für die Berliner 1987 ermittelt wurden. Sieben Jahre sind in der Altersgruppe der deutlich über Achtzigjährigen keine kurze Zeit. Ohne große Irrtümer zu begehen, wird man annehmen dürfen, daß in München sieben Jahre früher nicht wenige »Wilhelms«, die 1994 unter der Erde lagen, 1987 noch zu den Erdenbürgern zählten. Der Abstand zwischen den »Wilhelms« in München und Berlin wäre deshalb zuvor wohl geringer ausgefallen.

Vorsicht ist bei dieser Interpretation stets geboten, denn es versteht sich von selbst, daß gewiß nicht alle, die, wo auch immer, im Jahre 1900 geboren wurden, 1994 noch lebten oder gar in München lebten. Natürlich fand man 1994 in München und woanders mehr Männer des Jahrgangs 1930 als solche, die 1900 auf die Welt kamen. Je später das Geburtsjahr, desto breiter die Datenbank. Doch diese Relativierung kann ihrerseits relativiert werden. Sie gilt nämlich für »Wilhelm« ebenso wie für jeden anderen Vornamen.

Die Wilhelm-Begeisterung ging eineinhalb Jahrzehnte nach dem Antritt des forschen Kaisers gesamtdeutsch zurück, wenngleich die Anteile im Vergleich zu anderen Namen nach wie vor hoch blieben. Dies läßt sich aus beiden Quellen, der berlinisch-preußischen wie der münchnerisch-bayerischen, übereinstimmend ableiten. Von den zwischen 1900 und 1918 geborenen und 1987 in Berlin gemeldeten Männern trugen nur noch 6,5 Prozent den kaiserlichen Namen oder eines seiner Derivate, davon übrigens die klare Mehrheit, 3,9 Prozent, die Kurzformen »Willi« oder »Willy«. Nach der Münchner Quelle schwankten die »Wilhelm«-Werte bis 1913 zwischen 2,5 und 4 Prozent; einer Aufwärtsbewegung zwischen 1904 und 1907 schloß sich ein fast stetiger Niedergang bis 1912 an (Abb. 26, S. 207).

Sicherlich ließe sich argumentieren, daß der Name »Wilhelm« weder originell noch notwendigerweise politisch orientiert war. Am Beispiel der bayerischen Königsnamen haben wir jedoch gesehen, wie stark die Monarchen jener Zeit durch ihre Persönlichkeit und ihr Verhalten die Vornamengebung beeinflußten. Bei Wilhelm II., jenem exzentrischen Kaiser, der nichts so sehr liebte, als sich selbst zu inszenieren, müssen wir von einer solchen Breitenwirkung seines Namens um so mehr ausgehen. Noch waren die Dynasten Identifikationsfiguren erster

Ordnung, und Wilhelm II. war nicht nur der ranghöchste dieser Dynasten im Deutschen Reich, sondern beanspruchte in sehr viel stärkerem Maße als sein Großvater Wilhelm I. auch die alleinige Leitung der Politik. Wilhelm II. wollte ein »persönliches Regiment« führen.[13]

Besonders der Entwicklungsverlauf des kaiserlichen Namens nach 1912 spricht eindeutig für die Annahme eines Zusammenhangs mit Wilhelm, dem »Herrn des deutschen Krieges« im Weltkrieg. Wir konzentrieren uns wieder auf die Deutschen aus bayerisch-münchnerischer Perspektive: In den beiden ersten Jahren des Weltkrieges schnellten die Wilhelm-Werte dramatisch in die Höhe. 1914 lagen sie bei knapp 4 und 1915 bei 5 Prozent. Von den 2127 Männern des Geburtsjahrgangs 1915, die 1994 in München noch lebten, hießen 105 »Wilhelm« (davon 15 »Willi«), aber nur 56 wie der bayerische König: »Ludwig«, Ludwig III. Das regional geprägte dynastische Identifikationsmuster brachte demzufolge während des Krieges nicht annähernd soviel Attraktivität auf wie das nationale. So hatte der politisch längst zugunsten der Hohenzollern entschiedene Wettbewerb mit den Wittelsbachern auf dem Gebiet der Namengebung eine unerwartete, doch erkennbare und höchst aufschlußreiche Variante. Freilich, nach dem Ende der Monarchien in Deutschland, 1920, trafen sich die »Wilhelm«- und »Ludwig«-Anteile wieder in ihrer Abwärtsbewegung, um fortan in größter Eintracht weiter zu fallen (Abb. 26, S. 207).

Ludwig Thoma parodierte die anfängliche Begeisterung nicht nur der Deutschen für den Krieg in *Ein Schulaufsatz*. Wir lesen: »Der Krieg (bellum) ist jener Zustand, in welchem zwei oder mehrere Völker es gegeneinander probieren. Man kennt ihn schon seit den ältesten Zeiten, und weil er so oft in der Bibel vorkommt, nennt man ihn heilig. [...] Bei jedem Volk schaut dann der König zum Fenster heraus, wodurch die Begeisterung noch größer wird.«[14]

Vielleicht war die Häufigkeit der neugeborenen Wilhelms im Jahr nach dem Kriegsbeginn doch keine nationale Hingabe, sondern »einfach so« eine ganz und gar unpolitische, unpatriotische Namengebung. Vielleicht? Dagegen wiederum sprechen nicht zuletzt die nationalistischen Orgien, die man selbst im *Simplicissimus* jener Jahre fand. Dieses Blatt hatte zuvor gewiß nicht zu den politischen und kulturellen Stützen des Kaisers und seines Reiches gehört. Man erinnere sich an das Heft vom 23. Oktober 1898. Es wurde beschlagnahmt, eine Anzeige wegen Majestätsbeleidigung wurde erhoben. Dazu trugen vor allem das bitterböse Titelbild von Thomas Theodor Heine sowie Frank Wedekinds unter dem Pseudonym Hieronymos abgedrucktes Gedicht *Im Heiligen Land* bei. 1898 war der *Simplicissimus* alles andere als repräsentativ, 1914 war er es sehr wohl.[15] Karikatur und Literatur sind als historische Quelle eben quellenkritisch zu begutachten. Manchmal illustrieren sie die Wirklichkeit, manchmal verzerren sie diese dramatisch.

Überall in Deutschland (und woanders) war die anfängliche Kriegsbegeisterung überschwenglich. In jenen Augusttagen des Jahres 1914 waren Ort und Akteure der nationalistischen Begrenztheiten austauschbar. Die erste Szene im ersten Akt von Karl Kraus' *Die letzten Tage der Menschheit* ist ein zeitloses literarisches Denkmal jener wirren Zeit. Da hält ein Wiener eine Ansprache und brüllt in die Menge:

> Daß sie's nur hören die Feind, es ist ein heiliger Verteilungskrieg, was wir führn! Wiar ein Phönix stehma da, den's nicht durchbrechen wern, dementsprechend – mir san mir und Österreich wird auferstehn wie ein Phallanx ausm Weltbrand sag ich! Die Sache für die wir ausgezogen wurden, ist eine gerechte, das gibts keine Würschteln, und darum sage ich auch, Serbien – muß sterbien! *Stimmen aus der Menge:* Bravo! So ist es! – Serbien muß sterbien! Ob's da wüll oder net! – Hoch! – A jeder muß sterbien! *Einer aus der Menge:* Und a jeder Ruß – *Ein anderer (brüllend):* – ein Genuß! *Ein Dritter:* An Stuß! (Gelächter.) *Ein Vierter:* An Schuß! *Alle:* So is! An Schuß! Bravo! *Der Zweite:* Und a jeder Franzos? *Der Dritte:* A Roß! (Gelächter.) *Der Vierte:* An Stoß! Alle: Bravo! An Stoß! So is! *Der Dritte:* Und a jeder Tritt – na, jeder Britt!? *Der Vierte:* An Tritt![16]

Als die breite Bevölkerung seit 1916 zunehmend einsehen mußte, daß der Krieg weder ein Spaziergang war, noch unbedingt zum Sieg führte, das »Kriegsglück« sich gegen Deutschland wenden könnte, wandten sich die Münchner Eltern bei der Auswahl der männlichen Vornamen wieder von »Wilhelm« ab. Der »Auftakt zur Revolution«, wie Erich Mühsam es in seinem Tagebuch am 18. Juni 1916, einen Tag nach einer Demonstration der hungernden Bevölkerung auf dem Münchner Marienplatz meinte,[17] war es freilich noch nicht.

Daß sich 1918/19 nicht nur die »Revoluzzer« endgültig und eindeutig vom Kaiser abwandten, sondern seit spätestens 1916 das Gros der geschundenen Menschen, erkennen wir am beispiellosen Niedergang, den der Anteil des Kaisernamens in der Bevölkerung seit diesem Jahr durchlief: Nur noch 2,2 Prozent betrug er 1920. Die früheren Werte erreichte »Wilhelm« nach dem verlorenen Krieg und dem Rücktritt des Kaisers nie mehr (Abb. 26, S. 207). Auch »Wilhelm« war eben nicht mehr der Alte. Diesen oder den anderen »alten Kaiser Wilhelm« wollten demnach immer weniger wiederhaben – mit oder ohne Bart beziehungsweise Schnurrbart. »Wir wollen unsern alten Kaiser Wilhelm wieder ham, mit'm Bart, mit'm Bart, mit'm langen Bart.« Wer auch immer nach 1918 dieses Lied geschmettert haben mag, repräsentativ war er nicht. In München sowenig wie in Berlin, also unter den Eltern der 1994 beziehungsweise 1987 in München oder Berlin lebenden Männer, über deren Vornamen nach dem Ersten Weltkrieg zu entscheiden war.

Nicht wenige hielten zu diesem gerade nach dem Krieg alles andere als unpolitischen Vornamen immer noch in Treue fest, aber auch diese deutsche Treue bröckelte. Sie blieb nicht fest. Die Hohenzollern-Nostalgie hielt sich bei »den Deutschen« (oder sagen wir doch: den Einwohnern Münchens aus allen deutschen Landen) in erkennbaren und sehr engen Grenzen. Langsam, doch stetig verblaßte Wilhelms Anziehungskraft. 1945 war sie auf ein mageres Prozent geschrumpft. Kaum anders das Bild bei den Berlinern: Der Vorname »Wilhelm« tauchte seit 1919 in keiner Gruppe der Geburtsjahrgänge mehr unter den zwanzig beliebtesten Vornamen auf.[18]

So gesehen, war das Ende von Heinrich Manns *Untertan* geradezu prophetisch. Die feierliche Enthüllung des Denkmals für »Wilhelm den Großen« durch Diederich Heßlings schwülstig-patriotischen Wortschwall endete im Wolkenbruch. »Der Donner grollte, wenn auch eingeschüchtert, wie es scheint, durch Diederichs immer gewaltigere Stimme; dagegen fielen Tropfen, die man einzeln hörte, so schwer waren sie. ›Aus dem Lande des Erbfeindes‹, schrie Diederich, ›wälzt sich immer wieder die Schlammflut der Demokratie her, und nur deutsche Mannhaftigkeit und deutscher Idealismus sind der Damm, der sich ihr entgegenstellt. Die vaterlandslosen Feinde der göttlichen Weltordnung aber, die unsere staatliche Ordnung untergraben wollen, die sind auszurotten bis auf den letzten Stumpf.‹«[19] Das »Ausrotten« nahm man in Deutschland ab 1933 wörtlich. Zuvor aber hatte das Gewitter auch den Kaiser hinweggespült, »da platzte der Himmel«, wie am Ende von *Der Untertan*.[20]

Die Stunde der Revolution, die Erich Mühsam schon 1907 in seinem Gedicht *Der Revoluzzer* besungen hatte, war gekommen. Daß die Sozialdemokraten ihm dabei zu zahm sein würden, hatte er damals wohl schon geahnt und das Gedicht süffisant »der deutschen Sozialdemokratie« gewidmet.

> War einmal ein Revoluzzer,
> im Zivilstand Lampenputzer;
> ging im Revoluzzerschritt
> mit den Revoluzzern mit.
>
> Und er schrie: »Ich revolüzze!«
> Und die Revoluzzermütze
> schob er auf das linke Ohr,
> kam sich höchst gefährlich vor.
>
> Doch die Revoluzzer schritten
> Mitten in der Straßen Mitten,
> wo er sonsten unverdrutzt
> alle Gaslaternen putzt.

Sie vom Boden zu entfernen,
rupfte man die Gaslaternen
aus dem Straßenpflaster aus,
zwecks des Barrikadenbaus.

Aber unser Revoluzzer
schrie: »Ich bin der Lampenputzer
dieses guten Leuchtelichts.
Bitte, bitte tut ihm nichts!

Wenn wir ihn' das Licht ausdrehn,
kann kein Bürger nichts mehr sehn,
laßt die Lampen stehn, ich bitt!
Denn sonst spiel' ich nicht mehr mit!«

Doch die Revoluzzer lachten,
und die Gaslaternen krachten,
und der Lampenputzer schlich
fort und weinte bitterlich.

Dann ist er zuhaus geblieben
und hat dort ein Buch geschrieben:
nämlich, wie man revoluzzt
und dabei doch Lampen putzt.[21]

Die Räterepublik war eher Mühsams Ziel. 1934 wurde er von der SS im Konzentrationslager Oranienburg ermordet.

So vergeht der Glanz der Welt: Bayerns dritter Ludwig und Preußens Alter Fritz

Unsere Datenanalyse hat einwandfrei belegt: Nicht stärker als die Sehnsucht nach den Hohenzollern spricht aus der Münchner Quelle diejenige nach der bayerischen Hausdynastie, den Wittelsbachern. Sicher, könnten wir die Namen aller gebürtigen Münchner und Bayern separat analysieren, fiele der Anteil des bayerischen Königsnamens »Ludwig« höher aus. Aber auch dann, so dürfen wir annehmen, erreichte er nicht mehr jene fast 8 Prozent des Jahres 1876 (Abb. 5, S. 132). Selbst wenn wir die aus unserer Quelle gewonnenen Werte nach oben korrigieren müssen – weil das Einwohnermelderegister ja keine rein bayerische Quelle mehr ist, sondern weit über München und Bayern hinausgeht –, an die Glanzzeiten des 19. Jahrhunderts konnte der bayerische Königsname »Ludwig« in der Volksgunst nie mehr anknüpfen, obwohl er seit 1912/13 wieder, und zum bisher letzten Mal, Name eines regierenden Königs war, Ludwigs III.

Daß im Kriegsjahr 1915 der Vorname »Wilhelm« viel häufiger als »Ludwig« gewählt wurde, erwähnten wir. Im Jahr nach der Abdankung des Königs, 1919, sank der Anteil des Namens »Ludwig« zum ersten Mal unter die 2-Prozent-Marke, die er fortan nur noch selten überschritt (Abb. 26, S. 207). Und auch die Regierungsübernahme Ludwigs III. hatte 1913/14 lediglich einen geringfügigen Anstieg der »Ludwig«-Quote um etwa 1 Prozent bewirkt. Höhere Anteile als »Wilhelm« konnte »Ludwig« kaum mehr erzielen: Nur 1927 und 1934 brachte es der ehemalige Königsname noch zu einer geringfügig höheren Quote als der Name des abgedankten deutschen Kaisers. Erscheinen beide für den Geburtsjahrgang 1936 noch in der Rangliste der zwanzig populärsten Vornamen, so rangieren sie 1941 unter »ferner liefen«.[22] Andere Vornamen, nichtkönigliche oder nichtkaiserliche, also eher bürgerliche, wurden bevorzugt.

Rund hundert Jahre nach Erscheinen seines *Struwwelpeter* bezeichnete der *Große Brockhaus* dessen Autor Heinrich Hoffmann (1809–1894) als »leitenden Arzt der städtischen Irrenanstalt«. Heute scheinen uns eher die pädagogischen Prinzipien dieses Buches und jener Zeit als irr oder wirr, zumindest wenig gewinnend und empfehlenswert. Alles andere als wirr, sondern sehr aufschlußreich sind die Vornamen, denen wir in diesem Buch begegnen. Die dynastisch-monarchisch-traditionelle Welt war im *Struwwelpeter* noch in Ordnung. In der *Geschichte von den schwarzen Buben*

kam der *Ludwig* hergerannt
mit seinem Fähnchen in der Hand.
Der *Kaspar* kam mit schnellem Schritt
und brachte seine Brezel mit.
Und auch der *Wilhelm* war nicht steif
und brachte seinen runden Reif.

In der *Geschichte vom Daumenlutscher* begegnen wir dem schönen Kaisernamen »Konrad« aus der Stauferzeit: »›Konrad‹, sprach die Frau Mama / ›ich geh aus und du bleibst da‹« und so weiter – bis zum Schneider, der Konrads Daumen abschnitt, weil der den Daumen als Dauerlutscher benützt hatte. In der *Geschichte vom bösen Friederich* ist der Vornamensträger »ein arger Wüterich«. Womit wir über einen Umweg zum Thema gelangt wären: zum Verblassen königlichen Ruhms und der allmählichen Verbürgerlichung deutscher Vornamen. Alle auch nur irgendwie dynastisch orientierten Vornamen wurden immer seltener vergeben, an Buben ebenso wie Mädchen.

Gerade literarische Quellen können uns in die Irre führen. Wer die berühmten Friedrich-Balladen des 19. Jahrhunderts liest, die zum Teil bis weit ins 20. Jahrhundert hinein zum Standardrepertoire auflagenhoher Hausbücher deutscher Dichtung zählten, wird erwarten, daß Friedrichs Charisma auf junge Eltern bei der Auswahl von Vornamen noch lange und intensiv nachwirkte. Ein Irrtum, wie die empirischen Daten beweisen.

Theodor Fontanes (1819–1898) Lied vom *alten Zieten* (»Der *Zieten* und der *Fritz*, / Der Donner war der eine, / Der andre war der Blitz«) ebenso wie seine eindrucksvolle Ballade *Erstes Bataillon Garde* halten den Mythos des Preußenkönigs wach, freilich nicht allein klug und kunstvoll, sondern auch in der Fontane so eigentümlichen Kombination von kritischem und sehr liebevollem Zugriff. Vier Männern des *Ersten Bataillon Garde* gesellt sich ein »Berliner Budiker« hinzu. Die Gardisten schimpfen über ihr »Jammerleben« und auch über König Friedrich, den »Quälgeist und Tyrann«:

Das war dem Berliner nach seinem Sinn,
Er lächelte pfiffig vor sich hin:
»Ich sag' das schon lange. Was hat er denn groß?
Große Fenstern hat er, sonst is nich viel los.
Und reden kann er. Na, das kann jeder,
Hier aber, er zieht nicht gerne von Leder.«

Da lachten all vier, und der eine spricht:
»Ne, Freund Budiker, *so* geht es nicht.
Zuhören kannst du, wenn wir mal fluchen,
Aber du darfst es nicht selber versuchen;
Wir dürfen frech sein und schimpfen und schwören,
Weil wir selber mit zugehören,
Wir dürfen reden von Menschenschinder,
Dafür sind wir seine Kinder;
Potsdam, o du verfluchtes Loch,
Aber *er*, er ist unser König *doch*,
Unser großer König. Gott soll mich verderben,
Wollt' ich nicht gleich für Fritzen sterben.«[23]

Fast noch größere Popularität als Fontane erreichte auf dem Gebiet der »Fritz-Lyrik« Willibald Alexis (1798–1871) mit seiner Ballade *Fridericus Rex*. Der Alexis-Verehrer Fontane zögerte nicht, sie zum »Schönsten zu rechnen, das auf dem Gebiete *preußischer* Kriegslyrik, vielleicht aller Kriegslyrik überhaupt geschrieben worden«.

Die Ballade, erst zu Beginn der dreißiger Jahre des 19. Jahrhunderts entstanden, sei, so Fontane 1872, »längst zu einem Volkslied geworden, so ganz und gar, daß die wenigsten den Verfasser kennen und darauf schwören würden, daß es vor mehr als hundert Jahren, in den Tagen des Siebenjährigen Krieges entstanden sei«.[24]

Anthologien wie das *Balladenbuch* von Ferdinand Avenarius trugen noch in den zwanziger Jahren dazu bei, nicht nur Fontanes *Zieten*, sondern auch Alexis' *Fridericus Rex* als unverzichtbaren Teil der Volksbildung zu etablieren. Hier ein Auszug:

Friedericus Rex, unser König und Herr,
der rief seine Soldaten allesamt ins Gewehr,
zweihundert Bataillons und an die tausend Schwadronen
und jeder Grenadier kriegte sechzig Patronen.

»Ihr verfluchten Kerls«, sprach Seine Majestät,
»daß jeder in der Bataille seinen Mann mir steht.
Sie gönnen mir nicht Schlesien und die Grafschaft Glatz
und die hundert Millionen in meinem Schatz.

Die Kaiserin hat sich mit den Franzosen alliiert
und das Römische Reich gegen mich revoltiert,
die Russen sind gefallen in Preußen ein;
auf laßt uns sie zeigen, daß wir brave Landskinder sein.« [...]

»Friedericus, mein König, den der Lorbeerkranz ziert,
ach, hättst du nur öfters zu plündern permittiert,
Friedericus Rex, mein König und Held,
wir schlügen den Teufel für dich aus der Welt.«[25]

Ans Schlagen oder gar Sterben ihrer Söhne dachten die Jungeltern wohl seltener, wenn sie sich für den einen oder anderen Vornamen für ihre Söhne entschieden. Immer seltener dachten sie dabei, der hingebungsvollen Friedrich-Fritz-Poesie zum Trotz, an diesen Namen; dieser Trend zeichnete sich bereits Ende des 19. Jahrhunderts ab und verstärkte sich erst recht nach 1918.

Zur allmählichen Verbürgerlichung der deutschen Gesellschaft seit 1918, also seit dem Ende der gesamt- und einzelstaatlichen Monarchien, gehört auch die immer seltenere Wahl des in der deutschen Geschichte sowohl kaiserlichen (man denke nur an Friedrich Barbarossa) als auch königlichen Vornamens »Friedrich« oder »Fritz«. Auch die Strahl- und Anziehungskraft Friedrichs des Großen, des »Alten Fritz«, nahm dramatisch ab. Wer nennt heute noch in Deutschland seinen Sohn »Friedrich« oder »Fritz«?[26]

In Berlin, wo das Licht des Fritz-Königs – und übrigens auch des Hundert-Tage-Kaisers Friedrich III. – eigentlich am stärksten hätte strahlen müssen, ist der Rückgang dieser Namen besonders augenfällig. »Friedrich« (mit seiner Kurzform »Fritz«) nimmt zwar in der Rangliste beliebtester Vornamen um 1889 geborener Berliner Jungen den dritten (nach »Wilhelm« und »Paul«),[27] in der Gruppe der bis 1899 geborenen West-Berliner (die 1987 noch lebten) sogar den zweiten Platz ein (nach »Paul«, aber vor »Wilhelm«, der auf Platz sechs abgefallen ist). Betrachtet man »Fritz« und »Friedrich« einzeln, zeigt sich, daß die Kurzform in Berlin viel beliebter war: mit 3,5 Prozent kommt »Fritz« unter den bis 1899 Geborenen noch auf Rang acht der beliebtesten Vornamen, »Friedrich« mit 2,7 Prozent nur auf Rang vierzehn. Während dieser daran anschließend und (bislang?) endgültig aus der »Hitliste« der Vornamen verschwindet, kann sich der (Alte) »Fritz« etwas länger halten: Noch knapp 3 Prozent der zwischen 1900 und 1918 geborenen Westberliner hießen so. Das bedeutet Rang dreizehn. In der nachfolgenden Geburtsjahrgruppe, 1919 bis 1932, finden wir jedoch auch »Fritz« nicht mehr unter den zwanzig häufigsten Vornamen.[28]

In München spielte umgekehrt eher der »Friedrich« denn der »Fritz« eine Rolle.[29] Beide zusammen drangen zu Beginn des 20. Jahrhunderts auch hier in den Bereich zwischen 5 und 6 Prozent vor. Freilich folgte schon zwischen 1903 und 1904 sowie besonders nach 1918 ein kontinuierlicher Rückgang. Von den 1945 geborenen Münchnern hießen nur noch 1,5 Prozent »Friedrich« oder »Fritz« (Abb. 26, S. 207).

Die abnehmende Nostalgie für die Figur Friedrichs des Großen belegen auch bundesdeutsche Umfragen. Immerhin etwa 7 Prozent der Befragten waren im Januar 1950 der Meinung, Friedrich der Große hätte von den großen Deutschen »am meisten für Deutschland geleistet.« Nur jeweils 1 Prozent mochte ihn zwischen 1989 und 1992 in den alten ebenso wie in den neuen Bundesländern überhaupt noch zu jenen »großen Deutschen« zählen. Genau so niedrig war die Wertschätzung der Bundesbürger bezogen auf »andere Kaiser, Könige, Feldherrn, Soldaten«.[30] Dieses allgemeine Bild wird durch die detaillierten Daten aus München bestätigt.

Letztes Aufbäumen:
Die Monarchisten und der Weltkrieg

Die dynastischen Namen, wir sahen es, hatten ihren Höhepunkt bereits am Ende des ersten Drittels des 19. Jahrhunderts erreicht (Abb. 4, S. 131); seither war ihr Anteil stetig gesunken, bei den Münchner Katholiken auf unter 10 Prozent im Jahr 1876. Als Gründe für diesen Rückgang hatten wir die Etablierung einer eigenen bürgerlichen Identität erkannt, die vor allem in der Vergabe germanischer und Bildungsnamen zum Ausdruck kam. Auch im 20. Jahrhundert hielt der Schwund der dynastisch-kaiserlich-königlichen Namen an. Die Münchner, wie die meisten anderen Deutschen, wählten sie immer seltener (Abb. 26, S. 207). Auch dabei fällt der Zusammenhang mit den politischen Veränderungen auf. Von einer royalistischen Nostalgie der Münchner nach 1918 kann keine Rede sein.

Zwischen 1903 und 1912 pendelte der Anteil dynastischer Namen nurmehr im Bereich von 6 bis 7 Prozent. Der Krieg verursachte, ähnlich wie im Falle »Wilhelm«, einen letztmaligen Aufschwung. Äußerte sich hierin der (Irr-)Glaube, aus der bewaffneten Auseinandersetzung könnten die alten Systeme noch einmal gestärkt hervorgehen? Der Höhepunkt kaiserlich-königlicher (nicht umgekehrt, wie wir sahen) Begeisterung wurde während des Ersten Weltkriegs erreicht, in den Jahren 1915 und 1916. Bis 1918 nahm sie undramatisch ab. Um so deutlicher war der Rückgang zwischen 1918 und 1924, unmittelbar nach dem Ende der Monarchien in Deutschland. Die Weimarer Republik bewirkte zweifellos einen Schub der Verbürgerlichung beziehungsweise Entmonarchisierung der Deutschen – allem Gerede um die Rückkehr zum kaiserlichen »Schwarz-Weiß-Rot« zum Trotz. Daß »die Münchner« deshalb »Fortschrittler« geworden wären, bedeutet dieser Sachverhalt freilich nicht. In den scheinbar goldenen zwanziger Jahren gab es bis 1928 eine Zwischenblüte. Vielleicht hat auch dieser kurze Aufschwung, der politisch einem Rückschwung glich, Joachim Ringelnatz so empört, daß er 1930 erleichtert aus dem Mief Münchens nach Berlin zog

Nach Berlin, nach Berlin,
Nach Berlin umzuziehn,
Aus der dümmsten Stadt in der Welt –
Wie das lockt!! – Ich, verstumpft,
Ich, verstockt und verstumpft,[31]
Habe endlich mich auf den Kopf gestellt.

Ringelnatz nannte München 1930 die »dümmste Stadt der Welt«, und Thomas Mann hatte im November 1926 in einer Rede über *München als Kulturzentrum* davon gesprochen, daß man es hin und wieder als »dumme, die eigentlich dumme Stadt« bezeichnet habe.[32] War sie wirklich dümmer als andere Städte? »Die Stadt« gewiß nicht, und ebenso sicher nicht alle Bürger der Stadt, schon gar nicht im Zusammenhang mit der Monarchie-Nostalgie. Wie so oft, gibt die Wahrnehmung und Wiedergabe der Wirklichkeit durch Literaten nicht die Wirklichkeit selbst wieder. Die Abwendung der Münchner von dynastischen Vornamen beweist es. So dumm, daß sie nur zurückblickten, waren auch die Münchner nicht. Daß ihre Entscheidung zur Gestaltung der Gegenwart und Zukunft auch nicht gerade weise war, steht auf einem anderen Blatt.

Seit den späten zwanziger Jahren nahm die monarchistische Orientierung der Münchner und der anderen Deutschen unserer Quelle offenkundig ab. Es gab nur wenige ansteigende Ausschläge in den NS-Jahren: 1934 und 1936. Freilich war das »NS-Braun« noch viel unerfreulicher als das wilhelminische Schwarz-Weiß-Rot. Auch während des Zweiten Weltkrieges sehnten sich die Deutschen in München (und woanders) nicht sonderlich nach ihren Kaisern, Königen oder sonstigen Fürsten zurück. An diesem Bild ändert der geringfügige Anstieg dynastischer Vornamen im Jahre 1945 nichts. Der Glanz der Kaiser und Könige war in Deutschland endgültig vorbei.

Abbildung 17

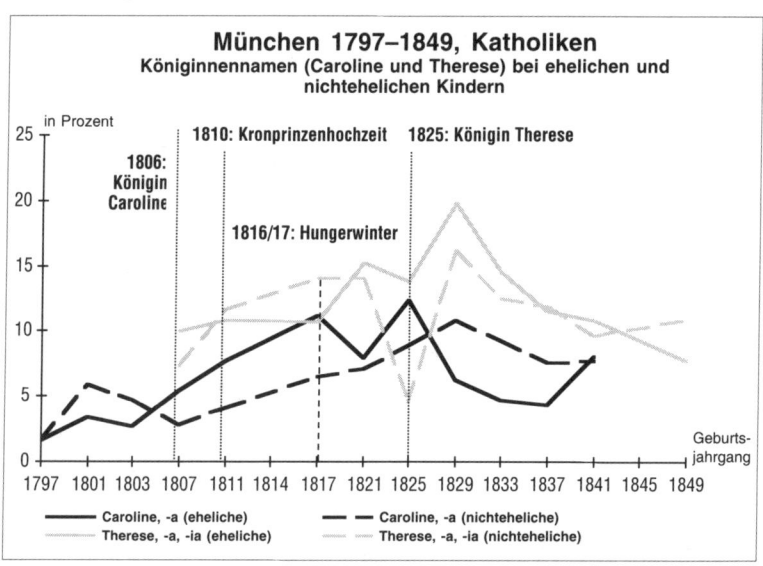

Abbildung 18

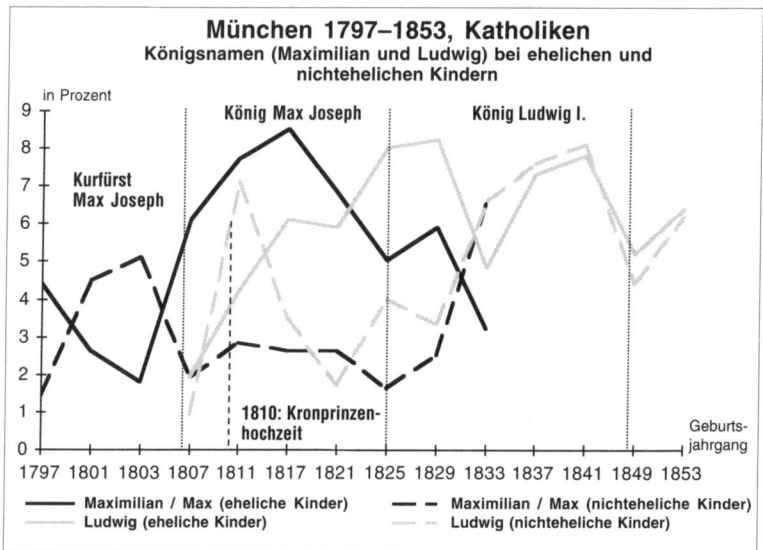

203

Abbildung 19

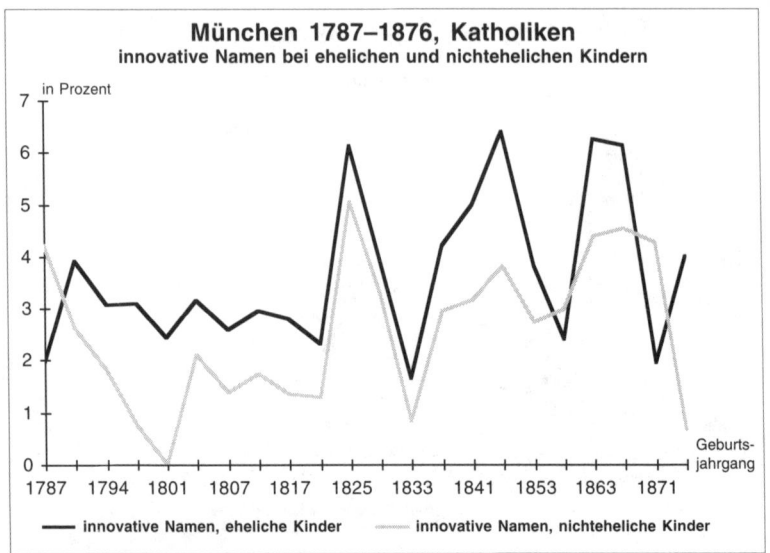

Abbildung 20

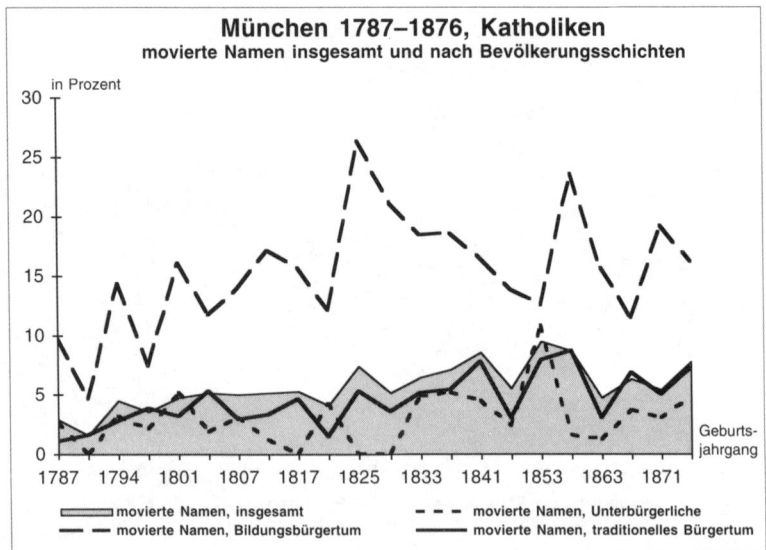

Abbildung 21

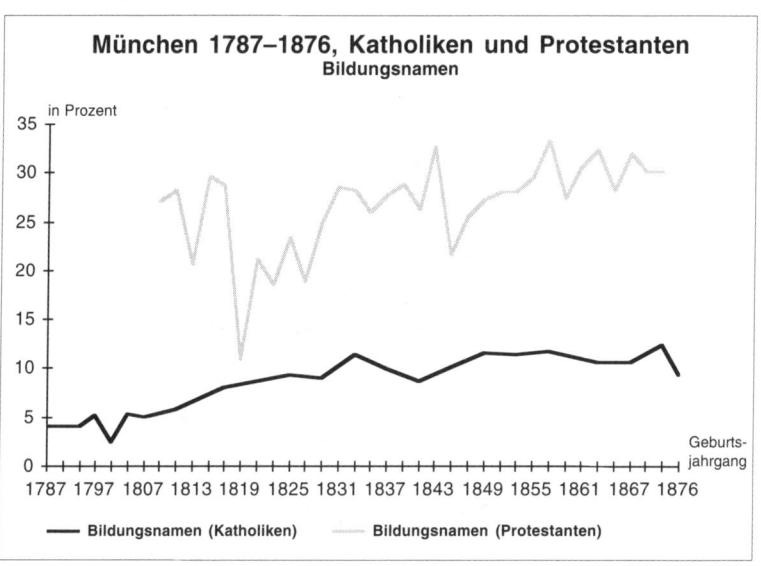

Abbildung 22

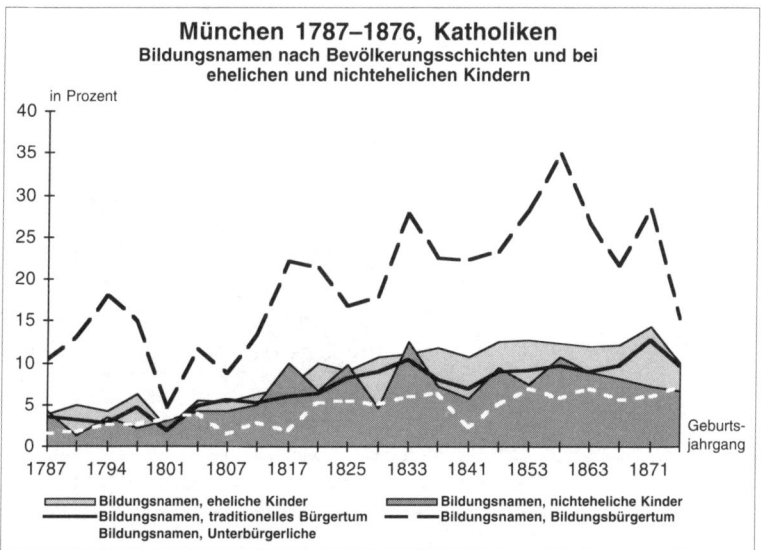

Abbildung 23

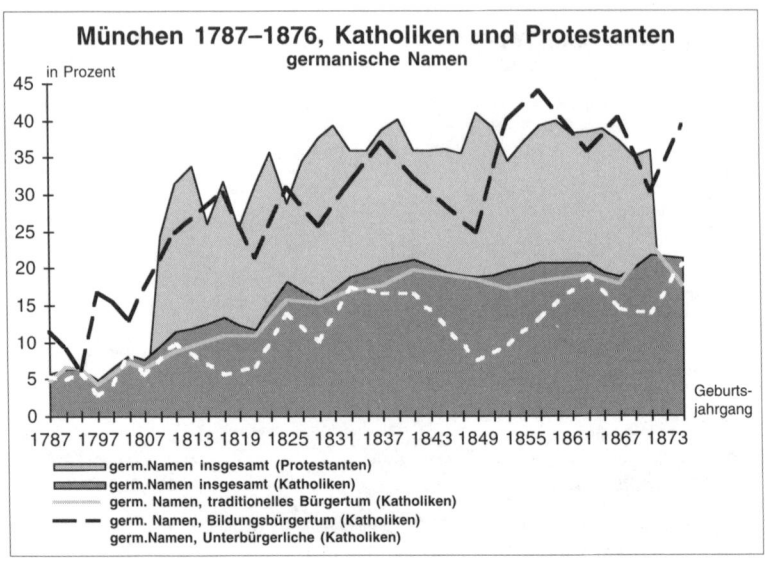

Abbildung 24

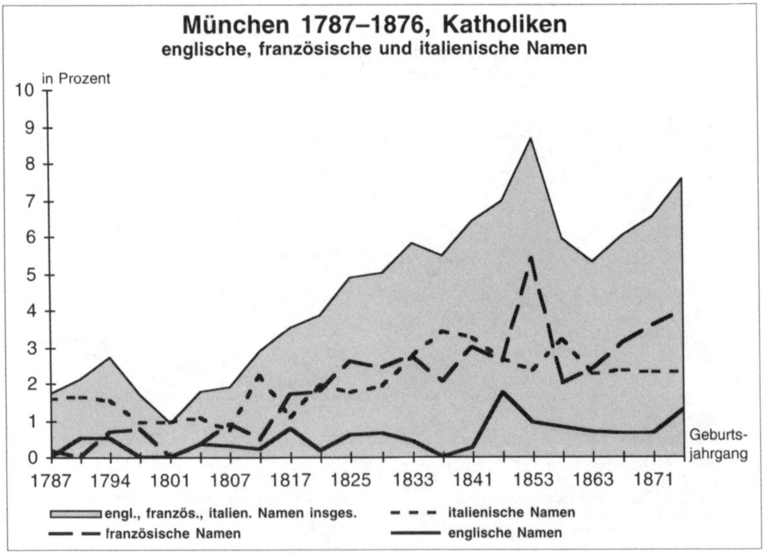

Abbildung 25

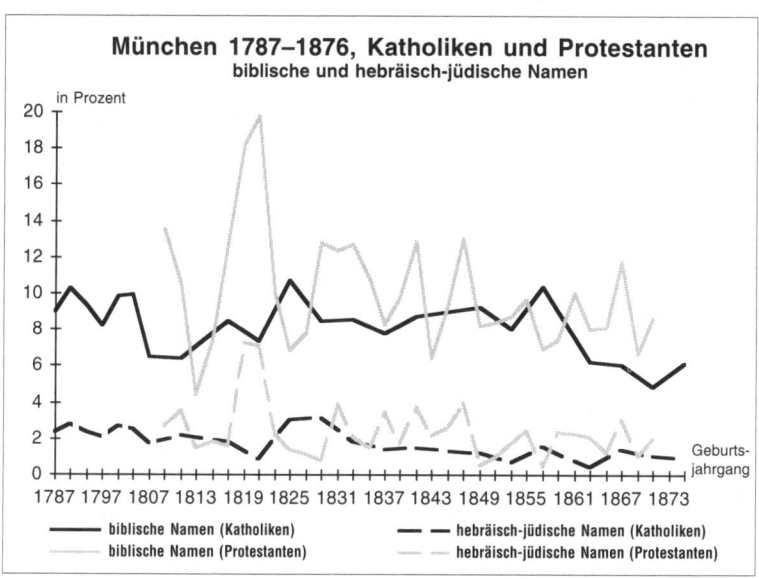

Abbildung 26

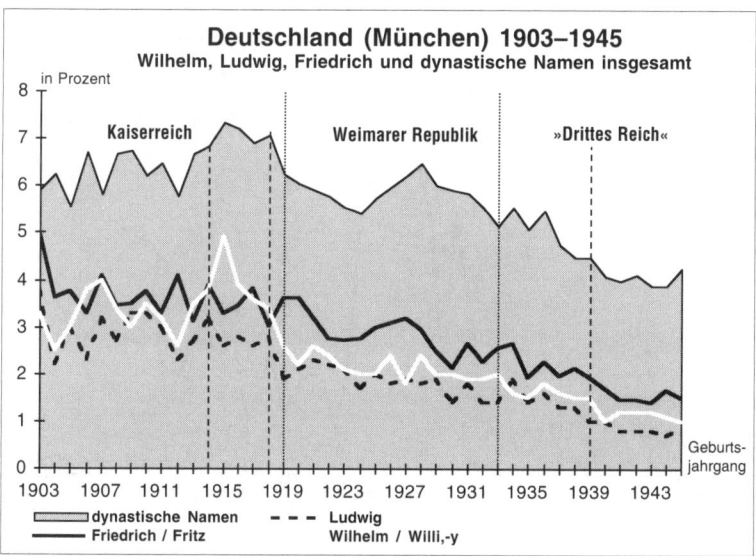

Abbildung 27

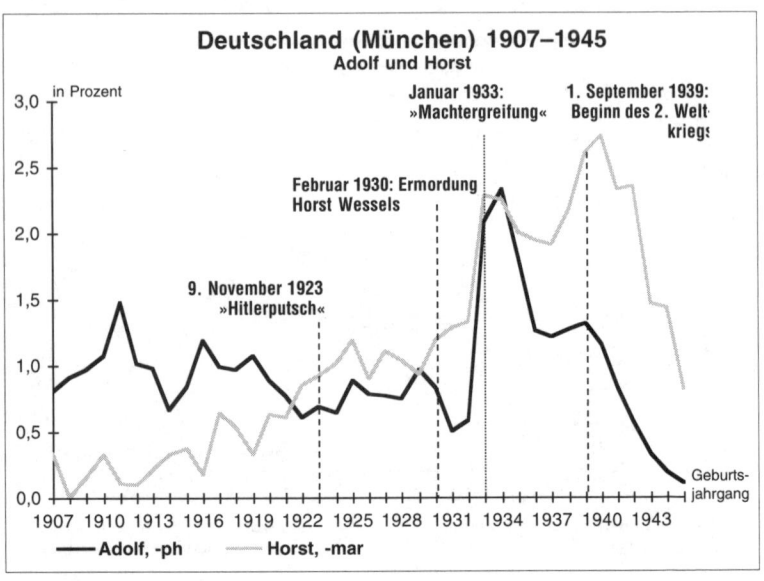

Abbildung 28

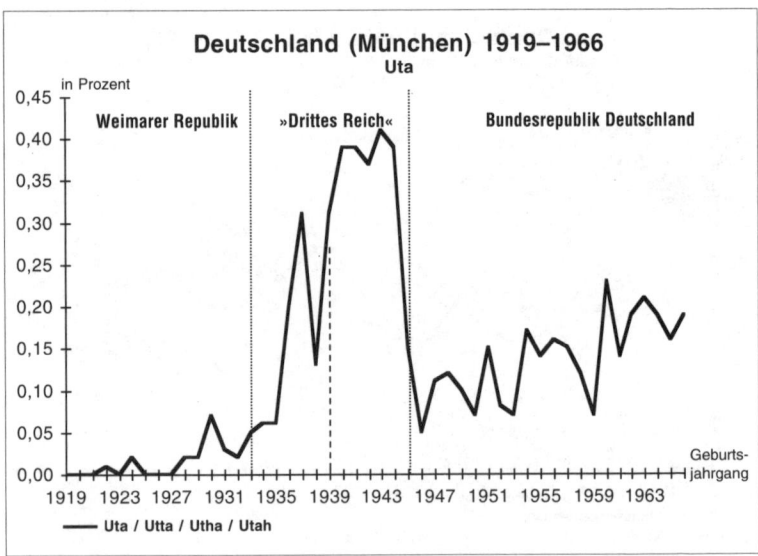

Abbildung 29

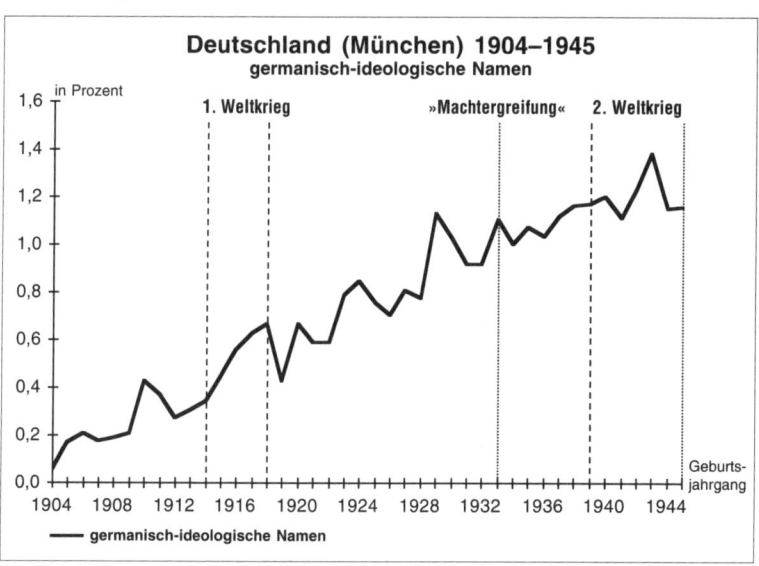

Abbildung 30

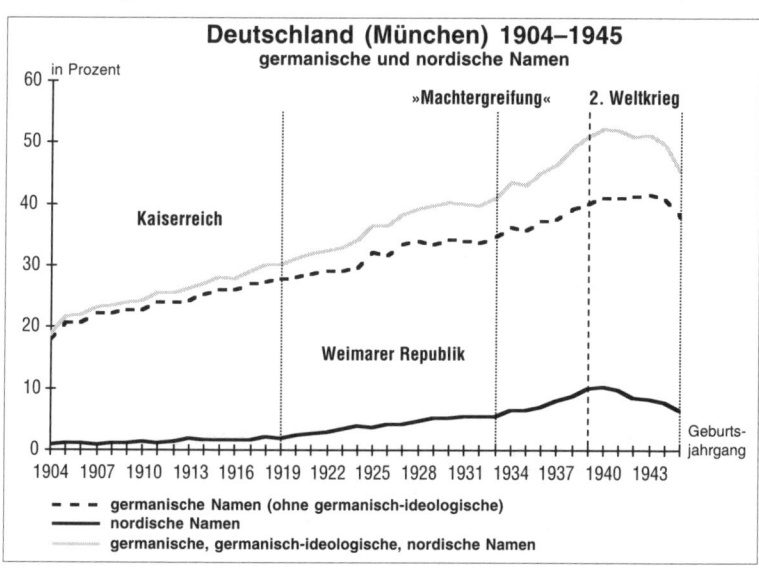

Abbildung 31

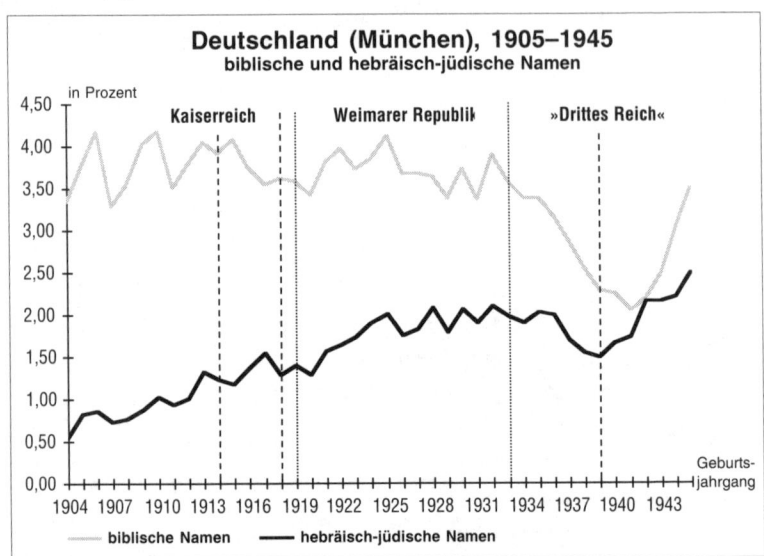

Abbildung 32

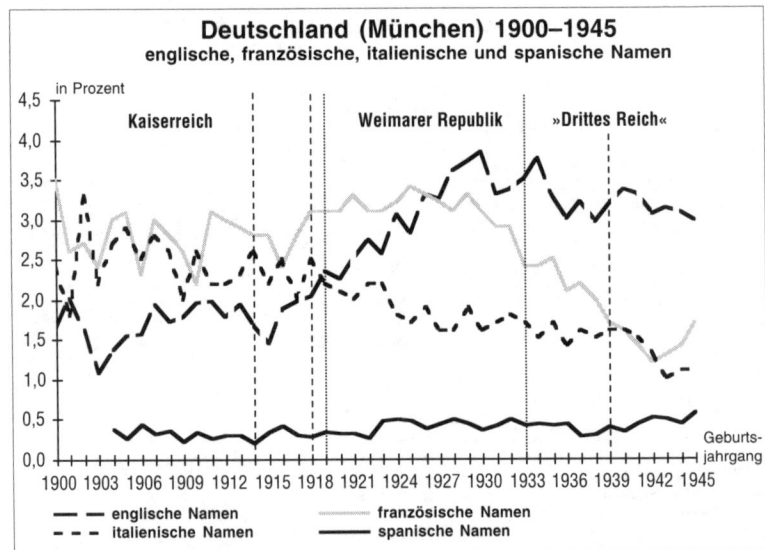

VII.
Adolf und Horst,
Uta, Sigrun und Gundomar:
Die Deutschen im »Dritten Reich«

Adolf, Nazis und Germanen: Noch ein Niedergang

Der Gedanke, dieses Buch zu schreiben, hängt mit dem Vornamen »Adolf« zusammen. Das geschah so: Während einer Vorlesung empfahl ich 1989 meinen Studenten ein Buch, dessen Autor, Jahrgang 1943, den Vornamen »Adolf« trägt. »Trotzdem ist er ein feiner Kerl«, sagte ich absichtlich flapsig. Heiterkeit war die erwartete Reaktion der Hörer.

Improvisierend und mich an einen Aufsatz über Vornamen der zionistischen Gemeinschaft in Palästina 1880 bis 1982 erinnernd,[1] versuchte ich zu erklären, daß die Auswahl von Vornamen sehr wohl ein politischer Indikator sein könne; ein demoskopischer Indikator in vordemoskopischer oder nichtdemoskopischer Zeit oder auch grundsätzlich ein Hinweis auf Mentalitäten und Mentalitätswandel, Ideologien und Ideologiewandel.

Das war der Beginn unseres gemeinsamen Forschungsvorhabens. Seitdem werteten wir Vornamen aus, unter anderem jene mehr als 1,1 Millionen der Münchner Einwohnermeldeliste, die für dieses Kapitel erneut die Datengrundlage unserer Überlegungen bilden. Auch den Fleiß der Westberliner Landesstatistiker durften wir wieder nutzen. Sie hatten für alle Einwohner des Westteils der damals noch geteilten Stadt knapp 1,9 Millionen Daten ausgewertet. Die Ergebnisse der einen oder anderen Regionalstudie werden wir vergleichend heranziehen.

Jener Kollege namens »Adolf« hatte mir selbst berichtet, daß seine Eltern im »Dritten Reich« mehr als nur überzeugte Nationalsozialisten gewesen seien. Widerwillig und voller Unlust trage er die Last ihrer einstigen politischen Lust und Dummheit. Ein anderer Kollege, ebenfalls während des »Dritten Reiches« von seinen Eltern »Adolf« genannt (nicht getauft, das wäre ja »undeutsch« gewesen), verbarg so gut es ging seinen lästigen Vornamen. Er kürzte ihn stets mit dem ersten Buchstaben ab und ließ sich von Freunden nur »Johnny« nennen. Dieser Spitzname hatte nun wirklich weder mit »Adolf« noch Deutschland etwas zu tun. Natürlich löst oder löscht die Flucht aus dem Namen kein familiengeschichtliches Problem. Diesen und andere »Adolfs« trifft wahrlich keine Schuld; sowenig wie jene Frau namens »Adolfine«, die einer Berliner Zeitung einen Leserbrief schrieb, zugleich jedoch darum bat, im Falle des Abdrucks für ihren Vornamen nur den ersten Buchstaben zu verwenden.[2] Auch diese »Adolfine« war, wie die »Adolf«-Kollegen, wehrloses Objekt ihrer politisch fehlgeleiteten Eltern.

Die regionale oder nationale Quote solcher Namensentscheidungen liefert zwar nicht *die*, doch eine ganz und gar empirische Antwort auf die Frage: Wie hielten es die Deutschen während des »Dritten Reiches« wirklich mit Adolf Hitler? Die aufschlußreichsten Antworten konnte bislang Ian Kershaw geben. Er hat intensiv die Lage- und Stimmungsberichte der Gestapo ausgewertet und sich dabei wegen der Materiallage vor allem auf Bayern konzentriert.[3] Doch selbst hier sind nicht alle Dokumente erhalten. Abgesehen davon sind diese Quellen so gut oder schlecht wie Beobachtungsgabe und Urteilskraft des jeweiligen Verfassers.

Wir wollen die Frage erweitern: Wie hielten es die Deutschen mit der nationalsozialistischen Ideologie? Umfassend können und werden auch wir diese Frage nicht beantworten. Doch die Auswertung »germanischer«, deutschtümelnder Vornamen mit eindeutig NS-ideologischem Charakter (etwa »Adolf«, »Horst«, »Sundwin«, »Tankmut«, »Gundomar«, »Volprecht«, »Oto«, »Gumberta«, »Gotlinde«, »Sigrun«, »Uta«) liefert objektivierbare Daten, die, in Ermangelung demokratischer Wahlergebnisse, einen zuverlässigen Maßstab darstellen. Umfragen gab es nicht, und freie Wahlen fanden seit 1933 nicht mehr statt. Selbst die Wahlen vom 5. März 1933 wird man nicht wirklich frei und demokratisch nennen können, denn der Terror der Nationalsozialisten war schon zu jener Zeit beträchtlich. Führt unser Ansatz zu einem methodischen Durchbruch? Wir meinen, ja. Wir spekulieren nicht über die innere Bindung »der Deutschen« zu Adolf Hitler und zum Nationalsozialismus, wir präsentieren Fakten.

Wer etwas über die Deutschen und »ihren« Adolf während des »Dritten Reiches« wissen will, muß auch auf die Zeit vor und nach Hitler schauen. Hundertfünfzigprozentige NS-Anhänger movierten den Nachnamen des »Führers«, so wie zur gleichen Zeit sowjetische Mädchen »Stalina« heißen konnten. In der deutschen »Kolonie« von Brasilien hat der eine oder andere eine »Adolfine« oder »Hitlerike« getroffen, die manchmal sogar nach 1945 geboren sind.[4] Für das zu jener Zeit noch existierende Land Preußen hatte Hitler bereits am 3. Juli 1933 verfügt, daß sein Nachname nicht als Vorname verwendet werden solle: »Wird bei einem Standesbeamten der Antrag gestellt, den Namen des Herrn Reichskanzlers als Vornamen, *sei es auch* in der weiblichen Form Hitlerine, Hitlerike oder dergl[eichen], einzutragen, so hat er dem Antragsteller nahezulegen, einen anderen Vornamen auszuwählen, da die Annahme des gewählten Vornamens dem Herrn Reichskanzler unerwünscht ist.«[5]

Die schlimmsten Namensstilblüten verhinderten die nationalsozialistischen Machthaber mit diesem Runderlaß selbst. War ihnen aufgefallen, daß einige Formen der politischen Hingabe durch ihre unfreiwillige Komik das Regime nach außen und innen lächerlich machten? Jedenfalls wurde die Geltung des Erlasses bald auf andere Länder Deutschlands ausgedehnt. So galt er seit dem 17. Juli 1933 in Thüringen, seit dem 17. August in Sachsen, seit dem 22. September in Anhalt.[6]

Von deutscher Perfektion war die Formulierung dieser Bestimmung weit entfernt – wahrscheinlich, wie wir noch sehen werden, nicht ohne Absicht. Mißverständlich, zumal bei oberflächlicher Lektüre, blieb nämlich, ob der »Herr Reichskanzler« nun seinen Vor- oder seinen Familiennamen oder beide nicht verwendet wissen wollte und ob dies nur für Mädchen oder auch für Jungen gelten sollte. Irritationen unter den Standesbeamten trat am 29. November 1933 der oldenburgische Minister für Justiz entgegen und wählte für sein Ländchen eine unzweideutigere Formulierung, die ebenso wie die vorangehenden Erlasse in der allgemeinen Standesamtszeitung veröffentlicht wurde: »Ein Einzelfall gibt mir Veranlassung, darauf hinzuweisen, daß es unzulässig ist, den Familiennamen des Herrn Reichskanzlers, das Wort ›Hitler‹, als Vornamen zu verwenden. Die Wahl des Vornamens für ein Kind darf nicht gegen die staatliche Ordnung verstoßen. Mit der staatlichen Ordnung ist es aber nicht vereinbar, daß der Familienname des Herrn Reichskanzlers und Führers des deutschen Volkes als Vorname gebraucht und dadurch in seiner Bedeutung als nationales Symbol beeinträchtigt wird.«[7]

Einen »Fritz Müller« durfte es geben, einen »Hitler Müller« nicht. Später wurden auch Vornamen wie »Hindenburg« und »Mackensen« untersagt, obwohl, so die Zeitschrift *Der Standesbeamte*, »auch zuzugeben ist, daß lediglich vaterländische Gründe und die Verehrung für Hindenburg und Mackensen die Eltern zur Wahl der hier fraglichen Vornamen bestimmt haben«.[8] Noch später hatte sich das Blatt wiederum mehrmals gewendet, und es soll Eltern gegeben haben, die ihren Sohn »Che« nannten, nach Che Guevara, dem lateinamerikanischen Revolutionshelden der Neuen Linken in den sechziger Jahren. Manche werden sich noch an den Sohn des Berliner Studentenführers Rudi Dutschke erinnern, dessen Stammhalter eben diesen Namen trägt, ergänzt um den zweiten Vornamen »Hosea«, nach dem alttestamentlichen Propheten, der zu seiner Zeit nicht zuletzt gegen die religiöse und politische Prostitution gewettert hatte.

Doch zurück in die dreißiger und vierziger Jahre: Die Repräsentativität der unter den Nationalsozialisten gewählten Vornamen kann nur zutreffend interpretiert werden, wenn man die gesetzlichen Rahmenbedingungen und auch die Empfehlungen des sozusagen freiwilligen Zwangs kennt.

Dem Ungeist der NS-Namensgesetze begegnen wir bereits vor der »Machtergreifung«, im Erlaß des Preußischen Innenministers vom 24. November 1932. »Anträge auf Verdeutschung ausländischer Namen sind grundsätzlich wohlwollend zu behandeln«, war dort zu lesen.[9]

Hans Globke, der Mann, der 1935 die Nürnberger Rassengesetze kommentierte und nach dem Krieg als Staatssekretär Adenauers amtierte, verfaßte hierzu die Richtlinien vom 23. Dezember jenes Jahres.[10] In Abschnitt VI/1 dieses Textes heißt es: »Der Standpunkt, daß es einer Persönlichkeit jüdischer Herkunft zur Unehre gereiche, einen jüdischen Namen zu führen, kann nicht gebilligt werden. Bestrebungen jüdischer Personen, ihre jüdische Abkunft durch Ablegung oder Änderung ihrer jüdischen Namen zu verschleiern, können daher nicht unterstützt werden. Der Übertritt zum Christentum bildet keinen Grund, den Namen zu ändern. Ebensowenig kann die Namensänderung mit dem Hinweis auf antisemitische Strömungen oder auf das Bestreben eines besseren wirtschaftlichen Fortkommens begründet werden.«[11] Diese nachgerade zynische Regelung machte Juden (wieder) zu Freiwild. In die Form eines scheinbaren Beitrags zur Wahrung jüdischer Identität gekleidet, diente sie genau dem Gegenteil: der Bloßstellung und Stigmatisierung der Juden durch und über ihre Namen. Der Schutz durch nichtjüdische Namen wurde ihnen entzogen. Und war es wirklich die Aufgabe des Namensreferenten im preußischen Innenministerium, für die jüdische Identität der deutschen Juden zu sorgen? Wohl kaum. Globke jedenfalls war bis Ende 1938 gestaltend dabei, wenn gesetzliche Weichenstellungen in Namensfragen erfolgten.[12]

Ein in keinem Ministerialblatt veröffentlichter Erlaß des Reichsinnenministers vom 14. April 1937 erschien in der *Zeitschrift für Standesamtswesen*: »Die Kinder deutscher Volksgenossen sollen grundsätzlich nur deutsche Vornamen erhalten.« Nicht *alle* nordischen Namen wurden dazu gerechnet. Soweit »es sich dabei um nichtdeutsche Vornamen (z. B. »Björn«, »Knut«, »Sven«, »Ragnhild« usw.) handelt, sind sie nicht erwünschter als andere ausländische Vornamen.« Andererseits konnten »die seit Jahrhunderten in Deutschland angewandten Vornamen ursprünglich ausländischer Herkunft, die im Volksbewußtsein nicht mehr als fremde Vornamen angesehen werden, sondern völlig eingedeutscht sind« (»Hans«, »Johann«, »Peter«, »Julius«, »Elisabeth«, »Maria«, »Sophie« oder »Charlotte«) trotzdem »unbedenklich weiter Verwendung finden«. Besonders empfohlen wurden Vornamen, die der »Förderung des Sippengedankens« dienten oder die »Herkunft der Sippe aus einem bestimmten deutschen Landesteil erkennen lassen (z. B. »Dierk«, »Meinert«, »Uwe«, »Wiebke« usw.)«.[13]

Es war eine »ministerielle Empfehlung«, kein Gesetz, keine Vorschrift, sondern eine Art freiwilliger Zwang. Nach dem Motto »Vertrauen ist gut, Kontrolle ist besser« bekräftigte der Runderlaß des Reichsinnenministers vom 18. August 1938 diese Forderungen. Um sie, wie auch die wichtigsten weiteren Erlasse in Sachen Vornamen über den kleinen Leserkreis von Gesetzes-, Ministerialblättern oder Standesamtszeitschriften hinaus zu verbreiten, das Erwünschte wie das Verfügte sozusagen unters namengebende Volk zu bringen, veröffentlichte sie Rolf Ludwig Fahrenkrog 1939 in seiner halbamtlichen Belehrungsschrift mit dem programmatischen Titel: »Deutschen Kindern – Deutsche Namen!«[14]

Bereits am 1. Januar 1938 war das »Gesetz über die Änderung von Familiennamen und Vornamen« in Kraft getreten.[15] Es galt vor allem für Namensänderungen, »die vor dem 30. Januar 1933 genehmigt worden sind«, den neuen Machthabern aber »nicht mehr als erwünscht« galten. Sie konnten nun, durch den Reichsminister des Innern, bis zum 31. Dezember 1940 widerrufen werden.[16] Die deutsche Namensfront, die vor 1933 durcheinandergeraten war, sollte also begradigt, auf Linie gebracht werden. Zwei Tage später, am 7. Januar 1938, folgte, mit näheren Ausführungsbestimmungen, die »Erste Verordnung zur Durchführung« dieses neuen Gesetzes.[17] Wesentlich offener und direkter war der »Runderlaß des Reichs- und Preußischen Ministers des Innern« vom 23. März 1938. Er regelte den »Widerruf von Namensänderungen«. »Unerwünscht« waren »insbesondere« bis zum 30. Januar 1933 vollzogene »Namensänderungen, durch die der jüdische Name eines Juden in einen anderen Namen geändert worden ist«.[18]

Einen Tag nach der »Zweiten Verordnung zur Durchführung des Gesetzes über die Änderung von Familiennamen und Vornamen« erging jener bereits angesprochene Runderlaß des Reichsinnenministers vom 18. August 1938.[19] Dieser enthielt die »Richtlinien über die Führung der Vornamen« sowie als Anlage das »Verzeichnis der jüdischen Vornamen«. Juden durften nur noch solche Vornamen tragen, die ausdrücklich in den Richtlinien des Reichsinnenministers zu finden waren. »Soweit Juden andere Vornamen führen [...], müssen sie vom 1. Januar 1939 ab zusätzlich einen weiteren Vornamen annehmen, und zwar männliche Personen den Vornamen Israel, weibliche Personen den Vornamen Sara«.[20] Noch vor der »Reichskristallnacht« vom 9. November 1938 und vor der Ausweisung von sogenannten Ostjuden im Oktober 1938 erfolgte dieser judenpolitische Fanfarenstoß.

Der Name war nun eine zusätzliche »Markierung« der Juden,[21] ein zusätzliches Stigma von Amts wegen, eine Art Probelauf für den Judenstern. Der mußte von Juden seit September 1941 für alle sichtbar an der Kleidung getragen werden. Nichts wurde dem Zufall überlassen, nichts war mehr unpolitisch – auch in diesem scheinbar ganz privaten Lebensbereich. Der Mensch wurde vom Regime in seiner Gesamtheit, von der Wiege bis zur Bahre, total erfaßt. Wer wollte wirklich ernsthaft gegen die »Totalitarismustheorie« polemisieren? Hans Mommsen tut es immer wieder gerne. Sie sei, so erklärte er im Sommer 1992 Joachim Gauck und mir, »von der Wissenschaft überholt«. Gauck konterte zutreffend: »Dann aber um den Preis des Wissens.«

Der Runderlaß vom 18. August 1938 verlangte in Absatz A/3 kategorisch: »Kinder deutscher Staatsangehöriger sollen grundsätzlich deutsche Vornamen erhalten.«[22] Was die Durchführung anbelangte, so war Reichsinnenminister Wilhelm Frick mit seinen Beamten offenbar jedoch nicht zufrieden. Sie waren wohl nationalsozialistischer als die NS- und Staatsführung selbst. In seinem »Runderlaß« vom 18. Februar 1939 lesen wir: »Bei der Anwendung der Richtlininen über die Führung von Vornamen [...] wird nicht selten zu engherzig verfahren.

Grundsätzlich steht es den Eltern oder den sonst zur Namengebung berechtigten Personen frei, welche Vornamen sie für ein Kind auswählen. Dabei unterliegen sie keinen anderen Beschränkungen, als in den Richtlinien enthalten sind.« Und die waren strikt genug. »Langwierige Ermittlungen« der Standesbeamten »über die Herkunft einzelner Vornamen«, betonte der Herr Minister ausdrücklich, seien »nicht gewollt«.[23]

Fazit: Von den Volksgenossen wurden NS-gefällige oder stramm germanische oder auch nordische Namen, die sich »zwanglos« in die deutsche Sprache einfügten,[24] erwartet. Diese Namen wurden nicht offen erzwungen, doch die staatliche Weichenstellung war eindeutig, und die Beamten zeigten sich offensichtlich auch willig. Der Anpassungsdruck war da. Wie willig waren »die Deutschen«?

Eines steht völlig außer Frage und bildet eine zentrale Voraussetzung unseres Interpretationsansatzes: Man konnte, aber man mußte seine Kinder nicht »Adolf«, »Horst«, »Uta«, »Sundwin«, »Herulf«, »Herswinde« oder »Waltrada« nennen. Wer das tat, bekundete Gesinnung, erfüllte ein Übersoll. Ein unverdächtiger »Peter« oder »Joseph«, eine neutrale »Maria« oder »Johanna« waren statt solcher Namen immer möglich. Daher ist also die Auswahl NS-ideologisierter Vornamen durchaus ein Indikator für den Grad der Nazifizierung der Deutschen. Dieses wird uns beschäftigen; Zweifelsfälle dienen uns nicht als Beleg.

Auf der anderen Seite gilt es folgendes zu beachten: Weil der Druck so groß war, gingen viele keineswegs überzeugte Nazis den Weg des geringsten Widerstandes, aus Mitläuferschaft, aus Angst, aus beidem. Darüber geben unsere auf der historischen Makroebene angesiedelten Daten keine Auskunft. Über die Motivationen einzelner sagen sie nichts. Die über lange Zeiträume relativ konstant bleibenden Zahlen derjenigen, die sich aufgrund der Familientradition für bestimmte Vornamen, wie etwa »Adolf« oder »Horst« entschieden, können wir den Graphiken immerhin entnehmen; sie bilden die jeweils stabilen Sockelbeträge. Uns freilich interessieren viel mehr die Ausschläge, die Bewegungsverläufe, die Unregelmäßigkeiten in den

Entwicklungslinien einzelner Namen. Allein aus ihnen können wir Zusammenhänge mit dem Lauf der Geschichte ableiten; sie müssen wir erklären, interpretieren. Daß wir dabei im Falle der »Adolfs«, »Horsts«, »Utas« und aller anderen nationalsozialistisch belasteten Namen mit besonderer – methodisch immer gebotener – Vorsicht verfahren, versteht sich von selbst. Um Schuldzuweisungen geht es uns nicht.

Am Anfang war »Adolf« ein ganz gewöhnlicher Name. Er war in Deutschland ebenso wie in anderen europäischen Staaten und Sprachen bekannt und mehr oder weniger beliebt: »Adolf«, »Adolphe«, »Adolfo«.[25] Das änderte sich spätestens seit dem 30. Januar 1933. Entsprach Heinrich Anackers *Deutsche Ostern 1933* aus dem Jahre 1935 dem damaligen Geschmack »der Deutschen«?

> So gelte denn wieder
> Urväter Sitte:
> Es steigt der Führer
> aus Volkes Mitte.[26]

1939 schwärmte Bruno Brendel in seinem schwülstigen Gedicht *12. September 1938*:

> Der Führer spricht: Als seine Stimme durch den Äther schwang,
> geschah's, daß unsre Herzen stille standen
> und daß um uns die grauen Schatten schwanden
> und daß ein Engel auf uns niedersprang.[27]

Daß es der Todesengel war, ahnte der Mann damals noch nicht. Sehr wohl hatte so etwas Erich Kästner 1928 befürchtet. Er hatte, in Anlehnung an Goethes »Mignon«, gefragt: »Kennst du das Land, wo die Kanonen blühen?«[28] Für beide Haltungen finden wir in der Literatur vermeintliche Belege. Können wir noch »handfestere« empirische Aussagen über die innere Einstellung der Deutschen zum »Dritten Reich« treffen?

Angesichts der gesetzlichen Richtlinien müssen wir einen Anstieg germanischer Namen erwarten. Doch auch hier gab es solche und solche. Wer seinen Sohn Adolf oder Horst nannte, bekundete eindeutig und deutlich mehr Nähe zum Regime als diejenigen, die sich für Gerhard, Wolfgang oder andere deutsche wie eingedeutschte Feld-Wald-und-Wiesen-Namen entschieden. Offener Widerstand war (auch) bei der Auswahl der Vornamen schwer; er war kaum möglich oder zumindest sehr gefährlich. Das Mädchen, das den »jüdischen« Namen Esther tragen sollte und am 11. August 1938 geboren wurde, durfte eben nicht so heißen. Ihr Vater, Pastor Friedrich Luncke, focht einen aussichtslosen Kampf. Winfried Seibert hat ihn beschrieben.[29]

Was sagt die Analyse der von Deutschen damals ausgewählten Vornamen? Welchen Grad an innerer wie äußerer Nazifizierung können wir ihr entnehmen? Diese Frage können wir nur beantworten, wenn wir die Jahre vor und nach 1933 miteinander vergleichen. Die Basis der Betrachtung bildet wiederum unser empirisches Material mit bayerisch-münchnerischem Schwerpunkt, jedoch gleichzeitig gesamtdeutscher Repräsentativität.[30] Für die frühen Jahre dieses Jahrhunderts fällt die Datenmenge erheblich kleiner aus als für spätere Zeiten. Wie viele Bürger, die um 1900 geboren wurden, lebten noch im Jahre 1994? Den Entwicklungsverlauf des Namens »Adolf« können wir deshalb sinnvoll erst ab 1907 verfolgen (Abb. 27, S. 208).

Mühelos, wegen der unmerklichen Ausschläge, ziehen wir den Bogen bis 1932. Das Auf und Ab der »Adolf«-Häufigkeit überrascht nicht, denn »Adolf« war bis Anfang der dreißiger Jahre auch in Deutschland ein ganz normaler Vorname – einer von vielen. Ganz normal auch wieder nicht: 1925, kurz nach dem Hitlerputsch vom 9. November 1923, gab es zum ersten Mal seit 1919 einen »Adolf«-Aufschwung. Nicht dramatisch, aber immerhin. Schon zwischen 1930 und 1932 konnte keiner mehr die NSDAP und ihren »Führer« Adolf Hitler ignorieren. Die Auswahl von Vornamen beeinflußte dies jedoch offensichtlich nicht.

Bei der Volkswahl für das Amt des Reichspräsidenten war

Hitler 1932 dem Sieger von Tannenberg, General Paul von Hindenburg, unterlegen. Am 30. Januar 1933 ernannte der greise Feldmarschall den »böhmischen Gefreiten« zum Reichskanzler. Und dieser wurde nun, als er sich nach zehn Jahren gewalttätiger »Politik« durchgesetzt hatte, auf einen Schlag volkstümlich. Das zeigt nicht zuletzt der dramatische Anstieg des Vornamens »Adolf« in den Jahren 1933 und 1934 (Abb. 27, S. 208).

Dabei konnte man schon damals sehen, daß der »Führer« die Deutschen in die Barbarei führte. Was der Satiriker Erich Weinert (1890–1953) – ein gewiß atypischer, aber hinsehender Deutscher – sah, hätte jeder sehen können, der sehen wollte. 1934 schrieb Weinert sein Lied *Dicht am Nationalhelden vorbei*.

> Der Knabe Heinz aus Gelsenkirchen,
> Entwachsen kaum dem Nachtgeschirrchen,
> War Hitlerjunge. Leider nur
> Entbehrte er noch der Montur.
> Drum hat auch er den Fritz beneidet;
> Denn der war schon seit einiger Zeit
> Wie vorgeschrieben eingekleidet.
> Heinz litt an Minderwertigkeit.

Eines Tages ermordet Heinz den Hitlerjungen Fritz.

> Nun eignet leider sich die Sache
> Auch nicht für Propagandamache.
> »Dein Pech ist«, sprach der Kommissar,
> »Daß das ein Hitlerjunge war!
> Wär das ein Kommunist gewesen,
> Der Führer hätte depeschiert.
> Zum Nationalheld dich erlesen
> Und Kamerad dich tituliert!«

> Moral: Der Knabe Heinz hat's nicht begriffen,
> Sonst hätte er den richtigen Ton gepfiffen.
> Er brauchte nur zu sagen, »Daß ihr's wißt:
> Der Fritz war ein verkappter Kommunist!«[31]

Noch 1932 wurden nur rund 0,5 Prozent der Buben »Adolf« genannt, 1933 waren es etwas mehr als 2 Prozent und 1934 knapp 2,5 Prozent. Gewiß, 1935 und 1936 ebbte die Begeisterung ab, sank der »Adolf«-Anteil auf – immer noch relativ hohe – 1,2 Prozent, bis zum Kriegsausbruch im Jahre 1939. War Hitler bis dahin nicht immer ganz friedlich erfolgreich gewesen? So friedlich, wie es Johannes R. Becher karikierte: *Hitlers kleine Friedens-Chronik oder Wofür Hitler Krieg führt.*

> Es zog bald ein in Wien und Prag
> Ein Friede von besonderem Schlag.
> Herr Hitler hatte ein Ideal.
> *Der* Friede brachte Skoda-Stahl
> Und Steyrer Erz und Tschechenkronen,
> So schien *der* Friede sich zu lohnen.
> Nicht um den Appetit zu stillen,
> Er tat's des lieben Friedens willen.[32]

Becher schrieb später seine Hymnen auf Stalin, für dessen Friedenswillen er keine ironische Ader mehr hatte. Trotzdem wird Richtiges auch durch einen niemals korrigierten Fehltritt nicht falsch.

Als dieser seltsame Friede in den erklärten Krieg überging, wendete sich das Blatt. Das Volk ging auf Distanz, schon vor dem Angriff auf die Sowjetunion im Juni 1941. Dann ging es mit der Beliebtheit des »Führers« rapide bergab.

> Der Friedensführer fuhr nach Danzig
> Und widmete dem Frieden ganz sich,
> Um alsbald in das Reich die Polen
> Aus Friedensliebe heimzuholen. […]
>
> Und ihn ergriff ein solches Sehnen,
> Den Frieden weiter auszudehnen,
> Daß, friedenslieb und ohne Arg,
> Umarmte er Klein Dänemark.
> Er war gelandet in Norwegen

Und brachte dorthin seinen Segen,
Er zog hinein nach Belgien auch,
Besetzte es nach Friedensbrauch,
Und alsbald zog in Amsterdam
Gepanzert ein das Friedenslamm.
Um weiter westlich vorzurücken
Und Frankreich an sein Herz zu drücken,
Er rückte ein, doch nicht mehr aus
Und drückte Frankreich friedlich aus.
Es sah sich unser Friedensmann
Den ganzen Balkan friedlich an. [...]

Er baute auch an Friedensbrücken,
Um England an sein Herz zu drücken,
Doch für sein Friedensideal
Nicht schmal genug war der Kanal.[33]

Mag sein, daß Vornamen nicht *der* Schlüssel für diese Aussage sind. Doch gibt es einen, der empirischer ist als eben dieser? Fällt nicht der dramatische Fall des Vornamens »Adolf« seit 1940 ebenso auf wie dessen kometenhafter Aufstieg in den Jahren 1933 bis 1935? Diese Fragen zu stellen heißt, sie zu beantworten.

Offenkundig stand die Nazifizierungsbereitschaft der Deutschen in engem Zusammenhang mit dem äußeren Erfolg des »Führers«. Dessen Ende bedeutete jedenfalls auch das Ende der Anziehungskraft des Vornamens »Adolf«. Natürlich wird auch Opportunismus eine Rolle gespielt haben. Von Hitler konnten die Deutschen ab 1941 nicht mehr als den Massentod erwarten. Weshalb sollten sie dann noch ihre neugeborenen Söhne »Adolf« nennen? Er hätte sie als Kanonenfutter mißbraucht. Kurzum, ab 1941 wählten wohl nur noch wirklich NS-Überzeugte den Namen »Adolf«. Hier und da gab es gewiß auch Familientraditionen. Diese können wir aber insgesamt vernachlässigen, weil der Verlauf der »Adolf«-Kurve ganz eindeutig politisch bestimmt war. Aufstieg und Fall des »Führers« spiegeln sich in der Beliebtheit seines Vornamens.

Die merkliche Distanz ab 1940 können wir nicht als »Widerstand« bezeichnen, doch der Abstand zu Hitler wuchs zweifellos, und zwar dauerhaft, nicht nur zyklisch. Man muß auch nicht gleich in Begeisterungsstürme ausbrechen und diesen Wandel als »Vergangenheitsbewältigung« bezeichnen, aber eine Veränderung der Einstellungen ist unbestreitbar. Die Gründe hierfür sind gewiß vielfältig. Man kann über sie spekulieren, Erklärungen für die Mikroebene liefern auch unsere Daten nicht. Doch ist ihre empirische Aussagekraft nicht auch so schon recht beachtlich? Das »Adolf«-Kapitel blieb für das Gros der Deutschen jedenfalls seit 1945 geschlossen. Den Namen des Todbringers wollten die Eltern ihren Neugeborenen verständlicherweise nicht geben – selbst wenn sie auch nicht immer und nicht ganz ihren inneren Weg zur Demokratie gefunden haben.

Trotz der Materialdichte dürfen wir die Ergebnisse aus der Analyse unserer Datei mit bayerisch-münchnerischem Schwerpunkt nicht zu voreilig verallgemeinern. Wir vergleichen sie deshalb mit einigen anderen Städten und Regionen, um anschließend weitere Schlußfolgerungen zu ziehen. Von München, der »Hauptstadt der Bewegung«, wechseln wir zur richtigen Hauptstadt, Berlin. Auch die Berliner Statistiker haben das gesamte Einwohnermelderegister, nach Geburtsjahrgängen geordnet, aufbereitet. Die Detailarbeit, die wir den Münchner Daten angedeihen ließen, konnten wir in die Berliner nicht zusätzlich investieren. Zum Vergleich genügen jedoch die vom Statistischen Amt präsentierten Ergebnisse vollauf.

Bei den 1987 in Berlin lebenden Männern aus allen Teilen Deutschlands war der Vorname »Adolf« in der Gruppe der sechzig häufigsten Namen nicht zu finden;[34] in der entsprechenden Untersuchung des Münchner Einwohnermelderegisters vom 31. Dezember 1991 stand »Adolf« auf Rang 67 (4,4 Prozent).[35] Unter den Vornamen aller Berliner der Geburtsjahrgänge 1933 bis 1945 lag der Name des »Führers« nur auf Rang 77 (deutlich unter 0,5 Prozent).[36] Das war im Vergleich zur Weimarer Republik ein dramatischer Rückgang. Zwischen 1919 und 1932 hatte »Adolf« in Berlin immerhin Platz 21 (ca.

1,2 Prozent) erreicht.[37] Nach 1945 »taucht er jeweils unter den ersten hundert Namen überhaupt nicht auf«.[38]

Von der Hauptstadt des Reiches zur Hauptstadt der deutschen Revolution von 1918/19: zur Ostseestadt Kiel. Hier wählten im Jahre 1928 nur ca. 0,2 Prozent der Eltern den Vornamen »Adolf«. Sanft war der Anstieg in den folgenden Jahren. Der Spitzenwert wurde 1933 mit knapp 1 Prozent erreicht. Anders als in Süddeutschland, wo immerhin bis 1935/36 die Zunahme beachtlich (das heißt beängstigend) war, sank die Beliebtheit »Adolfs« im hohen Kieler Norden schon wieder ab 1934. Eine »Adolfine« gab es 1933 in Kiel zweimal und 1934 einmal, als Drittnamen. Ganz anders als im Süden, doch auf dem sehr niedrigen Niveau zwischen 0,1 und 0,2 Prozent, stiegen die Werte aber bis 1945 und 1946.[39]

Vom hohen Norden wieder in den Süden, nach Südtirol. Zwar gehörte es weder zum Deutschen noch zum Großdeutschen Reich, doch Überschwappeffekte der »Adolf«-Begeisterung waren auf der Alpensüdseite durchaus festzustellen. Immerhin hatten sich in der »Option« von 1939 über 80 Prozent der deutschen und ladinischen Bewohner Südtirols für die von Hitler und Mussolini beabsichtigte Umsiedlung ins Deutsche Reich ausgesprochen.[40] Insgesamt erfreute sich der Vorname »Adolf« während der dreißiger Jahre in Südtirol besonderer Beliebtheit: War er in der Periode 1880 bis 1900 nur sechzehnmal und von 1901 bis 1918 nur vierundzwanzigmal vergeben worden, so findet man in den Jahren 1919 bis 1945 genau 204 neugeborene »Adolfs« – die meisten aus den dreißiger Jahren bis »gegen Ende des Zweiten Weltkrieges« –, nach 1946 bis in die Mitte der siebziger Jahre aber nur noch 49.[41] Das reichte immerhin für Rang zwölf in der Beliebtheitsskala Südtiroler Vornamen der Geburtsjahrgänge 1919 bis 1945. Auf Platz acht (gegenüber elf in den Jahren 1901 bis 1918) verbesserte sich dort in jenen Jahren »Hermann«, nach dem Cheruskerfürsten, der bekanntlich im Jahre 9 nach Christus die Römer unter ihrem Feldherrn Varus im Teutoburger Wald besiegt hatte und den das Ende des 19. Jahrhunderts errichtete geschmacklose, kraftmeierische Hermannsdenkmal in der Nähe Detmolds verherrlicht. Da überrascht es nicht, daß auch der Germanenheld »Siegfried« zu vermehrten Ehren kam. Mit 146 Nennungen landete er in Südtirol zwischen 1919 und 1945 auf Platz sechzehn, gegenüber Platz dreißig zwischen 1901 und 1918 und – immerhin – noch Platz neunzehn im Zeitraum nach 1946.[42] Es sieht nicht so aus, als sei Südtirol ausschließlich ein Hort des Widerstands gewesen; sowenig wie Nordtirol und Österreich, seit 1938 die »Ostmark«, nur »Opfer« waren.[43]

Aufgrund der verschiedenen Berechnungsmethoden, unterschiedlichen Clusterbildungen und variierenden Auswertungsstrategien sind die Zahlen aus den verschiedenen Städten und Regionen nur schwer zueinander in Beziehung zu setzen. Als sicher kann trotzdem gelten, daß sich im süddeutsch-bayerischen Raum, aber auch in Südtirol, zwischen 1933 und 1945 mehr »Adolfs« fanden als in Norddeutschland, in Berlin oder in Kiel. Was Bayern betrifft, so mag die »Hauptstadt der Bewegung« hierzu ihren besonderen Teil beigetragen haben. Abgesehen von den Werten im einzelnen dürfte sich auch der Entwicklungsverlauf, wie wir ihn aus unserer Quelle mit süddeutsch-bayerischem Schwerpunkt herausgearbeitet haben, vorsichtig verallgemeinern lassen: hohe anfängliche Begeisterung, baldiges Abflauen seit etwa 1935, gewisse Erholung bis 1939, dann, nach Kriegsbeginn, weiteres Einbrechen des Namensanteils. Und schließlich: »Adolf« blieb auch in Jahren höchster Akzeptanz stets ein Name mit relativ geringen Anteilen – allen Beispielen ist dies gleichermaßen zu entnehmen. Häufigkeiten, die ihn in die »Hitlisten« der zwanzig, geschweige denn zehn beliebtesten Namen vordringen ließen, erreichte er selbst während der NS-Zeit nur in den Anfangsjahren.

Ein insgesamt überraschender Befund. Haben sich die Deutschen mit ihrem »Führer« doch nicht so sehr identifiziert? Möglich. Dagegen steht zu erwägen, inwiefern sich nicht eine gewisse, tatsächliche oder auch nur angenommene Zurückhaltung von höchster Seite gegenüber einer massenhaften Vergabe des Namens »Adolf« auf dessen Häufigkeit ausgewirkt haben könnte. Wenngleich wir keine authentische Äußerung Hitlers zu diesem Thema kennen, liegt doch jener mehrdeutig formulierte Runderlaß vom 3. Juli 1933 vor, der die Standesbeamten anwies, »den Namen des Herrn Reichskanzlers als Vornamen, *sei es auch* in der weiblichen Form Hitlerine, Hitlerike« abzulehnen.[44] Zwar bezog sich dieser Text, wie die oldenburgische Version vom 29. November klarstellte, auf Hitlers Familiennamen; mit etwas interpretatorischem Geschick ließ er sich jedoch jederzeit auf die Vergabe des Vornamens ausdehnen. Mit Hitlers Persönlichkeit, mit seinem Bestreben nach Stilisierung, seiner »besorgten Neigung zu Abstand und Selbstverheimlichung«[45] wäre eine solche Auslegung vollständig in Einklang zu bringen: »Er hatte in seinem ganzen Leben etwas unbeschreiblich Distanzierendes.«[46] Konnte er da wirklich wünschen – wenn er es aus Gründen der Machträson vielleicht auch nicht offen sagen durfte –, daß Neugeborene in großer Zahl »Adolf« genannt wurden?

Sicher, der Erlaß vom 3. Juli 1933 sollte dem Eifer der fanatischsten Anhänger Einhalt gebieten, nicht allein aus Gründen des guten Geschmacks. Nein, der »Herr Reichskanzler« fürchtete die Beeinträchtigung seines Namens »in seiner Bedeutung als nationales Symbol«.[47] Wie in allen anderen Bereichen wollte er auch auf diesem Gebiet alleiniger »Führer« sein und bleiben. Daß der Vorname den Familiennamen zum »nationalen Symbol« erst vollwertig ergänzte, blieb unausgesprochen, schwang implizit jedoch stets mit. Sicherlich trug diese Selbststilisierung zur geringen Vergabehäufigkeit des Namens »Adolf« bei. Wir müssen annehmen, daß viele, die »Adolf« wollten, sich entweder nicht getrauten oder aber vom Standesbeamten, in vielleicht überzogener Auslegung des Erlasses, einen anderen Namen nahegelegt bekamen.

Freilich: Dieser Aspekt setzt eine Nuance, ändert jedoch kaum etwas am insgesamt überraschenden Ergebnis. Die Neigung der Deutschen zum Namen des »Führers« hielt sich sehr in Grenzen.

Hier angelangt, müssen wir die Notbremse ziehen, denn überinterpretieren und überstrapazieren sollte man den Indikator »Vornamen« nicht. Er sagt viel, aber eben wirklich nicht alles über die innere Einstellung der Deutschen zu Adolf Hitler. Daß sie sich seit 1941 immer weniger und seit 1945 so gut wie gar nicht mehr mit Hitler nach außen identifizierten, lernen wir aus dem Wechsel der Vornamenmoden im »Dritten Reich«. Über die innere Einstellung der Deutschen zu Hitler sind wir »so klug als wie zuvor«. Diese Lücke können wir auch mit unserer so schönen und überzeugenden Methode nicht schließen. Nie haben wir behauptet, es zu können. Stets blieb und bleibt die Analyse von Vornamen Ersatz für oder Ergänzung zu Umfragen, die natürlich für die Zeit nach 1945 in Hülle und Fülle zugänglich sind; für die Bundesrepublik Deutschland, nicht für die DDR – versteht sich.

»Welcher große Deutsche hat Ihrer Ansicht nach am meisten für Deutschland geleistet?« fragte das Institut für Demoskopie in Allensbach die Bürger der frühen Bundesrepublik. Sowohl 1950 als auch 1952, 1953 und 1955 lag Bismarck mit 36 bis 30 Prozent deutlich an der Spitze. Der Schreck folgt sogleich: Schon an zweiter Stelle der »großen Deutschen« wurde Adolf Hitler genannt; 1950 von 10 Prozent der Befragten, 1952 und 1953 waren es 9 und 1955 7 Prozent.[48] Im Juli 1952 hatten immerhin noch 24 Prozent aller Westdeutschen eine »gute Meinung« von Hitler.[49] Erst in den sechziger Jahren verschwand Hitler im demoskopischen Keller.

Horst: »Die Fahne hoch!«

Die nach außen bekundete Nazifizierung blieb nicht auf den Vornamen »Adolf« begrenzt. Als zweiter wichtiger NS-ideologisierter Name gesellte sich ihm »Horst« bei. Eine beliebte Alternative bot »Horst« denjenigen, die mit dem Nationalsozialismus sympathisierten, jedoch nicht gleich den Namen des »Führers« wählen mochten, aus Respekt vor dem »nationalen Symbol« oder aus welchen anderen Gründen auch immer.

Was kann der Horst dafür, daß er ein »Horst« ist? In den Jahren 1933 bis 1945 war dieser Vorname Programm und bei vielen Eltern Signal der Verbundenheit mit dem Nationalsozialismus. SA-Sturmführer Horst Wessel, am 14. Januar 1930 in Berlin von einem kommunistischen Mitbewerber um ein nicht ganz einwandfrei beleumundetes Mädchen angeschossen und einige Wochen später seinen Verletzungen erlegen, war der Märtyrer der »Bewegung«. Ein unerträglicher Text von Wilfrid [sic!] Bade, voller Erlöser- und Heilandsrhetorik, verherrlichte ihn 1936 sogar im Rahmen des populären Sammelwerkes *Die großen Deutschen*. »Die Erde bebt, und ein Vorhang zerreißt von oben bis unten. – Aus dem hingemordeten Menschen wird im Augenblick der Tat selbst eine unüberwindliche, weil außermenschliche Kraft, und sie erfüllt sogleich undämpfbar die Idee, für die der Tote geopfert wurde. Sein Blut fließt unmittelbar in den Strom des ewigen Lebens, das dem Glauben, für den es ausgegossen wurde, die Berufung durch das Schicksal verbürgt. – Menschen nennen solche Opfertode ein Mysterium, ihre Wirkungen Wunder.«[50] Wessels – später nach ihm benanntes – Lied *Die Fahne hoch!* erkoren sich die Nationalsozialisten zur zweiten Nationalhymne des »Dritten Reiches.« Die Wiedergabe der Anfangsstrophe ist mehr als genug:

> Die Fahne hoch! Die Reihen dicht geschlossen!
> SA marschiert mit mutig-festem Schritt,
> Kameraden, die Rotfront und Reaktion erschossen,
> Marschieren im Geist in unseren Reihen mit.

Bertolt Brecht hat diesen aggressiv-mörderischen Unsinn in seinem *Kälbermarsch* aus dem Stück *Schweyk im zweiten Weltkrieg* parodiert, wobei die Anleihen bei Wilhelm Busch (»Die dümmsten Kälber wählen ihren Metzger selber«) unübersehbar sind:

> Hinter der Trommel her
> Trotten die Kälber
> Das Fell für die Trommel
> Liefern sie selber.
> Der Metzger ruft. Die Augen fest geschlossen

Das Kalb marschiert mit ruhig festem Tritt.
Die Kälber, deren Blut im Schlachthof schon geflossen
Sie ziehn im Geist in seinen Reihen mit.[51]

Schon vor der Machtübernahme der Nationalsozialisten war der Name »Horst« keinesfalls unbeliebt. Wenngleich eindeutig deutsch, war er bis zur Mystifizierung Horst Wessels keineswegs deutschtümelnd oder brachte ein ideologisches Bekenntnis der Namengeber zum Ausdruck. Rolf Ludwig Fahrenkrog, glühender Verfechter der Forderung »Deutschen Kindern – Deutsche Namen«, führt den Namen »Horst« auf das althochdeutsche Wort »harsta« (Flechtwerk) zurück. Ohne Erklärung setzt er dies mit »des Adlers Horst« gleich. »Danach hätte Horst ähnliche Bedeutung wie Burg.«[52] »Horst« oder »Horstmar« bedeute »der Berühmte vom Hochwald«, meint hingegen Franz Kurzmann in seinem Buch mit dem aus ideologischen Gründen verunglückten Titel: *Weg mit den undeutschen Tauf- und Familiennamen. Gebt und vererbt den Kindern deutsche Namen!*[53] Heute hat sich bei den Sprachwissenschaftlern die Meinung durchgesetzt, »Horst« sei eine Umgestaltung von »Horsa« (Name eines der Anführer der angelsächsischen Eroberer Englands im 5. Jahrhundert) mit Anlehnung an das Wort »horst« (Wald, Gebüsch).[54]

Ob »Flechtwerk«, »Burg«, »der Berühmte vom Hochwald« oder angelsächsische Krieger: In der gottlosen NS-Zeit war für viele Eltern nicht Gott »ein' feste Burg«, sondern der Nationalsozialismus. Jedenfalls, so müssen wir annehmen, für nicht wenige derjenigen Namengeber, die ihren Sohn, dem politischen Zeitgeist entsprechend, »Horst« nannten. Waren es viele? Waren es mehr als in kaiserlicher oder demokratischer Weimarer und dann bundesdeutscher oder auch DDR-Zeit?

Der Vorname »Horst« – sehr selten »Horstmar« – erfreute sich im frühen 20. Jahrhundert durchschnittlicher Beliebtheit. Erst im Jahre 1924 erreichte sein Anteil die Marke von 1 Prozent. Zu den zwanzig populärsten Namen zählte »Horst« jedoch bis einschließlich 1932 nie (s. Abb. 27, S. 208).

Offenkundig ist dann aber der dramatische Sprung im Jahre 1933. Mit rund 2,3 Prozent rangierte »Horst« im Jahr der »Machtergreifung« auf Rang zehn der Beliebtheitsskala – noch vor »Adolf«, der erst auf Rang elf zu finden war. 1934 sehen wir »Adolf«, wie es sich in »Führers« Zeiten eigentlich gehörte, auf Platz acht vor »Horst« auf Position zehn. Dann aber lag »Horst« bis zum Ende des »Dritten Reiches« deutlich vor »Adolf«. Nach unerheblichem Rückgang bis 1937 erreichte »Horst« bis 1940 neue Rekordhöhen: 1940, im Jahr der siegreichen Feldzüge gegen Dänemark, Norwegen, Belgien, die Niederlande und Frankreich, gaben 2,7 Prozent ihrem Sohn den Vornamen »Horst«. Noch 1941 nahm »Horst« Platz dreizehn der Rangliste ein. Deutlich später als »Adolf«, aber ebenso wie bei diesem, folgte der Absturz von »Horst«, der sich spätestens seit dem Jahr der Niederlage von Stalingrad und der Wende in Nordafrika, 1943, vollzog.

War es angebracht, auf dem Weg in die »Totenkammer aus Schnee« – wie Peter Huchel in seinem Gedicht *Dezember 1942* Stalingrad bezeichnete[55] – den neugeborenen Sohn ausgerechnet »Horst« zu nennen? Wollten die Eltern auf Nummer Sicher gehen? Oder wollten sie sich vom Nationalsozialismus endlich distanzieren? Diese Fragen können wir nicht beantworten. Wohl aber können wir die allmähliche Distanzierung datieren und beschreiben, vor allem können wir sie in Aufstieg und Niedergang des »Dritten Reiches« einordnen. Der politische Zusammenhang ist offenkundig. Solange das NS-Regime auf der Siegerstraße blieb, folgten ihm viele Deutsche willig – und identifizierten sich demonstrativ mit ihm. Nach dem Zweiten Weltkrieg, in bundesrepublikanischer Zeit, sank der Anteil von »Horst« auf das Vor-NS-Niveau, fiel aber nicht so dramatisch und dauerhaft wie »Adolf«. Distanz: ja, vollständige Distanz: nein. Läßt sich diese Aussage durch andere Zahlen bestätigen?

Daß Berlin gegen den NS-Bazillus ab 1933 stärker immun gewesen wäre als andere Städte, darf man getrost als Legende bezeichnen. Während der aus der Datei mit süddeutsch-münchnerischem Schwerpunkt ermittelte Spitzenwert für den Vornamen »Horst« 1940 2,7 Prozent (Abb. 27, S. 208) und der

Durchschnittswert im gesamten »Dritten Reich« knapp zwei Prozent betrug,[56] lag der norddeutsch-berlinerische Durchschnitt für die gesamte NS-Zeit mit 4,4 Prozent wesentlich höher.[57] Das bedeutete in Berlin Rang fünf in jener Epoche. In München reichte es nur, aber immerhin doch noch zu Platz vierzehn. Sowohl in München als auch in Berlin zählte »Horst« während der NS-Zeit zu den zwanzig populärsten Namen.

Vorsicht ist bei diesen Zahlen jedoch geboten, denn im Raum Berlin hatte »Horst« offensichtlich bereits vor 1933 eine insgesamt größere Verbreitung als in Süddeutschland. Schon in der Weimarer Republik, in den Jahren 1919 bis 1932, war dieser Name hier außerordentlich beliebt: 7,3 Prozent aller Jungen jener Geburtsjahrgänge hießen »Horst«, und das bedeutete Platz drei in der Popularitätsskala. Weder vorher noch nachher erzielte »Horst« einen so hohen Anteil beziehungsweise einen so hohen Platz unter den zwanzig beliebtesten Vornamen.[58] Allerdings steht zu erwarten, daß ein Großteil dieses hohen Durchschnittswertes auf das Konto der Jahre 1930 bis 1932, der Jahre umittelbar nach der Ermordung Horst Wessels, geht. Nehmen wir in Parallele zur Entwicklung im süddeutschen Raum an, daß der »Horst«-Anteil nach 1933 wieder rückläufig war und nach 1940 stark einbrach, dann wäre der demgegenüber niedrigere Wert des Zeitraums 1933 bis 1945 zu erklären. Freilich: Das sind Vermutungen, die sich durch die Clusterbildung der Berliner Erhebung nicht stützen lassen. Die Durchschnittswerte verschleiern hier die Entwicklung im Detail – ein methodisches Manko dieser Art von Auswertung.

Eine ganz ähnliche Erwägung gilt für die Stadt Kiel. Dort war der Aufstieg von »Horst« in den Jahren 1928 bis 1933 geradezu kometenhaft: der Anteil stieg von 2 auf 5,3 Prozent. Wiederum spricht alles für die Annahme, daß sich dieser Zuwachs vor allem nach dem Februar 1930 vollzog, aus naheliegenden Gründen. Bis 1939 sank der »Horst«-Anteil dann auf etwas mehr als 4 Prozent – was auch nicht gerade niedrig war – und stieg bis 1941 wieder auf knapp 5 Prozent. Dann folgte, in Kiel wie in München und Berlin, der freie Fall.[59]

Für »Horst« gilt wie für »Adolf«: 1945 wurde ein neuer Anfang gemacht. Und weil wir die scheinbar nur äußerliche Auswahl von Vornamen – mehrfach erhärtet – als Hinweis für die politische Befindlichkeit verstehen können, ist diese Aussage nicht unwichtig. Ob der Neuanfang ehrlich oder eher opportunistisch motiviert war, sagen diese Daten freilich nicht. Dennoch: Der Wandel ist unübersehbar, selbst wenn der Mitläufereffekt entscheidend war. Man lief nämlich in eine andere Richtung, in eine bessere.

Uta, das Muster deutscher Weiblichkeit

»Wir waren halt nicht klardenkend, fielen auf den Schwachsinn herein. Auch ich, der die Uta von Naumburg und den Bamberger Reiter überm Bett hängen hatte.« So sieht es Willi H., Jahrgang 1916, heute.[60] Seit den späten zwanziger Jahren hatte sich in Deutschland ein Kult um eine hochmittelalterliche Skulptur entwickelt: Uta von Naumburg, eine der Stifterfiguren aus dem Westchor des Naumburger Doms, avancierte innerhalb kürzester Zeit zu einem Musterbild, dem all jene Attribute zugesprochen wurden, die der Zeitgeist gerne in einer »deutschen Frau« vereinigt sehen wollte.[61] Mit der historischen Gestalt der Uta, von deren Leben wenig bis nichts überliefert ist, standen die Projektionen in keinerlei Zusammenhang; ja, gerade daß Uta als reale Persönlichkeit kaum zu greifen war, begünstigte erst die Legendenbildung. Hinzu kam die Schönheit der Figur selbst, ihre Entrücktheit in den düsteren Höhen des gotischen Chors – sowie ein genialer Porträtfotograf, dem es gelungen war, durch seine Fotografien von enormer Plastizität vom Standbild selbst wiederum ein bestimmtes Bild zu vermitteln.

Die Uta-Fotografien von Walter Hege[62] aus den zwanziger Jahren gingen durch Deutschland und prägten – viel mehr als die steinerne Figur selbst – den Uta-Mythos. Bald entstand ein Uta-Theaterstück, entstanden Uta-Romane, Uta-Gedichte, Uta-Erbauungsbücher. Felix Dhünen, ein unter Pseudonym auftretender Schauspieler und weitgehend talentloser Schriftsteller, erlebte mit seinem Stück *Uta von Naumburg* einen Dauererfolg: Über hundert Bühnen führten das Drama während der dreißiger Jahre auf. Viel Verbreitung fand auch ein Buch von Lothar Schreyer mit dem Titel *Frau Uta in Naumburg* aus dem Jahre 1934.[63]

Um das »Prinzip Uta« zu illustrieren, zog Schreyer eine dramaturgisch geschickte Verbindung zwischen der Skulptur und einem vermeintlich realen Ereignis:

> Es war auf einer Bahnfahrt durch Thüringen. Der Schnellzug hielt auf freier Strecke an einem Bahnübergang. Die Schranke an der Landstraße war herabgelassen, und ich sah zum Fenster hinaus in den trüben Regentag [...]. Hinter der Schranke stand einsam eine junge Frau. Sie hatte sich ganz in eine große graubraune Decke gehüllt, vielleicht war es auch ein Kartoffelsack, um sich gegen den Regen zu schützen. Nur das Haupt trug sie unverhüllt. Das helle Haar war gleich einer Krone um die Stirn gelegt. Die junge Frau stand regungslos. Sie blickte nicht nach den Fenstern des Schnellzuges. Das Gesicht war jung und streng. Die Unterlippe war fast trotzig vorgeschoben, und die Augen, ein wenig zusammengezogen, blickten in das karge Ackerland. Der Zug fuhr an und trug mich weiter. Ich habe die Gestalt nicht vergessen, nicht ihre Hoheit, nicht ihre Kraft, nicht ihre Innerlichkeit, nicht das stolze Umhülltsein, nicht die lichte Haarkrone im Regentag. Es war eine unbekannte deutsche Frau, die ich sah. Das war Frau Uta.[64]

Hoheit, Kraft, Innerlichkeit bei einem gleichzeitigen »stolzen Umhülltsein«: Schreyer gab hier noch eine relativ milde Version klassischer Uta-Attribute, die letzten Endes auf die Konstruktion eines Ideals selbstbeherrschter und doch auch gefühlswarmer »Frauenwürde« abzielten. Den Nationalsozialisten kam der Uta-Boom gerade recht. Sie stilisierten Uta zum Vorbild der »deutschen Frau« schlechthin und statteten sie mit genau jenen Tugenden aus, die von der Leidensfähigkeit der wirklichen deutschen Frauen bald reichlich erwartet wurden. »Wie Uta« sollte die deutsche Frau eine Heldin und immer opferbereite Verteidigerin ihres Landes sein, die den Mann freudig in den Kampf ziehen läßt und immer, auch in der Katastrophe, eine stolze Haltung bewahrt, kurz, eine »säkulare Heilige für schlechte Zeiten«.[65]

In dieser ihrer heldenhaften, stolzen Reinheit präsentierte man Uta – nun wieder in Form der von Hege ins Licht gesetzten Steinfigur – seit 1937 in der Ausstellung *Entartete Kunst* als einziges und dadurch um so mehr hervorgehobenes »Gegenbild« zu den von den Nationalsozialisten verfemten Werken expressionistischer, pazifistischer und jüdischer Künstler.[66]

1938 schließlich initiierte die NSDAP eine Feierstunde im Naumburger Dom, mit Musik und Uta-Gedichten, in denen man die neue »säkulare Heilige« fast kultisch verehrte. Eines der Gedichte schloß mit den Versen:

> Du hohes Sinnbild deutscher Frauenwürde!
> Präg Dich dem Volk für alle Zeiten ein.
> Daß wir in Dir nicht nur das Steinbild ahnen!
> Auch wir sind Kämpfer! Folgen unsern Fahnen
> Und wollen so wie Du des Volkes Wächter sein![67]

Auch in der Vergabehäufigkeit des Vornamens »Uta« und seiner – seltenen – Varianten »Utta«, »Utha« oder gar »Utah« können wir den nationalsozialistisch instrumentalisierten Uta-Rummel erkennen.[68] Die Zusammenhänge mit der herrschenden »braunen« Ideologie sind nicht zu übersehen (Abb. 28, S. 208). Freilich, im Sinne der Machthaber hätte der Effekt sicherlich noch intensiver ausfallen können.

Fast bei Null lagen in München die Werte für diesen Vornamen während des gesamten 20. Jahrhunderts, bis 1933. Wenn man die »Uta«-Kurve betrachtet (Abb. 28, S. 208), könnte man auf den ersten Blick meinen, daß die Münchner ab 1935 in einen regelrechten »Uta«-Taumel verfielen. Doch der Anschein trügt, denn selbst die Höchstwerte haben 0,4 Prozent nie weit übertroffen. Die NS-geförderte Uta-Ideologie war also kein wirkliches Massenphänomen und griff offensichtlich doch nicht so, wie vom Regime gewünscht. Zwischen 1937 und 1938 brach der Anteil ein, sank auf unter 0,15 Prozent, um sich dann mit dem Jahr des Kriegsbeginns zu neuen Höhen aufzuschwingen. Diese Entwicklung fügt sich gut in das Wunschbild der »säkularen Heiligen für schlechte Zeiten«: Frau Utas vermeintliche Entsagungs- und Durchhaltequalitäten konnten sich vor allem im Krieg bewähren. Zumindest die besonders ideologisierbaren Bevölkerungsteile – das zeigt die Entwicklungslinie eindeutig – nahmen dieses Identifikationsangebot an und bekannten sich dazu via Namengebung. Dabei hielt der harte Kern länger stand als bei der größeren »Adolf«- und »Horst«-Gruppe, nämlich bis zum Ende des »Dritten Reiches«. Erst von 1944 auf 1945 ging der Uta-Anteil erheblich zurück. Er konnte sich jedoch noch lange nach 1945 deutlich über dem Niveau der Zeit vor 1933 halten.

Wieder gilt: Nach 1945 ging man auf mehr Distanz zum NS-Gedankengut, doch nicht auf totale Distanz. Die »Uta«-Renaissance der sechziger Jahre hat damit aber nichts mehr zu tun; hier kommt vielmehr eine zyklische Entwicklung zum Tragen. Die in den späten dreißiger und vierziger Jahren geborenen »Uta«-Mütter gaben nun ihre Vornamen an die Töchter weiter.

Auch in Berlin ebenso wie in Kiel blieb die nationalsozialistische Uta-Instrumentalisierung weitgehend erfolglos. Unter den zwanzig beliebtesten Mädchennamen jener Jahre wird man nach »Uta« in jeglicher Variation vergeblich suchen. Unter den 1994 in München gemeldeten Frauen der Geburtsjahrgänge 1933 bis 1945 war der urchristliche, ganz und gar ungermanische, ursprünglich jüdische Vorname »Maria« (hebräisch »Mirjam«) am populärsten.[69] In Berlin war es »Helga«.[70] Von einem »Umbruch« oder gar einer »germanischen Revolution«, die Fahrenkrog in seinem »der kinderreichen deutschen Familie« gewidmeten Buch *Deutschen Kindern – Deutsche Namen* feierte, kann hier keine Rede sein.[71] In diesem Lichte wäre die Geschichte des Namens »Uta« auch die Geschichte eines Scheiterns der NS-Ideologen, wäre als ein erfreuliches empirisches Indiz für innere Resistenz der Deutschen zu werten. Wir müssen dies zunächst noch dahingestellt sein lassen und uns einer großen Gruppe potentiell nationalsozialistisch belasteter Namen, den germanischen Namen, zuwenden.

Doppelnamen: Nach altgermanischer Art?

Doppelnamen wurden natürlich auch bereits vor der nationalsozialistischen Herrschaft in Deutschland vergeben. Doch während der NS-Zeit ist ihre Zunahme unverkennbar. In der Fachzeitschrift *Das Standesamt* wurden die Standesbeamten im »Dritten Reich« immer wieder »auf den nachahmenswerten Gebrauch der alten Germanen hingewiesen, Vornamen zusammenzusetzen«, also die Vergabe von Doppelnamen anzuregen.[72] Wie so oft erzielten die Ideologen mit diesem Rat einen eher grotesken Effekt, denn eine zweite Doppelung der ohnehin schon zum größten Teil aus zwei Gliedern bestehenden germanischen Namen erscheint nicht nur unter historischen, sondern auch sprachwissenschaftlichen Aspekten fragwürdig. Welcher semantische Sinn könnte darin liegen, aus »Werner« und »Ulrich« einen »Werner-Ulrich« zu erschaffen? Doch nicht Linguistik bewegte die Nationalsozialisten, sondern der Drang zur Benebelung des Alltags durch Rhetorik und Propaganda, wie ihn Victor Klemperer als wesentliches Kennzeichen der *Lingua Tertii Imperii* beschrieb. Auch die Vergabe von Doppelnamen erkannte er als Teil dieser Strategie: »Doppelnamen, durch Bindestrich aneinandergekettet, sind in ihrer Volltönigkeit, ihrem zweifachen Bekennen, ihrem rhetorischen Charakter (und damit denn in ihrer Zugehörigkeit zur LTI) höchst beliebt: Bernd-Dietmar, Bernd-Walter, Dietmar-Gerhard ...«[73]

Im Gegensatz zur »Uta«-Mythologisierung war die Propaganda auf diesem Felde erfolgreich, besonders bei Jungennamen. Diese Feststellung gilt, wieder einmal, für die süddeutschmünchnerische ebenso wie für die norddeutsch-berlinerische

Quelle. Die Häufigkeit von Doppelnamen bei Jungen stieg im Süden zwischen 1933 und 1944 von etwa 1,5 auf fast 6 Prozent; im Norden nahm sie sogar von etwa 7 (1933) auf fast 13 Prozent (1944) zu.[74]

Wie bei »Adolf« und »Horst« tanzten viele deutsche Eltern auch bei der Wahl von Doppelnamen in den Jahren 1933 bis weit in die vierziger Jahre hinein nach der Pfeife des NS-Zeitgeistes. Als das Kriegsglück nicht mehr auf der Seite des »Führers« war, ließen sich auch hier deutlich weniger Eltern zu jenen Namen verführen. Sie gingen äußerlich auf Distanz zur NS-Ideologie. Unsere ersten Ergebnisse werden erneut erhärtet. Erfolgsabhängig war die Verbundenheit »der Deutschen« mit dem Nationalsozialismus. Verbissen hatten sie sich nicht in diese Ideologie.

Allerdings erfolgte der wirkliche Einbruch bei Doppelnamen erst in den fünfziger und sechziger Jahren.[75] Umgekehrt die Entwicklung bei den Mädchen. Im Nationalsozialismus verschonte man sie mit Doppelnamen, danach beglückte man sie damit häufiger. Das aber war gewiß keine NS- oder Deutschtümelei, denn weder »Eva-Maria« (Rang eins) noch »Marie-Luise« (Rang drei), noch »Anna-Elisabeth« (Rang sieben), noch »Marie-Therese« (Rang vierzehn) sind sehr teutonisch.[76]

Wie weiland Wotan: Deutsche Neugermanen

»Der für unser Volk zur handgreiflichen Gefährlichkeit gediehene Feind, das politische Judentum jeglicher Färbung, ist jetzt im deutschen Bereich niedergerungen«, jubelte Fahrenkrog 1939.[77] Und natürlich waren seiner Meinung nach auch die Juden daran schuld, daß bis zur glorreichen Machtergreifung der Nationalsozialisten der »Reichtum germanischer Namenprägungen« im deutschen Volk verlorengegangen war.[78] »Die Namen aus germanischem Sprachgut«, so der nationalsozialistische Forscher, »setzen sich grundsätzlich [...] aus zwei Grundwörtern zusammen, deren jedes einen vollen Sinn wiedergibt [...], der in Leben und Gesittung von kennzeichnender Bedeutung ist.«[79] Als ob dies beispielsweise bei hebräischen Namen anders gewesen wäre.

Doch »natürlich« ganz anders als bei den Namen der fürchterlichen Juden fand man in den germanischen Namen »Volks- und Sippenverbundenheit, Kraft und Wehrhaftigkeit, Tapferkeit, Mut, Beharrlichkeit, Stolz, Ehre, Ruhm, Freiheit, Herrentum, Frohsinn, Freude, Glanz, Anmut, Schönheit und Zucht, Weisheit, Rat, Besonnenheit – kurz: die Werte, die in ihrer Gesamtheit den Begriff Adel bilden«.[80]

Besonders schätzte der wackere Neu-Germane die »zahlreichen Gleichbedeutungen (Synonyme) [...] für ›Kampf‹«:[81] »Gundobrand« oder »Hadubrand« oder »Hildebrand« oder auch »Wigbrand« gefiel. Nicht weniger schön waren Namen wie: »Gundomar«, »Hadumar«, »Hildemar« oder selbst »Wigmar«. »Mar« deutete auf das Pferd, »brand« auf das Schwert. Freilich waren auch schöne Verbindungen mit der Streitaxt (»bard« oder »bil«) denkbar. Der germanischen Phantasie waren keine Grenzen gesetzt.

Und wie sah die Praxis aus? Wählten die Deutschen des »Tausendjährigen Reiches« die Namen der altgermanischen Vergangenheit – wie es die Nationalsozialisten gerne sahen? Widersetzten sie sich den »unnötigen Fremdstempelungen deutscher Kinder«?[82] Für deren deutsche Prägung hatte es auch schon vor der »Machtergreifung« den einen oder anderen priesterlichen Segen gegeben: 1928 hatte der Pfarrer Doktor Ottokar Kernstock das bebilderte Buch *Gebt den Kindern deutsche Namen!* »mit einem Geleitworte« versehen.[83] Der Unsinn hatte Tradition. Das beweist auch die Vergabe jener »germanisch-ideologischen« Namen, die wir aus der großen Gruppe germanischer Namen herausnehmen und getrennt untersuchen.

Ganz im Sinne nationalsozialistischer Namensideologen vom Schlage Fahrenkrogs bringen germanisch-ideologische Namen eben durch ihr ostentatives »Deutschtum« eine besondere Nähe zur Ideologie zum Ausdruck: »Alnot«, »Baldhard«, »Dietbrand«, »Ebrulf«, »Framold«, »Mutwine«, »Oswinde«, »Richtrud«, »Thrasolde«, »Wunigard« etc.[84] Die Annahme drängt sich auf, daß unter den Eltern, die solche Namen vergaben, eine große Zahl wirklich überzeugter Parteigänger zu finden war. Noch einmal: Niemand wurde gezwungen, germanisch-ideologische Namen zu wählen; konnte man es nur aus Naivität trotzdem tun, oder müßte ein solches Verhalten nicht mindestens als Mitläufertum bezeichnet werden?

Sowenig wie Uta von Naumburg erfanden die Nationalsozialisten die völkische Ideologie. Eigene Gedanken hatten sie kaum; sehr weit hingegen brachten sie es im Aufgreifen und in der propagandistischen Ausnutzung bestimmter Trends und Zeitströmungen. Ebenso wie »Uta« zunächst ein nicht-nationalsozialistisches Phänomen der zwanziger Jahre war, nahmen auch die Anteile der germanisch-nordischen Namen schon seit Beginn des Jahrhunderts ständig zu – ohne nationalsozialistischen Einfluß. Dessen Agitation freilich führte diese Strömungen erst auf ihre jeweiligen Höhepunkte.

Als die Welt 1929 in die große Wirtschaftskrise taumelte, erinnerten sich die Deutschen mehr als je zuvor an der Väter Sitte und wählten germanisch-ideologische Namen (Abb. 29, S. 209). Erstmals im 20. Jahrhundert waren es mehr als 1 Prozent. Das war zwar mehr als vorher, aber wirklich viel war es trotzdem nicht, wenn man auf die Gesamtheit achtet: 99 Prozent ignorierten diese Vornamen.

Dennoch stieg während der gesamten NS-Zeit das Niveau deutlich und dauerhaft über die früheren Werte. Wie es sich gehörte, nahm der Anteil im Jahre 1933 zu, fiel dann etwas zurück, um bis 1940 wieder anzusteigen. Einen Knick gab es 1941, im ersten Jahr des Feldzuges gegen die Sowjetunion. Eine würdige germanisch-kämpferische Reaktion fing den Niedergang durch einen weiteren Anlauf ab und erreichte im Schicksalsjahr 1943 einen neuen Gipfel – ein signifikanter Unterschied zu den »normalgermanischen« Namen, deren Anteil seit 1940 nur noch mikroskopisch wuchs (Abb. 30, S. 209). 1944 und 1945 konnten auch diese Höhen nicht mehr gehalten werden. Der harte Kern der Germanisierenden blieb jedoch bis zum bitteren Ende erstaunlich stabil. Noch 1945 lagen die Zahlen über denen des Jahres 1933. Gerade die durch und durch ideologisierte Minderheit dachte immer noch trotzig: »Die Fahne hoch! Die Reihen dicht geschlossen!«

Deutsche Wikinger?

Nordische Namen waren bei den Nationalsozialisten erwünscht, wenn sie sich »zwanglos« in die deutsche Sprache einfügten.[85] Die totale »Aufnordung« des deutschen Vornamenschatzes war hingegen nicht beabsichtigt. Sie wäre geradezu »undeutsch« gewesen. Verbindlich läßt sich gerade hier die Grenzlinie nicht ziehen, die Grauzone ist beachtlich. Zu »Björn«, »Knut«, »Sven«, »Ragnhild« wurde nicht unbedingt geraten; »Ragnar« wurde 1938 abgelehnt.[86] An »Helga«, »Karin«, »Ingeborg«, »Ingrid«, »Axel«, »Harald«, »Olaf« hatte jedoch wohl niemand etwas auszusetzen.

Bereits von 1900 bis 1932 war die Häufigkeit nordischer Namen stetig gestiegen (Abb. 30, S. 209): von knapp unter 1 Prozent auf 5,8 Prozent 1932. Nach 1933 erfolgte eine regelrechte Explosion von knapp unter 6 Prozent im Jahre 1933 auf ziemlich genau 10 Prozent im kriegerischen »Glücksjahr« des nationalsozialistischen Deutschland, 1940. Ein Absturz folgte, doch selbst 1945 lag der Anteil der nordischen Namen noch bei 6,1 Prozent.

Wegen der uneindeutigen offiziellen Linie den nordischen Namen gegenüber muß eine Interpretation dieser Werte mit Vorsicht erfolgen. Freilich: Der Anstieg ist nicht abzuleugnen, und aufgrund der Nähe der nordischen zu den germanischen Namen steht anzunehmen, daß im konkreten Fall hier wohl kaum sehr spitzfindige Unterscheidungen getroffen wurden, zumal bei Namen, denen ihre nordischen Ursprünge auf den ersten Blick nicht mehr anzusehen sind, wie den äußerst beliebten Vornamen »Helga« (Platz zwei in der Rangliste der zwischen 1933 und 1945 geborenen, 1991 in München gemeldeten Frauen), »Ingeborg« (Platz vier), »Ingrid« (Platz sieben) und »Karin« (Platz fünfzehn).[87] Jene Hundertprozentigen, die in ihrem besonderen Eifer – und in Unkenntnis der offiziellen Sprachregelung – gerade aus ihrer Übereinstimmung mit der NS-Ideologie heraus nordische Namen wählten, wird es gleichfalls gegeben haben. In diesem Lichte erscheint es nicht unplausibel, diese Gruppe den grundsätzlich nationalsozialistisch belasteten Vornamen zuzuordnen.

Schlichtere Germanen und wirkliche Nazis

Dem harten Kern der neudeutsch-ideologischen Germanen und auch den nordgewandten Deutschen haben wir uns gewidmet. Wollen wir wissen, wie viele Deutsche zu germanischen Namen im weitesten Sinne neigten, müssen wir die Gruppe der »normalgermanischen«, sozusagen unauffällig germanischen Namen hinzuaddieren (»Adelheid«, »Gisela«, »Hedwig«, »Irmgard«, »Dieter«, »Gerhard«, »Günther«, »Helmut«, »Wilhelm« etc. – Abb. 30, S. 209).

Germanische Vornamen insgesamt, zu denen »Adolf«, »Horst« und »Uta«, die germanisch-ideologischen sowie in diesem Falle auch die nordischen zählen, wurden im gesamten 20. Jahrhundert nicht selten gewählt – schon im Jahre 1905 von über 20 Prozent der Eltern. Der Anteil wurde stetig größer; beim Ausbruch des Ersten Weltkrieges waren 28 Prozent erreicht. Ungebrochen setzte sich der Siegeszug dieser Namen fort: 1933 wählten 40 Prozent germanische Vornamen. Der Gipfel war 1940 mit rund 52 Prozent erreicht. Das war kein Kern mehr, das war der Löwenanteil aller Vornamen, und der große Anschub erfolgte unbestreitbar während der NS-Herrschaft.

Spätestens seit der Niederlage von Stalingrad im Februar 1943 nahm der Germanisierungselan ab. Wir kennen dieses Muster inzwischen bestens. Jedoch lagen die Werte 1945 noch immer bei 46 Prozent. Das entsprach dem Wert von 1937 und war weit mehr als 1933. Waren »die Deutschen« so schwer zu belehren oder umzuerziehen? Selbst am Ende des »Dritten Reiches«? Natürlich muß man einräumen, daß die germanischen

Namen insgesamt zur vornationalsozialistischen Tradition in Deutschland gehörten. Wir entgegnen: Ihr wirklicher Siegeszug fand zwischen 1933 und 1945 statt – relativ ungebrochen.

Daß Deutsche schon zu Beginn des 20. Jahrhunderts eher deutsche Vornamen wählten, ist eine Selbstverständlichkeit. Nicht selbstverständlich, sondern ein Indiz für ihre innere Bereitschaft, sich mit der NS-Ideologie zu identifizieren, war ihre immer stärkere Bereitschaft, sich für Namen zu entscheiden, die »genehm« waren. Kein Mensch wurde dazu gezwungen. Bei 20 Prozent lag die Gesamtheit dieser aus heutiger Sicht verdächtigen Vornamen im Jahre 1900. Bis 1933 waren es 40 Prozent. Nie zuvor in diesem Jahrhundert war der Anstieg in so kurzer Zeit so rasant wie zwischen 1933 und 1940, als ziemlich genau die Hälfte aller neugeborenen Deutschen sehr »teutsche« Namen bekam.

Ein Volk von Unbelehrbaren, von Mitläufern und Mitmachern? Zumindest für die Hälfte der Deutschen könnte man es so sehen, ohne diese Hälfte gleich als Hitlers willige Vollstrecker zu verunglimpfen; daß Mitläufertum auch aus Angst entstehen kann, soll und darf dabei nicht vergessen werden. Derselbe Sachverhalt kann auch anders interpretiert werden: Die andere Hälfte der Deutschen hatte sich auch zwischen 1933 und 1945 gegen die Teutonismen abgeschottet, hatte eben keine NS-infizierten Namen vergeben. Beide Aussagen stimmen – je nach Standpunkt.

Verjudete Deutsche?

Trotz erheblicher Benachteiligungen, mit denen sie rechnen mußten, wagten gar nicht einmal wenige Deutsche, ihrem Kind seit 1933 einen hebräisch-jüdischen Namen zu geben.[88] »Verjudet« nannten das die Nationalsozialisten.

Wir müssen freilich mit dieser Namensgruppe vorsichtig umgehen. Unter »hebräisch-jüdisch« verstehen wir hier alle Namen hebräischer oder jüdischer Provenienz, bei denen dieses Merkmal auch dominant, das heißt aus dem Namen selbst und sofort ersichtlich war. Daß weder »Maria« (ursprünglich »Mirjam«) oder der gut hebräische Name »Josef« (der Sohn des Stammvaters Jakob) oder gar »Michael«, die hebräische Kurzform für »mi kamocha elohim« (Wer ist so wie Du, Gott?) von uns hier als hebräische Namen registriert wurden, versteht sich von selbst, sollte aber nicht unerwähnt bleiben: Namen wie die letztgenannten waren längst in den traditionellen Vornamenschatz eingegliedert, durch Heiligentraditionen überlagert. Ihre Herkunft war kaum jemandem mehr bewußt. Durch den wachsenden Antisemitismus wurden jedoch bei vielen Namen die vergessenen hebräisch-jüdischen Konnotationen gewaltsam wieder hervorgezogen und den Namen regelrecht aufgezwungen, so daß wir in der ersten Hälfte des 20. Jahrhunderts immerhin mehr Namen in diese Gruppe einfügen müssen als im 19. Jahrhundert (vor allem »Jakob« und »Simon«).[89] Und eine Eigenschaft des Einwohnermelderegisters als Quelle müssen wir berücksichtigen: Nicht nur Christen, sondern auch Juden fließen hier mit ein, wie alle anderen Religionsgemeinschaften auch, sofern ihre Angehörigen die deutsche Staatsbürgerschaft besitzen.[90]

Etwa 0,5 Prozent der 1904 geborenen und 1994 in München lebenden Deutschen (einschließlich der jüdischen Deutschen) trugen einen hebräisch-jüdischen Namen (Abb. 31, S. 210). Bis 1932 wurden etwas mehr als 2 Prozent erreicht. Das war gewiß nicht viel, doch bei den NS-Ideologen klingelten schnell die Alarmglocken. Entwarnung konnten sie zwischen 1933 und 1939 geben: Der Anteil hebräisch-jüdischer Namen begann nach langer Zeit wieder zu sinken. 1939 war er bei 1,5 Prozent angekommen, wo er zuletzt 1921 gestanden hatte. Anschließend jedoch nahm er wiederum deutlich zu, ja stieg um einen ganzen Prozentpunkt bis 1945. Dieses Ergebnis überrascht denn doch – weil es auf einen verstärkten Zuzug von Juden in diesen Jahren wohl kaum zurückzuführen ist. Es mußten also die mehr oder weniger christlichen Deutschen gewesen sein, die ihren Kindern seit 1940 vermehrt und bewußt hebräisch-jüdische Namen gaben.

Von den besonders harten germanisch-ideologischen Vornamen wollten selbst in der NS-Hochzeit deutlich weniger Deutsche etwas wissen. Der Höchstwert für diese Namen lag im Jahre 1943 bei 1,4 Prozent (Abb. 29, S. 209) – für hebräische zum selben Zeitpunkt bei rund 2,2 Prozent. 1945 waren es sogar 2,5 Prozent. Selbst in dunkelster Zeit deutscher Geschichte gab es also Licht; schwach zwar, aber es war nicht erloschen; es wurde stärker.

Religiosität im »Dritten Reich«

Hebräische Namen sind vor allem biblische Namen, das heißt Namen aus der hebräischen Bibel. Altes Testament, sagt der deutsche Volksmund, meist ohne zu wissen, daß diese Bezeichnung ein Kampfbegriff der Kirche war. Er sollte andeuten: Der alte Bund Gottes mit dem Volk der Juden sei Vergangenheit, der neue mit den Christen jedoch Gegenwart und Zukunft. Der Schauplatz des Neuen Testaments war weitgehend auch der Ort des alttestamentlichen Geschehens. Folglich sind viele Vornamen des Neuen Testaments auch die des Alten. Selbst den Vornamen »Jesus« kennen Leser der hebräischen Bibel bestens als »Jehoschua« oder »Josua«.

»Hebräische« und »biblische« Namen sind daher objektiv weitgehend deckungsgleich. Subjektiv wurde das nicht immer so wahrgenommen. Viele Namen kursierten und kursieren im kollektiven Bewußtsein in erster Linie als biblische Namen, nicht als hebräische, wie zum Beispiel der Name »Jakob« im 19. Jahrhundert oder auch die Vornamen »Simon«, »Thomas«, »Eva« oder »Magdalena«. Um Namen wie diese, bei denen die Konnotation »biblisch« dominierte, geht es im folgenden.[91]

Biblische Namen wurden seit Beginn des 20. Jahrhunderts ohne größere zyklische Schwankungen gewählt. Bei ungefähr 4 Prozent lagen die Werte (Abb. 31, S. 210). NS-Ideologen hielten das Christentum und damit die »Anbetung des Juden Jesus für die Rache der Juden an den Germanen«. Unbelehrbare »klären« mich immer wieder in Zuschriften darüber auf, daß sie als Nachfahren der Germanen nicht willens seien, einen »nackten Juden am Kreuz anzubeten«. So ungefähr hatte es der »Führer« seinerzeit ausgedrückt und angekündigt, das Christentum in Deutschland mit Stumpf und Stiel, mit allen seinen Fasern und Wurzeln auszurotten; denn für das deutsche Volk sei es entscheidend, »ob es den jüdischen Christenglauben und seine weiche Mitleidsmoral habe oder einen starken heldenhaften Glauben an Gott in der Natur, an Gott im eigenen Volke, an Gott im eigenen Schicksal, im eigenen Blute«.[92] Folgerichtig bekämpften die Nationalsozialisten die Kirche als unabhängige Institution und förderten die »Deutschen Christen« als willige Büttel des Regimes. Wo der »Führer« höchste, quasi gottgleiche Instanz ist, gibt es für Gott keinen Platz.

In den ersten Jahren seiner Herrschaft konnte der »Führer« mit seinem Volk zufrieden sein: Biblische Vornamen fand man seltener. Von 1933 bis 1941 sanken die Werte ununterbrochen; von ca. 4 auf gerade 2 Prozent. Die Wende wurde 1941 vollzogen, im ersten Jahr des Überfalls auf die Sowjetunion. Bis 1945 nahm der Anteil biblischer Vornamen deutlich zu, von 2 wiederum auf 3,5 Prozent. Das bedeutet: Neues religiöses Potential wurde nicht entfaltet, wohl aber gab es eine Rückbesinnung.

Die Liebe zu den germanischen Brüdern

Für Hitler waren die Engländer »germanische Blutsbrüder«. Mit England als Juniorpartner hoffte der »Führer« die Germanen zur Weltherrschaft zu führen. So hielt er etwa den Abschluß des deutsch-britischen Flottenabkommens vom Juni 1935 für den »Beginn einer neuen Zeit« und gab seiner Überzeugung Ausdruck, »daß die Briten die Verständigung auf diesem Gebiet mit uns nur als Auftakt für eine sehr viel weitere Zusammenarbeit suchten. Eine deutsch-britische Kombination werde stärker sein als alle anderen Mächte zusammen«.[93] Jenseits der bildungsbürgerlichen Traditionen wird man auf den Anteil englischer Vornamen in »braundeutscher« Zeit gespannt sein dürfen – zumindest für die Jahre 1933 bis zum Kriegsausbruch im September 1939, als Großbritannien als Reaktion auf den deutschen Überfall gegen Polen Deutschland den Krieg erklärte. Einige hegten ja noch bis zum Mai 1941, dem berühmten Flug von Rudolf Heß nach England, die Hoffnung, die Briten auf die deutsche Seite ziehen zu können.

Schon seit 1931 hatte der Anteil anglo-amerikanischer Vornamen zugenommen: von 3,4 auf 3,7 Prozent im Jahre 1934 (Abb. 32, S. 210). Doch dann wollten die Deutschen weniger von ihren germanischen Brüdern wissen. Selbst das britische (und französische) Entgegenkommen auf der Münchener Konferenz vom September 1938 wurde nicht gewürdigt, obwohl Deutschland das Sudetenland ohne Gewaltanwendung kassieren konnte. Jedenfalls wurde 1938 der tiefste Punkt seit 1925 verzeichnet. Ab 1939 jedoch wurden anglo-amerikanische Namen wieder beliebter – trotz des Krieges. Man sang davon, daß man militärisch »gegen Engeland« zog, aber innerlich zog »Engeland« eher erstaunlich viele Deutsche an. Selbst von 1942 bis 1945 entschieden sich 3 Prozent der Eltern für anglo-amerikanische Vornamen. Von solchen Werten konnten die NS-Ideologen für ihre Vornamen nur träumen. Auch das gehört zur Wirklichkeit der NS-Jahre.

Viel spannender ist freilich die Kurve der anglo-amerikanischen Namen im ersten Drittel des 20. Jahrhunderts: Sie spiegelt die zyklischen Spannungen zwischen dem Deutschen Kaiserreich und dem Vereinigten Königreich wider. Bedingt waren sie in erster Linie durch die seit 1896 immer selbstmörderischer werdende, weil die Briten provozierende Flottenpolitik von Wilhelm II. und Admiral Alfred von Tirpitz. So sank die Häufigkeit anglo-amerikanischer Namen von 2 Prozent im Jahre 1901 auf 1 Prozent 1903. Zwischen 1907 und 1913 ließen sich die Deutschen weniger beirren, doch nach Beginn des Ersten Weltkrieges wollten sie vom »perfiden Albion« nichts wissen – bis 1916. Seitdem stiegen die Werte bis 1930. Vielleicht dokumentiert die Wende von 1916 und die auch bis 1918 ungebrochene Zunahme die beginnende Kriegsmüdigkeit der

Deutschen? Die Epoche der Weimarer Republik war jedenfalls eine Art deutsch-britischer »honeymoon«.

Zusätzlich sollten wir überlegen, ob sich in der starken Zunahme der englischen Namen vor allem während der »Golden Twenties« nicht auch bereits amerikanischer Einfluß geltend machte. Nicht nur Jazz, Bubikopf, Radio und Al Capone waren Markenzeichen amerikanischen Lebensgefühls, das nach Europa herüberschwappte. Auch die Literatur der aufbegehrenden und experimentierfreudigen amerikanischen Romanciers wie John Dos Passos, William Faulkner, F. Scott Fitzgerald, Ezra Pound und Ernest Hemingway bewegte die Intellektuellen in Deutschland. Weil wir nicht sinnvoll nach »englischen« und »amerikanischen« Namen scheiden können, bleibt uns nichts anderes übrig, als vom Einfluß der anglo-amerikanischen Welt insgesamt zu sprechen und an beide, an Großbritannien wie Amerika, zu denken.

»Erbfeind Frankreich«?

Was läßt sich über die Beziehung der Deutschen zum »Erbfeind« Frankreich sagen? Das beiderseitige Verhältnis zwischen 1900 und 1918 war hektisch und zyklisch, und die NS-Zeit bedeutete einen tiefen Einbruch (Abb. 32, S. 210). Der nationalistischen Begeisterung der Deutschen im Jahre 1915 waren wir im Zusammenhang mit dem Vornamen »Wilhelm« bereits begegnet. Damals erfreute sich der kaiserliche Name großer Beliebtheit (vgl. Abb. 26, S. 207). Spiegelbildlich ist der Tiefpunkt französischer Vornamen zu verstehen. Ebenso der steigende Verdruß in den beiden letzten Kriegsjahren: Die Werte für »Wilhelm« fielen, und gleichzeitig stieg wieder die Popularität französischer Vornamen, also der »erbfeindlichen« Kultur.

Die Weimarer Zeit verlief vergleichsweise unaufgeregt bei Werten um 3 Prozent für französische Vornamen. Die Spannung der gegenseitigen Beziehungen zwischen beiden Staaten wird in den Jahren 1922 und 1923 auch in der Auswahl der

Vornamen erkennbar, wenngleich der Rückgang französischer Namen nicht dramatisch war. Sehr wohl dramatisch verlief der Ruhrkampf im Jahre 1923. Frankreich nahm das Ruhrgebiet als »Faustpfand«, um seine wirtschaftlichen Probleme zu lösen. Daß »der Deutsche schon zahlen wird« (»Le boche payera«), schien weniger mühsam und mehr Erfolg zu versprechen als die Wiederherstellung des weltwirtschaftlichen Gleichgewichtes. Viel konnten die Deutschen 1923, im Jahr der Hyperinflation, ohnehin nicht zahlen.

1924 stieg der Anteil französischer Namen wieder; noch einmal 1925, im west- und frankreichpolitisch so harmonischen Jahr des Locarno-Vertrages. Deutschland hatte sich völkerrechtlich verbindlich mit seiner westlichen Nachkriegsgrenze abgefunden. Nach Locarno nahm die Häufigkeit französischer Vornamen ab. Im Prinzip blieb es harmonisch, ein Spiegel der Ausgleichspolitik der beiden Außenminister Gustav Stresemann und Aristide Briand. 1929 wurde noch einmal ein Zwischenhoch erreicht, fast so hoch wie 1925 und zu Beginn des 20. Jahrhunderts (Abb. 32, S. 210).

Anfang Oktober 1929 starb Stresemann, Ende Oktober folgte der »Schwarze Freitag« des New Yorker Börsenkrachs als Auslöser der großen Weltwirtschaftskrise. Vorbei war es mit der deutsch-französischen Verständigung in Sachen Vornamen. Ab 1929 ging es steil bergab – schon vor der »Machtergreifung« und erst recht danach. Zweimal wurde diese Entwicklung geringfügig abgebremst; 1942 folgte dann der Tiefpunkt: etwas mehr als 1 Prozent. Selbst hebräisch-jüdische Vornamen wurden damals häufiger gewählt. Wieder erstaunlich – oder doch nicht oder doch nicht mehr? –, ab 1943 interessierten sich die Deutschen offensichtlich wieder mehr für Frankreich. Wie vormals 1916, im Ersten Weltkrieg. Opportunismus? Kriegsmüdigkeit? Verdruß über den Kaiser (damals) und nach der Niederlage von Stalingrad (Februar 1943) über die »Nazis«? Wahrscheinlich von allem etwas. Unübersehbar ist auch hier der Zusammenhang zwischen der politischen Entwicklung und der Auswahl von Vornamen.

Das Land, »wo die Zitronen blühn« – und Mussolini regiert

Ohne die Italienliebe unzähliger deutscher Künstler ist die deutsche Kultur undenkbar. Wie heftig liebten die einfachen, die ganz alltäglichen Deutschen, die nicht unbedingt »Dichter und Denker« waren, Italien und die Italiener? Die Auswahl italienischer Vornamen kann uns diese Frage wenigstens teilweise beantworten. Wieder stehen die Münchner Daten im Zentrum unserer Aufmerksamkeit, 1,1 millionenfach bewährt. Daß italienische Namen in dieser Stadt seit jeher häufig waren, häufiger vielleicht als in anderen deutschen Städten und Landstrichen, nördlicheren zumal, sahen wir bei unseren Ausführungen zum 19. Jahrhundert. Die Münchner brachten den Italienern große Sympathien entgegen; das sollten wir relativierend im Auge behalten.

Gerade wegen dieser grundsätzlichen Sympathien ist der Rückgang italienischer Namen während der ersten Jahrhunderthälfte besonders auffallend und durchaus – einmal mehr – politisch zu erklären (Abb. 32, S. 210). Nicht viel seltener als biblische (Abb. 31, S. 210) wurden italienische Vornamen noch zu Beginn des Jahrhunderts gewählt: 3,3 Prozent waren es 1902. Am Ende der NS-Zeit fand man weit mehr biblische als italienische Vornamen. Das überrascht auf den ersten Blick, denn immerhin war ja der »Duce« der erste Faschist an der Macht. Er war seit 1936 dem deutschen »Führer« durch die »Achse Rom–Berlin« eng verbunden; noch enger seit 1938, als sich Mussolini mit der deutschen Annexion Österreichs abfand und entscheidend zur Einberufung und zum »Erfolg« der Münchener Konferenz beitrug. Von diesem Verbündeten hielten die Deutschen zweifellos nicht viel. Als er 1943 von den Briten verhaftet wurde und sein Land von Deutschland als Kriegspartner abfiel, war der Tiefpunkt deutscher Italienliebe erreicht. Nur noch 1 Prozent der Eltern entschied sich in diesem Jahr für einen italienischen Namen.

Sehr viel milder hatten die Deutschen Italiens Kriegseintritt – gegen Deutschland – im Jahre 1915 bestraft. Bis 1918 hatten sie ihm wieder vergeben. In den Weimarer Jahren wandten sie sich von Italien ab, im »Dritten Reich« blieben sie zunächst gleichgültig, aber 1938 bis 1940 verständlicherweise freundlicher, denn noch war die Partnerschaft erfolgreich. Doch der militärische Erfolg Italiens stockte, was für Deutschland zusätzliche Probleme bedeutete. Ab Februar 1941 versuchte die Wehrmacht Italiens Probleme in Nordafrika und ab April 1941 auf dem Balkan zu lösen. Das steigerte die Beliebtheit Italiens keinesfalls. Italienische Vornamen wollten die Deutschen immer seltener. Karl Löwith ist zuzustimmen: »Die politische Verwandtschaft des Faschismus und Nationalsozialismus reichte niemals bis zu den Wurzeln der eigentlichen Lebens- und Denkweise.«[94]

Am Ende seines Lebens grollte Hitler dem »Duce« sehr heftig: »Wenn ich die Ereignisse nüchtern und frei von jeder Sentimentalität betrachte, muß ich zugeben, daß meine unwandelbare Freundschaft zu Italien und zum Duce auf das Konto meiner Irrtümer gesetzt werden kann. [...] Der italienische Verbündete hat uns fast überall gehemmt. [...] Wir hätten Rußland vom 15. Mai 1941 ab angreifen und [...] den Feldzug vor dem Winter beenden können. Alles wäre anders gekommen.«[95]

Noch ein »faschistischer« Partner: Franco-Spanien

Guernica ist die Chiffre für die deutsch-spanischen Beziehungen seit dem Bürgerkrieg im iberischen Staat. Ohne die Hilfe Mussolinis und Hitlers hätte Franco die Macht im Spanischen Bürgerkrieg nicht erringen können. Der Angriff der deutschen Legion Condor auf die baskische Stadt am 26. April 1937 gehörte zu dessen barbarischsten Akten. Zeitloses Zeugnis ist Picassos *Guernica*, das damals nicht zuletzt Teil des internationalen Propagandakrieges zwischen den Bürgerkriegsparteien und ihren internationalen Helfern wurde. Mit dem Namen dieser Stadt und dieses Bildes bleibt die verbrecherische Zusammenarbeit zwischen Hitler-Deutschland und Franco-Spanien dauerhaft und gültig dargestellt – trotz Francos Distanzierung ab 1940. In den Zweiten Weltkrieg ließ Franco sich nicht wirklich verwickeln, und 1943, nach Stalingrad, zog er die Blaue Division ab, die bis dahin an der Seite Deutschlands gekämpft hatte.

Spanische Vornamen reizten die Deutschen in München während der gesamten ersten Hälfte des 20. Jahrhunderts kaum (Abb. 32, S. 210). Durchgehend blieben die Werte unter 1 Prozent. Doch gab es innerhalb dieses Rahmens bemerkenswerte Schwankungen: Als der Erste Weltkrieg begann, kapselten sich die Deutschen noch mehr als vorher von ihrer Umwelt ab. Spanische Vornamen fielen auf den niedrigsten Wert, der je bis 1945 erreicht wurde, nur noch etwa 0,2 Prozent. Spanien schloß sich den Kriegsgegnern Deutschlands nicht an. Vielleicht war dies der Grund dafür, daß danach, besonders 1916, recht hohe Anteile für spanische Vornamen feststellbar sind. Wirklich höhere Werte registriert man aber erst in den vermeintlich goldenen zwanziger Jahren: 0,5 Prozent im Jahr 1924.

Der große Fall (im kleinen Rahmen der spanischen Vornamen) erfolgte 1937, im Jahr von Guernica. Es ist nicht auszuschließen, daß dieser Rückgang politisch zu deuten ist. 1939, als Franco erfolgreich war, schloß man ihn wieder mehr ins Herz, 1940 war man wohl über seine Zurückhaltung im Krieg enttäuscht, nahm es ihm aber nicht lange übel, denn bis 1945 stiegen die Werte nicht unbeträchtlich.

Hitler dagegen verzieh in seinem »Testament« Franco sowenig wie Mussolini. Er bedauerte, »in Spanien nicht die Kommunisten, sondern Franco, den Adel und die Kirche«, also ein »Regime plutokratischer Ausbeuter am Gängelband der Pfaffen« unterstützt zu haben.[96] »Ich bin sicher, daß es unter den sogenannten Roten in Spanien sehr wenige Kommunisten gab. Man hat uns getäuscht, denn niemals hätte ich mich in Kenntnis des wahren Sachverhaltes damit einverstanden erklärt, daß unsere Flugzeuge dazu dienten, Hungernde zu vernichten und die spanischen Adeligen und Schwarzröcke wieder in ihre mittelalterlichen Vorrechte einzusetzen.«[97]

Der Kreis zur Legion Condor schließt sich – wie die vermeintliche Lücke zwischen dem »Führer« und den Geführten. Die Abkehr von Franco war keine Abkehr von Spanien, sondern nur vom vermeintlich falschen Spanien.

Liebe Deinen Feind? Deutsche und Russen

Wie überraschend sind die Schwankungen bei russischen Vornamen, die ebenfalls selten, aber möglicherweise doch politisch ausgewählt wurden? »Man braucht diese Urwelt lediglich zu sehen und weiß, daß hier nichts geschieht, wenn man den Menschen die Arbeit nicht zumißt. Der Slawe ist eine geborene Sklaven-Masse, die nach dem Herrn schreit; es fragt sich nur, wer der Herr ist.« So äußerte sich Hitler 1941 über den »russischen Raum« und seine Menschen.[98] Wollten sich die Deutschen in München etwa mit diesen vermeintlichen »Untermenschen« auch nur im entferntesten identifizieren? Gar in ihrer unmittelbaren, nämlich familiären Umwelt?

Vielleicht spiegelt diese Entwicklung einen Teil der deutschen Gesellschaft und Politik wider, die die Zusammenarbeit mit dem zaristischen Rußland sowenig scheute wie mit den Kommunisten nach 1917. Beides hat in Deutschland eine Doppeltradition: eine rechtskonservative, antipolnische, preußisch-russische und eine linksinternationalistische, kommunistische. So seltsam, wie es auf den ersten Blick erscheinen mag, war die Zusammenarbeit der scheinbaren ideologischen Todfeinde von deutschen Konservativen (auch Reaktionären) auf der einen und russischen Kommunisten auf der anderen Seite nicht. Über diesen »Teufelspakt« hat Sebastian Haffner ein bemerkenswertes Buch geschrieben.[99] An Lenins Rückkehr nach Rußland war das kaiserliche Deutschland alles andere als unbeteiligt. Immerhin hatte man ihn in die Heimat gebracht, damit er mit Deutschland Frieden schließe – was er im März 1918 in Brest-Litowsk auch tat. Trotzdem war das rote Rußland 1918 bei den Deutschen deutlich weniger beliebt als das zaristische in den Jahren 1909/10 (Abb. 33, S. 292). Die

Schwankungen im Ersten Weltkrieg waren nicht dramatischer als zuvor, so daß wir keine politischen Rückschlüsse ziehen können.

1922 erregte das deutsch-russische Wirtschaftsabkommen von Rapallo erhebliche Aufmerksamkeit. Aber offensichtlich wurde der Eindruck deutsch-russischer Annäherung in der öffentlichen Meinung durch die kommunistischen Umsturzbewegungen des Jahres 1923 in Sachsen und Thüringen überdeckt und getrübt. In diesem Jahr sank der Anteil russischer Namen unter 0,4 Prozent, der Anteil russischer und slawischer Namen auf 1,1 Prozent. Dauerhaft jedoch konnten diese politischen Unruhen den Öffnungsprozeß der Sowjetunion gegenüber nicht unterbinden: 1925 und 1932 erkennen wir wiederum sprunghaft gestiegene Werte.

1924 war Lenin gestorben, Stalin schien sich mit »Sozialismus in einem Lande« begnügen zu wollen (Stichwort »Koexistenz«), die weltrevolutionäre Bedrohung schien gebannt, die Hoffnung auf eine bessere Welt nicht verbannt. Bedauerlicherweise läßt sich weder für 1925 noch 1932 oder ein anderes Jahr feststellen, ob damals vorwiegend Proletarier diese Hoffnung auf die UdSSR setzten. Wir dürfen vermuten, daß der Anstieg russischer Vornamen 1932 mit der Stärkung der Kommunisten und der Schwächung der Sozialdemokraten zusammenhängt. Ein Teil der Bevölkerung identifizierte sich politisch-atmosphärisch sichtbar mit »Russischem«, letztlich also Kommunistischem. Das ergäbe Sinn. Soviel Sinn wie der deutliche Rückgang russischer Vornamen in den ersten Jahren der NS-Herrschaft.

Eine Wende wurde – wenig überraschend – 1939 vollzogen. Auf der politischen Ebene hat sie einen Namen: der Hitler-Stalin-Pakt vom 22. August 1939. Bis zum 22. Juni 1941 hielt er, dann brach ihn Hitler. Erstaunlicherweise – Wut? Enttäuschung? verdeckte Opposition? – entschieden sich 1941 mehr Deutsche in München als die Jahre zuvor wieder für russische Vornamen. Anfang Februar 1943 kapitulierte die Stalingradarmee. Der Rückgang russischer Vornamen blieb ausgerechnet 1943 schwach. 1944 und 1945, im »totalen Krieg«, schien der Feind anziehender denn je. Über die Gründe können wir bestenfalls spekulieren. Wie auch immer: Diese Entwicklung ist überraschend. War sie »proletarisch« bedingt? Von Opportunismus bestimmt, sozusagen als erkennbarer Rückversicherungsschein deutscher Familien für den Fall der sowjetischen Eroberung? War es, wie bei Hitler, eine Art Haßliebe zu Rußland, die am Ende beim »Führer« jedenfalls dokumentierbar ist?

Möglich ist alles, aber erstaunlich bleibt es, zumal die Standesbeamten im »Dritten Reich« gewiß nicht aufgefordert wurden, derartige Abweichungen vom gutdeutschen Muster zu fördern. Wieder sollten wir nicht den »Führer« unerwähnt lassen, um den scheinbaren – oder doch tatsächlichen? – Graben zum Volk zu schließen. Hitler hatte sich in seinem Testament vom »Duce« und »Generalissimo« ab – und Stalin, Rußland also, zugewandt. Gewiß, Rainer Zitelmann ist ein umstrittener Publizist und Historiker, doch seine These über Hitlers seit dem Rußlandkrieg zunehmende Stalinbewunderung ist wohlbegründet und nur schwer widerlegbar. »Hitler gewahrte auf einmal die innere Verwandtschaft seines Systems mit dem so heiß bekämpften Bolschewismus und sprach dies auch aus [...]. Sein Feind wurde ihm zum heimlichen Vorbild«, berichtete Wilhelm Scheidt, der zeitweise an den »Lagebesprechungen« teilnahm.[100]

Die am Kriegsende gestiegene Anziehungskraft russischer Vornamen muß uns offenbar weniger überraschen, als ursprünglich angenommen; wenn schon der »Führer« späte Sympathien für Rußland entwickelte, warum dann nicht auch das geführte Volk? Dem »stärkeren Ostvolk gehört ausschließlich die Zukunft«, hatte Adolf Hitler im März 1945 seinen Vertrauten erklärt.[101] Viele Deutsche schienen ihrerseits auf diese Zukunft zu setzen – indem sie sich gegen Kriegsende immer häufiger nicht nur für russische, sondern auch ganz allgemein für slawische Vornamen entschieden; für die Vornamen, der angeblichen »Untermenschen« (Abb. 33, S. 292). Oder war es Kritik? Reue? Opposition? Ganz unpolitisch war es keinesfalls. Das legen die Daten nahe. Über Motive, den »Input«, sagen Daten von der Art unserer Vornamen selten etwas aus. Doch höchst bemerkenswert ist auch schon der »Output«, sind die Daten selbst. 2 Prozent aller 1945 vergebenen Vornamen waren russische oder slawische. Wer hätte das gedacht?

Feindliches Ausland?

»Viel Feind', viel Ehr!« Als »Spruchweisheit« kann man diesen bekannten deutschen Satz nicht bezeichnen, denn er ist wohl eher ein Spruch der Sprücheklopfer ohne jede Weisheit. In der deutschen Außenpolitik wurde er jedenfalls seit Wilhelminischer Zeit oft, gern und auch nicht ohne Stolz zitiert.

Wer seinen Kindern ausländische Namen gibt, wird nicht wirklich ein Auslands- oder Ausländerfeind sein; weder heute noch damals. Wie viele Deutsche wählten für ihre Kinder ausländische Vornamen, in diesem Falle englische, französische, spanische, italienische, russische und andere slawische? Zwischen 6 und 10 Prozent waren es in den Jahren 1890 bis 1945 (Abb. 36, S. 293). In der zweiten Hälfte der neunziger Jahre – jenen Jahren, in denen Wilhelm II. und sein Admiral Tirpitz mit der Umsetzung ihrer so fatalen wie folgenreichen Flottenpolitik begannen – lag der Anteil ausländischer Namen bei 10 Prozent. Danach fallen Schwankungen auf, die wir freilich zu einem Gutteil auf die geringe Dichte unserer Geburtsjahrgänge in dieser Zeit zurückführen müssen. Trotzdem: War der Zeitgeist, war man selbst für oder gegen Ausländisches? Unsicherheiten gab es während der Jahrhundertwende; bis zum Ersten Weltkrieg pendeln sich die Zahlen bei beachtlichen 8 Prozent ein. Abgesehen vom Jahr der Kriegswende 1916 fanden im Ersten Weltkrieg keine großen Veränderungen statt, obwohl in unsere Graphik auch Namen aus Kriegsgegnerstaaten einfließen.

In der Weimarer Republik öffneten sich mehr deutsche Herzen und Köpfe dem Ausland. Dies überrascht ebensowenig wie die insgesamt abnehmende Häufigkeit ausländischer Vornamen während der NS-Jahre 1933 bis 1943. Hatte deren Anteil seit 1924 fast dauerhaft um die 10 Prozent gelegen, sank er nach 1933 und fiel 1938 unter die 8-Prozent-Marke.

Wie tiefgreifend der Schock der Jahre 1942/43 war, zeigt auch die Untersuchung ausländischer Vornamen: Immer mehr Deutsche begannen vom mörderischen und selbstmörderischen Germanismus der Nationalsozialisten abzurücken. Ausländische Vornamen wurden von 1943 bis 1945 wieder beliebter. Opportunismus und der Wunsch, sich rückzuversichern, mögen diese Entscheidungen beeinflußt haben, auszuschließen ist es keineswegs. Sowenig wie die feststellbare Abkehr von der germanischen »Tugend«.

Was sonst noch zerbrach

Lateinische Namen wurden und werden vornehmlich im »Wolkenkuckucksheim« vergeben, also innerhalb eines relativ harten, gar nicht einmal so kleinen bildungsbürgerlichen Kernes. Deshalb finden wir in der ersten Hälfte des 20. Jahrhunderts kaum Ausschläge bei der Häufigkeit der Auswahl lateinischer Vornamen.[102] Zwischen 3 und 4 Prozent schwanken die Werte (Abb. 34, S. 292). Dieser harte Kern blieb auch nach 1933 bestehen. Nur 1939, zu Beginn des Zweiten Weltkriegs, schien zeitweilig die Welt der Humanisten aus den Fugen geraten zu sein. Danach jedoch klammerte man sich förmlich an die alten Römer. Nie zuvor wurden lateinische Namen so oft bevorzugt wie in den Jahren 1940 bis 1944: eine Suche nach der heilen, alten Welt?

Die Lateiner gelten bekanntlich eher als die Halb-Humanisten oder nur humanistisch Angehauchten. Die wirklichen Humanisten, so die Legende, sind die Graecisten, die Kenner und Liebhaber der griechischen Altertums. Noch kleiner und als vermeintlich noch feiner galt (und gilt?) dieser Personenkreis. Ins Land der Griechen, zumindest zu dessen Vornamen, zog es schon bis 1933 immer weniger deutsche Bildungsbürger (Abb. 34, S. 292). Sanft, doch beständig nahmen die Werte für altgriechische Vornamen ab. Nicht dramatisch, aber doch unübersehbar war der Rückgang von 1933 bis 1939. Dann aber blieben die Werte stabil. Die Welt der klassischen abendländischen Kultur war zwar kleiner geworden, aber sie war bis 1945 nicht zusammengebrochen. Gelang es ihr jedoch, einen Damm gegen die Barbarei des Nationalsozialismus aufzurichten? Alfred Andersch bemerkt dazu im Nachwort zu seiner Erzählung *Der Vater eines Mörders* (1980) über eine Schulstunde beim autoritären Oberstudiendirektor Gerhard Himmler:

Angemerkt sei nur noch, wie des Nachdenkens würdig es doch ist, daß Heinrich Himmler [...] nicht, wie der Mensch, dessen Hypnose er erlag, im Lumpenproletariat aufgewachsen ist, sondern in einer Familie aus altem, humanistisch fein gebildetem Bürgertum. Schützt Humanismus denn vor gar nichts? Die Frage ist geeignet, einen in Verzweiflung zu stürzen.[103]

Was können wir angesichts der den Zivilisationsbruch nicht verhindernden »Humanitas« ganz allgemein über Bildungsnamen, also über das Bildungsbürgertum insgesamt sagen? Ca. 14 Prozent aller Vornamen unserer Quelle sind in der ersten Jahrhunderthälfte als bildungsbürgerlich einzuordnen (Abb. 34, S. 292), geringfügig mehr, als die Katholiken im Jahr der Reichsgründung, 1871, aufzuweisen hatten (Abb. 21, S. 205). Bei näherer Betrachtung der Entwicklung erkennt man zwar keinen Zusammenbruch dieser Welt, wohl aber unübersehbare Risse, besonders in den Jahren 1934 bis 1937. Ließ sie sich vom Zeitgeist tragen? Das muß man vermuten, wenn man an die gestiegene Beliebtheit der NS-gefälligen Namen denkt.

Die für Hitler erfolgreiche Zeit um 1938 (Österreich und das Sudetenland »kehrten heim ins Reich«) stabilisierte die Welt der Bildungsbürger kurzfristig. Während der Angriffe auf Polen, Norwegen und Dänemark sowie im Jahr des Westfeldzuges von 1940 präsentierten sich, wie kurz vor Beginn des Ersten Weltkrieges, knapp 16 Prozent der Eltern als an der alten Kultur orientiert. Bis 1945 glitt ihnen dann aber der Boden unter den Füßen weg. Der Weltkrieg hatte auch diese deutsche Welt des Wahren, Guten und Schönen erheblich zerstört. Nur noch 12 Prozent Bildungsnamen wurden 1945 vergeben; so wenig wie nie zuvor im 20. Jahrhundert. Noch ein Traditionsbruch. Nicht der einzige, den der nationalsozialistisch-deutsche Zivilisationsbruch beschleunigt und bewirkt hatte.

> Ja, nun kommt sie, die Schlacht, die wahre,
> die lange gesungene, die der Sage der Väter,
> der wir als Knaben lauschten, aber die eigene nun,
> Herz, die ersehnte! Schon schwirren die Lüfte
> über und neben uns schrill, dumpf Einschlag um
> Einschlag, es birst schreiend die Erde. Voran!
>
> Wälderdruchbrechend, steilauf, noch, wieder so fort,
> der Leutnant lacht in der Sonne, da fängt ihn
> grün das Gestrüpp, wir ihm nach.

Herybert Menzels blutrünstigem Gedicht *Die Schlacht*, geschrieben 1943, entnehmen wir diese Zeilen.[104] Als Vorlage hatte ihm Hölderlins *Tod fürs Vaterland* gedient. Den meisten Deutschen des Jahres 1943 (von Nichtdeutschen ganz zu schweigen) war das Lachen, zu dem der Leutnant im Gedicht noch in der Lage war, vergangen. Der millionenfache Tod hatte Herzen und Traditionen gebrochen.

Begonnen hat der Traditionsbruch freilich viel früher, wir sahen es, bereits im 19. Jahrhundert. Im 20. Jahrhundert wirkte dann der Erste Weltkrieg als Beschleuniger. Die Entwicklung der traditionellen Namen und der Heiligennamen seit 1900 ist in dieser Hinsicht höchst aufschlußreich (Abb. 35, S. 293): zwischen 1916 und 1918 fielen die Anteile beider Gruppen zum ersten Mal unter die 50-Prozent-Marke.[105] Kontinuierlich setzte sich in der Weimarer Republik die Abwendung von traditionellen Namen weiter fort; noch etwas schneller im »Dritten Reich«. Erstmals seit 1911 gab es 1945 wieder eine leichte Zunahme traditioneller Vornamen, die allerdings zu spät kam. Der Traditionsbruch war irreversibel vollzogen. Knapp 60 Prozent der Eltern hatten im ausgehenden 19. Jahrhundert ihren Kindern traditionelle Vornamen gegeben, 1945 waren es nur noch rund 28 Prozent.

Bilderstürmer: Der Fall der Heiligen

Als Teil des allgemeinen Traditionsbruches ist die Abnahme der Heiligennamen zu verstehen. Auch sie begann lange vor dem »Dritten Reich«, geht weit ins 19. Jahrhundert zurück. In ihr kommt die Tendenz der Moderne zur Säkularisierung, zur »Verweltlichung«, zur Abkehr des Menschen von der Jenseitigkeit am deutlichsten zum Ausdruck (Abb. 35, S. 293).

Im Jahre 1900 hatten fast 60 Prozent der Deutschen ihren Kindern Namen von Heiligen gegeben. Der kaum zu überbietende Anteil sank kontinuierlich. Ausnahmen gab es sehr wohl: zum Beispiel während des Ersten Weltkrieges, in den Jahren 1915 bis 1918. In jener Zeit der totalen, existentiellen Verunsicherung und Bedrohung hielt man sich noch einmal kurzfristig an das »Gute Alte«: an die Heiligen und über die Heiligen an den lieben Gott. Weil auch er nicht helfen konnte, wandte man sich wieder von ihm ab. Das geschah schon lange vor 1933 und setzte sich bis 1939 fort. Dann stagnierte die Abnahme, seit 1940 nahm der Anteil der Heiligennamen sogar wieder zu. War es, wie während des Ersten Weltkrieges, ein Blick zurück oder eine Art Rückversicherung? Jedenfalls wählte man erneut häufiger Heiligennamen. Je heftiger der Krieg, desto stärker die Religiosität. Zeitweilig. Das Mensch-Gott-Verhältnis entsprach wohl eher dem An- und Abschalten eines Fernsehgerätes. Man muß diese Erklärung und diese Vergleiche nicht übernehmen, der Sachverhalt selbst ist unbestreitbar. Auch die Religiosität brach zusammen. Man bediente sich der Religion, des lieben Gottes, der Kirche – aber die Wurzeln waren nicht mehr besonders tief oder auch nicht mehr vorhanden.

Finis Bavariae: Das Ende Bayerns?

Noch ein weiterer Traditionsbruch ist zu beobachten: Die Bayern wurden immer weniger bayerisch – zumindest bei der Auswahl ihrer Vornamen. Dieser Wandel setzte ebenfalls im 19. Jahrhundert ein und erhielt einen Schub durch den Ersten Weltkrieg. Katalysierte dieser Krieg die Traditionsbrüche der Moderne nicht sehr viel stärker als die Zeit des Nationalsozialismus? Man muß dies sehr genau prüfen und noch mehr Daten sammeln.

Das Jahrhunderthoch regional-bayerischer Namen wurde 1912 erreicht (Abb. 36, S. 293). In jenem Jahr starb der Prinzregent Luitpold. Eine Hommage seiner Bayern an ihn und seine Bayern, also an sich selbst? Mag sein. Von kurzer Dauer war dieses Gefühl. Allein im Kriegsjahr 1915 besann man sich wieder aufs Alte, diesmal Regionale. Diese Reaktion in Zeiten der Krise, des Krieges und der Zweifel kennen wir bereits recht gut. Ein Indikator nach dem anderen bestätigt das bisherige Bild. Als schließlich die Nationalsozialisten an die Macht kamen, war im Vergleich zum Jahrhundertanfang der Anteil bayerischer Vornamen auf ein Viertel seines Bestandes geschrumpft. 4,5 Prozent waren es 1914, gerade einmal 0,5 Prozent noch im Jahre 1945 (Abb. 36, S. 293).

Einmal mehr und immer wieder: Der Nationalsozialismus war der folgenreichste Zivilisationsbruch durch Deutsche und für Deutsche, auch wenn seine ideologisch motivierte Namenpolitik allenfalls Teilerfolge zeitigte. Die Instrumentalisierung des Uta-Mythos war weitgehend ein Fehlschlag, ebenso wie die Propagierung der germanisch-ideologischen Namen. Das Gros der Deutschen richtete sich eher an der Oberfläche am Nationalsozialismus aus. Parallel zur Entwicklung der nationalsozialistisch belasteten Namen sehen wir, wie sich die großen Traditionsbrüche der Moderne auch in der ersten Hälfte des 20. Jahrhunderts weiter entfalten. Und auch sie beeinflußte der Nationalsozialismus nur bedingt. Begonnen hatten sie schon lange vorher im 19. Jahrhundert und wurden zunächst und vor allem durch den Ersten Weltkrieg beschleunigt. Diese Brüche waren nicht nur wirtschaftliche, politische und gesellschaftliche, sondern mindestens ebensosehr Brüche im inneren, mentalen Wertesystem der Deutschen. Es gibt kaum einen anderen Indikator, der so viel empirisches Material dazu bietet wie die Vergabe von Vornamen.

VIII.
Die Bundesrepublik als »neues Deutschland«?

Ob es nach dem Ende des »Dritten Reiches« eine »Stunde Null« gab oder nicht, ob eine Erneuerung Deutschlands tatsächlich oder nur vermeintlich stattgefunden habe, darüber ist viel diskutiert worden. An empirischen Daten hierüber fehlt es sowenig wie an Umfragen zur inneren und äußeren Befindlichkeit der Bundesbürger. Für eine »demoskopische Deutschstunde« (Elisabeth Noelle-Neumann) benötigen wir jetzt keine vor- oder nichtdemoskopischen Methoden mehr, sondern können uns auf Repräsentativumfragen stützen. Die historisch-politische Analyse von Vornamen ist unter dieser Voraussetzung lediglich ein Hilfsmittel, das uns zusätzlich das eine oder andere Detail mitteilen kann. Was sagt uns die Auswahl der Vornamen über die Deutschen nach 1945? Wegen der Größe der Datenbasis müssen wir uns in diesem Kapitel mit größeren zeitlichen Abständen begnügen. Wir betrachten nicht mehr den Wechsel von Jahr zu Jahr, sondern den Wandel innerhalb von fünf Jahren.

Der Untertan wird Bürger: Befreiung von der Obrigkeit

Die Zeit der obrigkeitsorientierten Vornamen der deutschen Untertanen endete im deutschen Westen ebenso wie im Osten weitgehend und sehr abrupt im Jahre 1945. Familientraditionen oder gar politische Nostalgie in der einen oder anderen, monarchischen oder gar nationalsozialistischen, Richtung gab es hin und wieder – aber so vereinzelt und deshalb unbedeutend, daß wir zu diesem Thema kein Wort mehr verlieren müssen. Der Untertan wird Bürger; im Westen ein freier, im Osten bis 1989/90 ein unfreier. Doch auch die unfreien Bürger der DDR haben bei der Wahl der Vornamen ihrer Kinder aufschlußreiche politische Signale ausgesendet. Wir werden sie noch beschreiben, beginnen aber mit der Bundesrepublik Deutschland.

Völlig außer Mode gekommen sind die dynastischen Vornamen, jene Vornamen also, die eine zweifelsfreie Verbindung zum einen oder anderen Königs- oder Kaiserhaus andeuteten (Abb.37, S. 294).[1] Schon 1950 war der Anteil dieser Namen zu vernachlässigen. Anfang der sechziger Jahre folgte der freie Fall, ab 1985 war praktisch der Nullpunkt erreicht. Monarchische Nostalgie ist inzwischen Folklore oder Geschäft, aber keine innere Befindlichkeit.

Ja, ein »neues Deutschland« zeigt sich hier in München. Auch andere, eindeutig personenpolitisch konnotierte Vornamen sind nach 1945 so selten, daß nicht einmal eine Kurve gezeichnet und gezeigt werden kann. Wir können mit nennenswerten Anteilen keinen »Konrad« (für Konrad Adenauer) bieten, keinen »Ludwig« (für Ludwig Erhard), keinen »Kurt-Georg« (für Kurt-Georg Kiesinger), keinen »Willy« (für Willy Brandt) und keinen einfachen oder doppelten »Helmut« (für Helmut Schmidt und Helmut Kohl). An den Bundeskanzlern orientierten sich die Bundesbürger nicht. Das scheint passé – von den Vornamen der Bundespräsidenten ganz zu schweigen. Keine Explosion ihrer Vornamen: weder »Theodor« (Heuss) noch gar »Heinrich« (Lübke), »Gustav« (Heinemann), »Walter« (Scheel), »Karl« (Carstens) oder »Richard« (von Weizsäcker). Dabei wissen wir aus Umfragen sehr genau, daß und wie beliebt, geschätzt, verehrt die meisten Bundespräsidenten waren. Richard von Weizsäcker wurde als Idol fast zur Ikone, aber so weit, daß man die Jungen nun deutlich häufiger »Richard« nannte, ging die Begeisterung nicht.

Von der lebenslangen, weil namensgeprägten Identifizierung mit Politikern hatten die Deutschen nach Adolf Hitler anscheinend ganz einfach genug. Wer will, wer würde es ihnen verdenken? Der Untertan ist tot! Es lebe der Bürger! »Citoyen«, sagt man heute gerne auf neudeutsch und meint damit ebenfalls den Bürger, den Staatsbürger, besonders den engagierten Staatsbürger. In den späten sechziger und siebziger Jahren hatte man in bundesdeutschen Landen dafür noch einen anderen Lieblingsausdruck: vom »mündigen Bürger« sprach man. Das wiederum knüpfte an die Tradition der Aufklärung an, denn, wir wissen es alle zumindest aus dem Schulunterricht, Aufklärung ist – wie Kant es formuliert hat – der Ausgang des Menschen aus seiner selbstverschuldeten Unmündigkeit. Ohne Aufklärung keine Französische Revolution, keine Bürgergesellschaft. Der Kreis schließt sich. Toujours la même chose – immer das gleiche; oder fast das gleiche. Aber, verglichen mit dem Untertan, ist und bleibt der Bürger eine feine Sache. Eine bessere gibt es nicht.

Nicht mehr mit den politisch »Großkopferten« identifizierten sich die Bundesdeutschen, eher wollten sie zum ersten Mal ihrer Individualität Ausdruck verleihen. Die Individualisierung der Vornamen ist jedenfalls nach 1945 unübersehbar, in München ebenso wie in anderen deutschen Städten. Ablesbar ist diese Entwicklung an der gewaltig gestiegenen Anzahl verschiedener Vornamen.[2] Begonnen hatte sie zwar früher, besonders ab 1933, doch Geschwindigkeit und Ausmaß nahmen nach dem Ende des Nationalsozialismus dramatisch zu.

Die Last des Nationalsozialismus

Den einen oder anderen »Adolf« findet man hier und dort auch nach 1945. Aber mehr als 0,16 Prozent (1955) erreichte sein Anteil nie mehr; meistens bewegte er sich deutlich unter 0,1 Prozent; in den Jahren 1975, 1980 und 1985 gibt es sogar überhaupt keinen »Adolf« mehr in unserer Quelle.[3] »Horst« hingegen war bis 1965 noch häufiger anzutreffen: Immerhin betrug sein Anteil 1950 noch 1 Prozent. Das ist erstaunlich, weil »Horst« während der Jahre 1933 bis 1945 kaum weniger NS-ideologisch belastet war als »Adolf«; 1965 jedoch war schließlich auch er auf weniger als 0,5 Prozent gesunken, und 1980 nannten nur noch 0,06 Prozent der Eltern ihren Sohn »Horst«.

Als vermeintlichen Brauch der alten Germanen schätzte das amtliche NS-Deutschland Doppelnamen wie »Karl-Heinz«, »Wolf-Dieter« oder »Klaus-Jürgen«. Wir sagten es bereits. In den frühen fünfziger Jahren waren diese »Bindestrichnamen« mit rund 2,5 Prozent nicht mehr sehr häufig, doch auch nicht gerade selten. Im Sturzflug abwärts ging es mit ihnen bis Mitte der sechziger Jahre, und seit den frühen siebziger Jahren haben sie sich auf niedrigem Niveau stabilisiert. Heute gelten sie, zu Recht oder nicht, als etwas muffig, nicht als »braun«, aber eben doch als veraltet (Abb. 40, S. 295).

Daß in der Bundesrepublik seit den frühen sechziger Jahren ein »neues Deutschland« entstand, erkennt man – neben zahllosen anderen Indikatoren[4] – am dramatischen Rückgang der *germanischen Vornamen*. 1945 wurde die äußere, von außen erzwungene Wende vollzogen, die innere erfolgte bei vielen Deutschen erst ungefähr fünfzehn Jahre später.

Rund 35 Prozent der Deutschen entschieden sich noch 1950 für germanische Vornamen (Abb. 38, S. 294). 1990 waren es nicht einmal mehr 5 Prozent, ein Jahrhunderttief. Noch schlimmer erging es den in nationalsozialistischer Zeit beliebten *germanisch-ideologischen Namen*. Nicht einmal mehr 0,8 Prozent solcher Namen finden wir schon 1950; vierzig Jahre später schließlich sind sie fast am Nullpunkt angelangt (Abb. 37, S. 294). Was bemerkenswert ist: Das »neue Deutschland« entstand nicht erst durch die 68er-Generation. Ihr Einfluß auf diese Entwicklung, auf die Entrümpelung germanisch-nationalsozialistischen Unfugs und Unheils ist empirisch nicht nachweisbar. Gegen Legenden bleibt freilich jede Empirie macht- und wirkungslos. Wir sind sicher: Trotz der Gegenbeweise werden viele an der schönen Legende festhalten, die das neue Westdeutschland mit den Bilderstürmern der Achtundsechziger-Bewegung beginnen läßt.

Die Interpretation der Entwicklungslinie *nordischer Vornamen* ist nur scheinbar einfach, denn nicht alles Nordische hielten die Nationalsozialisten auch für »deutsch«. Deshalb sind diese Namen keinesfalls ein sicheres Indiz für NS-freundliche

Einstellungen der Namengeber. Trotzdem wählte seit 1933 ein geradezu explosionsartig wachsender Anteil der Deutschen nordische Vornamen. Zur Erinnerung seien noch einmal die Zahlen genannt: 1934 waren es um die 6 Prozent, 1940 10 Prozent und noch 1945 mehr als 6 Prozent (vgl. Abb. 30, S. 209). Bis 1950 hatte sich diese Namengebungsgewohnheit nicht wesentlich geändert. Wieder hatten sich rund 6 Prozent für nordische Vornamen entschieden (Abb. 38, S. 294).

Erst seit den siebziger Jahren wurde auch diese Art von Deutschtümelei weniger beliebt. Vielleicht – wir wissen es nicht und können es nur vermuten – hängt *dies* mit der Aufbruchstimmung der 68er-Generation sowie der Ostpolitik der frühen siebziger Jahre zusammen, mit dem bewußt gezeigten Bedürfnis, ein »neues Deutschland« zu repräsentieren. Ein Kürzel für diese Weltsicht war bis Mai 1974, also bis zum Rücktritt Willy Brandts und der Wahl Walter Scheels zum Bundespräsidenten, gewiß die Ostpolitik der SPD-FDP-Koalition. In den achtziger Jahren setzte sich der rückläufige Trend nordischer Namen fort, bis 1990 eine Stabilisierung auf niedrigem Niveau erreicht wurde.

Das Ende der Tradition?

Im Spiegel ihrer Vornamen haben die Bundesdeutschen seit dem ausgehenden 19. Jahrhundert ihre Tradition um Lichtjahre hinter sich gelassen. Traditionelle Namen wurden in der Bundesrepublik immer seltener,[5] wenngleich deren rückläufiger Trend, der Traditionsbruch also, seinerseits seit den achtziger Jahren gebrochen scheint (Abb. 39, S. 295). Der deutsche Michel ist bei seinen Namen »undeutscher« geworden, obwohl gerade der Vorname »Michael« sich großer Beliebtheit erfreute und erfreut,[6] der keineswegs rein deutsch, sondern hebräischen Ursprungs ist: »Mi kamocha elohim«, abgekürzt Mi-ka-el, bedeutet auf deutsch: »Wer ist so wie Du, Gott?«

Immerhin 25 Prozent hatten sich 1950 für traditionelle Vornamen entschieden. Schon 1960 waren es nur noch etwa 17 Prozent, 1970 etwas mehr als 10 Prozent, ebenso 1975. Seit 1980 scheint es wieder eine Rückbesinnung zu geben; 1985 trifft sich der wiederansteigende Anteil traditioneller Namen zum ersten Mal seit dem Ende der fünfziger Jahre wieder mit dem Wert für innovative Namen, bei knapp unter 15 Prozent. Welchen Standpunkt man dazu einnehmen mag – diese Daten deuten jedenfalls auf ein gestiegenes Traditionsbewußtsein hin.

Neue Gläubigkeit?

Die Heiligennamen bilden nach wie vor die weitaus stärkste Gruppe in unserer Quelle mit süddeutsch-bayerischem Schwerpunkt. Im großen und ganzen äußerst stabil, unterlag ihre Entwicklung während des Jahrhunderts aber doch auch sichtbaren Schwankungen. Im Jahre 1900 gaben noch knapp 60 Prozent der Eltern ihren Kindern Heiligennamen, 1950 waren es ungefähr 40 Prozent und 1965 gar rund 44 Prozent. In den wilden Sechzigern, also bis zum Jahr 1970, sank der Anteil auf knapp 42 und 1975 auf 41 Prozent (Abb. 39, S. 295). Bis 1985 ist ein neuerlicher Anstieg auf knapp 44 zu beobachten, anschließend geht es bis 1990 wiederum bergab: »Nur« rund 40 Prozent wählten Heiligennamen. Nur? Wir meinen, daß 40 Prozent nach wie vor sehr viel sind. Auch fällt uns auf, daß sich die Verlaufskurve der traditionellen Namen von derjenigen der Heiligennamen »abgekoppelt« hat. Wir erinnern uns an das 19. Jahrhundert (Abb. 14, S. 136) und auch an die Zeit bis 1945 (Abb. 35, S. 293): Die Kurven für traditionelle und Heiligennamen verliefen fast immer nahezu parallel. Erst seit etwa 1938 änderte sich dies; fortan fiel der Anteil der traditionellen Namen sehr viel rapider als derjenige der Heiligennamen, dessen Abschwung sich etwas bremste. Daraus schließen wir auf eine insgesamt gestiegene Vornamenvielfalt, die die Eltern immer weniger auf die klassisch-traditionellen, »nicht heiligen« Vornamen zurückgreifen ließ (»Johann« und »Hans«, »Karl«, »Heinrich«, »Johanna« u. a.). Heiligennamen blieben dagegen wesentlich beliebter, in zunehmendem Maß aber solche, die nicht zum altüberlieferten Kanon gehörten, sondern eher innovativ waren. Statt »Joseph«, »Maria«, »Anton« und »Elisabeth« mit großen Häufigkeiten finden wir eine sich ausdifferenzierende Vielfalt seltener Heiligennamen, deren Kleinstanteile sich aufsummieren: »Donatus« und »Cordelia«, »Wendelin«, »Basilius« und »Euphemia«, »Petronilla« und »Afra«, »Wunibald«, »Kilian« und »Thaddäus«, »Pirmin« und »Athanasius«. Auch nimmt die Zahl von Kurzformen (wie »Timo« von »Timotheus«) und Ableitungen (wie »Christianne«), deren Ursprünge sich auf Heiligennamen zurückführen lassen, stark zu.

Trotz und vielleicht gerade wegen dieser Popularität müssen wir uns fragen, wieviel die Wahl dieser neuen Art von »Heiligennamen« noch über die Gläubigkeit der Bürger oder ihren Bezug zur Kirche aussagt. Die Umfragen sprechen eine deutliche Sprache: Die Religiosität der Bundesdeutschen hat abgenommen.[7] »Säkularisierung« ist nach wie vor Trumpf, die Entfernung oder gar Entfremdung von der Religion ist nicht zu übersehen. Daran ändert auch die Tatsache nichts, daß »Maria« in den Jahren 1995 und 1996 erneut der beliebteste Mädchenname in ganz Deutschland war.[8] Bei den in München lebenden Deutschen lag »Maria« im gesamten 20. Jahrhundert, auch noch lange nach 1945, unangefochten auf Rang eins. Der Durchschnittswert verbirgt jedoch den dramatischen Absturz der Anteile dieses klassischen Heiligennamens von noch 16 Prozent im Jahr 1892 auf unter 1 Prozent hundert Jahre später. Ein vergleichbares Schicksal war der im 19. Jahrhundert stets zweitplazierten »Anna« beschieden, die sich – im Unterschied zu »Maria« – jedoch schon seit den siebziger Jahren unseres Jahrhunderts zum Modenamen entwickelte.[9]

Versagt angesichts der Popularität der »neuen« Heiligennamen sowie der wiederansteigenden Beliebtheit der Namen »Maria« und »Anna« unser Indikator? Nein. Er spiegelt nach wie vor die gesellschaftliche Entwicklung. Nur scheint es, als sei die Konnotation »heilig« nicht mehr die ausschlaggebende, als sei sie hinter andere Konnotationen zurückgetreten, die jene Namen etwa als »modisch« oder »nostalgisch« ausweisen. Vor dem Hintergrund des großen Säkularisierungsprozesses des 19. und 20. Jahrhunderts drängt sich die Annahme geradezu auf, daß die Indikatoren der Religiosität – in unserem Fall die Heiligennamen – letztendlich selbst säkularisiert werden und, mit neuen Konnotationen versehen, neue Bedeutung gewinnen. Es bleibt dabei: Die Verbindlichkeit der Religion, der Glaubens ist gebrochen. Die Entwicklungstendenzen bei den »Heiligennamen« widersprechen dem nicht, bestätigen, im Gegenteil, die Säkularisierungsthese auf eindrucksvolle und eigenartige Weise.

Auch das (neben den *Jahrestagen* von Uwe Johnson) Prachtstück bundesdeutscher Literatur, *Die Blechtrommel* von Günter Grass, ist voll praller Nicht-mehr-Gläubigkeit. Man mag dieses Werk bewundern oder verdammen, es ist – auch hier – literarisches Zeugnis für den Bruch religiöser Traditionen. Man erinnere sich an das Kapitel »Kein Wunder« im Ersten Buch: Oskar ging 1937 in der Danziger Herz-Jesu-Kirche zum Hochaltar, über dem der »vollplastische Jesus« hing. »Was hatte der Mann für Muskeln!« Er schien wie ein »Athlet mit der Figur eines Zehnkämpfers«. An die vorjährige Berliner Olympiade fühlte er sich erinnert, an Jesse Owens und Rudolf Harbig.[10]

Das Kreuz, Symbol des Christentums schlechthin, wird in der *Blechtrommel* Anlaß und Auslöser literarisch brillanter Tändelei, aber eben Tändelei:

> Andreas, den sie aufs schräge Kreuz nagelten – deshalb Andreaskreuz. Außerdem gibt es ein Griechisches Kreuz neben dem Lateinischen Kreuz oder Passionskreuz. Wiederkreuze, Krückenkreuze und Stufenkreuze werden auf Stoffen, Bildern und Büchern abgebildet. Das Tatzenkreuz, Ankerkreuz und Kleeblattkreuz sah ich plastisch gekreuzt. Schön ist das Glevenkreuz, begehrt das Malteserkreuz, verboten das Hakenkreuz, de Gaulles Kreuz, das Lothringer Kreuz, man nennt das Antoniuskreuz bei Seeschlachten: Crossing the T. Am Kettchen das Henkelkreuz, häßlich das Schächerkreuz, päpstlich des Papstes Kreuz, und jenes Russenkreuz nennt

man auch Lazaruskreuz. Dann gibt's das Rote Kreuz. Blau ohne Alkohol kreuzt sich das Blaue Kreuz. Gelbkreuz vergiftet dich, Kreuzer versenken sich, Kreuzzug bekehrte mich, Kreuzspinnen fressen sich, auf Kreuzungen kreuzt ich dich, kreuzundquer, Kreuzverhör, Kreuztworträtsel sagt, löse mich. Kreuzlahm, ich drehte mich, ließ das Kreuz hinter mir, und auch dem Turner am Kreuz wandte ich meinen Rücken auf die Gefahr hin zu, daß er mich ins Kreuz träte, weil ich mich der Jungfrau Maria näherte, die den Jesusknaben auf ihrem rechten Oberschenkel hielt.[11]

»Das Krippenspiel« aus dem Zweiten Buch ist ein anderes von vielen Beispielen der verlorenen Gläubigkeit, in dem viele Zeichen der Frömmigkeit vollkommen demontiert werden:

Mitte Dezember [1944] startete Rundstedt seine Ardennenoffensive, und auch wir waren mit den Vorbereitungen für unseren großen Coup fertig. [...] Die drei Handwagen stellten wir hinter der Sakristei ab. Der jüngere Rennwand hatte den Schlüssel zum Hauptportal. Oskar ging voran, führte die Burschen nacheinander zum Weihwasserbecken, ließ sie im Mittelschiff in Richtung Hochaltar aufs Knie gehen. Sodann ordnete ich die Verhängung der Herz-Jesu-Statue mit einer Arbeitsdienstdecke an, damit uns der blaue Blick nicht allzusehr bei der Arbeit behinderte. [...] Zuerst mußte der Stall voller Krippenfiguren und Tannengrün ins Mittelschiff geräumt werden. Mit Hirten, Engeln, Schafen, Eseln und Kühen waren wir reichlich eingedeckt. Unser Keller war voller Statisten; nur an den Hauptdarstellern fehlte es noch. Belisar räumte die Blumen vom Altartisch ab. Totila und Teja rollten den Teppich zusammen. Kohlenklau packte das Werkzeug aus. Oskar jedoch kniete hinter einem Betschemelchen und überwachte die Demontage. Zuerst wurde der Täuferknabe im schokoladenfarbenen Zottelfell abgesägt. Wie gut, daß wir eine Metallsäge mit hatten. Im Innern des Gipses verbanden fingerdicke Metallstäbe den Täufer mit den Wolken. Kohlenklau sägte. [...] Das Absägen des Jesusknaben, der mit der ganzen Gesäßfläche den linken Oberschenkel der Jungfrau berührte, war zeitraubender.[12]

Es wurde damals eben nicht nur der Jesusknabe jener Kirche abgesägt. Das Bild aus Danzig stellt auch die innere Situation zahlreicher Deutscher dar. Auch deshalb ist *Die Blechtrommel* ein großes Werk.

»Maria«, »Anna«, »Barbara«, »Elisabeth« – die ursprüngliche Bindung an religiöse Leitfiguren ist heute, in areligöser Zeit und Gesellschaft, geschwunden, die Namen sind ihres religiösen Gehalts weitgehend entkleidet worden. Was sich an der Entwicklungslinie des Namens »Maria« gut beobachten läßt, verweist jedoch auf ein anderes Namengebungsmuster: Die Namen der Muttergeneration werden selten gewählt, die der Großmutter dagegen viel häufiger. Eine Art Namenszyklus läßt sich feststellen. Von wiedergefundener Religiosität kann keine Rede sein. Alles spricht dagegen.

Nur scheinbar ist die »Maria« der neunziger Jahre derselbe Name wie um 1900, wie zwischen 1900 und 1918, 1919 und 1932 und natürlich 1933 bis 1945, als »Maria« ebenfalls die Nummer eins war. Ein ganz anders mit Bedeutung geladener Name war »Maria« zwischen 1946 und 1955 als die Nummer zwei; schon 1956 rangierte sie nur mehr auf Platz siebzehn,[13] und von 1966 bis 1991 fand man »Maria« nicht unter den zwanzig beliebtesten Vornamen in München.[14]

Bayern oder Friesen?

Die »Entbajuwarisierung« der Bayern hat, wir sahen es, schon vor 1945, ja eigentlich bereits im 19. Jahrhundert begonnen. An diesem Trend änderte sich auch nach 1945 kaum etwas. 1970 bevorzugten nur 1 Prozent der Münchner Eltern regional-bayerische Vornamen wie »Alois«, »Ignaz«, »Xaver«, »Kreszenz«, »Emerenz« oder »Josepha« (Abb. 40, S. 295).[15] Noch geringer wurden die ohnehin schon niedrigen Werte für diese Art von Namen bis 1985: 0,4 Prozent. Der Wiederanstieg auf etwas mehr als 0,6 Prozent bis 1990 ändert an der geschilderten Entwicklung nichts. Die Deutschen in München haben sich der Welt geöffnet, Teile ihres bayerischen Ichs verloren und sogar einige Experimentierfreudigkeit entwickelt.

Freilich dürfen wir nicht vergessen, daß unsere Datenbasis nur noch zur Hälfte eine bayerische, zur anderen Hälfte eine gesamtdeutsche ist. Wir müssen deshalb die Aussage über das Ende des bayerischen Regionalismus etwas relativieren: Für eine rein bayerische Bevölkerung wird der Anteil regional-bayerischer Vornamen auch zwischen 1950 und 1990 noch etwas höher anzusetzen sein. Am Trend ändert dies allerdings nichts. Umgekehrt können wir anhand dieser süddeutsch akzentuierten Daten sagen, daß »die Deutschen« zu keiner Zeit das Bedürfnis verspürten, durch eine entsprechende Benennung ihrer Kinder weder echtem noch folkloristischem Bajuwarismus zu huldigen. Auch zur Namensmode brachten es regional-bayerische Vornamen nie. Interessant erscheint dieses Ergebnis vor allem im Vergleich mit der Entwicklung des Anteils einer anderen Gruppe regionaler Vornamen – der friesischen.

Friesische Namen bilden innerhalb des deutschen Vornamenschatzes die wohl formenreichste regionale Untergruppe.[16] Gerade sie genoß und genießt auch in unserer Datei mit ihrem süddeutsch-bayerischen Schwerpunkt ungewöhnlich große Popularität. Von einem Prozent 1950 stieg der Anteil auf fast 3,5 Prozent 1970, um anschließend bis 1990 kontinuierlich wieder auf 1 Prozent zurückzufallen. Seit 1990 scheinen die friesischen Namen dann erneut an Beliebtheit gewonnen zu haben.[17] Friesische Namen wurden seit 1950 mindestens ebensooft, meist jedoch häufiger vergeben als regional-bayerische. Eine ungewöhnliche Feststellung, zählen hierzu doch Namen wie »Abbo«, »Bonno«, »Ehnste«, »Fulf«, »Jemme«, »Okkel«, »Siemen« und »Tanno«, wie »Bauwa«, »Fokka«, »Lamke«, »Upke«, »Trynke« und »Wobke«.[18] Sicherlich, so nehmen wir an, trug weniger die Begeisterung der Deutschen für alles Friesische, sondern in erster Linie (und trotz der zeitweise grassierenden »Ostfriesenwitze«) die schier unerschöpfliche Vielfalt dieser Namen zu ihrer Beliebtheit bei. Auch hier also nicht Regionalismus, sondern vielmehr Offenheit, Individualismus und Pluralismus.

Zu diesem Befund paßt jener Drang zum Neuen, der sich in der Zunahme sogenannter »Neologismen«, gänzlich neu gebildeter Vornamen, zeigt. Den Anstieg von 0,1 Prozent im Jahre 1955 auf ungefähr 0,45 Prozent 1990 bewerten wir als geradezu sensationell; bei 8290 ausgewerteten Geburten im Jahr 1990 sind dies immerhin 37 Neologismen, Namen wie »Leanna«, »Merve«, »Pacifica« und »Pagona«, »Callum«, »Kentharo«, »Kurthan«, »Robindro« und »Teoman« (Abb. 40, S. 295). Die Anzahl »nur« innovativer Namen hingegen, solcher Namen also, die zwar keine sprachlichen Neuschöpfungen darstellten, aber dem jeweils geläufigen Vornamenschatz weitgehend unbekannt waren, erreichte 1965 achtbare 21 Prozent, ging anschließend aber wieder auf 15 Prozent zurück (Abb. 39, S. 295). Im Vergleich mit den maximal 6 Prozent innovativer Namen im 19. Jahrhundert (vgl. Abb. 15, S. 137) bezeugt dies doch, in welchem Ausmaß sich die Gesellschaft seither für Außeneinflüsse aller Art geöffnet hatte.

Weltoffenheit?

Man darf grundsätzlich sagen: Je mehr ausländische Vornamen in einer Gesellschaft zu finden sind, desto weltoffener ist sie. Ob sie dadurch auch weniger authentisch wird, steht auf einem anderen Blatt. Schauen wir auf die Häufigkeit anglo-amerikanischer Vornamen (Abb. 41, S. 296).[19]

Der englischsprechenden Welt, sei sie britisch oder amerikanisch, hat sich die bundesdeutsche Öffentlichkeit zunehmend geöffnet. Am Anfang ihres bundesdeutschen Seins wollten nur etwas mehr als 3 Prozent der Münchner anglo-amerikanische Namen für ihre Kinder; 1990 waren es rund 7 Prozent, mehr als je in diesem Jahrhundert. Erstaunlich karg honorierten die Deutschen in München die entschiedene und verantwortungsvolle Deutschlandpolitik der westalliierten Sieger zwischen 1945 und 1950. Kaum öfter als 1945 wählten sie in diesem Zeitraum englische beziehungsweise amerikanische Vornamen[20] – trotz der rücksichtsvollen Behandlung durch britische und amerikanische Truppen, trotz der Care-Pakete, trotz Marshallplan, trotz der Luftbrücke während der Blockade Westberlins in den Jahren 1948/49, trotz des Deutschlandvertrages von 1952, trotz der 1955 erlangten Souveränität der Bundesrepublik Deutschland und trotz der zur Schau gestellten persönlichen Freundschaft zwischen Bundeskanzler Konrad Adenauer, US-Präsident Dwight D. Eisenhower und dessen Außenminister John Foster Dulles.

Es war innerlich eben doch ein ungeheuer schwerer Anfang. Wolfgang Koeppen hat ihn am Ende seines Romans über München im Jahre 1949, *Tauben im Gras*, möglicherweise zusätzlich dramatisiert, indem er die Attacken des deutschen Mobs auf das deutsch-schwarzamerikanische Paar Carla und Washington schilderte. Die Szene dringt unter die Haut, weil sie die Geburtswehen der deutsch-amerikanischen Freundschaft drastisch und bildhaft schildert: Am Anfang war Feindschaft, von Ausnahmen abgesehen.

> Eine neue Welle der Wut schäumte aus der Menge. Die zerbrochenen Fenster hatten sie ernüchtert, aber da sie menschliches Wild sahen, erwachten ihre Jagdinstinkte, die Verfolgungswut und das Tötungsgelüste der Meute. Pfiffe gellten, »der Mörder und seine Hure« wurde gerufen, und wieder flogen die Steine. Die Steine flogen gegen die horizontblaue Limousine. Sie trafen Carla und Washington, sie trafen Richard Kirsch, der hier Amerika verteidigte, das freie, brüderliche Amerika, indem er den Gefährten beistand, die ruchlos geworfenen Steine trafen Amerika und Europa, sie schändeten den oft berufenen europäischen Geist, sie verletzten die Menschheit [...], aber sie konnten den Traum nicht töten, der stärker als jeder Steinwurf ist.[21]

Der Schweizer Max Frisch besuchte das nach außen und innen zerstörte München im April 1946. Er sah Friedlicheres: »Neger mit einem Mädchen, sie liegen an der Isar; der Neger döst gelassen vor sich hin, pflanzenhaft, während die kleine Blonde sich über ihn beugt, trunken, als wären vier Wände um sie.«[22] Hatte Frisch ein Paar wie die deutsche Carla und den Schwarzamerikaner Washington gesehen, die ihre nationalen Grenzen übersprungen und ihre Herzen einander geöffnet hatten?

Dem deprimierend feindlichen Anfang folgte der Aufschwung. Die Zunahme anglo-amerikanischer Vornamen, besonders in den Jahren 1965 bis 1970, ist erstaunlich, wenn man die innere Befindlichkeit der Bürger dem äußerlichen Radau der Straße gegenüberstellt. Hatte seit 1965 in Deutschland und Westeuropa nicht eine Anti-USA-Demonstration die andere gejagt? Nie schienen die USA so unbeliebt wie damals. »Ho-Ho-Ho-Chi-Minh«, skandierten die studentischen Rebellen der 68er-Generation mit Hingabe und reckten die Faust zum »Venceremos«-Zeichen der lateinamerikanisch-kommunistischen Kämpfer. Damals entdeckte man die »Dritte Welt« und deren revolutionäres Pathos. Die vietnamesisch-lateinamerikanisch-dominierte Drittweltromantik wurde durch die Solidarität mit den Palästinensern in ihrem Kampf gegen den »israelisch-amerikanischen Imperialismus und Kolonialismus« garniert. Lässig wickelten sich die Herren und Damen 68er das »PLO-Tuch« um den Hals. So war man zugleich ein Abbild des greisen Vietnamesen Ho Chi Minh, des jugendlichen Draufgängers Che Guevara aus Lateinamerika und des Palästinensers Jassir Arafat, dessen Dreitagebart allerdings erst viel später, in den achtziger Jahren modern – und salonfähig – wurde.

Hans Magnus Enzensberger hat seinen Nachruf auf Che Guevara in Form einer Ballade mit dem Titel *E. G. de la S. (1928–1967)* literarisch zu Papier gebracht:

Eine Zeitlang trugen Tausende auf dem Kopf seine kleine Mütze,
Und Abertausende vor sich her von seinen Abbildungen
große Abbildungen und riefen seinen Namen sehr laut aus.

Unwirklich scheinen jene Züge quer durch die City jetzt fast
wie das Land und die Klasse, in die er geboren war.
> [...] Löcher im Volkskrieg, Sonst in der Metropole spricht von ihm
> nur noch eine Boutique, die seinen Namen gestohlen hat.
> An der Kensington High Street glimmen die Räucher-
>   stäbchen;
> neben der Ladenkasse sitzen die letzten Hippies, verdrossen,
> unwirklich, wie Fossile, und fraglos, und fast unsterblich.

Der Text bricht ab, und ruhig rotten die Antworten fort.[23]

Jeder Publizist, Schriftsteller und Dichter, der etwas auf sich hielt, reimte oder dichtete Antiamerikanisches oder zumindest US-Kritisches. Die Kriegsführung der USA empörte seinerzeit nicht nur die Alte oder Neue Linke.

Auch Erich Fried stand nicht abseits. Er veröffentlichte 1966 das Gedicht *Verhinderter Liebesdienst*. Nicht alle, die in jenen Jahren distanziert und kritisch über die USA schrieben, erreichten sein Niveau:

> Man griff nicht wahllos an
> man versuchte sogar
> vor dem Abwurf von Napalm und Bomben
> auf feindverseuchte Gebiete
> Helfer zu schicken
> um kleine und größere Kinder
> herauszuholen
> in die Stadt und in Sicherheit
>
> Die größeren Mädchen hätten
> in Saigon für sich selbst sorgen können
> und so auch das Lebenbleiben
> der Kinder sichergestellt
>
> Doch dieser Liebesdienst
> mußte eingestellt werden
> weil die verhetzten Bauern

die Kindereintreiber erschlugen
und ihren eigenen Kindern
nicht Leben und Sicherheit gönnten

So blieb den Bombenfliegern
zuletzt keine Wahl.[24]

Der Vietnamkrieg war ja nicht »nur« ein Krieg um Vietnam, es war ein Krieg um Indochina. Die Kommunisten haben ihn gewonnen, im März 1975 in Kambodscha, im Mai 1975 in Süd-Vietnam.

Trotz dieses Krieges und der heftigen, bisweilen haßerfüllten Kritik an den USA entschieden sich seit Mitte der sechziger Jahre mehr Deutsche in München als zuvor für anglo-amerikanische Namen (Abb. 41, S. 296). Gleichzeitig nahm der Anteil der alteingebürgerten englischen Namen (»Alfred«, »Richard«, »Arthur«, »Edith«, »Eleonore«) gegenüber solchen deutlich ab, bei denen die Konnotation sehr viel stärker, großteils bereits durch die Schreibweise hervortritt: »Patrick«, »Mike«, »Ronald«, »Henry«, »Andrew«, »James«, »John«, »Jennifer«, »Jessica«, »Peggy«, »Susan«, »Belinda«, »Daisy«.[25] Eine Überraschung. Oder trennte man, trotz gegenteiliger Versicherungen, zwischen dem Öffentlichen und dem Privaten? Jedenfalls blieben die 68er auf diesem Felde erstaunlich wirkungslos.

Seit Ende der siebziger Jahre erregte die Diskussion über die NATO-Nachrüstung die westdeutschen wie westeuropäischen Gemüter. Änderte sich deshalb die Beliebtheit anglo-amerikanischer Vornamen? Sie stieg nicht gerade, aber sie ging auch nicht zurück, was man hätte erwarten können. Eitel Sonnenschein herrschte dann zwischen 1985 und 1990. Reagierten einige dankbar, daß US-Präsident Ronald Reagan, gemeinsam mit Bundeskanzler Helmut Kohl, im Frühjahr 1985 schließlich doch den Soldatenfriedhof in Bitburg besucht hatte – trotz der Auseinandersetzungen um die dort beigesetzten Gefallenen der Waffen-SS? Ein nationaler und internationaler Sturm der Entrüstung war diesem Besuch vorangegangen.

1990 wurde mit 7 Prozent ein neuer Rekord anglo-amerikanischer Vornamen erreicht. Als Dank an die britische Ministerpräsidentin Margaret Thatcher dürfte er kaum zu verstehen sein. Die »Eiserne Lady« hatte nach dem Fall der Mauer alle Hebel in Bewegung gesetzt, um die Vereinigung Deutschlands gar nicht erst auf die politische Tagesordnung zu setzen. Genau entgegengesetzt handelte die Regierung Bush in den USA. Fast spontan und ohne »Wenn und Aber« hatte sie das staatliche Zusammenwachsen beider deutscher Staaten befürwortet und gefördert. Sollte das den englischen Vornamenrekord erklären? Oder hat er überhaupt nichts mehr mit Politik zu tun und ist ganz einfach ein weiteres Zeichen für die zunehmende Weltläufigkeit und Weltoffenheit der Deutschen? Oder für die wachsende Amerikanisierung des täglichen Lebens? Der Blick auf die Namen selbst rückt letztere Vermutung in den Bereich des Wahrscheinlichen: Hatte bei den Jungen im Geburtsjahr 1980 noch der Modename »Oliver« die Rangliste der anglo-amerikanischen Namen angeführt, gefolgt vom eher englisch-irischen »Patrick«, so war der Spitzenreiter zehn Jahre später auf Platz vier zurückgefallen, standen auf Platz zwei und drei nun »Dennis« und »Kevin« (zusammen 1,7 Prozent). Auf den hinteren Plätzen finden wir »Marvin«, »John«, »Tom«, »Steven«, aber auch »Henry«, »Sidney« und »Danny«. Bei den Mädchen behauptete sich 1980 wie 1990 »Sabrina« (1980: 1,6 Prozent; 1990: 2,3 Prozent!) vor »Jennifer« und »Jessica«, 1980 gefolgt von »Cindy« und »Doreen«, 1990 von »Vanessa« und »Selina.«

Ohne uns angesichts dieser Namen zu Kulturpessimismus verführen zu lassen, meinen wir, daß wohl nur die Addition der verschiedenen Erklärungen das Verständnis für diese Namenverteilung ermöglicht. Auf alle Fälle gehen »die Deutschen« mittlerweile erheblich lockerer mit sich selbst und den anderen um. Ist das nicht recht erfreulich? Ja, weil es wirklich ein »neues Deutschland« ist.

Der alte »Erbfeind« als Freund: Frankreich

Der deutsch-amerikanischen Verständigung entspricht auch die deutsch-französische. Von »Erbfeindschaft« kann keine Rede mehr sein. Nie haben die Deutschen häufiger französische Vornamen gewählt als in bundesdeutschen Zeiten; 1990 betrug deren Anteil am Gesamtnamenschatz 4,5 Prozent (Abb. 41, S. 296). Freilich: die Anfänge waren mühsam und verhalten. Die wirkliche Wende ist – wieder einmal – politisch zu erklären und reflektiert die Aussöhnung, die Frankreichs Präsident Charles de Gaulle und Bundeskanzler Konrad Adenauer einleiteten. Durch Mark und Bein ging es vielen Deutschen, als de Gaulle bei seinem Staatsbesuch am 5. September 1962 sich in ihrer Sprache an sie wandte: »Es ist mir eine große Freude und eine große Ehre, in Ihrem Lande empfangen zu werden. [...] In der Welt von heute haben unsere beiden Völker ein umfassendes und bedeutsames Werk gemeinsam zu vollbringen. [...] Sie können versichert sein, daß in Frankreich, wo man beobachtet und verfolgt, was jetzt in Bonn geschieht, eine Welle der Freundschaft in den Geistern und in den Herzen aufsteigt und um sich greift.«[26] Vom »großen deutschen Volk« hatte der Präsident des nunmehr verbündeten Nachbarlandes gesprochen, und in München wie in anderen deutschen Städten fand bis in die Mitte der siebziger Jahre ein regelrechter Schub französischer Vornamen statt.[27] Nicht von ungefähr kursierten damals Witzeleien über die Frankomanie des deutschen Michel und seiner Frau. Selbst »Familie Fleischhauer aus Hintertupfing« soll nicht davon abzubringen gewesen sein, ihren Sohn auf dem Namen Jean-Jacques zu taufen, lästerten einige und waren nicht unfroh, daß nun sogar Otto-Normalverbraucher die französische Marianne bis in die neunziger Jahre überaus anziehend fand; von »Nicole« seit der frankreichpolitischen Öffnung ganz zu schweigen. In Kiel schnellte dieser Name von 1,4 Prozent im Jahre 1967 auf 4,6 Prozent im Jahre 1970 hoch.[28] In Freiburg im Breisgau belegte er 1974 Platz zwei, in Bielefeld 1978, in München, bei den zwischen 1976 und 1985 geborenen Mädchen, Platz acht. In Berlin fand man ihn 1976 bis

1980 auf Platz eins, gesamtdeutsch 1977 auf Platz drei.[29] Ganz beliebt wurden und blieben: »Janine« und »Yvonne«, »Nadine« und die mitunter als »französisch« konnotierten »Melanie« und »Stefanie«. Bis weit in die achtziger Jahre hinein gehörten die vier letztgenannten zu den festen Bestandteilen der Hitlisten beliebtester Mädchennamen.[30] Der neuerliche Anstieg zwischen 1985 und 1990 ist dann weniger auf die gehäufte Vergabe einiger besonders beliebter, als auf die auch hier steigende Vielfalt der vergebenen Vornamen zurückzuführen. So stoßen wir 1990 auf »Chantal«, »Céline«, »Claire« und »Leonie«, auf »Louis«, »Maurice«, »Pierre«, »Joël« und »Etienne.«

Ja, ein »neues Deutschland« – doch nicht ganz authentisch, sondern etwas aufgesetzt. Oder gar entwurzelt? Deutsche Entwurzelung zeigt sich auch in der Lyrik Günter Kunerts, ganz besonders in seinem Gedicht *Als ich ein Baum war*:

> Als ich noch ein Baum gewesen,
> Hielt ich mich mit Wurzeln
> In der guten Erde fest
> Und liebte die Erde, weil diese
> Mich aus sich kommen läßt.
>
> Nahm auf, was sie mir geboten,
> Und schützte dafür vor den Strahlen
> Der Sonne sie mit jedem Blatt:
> Daß nicht zur Wüste werde,
> Die mich einst geboren hat.
>
> Weil ich aufwuchs, ragte ich endlich
> Über Sträuche und Bäume hinaus:
> Die Welt ward mir größer und weiter,
> Zeigte Gaskammern, Galgen und Zellen
> Und sah wie ein Schlachthof aus.
>
> Damals habe ich mich entschlossen,
> Nicht länger Baum mehr zu sein;
> Und zog mich aus dem Boden mit Macht

Und mischte mich in das Leben der Menschen
Ganz unauffällig ein.

Hoffe heimlich, daß sie mich erkannten
Am Blut, das an den Wurzeln mir blieb:
Ihnen zu Hilf hat sich losgerissen
Ein Baum! den der Anblick der Kämpfe
Aus den friedlichen Wäldern trieb.[31]

Mit Italien längst versöhnt

Auch mit Italien hat man sich hierzulande längst wieder versöhnt.[32] Wenn »den Italienern« nach dem Krieg kurzzeitig Kriegsmüdigkeit und Abkehr vom deutschen Verbündeten verübelt wurden, so spielte dieses Ressentiment schon bald keine Rolle mehr. Im Gegenteil, Italien avancierte zum Lieblingsreiseziel der Wirtschaftswunderkinder. Chianti-Seligkeit, Gondoliere- und Vesuv-Kitsch lockten die bundesdeutschen Mittelstandsfamilien in Scharen an; der eigene VW-Käfer ließ die Reise über die Alpen wie eine Spazierfahrt erscheinen.[33]

Dennoch stiegen die Werte italienischer Vornamen nie ganz so hoch wie die der französischen: Erst nach 1970 übertrafen die »Marios« und »Marcos«, die »Rosas«, »Rosalias«, »Ginas« und »Angelinas« die 2-Prozent-, gegen Ende der achtziger Jahre die 4-Prozent-Marke (Abb. 41, S. 296). Vielleicht dachten viele Deutsche bei italienischen Namen weniger an Dante, Michelangelo oder Giotto als an die seit den fünfziger und sechziger Jahren in Deutschland lebenden Gastarbeiter, auf deren vermeintlich niedere gesellschaftliche Stufe sie sich nicht herablassen mochten. Französisches dagegen galt eher als »fein«. Seit etwa 1970 bahnte sich ein Wandel an: Die Beliebtheit italienischer Namen übertraf zum ersten Mal das Niveau von 1945 (Abb. 32, S. 210) und nahm dann in den Achtzigern sogar Ausmaße an, die sie zuletzt in den dreißiger Jahren des 19. Jahrhunderts bei den sehr italienfreundlichen Katholiken erreicht hatte (Abb. 24, S. 206).

Auch alles Italienische ist »fein« geworden. Grundkenntnisse in italienischer Lebensart gelten mittlerweile fast schon als Signum des geschmackssicheren Deutschen. Das Töchterchen des Italophilen heißt mit Vorliebe »Laura«, »Luisa«, »Bianca« oder »Romina«, unter den Söhnen finden sich in den neunziger Jahren nach wie vor die dauerhaft beliebten »Mario« und Marco«, daneben aber auch »Sandro«, »Alessandro« und »Claudio«. Wie bei den französischen Namen setzte sich auch diese neudeutsche Offenheit erst seit Mitte der sechziger Jahre durch. Also doch ein Effekt der 68er? Vielleicht. Es wäre nicht der schlechteste.

Das Erbe von Guernica und das neue Spanien nach Franco

Bis zum Todesjahr des spanischen Diktators Franco 1975 blieb das Erbe Guernicas wirksam. Nach Spanien zog es die Deutschen – wie nach Italien – zwar als Touristen, nicht aber politisch oder gar im Sinne einer Identifizierung mit ihrer Welt, direkt oder indirekt.

Etwas höhere Werte als bis 1945 erzielten Namen wie »Ferdinand«, »Juan«, »Pablo«, »Ramon«, »Carmen«, »Elvira«, »Ines« und »Isabella«. Insgesamt überwog jedoch Distanz (Abb. 41, S. 296). In den Jahren des Übergangs, zwischen 1975 und 1980, nahm sie sogar zu. Das neue Spanien aber, dessen Demokratie sich festigte, bereitete den Deutschen keine inneren Probleme mehr. Stärker als zuvor, sprunghaft geradezu, äußerten sie seit 1980 ihre Verbundenheit mit dem iberischen Volk, wenngleich mit rund 1,8 Prozent deutlich verhaltener als gegenüber den anderen romanischen Staaten, Italien und Frankreich.

Der nicht mehr »schreckliche« Iwan:
Die Ostpolitik als Wende

Bei der Analyse russischer und slawischer Vornamen wird gleichfalls ein »neues Deutschland« sichtbar. Wiederum signalisieren die sechziger Jahre den Aufbruch. Die Wende leitete die Ostpolitik der sozialliberalen Koalition unter Willy Brandt und Walter Scheel ein. Von 1965 bis 1970 stiegen die Werte für russische Namen von 1,5 auf mehr als 3,5 Prozent, für russische und slawische Namen zusammen von 2 auf 4,5 Prozent (Abb. 42, S. 296). Weit über die sozialliberale Wählerschaft hinaus stieß die Ostpolitik in der bundesdeutschen Gesellschaft auf Zustimmung: »Boris«, »Tanja«, »Natascha«, »Nadja«, »Nastassja« oder die Kurzformen »Jan« und »Sascha« sind in diesem Zusammenhang zu interpretieren (Abb. 42, S. 296).

Das ostpolitische sowie das russen- und slawenfreundliche Namenshoch währte bis 1975. Es blieb trotz einiger Tiefs relativ stabil; die Wechsellagen der ersten Jahrhunderthälfte gehören der Vergangenheit an (vgl. Abb. 33, S. 292).

Weil und obwohl von vielen oft bestritten: Ja, die Bundesrepublik ist ein »neues Deutschland«.

Ein »europäisches Deutschland«

Ein europäisches Deutschland, kein deutsches Europa, hatte sich Thomas Mann erhofft. Die ehrenwerte und angesichts der deutschen Geschichte wünschenswerte Hoffnung hat sich in beachtlichem Maße in der Bundesrepublik Deutschland erfüllt, besonders seit Mitte der sechziger Jahre und noch einmal deutlich von 1980 bis 1990. Erstmals seit 1890 wurde in bundesdeutscher Zeit – nach 1965 – die Marke von 10 Prozent bei ausländischen Namen übersprungen (Abb. 43, S. 297). Rund 22 Prozent der Vornamen aller in München lebender Deutscher des Geburtsjahrgangs 1990 sind ausländischer (englischer, französischer, italienischer, spanischer, russischer oder slawischer) Herkunft. Bei dieser Aufzählung bleiben die hebräisch-jüdischen unberücksichtigt. Ihr Anteil ist, wie wir sehen werden, ebenfalls bemerkenswert.

Wer die bundesdeutsche Entwicklung genauer betrachtet, bemerkt erneut, daß der Durchbruch zu einem »neuen Deutschland« auch bei diesem Indikator ab 1965 beginnt. Unumwunden gilt es festzustellen: Die 68er-Generation hat den deutschen Namensbestand (und damit letztlich die Mentalität der Deutschen) kosmopolitischer geprägt, Altes entrümpelt, eben doch »entmieft«. Das hatten sie ursprünglich ja auch angestrebt, zunächst an Deutschlands Universitäten. Dort wollten sie »unter den Talaren« den »Mief von tausend Jahren« belüften. Der frische Wind kam nicht nur an die Universitäten. Über die akademische Bekömmlichkeit dieses frischen Windes darf (und muß) gestritten werden, der Europäisierung der deutschen Gesellschaft hat er gutgetan.[34]

Bildungsexplosion

Anfang der sechziger Jahre fürchteten deutsche Bildungspolitiker, an ihrer Spitze Georg Picht, die »Bildungskatastrophe«.[35] Der Oskar Matzerath als Blechtrommler kopierende Kabarettist Wolfgang Neuss rechnete seinem Publikum 1965 in der »Galerie am Lützowplatz« vor, daß Westdeutschlands Volksbildung mit derjenigen Ugandas vergleichbar sei. Das mag dem einen oder anderen schon damals »spanisch« vorgekommen sein, heute wissen wir: Obwohl immer wieder totgesagt, ist das bundesdeutsche Bildungsbürgertum noch nicht untergegangen. Ganz im Gegenteil, es präsentiert sich quicklebendig und größer denn je. Zumindest die Häufigkeit lateinischer Vornamen erlaubt diese Vermutung (Abb. 43, S. 297).

Das westdeutsche Bildungsbürgertum gab 1950 6 Prozent der landeseigenen Kinder lateinische Namen. 1990 waren es mehr als 18 Prozent. In nur vier Jahrzehnten hatte sich die Zahl verdreifacht. Am höchsten war der Sprung zwischen 1950 und 1970, als knapp 16 Prozent der Deutschen in München lateinische Vornamen bevorzugten. »Markus« und »Florian«, »Renate«, »Regina« oder »Claudia« zählen zu den populäreren Vetretern dieser Gruppe. Daneben existiert jedoch eine reiche Vielfalt lateinischer Namen, denen die bildungsbürgerliche Komponente noch sehr viel stärker anhaftet als jenen – von »Albin« bis »Vitus«, »Aurelia« bis »Octavia« und »Tizia.«

Und ein weiteres Mal können wir den »bösen« 68ern die Schuld in die Schuhe schieben. Weshalb? Weil bei lateinischen Vornamen nicht nur der »Mief« von tausend, sondern von zweitausend und noch mehr Jahren in die Nase sticht. Die Lobby der Lateiner hat erfolgreich gewirkt – zu der wir in diesem Fall auch den verstorbenen bayerischen Ministerpräsidenten Franz Josef Strauß rechnen müssen, der nahezu bei jedem seiner Auftritte von der Nützlichkeit des Lateins predigte.

Nicht nur die Lateiner haben eine Lobby. In der Bundesrepublik erfreuen sich auch altgriechische Namen großer Beliebtheit, sie sind mehr denn je Allgemeingut.[36] 3 Prozent der in München registrierten Namen waren 1950 altgriechischer Herkunft, 1975 gar 9 Prozent. Erst danach flachte das Interesse an dieser Namensgruppe ab, wenn auch unerheblich.

Die Gruppe der »Bildungsnamen« insgesamt erfaßte der Boom bei den lateinischen und altgriechischen Namen nicht in gleichem Maße (Abb. 43, S. 297). In der gesamten bundesrepublikanischen Geschichte blieb ihr Anteil relativ unverändert. Die Werte pendelten um 10 Prozent, wobei der Tiefpunkt 1965 erreicht wurde, also noch vor den bilderstürmenden Mitgliedern der 68er-Generation, die wir dafür beileibe nicht auch noch verantwortlich machen können.

Sind also die lateinischen und altgriechischen Namen eher nur Modenamen, und blieb der »harte Kern« der wirklichen Bildungsbürger über ein Jahrhundert hinweg nahezu identisch? Während des Zweiten Weltkrieges war der Anteil der Bildungsnamen zwar zurückgegangen (Abb. 34, S. 292), hatte sich danach jedoch sehr schnell wieder stabilisiert. Die Logik unserer Namensgruppen stützt diese Vermutung. Wir erinnern uns:

Lateinische und altgriechische Namen klassifizierten wir nach ihrem sprachwissenschaftlich objektiven Denotat, Bildungsnamen hingegen nach dem subjektiven Konnotat (vgl. S. 27 f.). Im 19. Jahrhundert stimmten Denotat und Konnotat noch weitgehend überein, waren lateinische und altgriechische Namen in der Regel auch mit dem Konnotat »Bildung« verknüpft (wie etwa bei »Helena«, »Hektor« oder »Athanasius«). Im Lauf des 20. Jahrhunderts öffnete sich die Schere zwischen Denotat und Konnotat immer weiter. Als Musterbeispiel für diese Entwicklung steht der griechische Name »Melanie« (Denotat: »dunkelfarbig, schwarz«), der mit Sicherheit nicht als »Bildungsname«, sondern vielfach irrtümlich als »französisch« konnotiert erscheint und zu den absoluten Modenamen der siebziger und achtziger Jahre zählt.[37] Ähnliches gilt für die lateinische »Julia« und den griechischen »Alexander«.

Wie die Heiligennamen in Hinsicht auf die Religiosität verlieren viele lateinische und altgriechische Namen ihren Indikatorwert hinsichtlich der Entwicklung des »Bildungsbürgertums«; Zusammenhänge mit dem Grad der jeweiligen Beliebtheit liegen auf der Hand (z. B. »Markus« und »Claudia«). Halten wir uns dagegen an die »echten« – und übrigens keineswegs ausschließlich lateinischen oder griechischen – Bildungsnamen, erkennen wir den im wesentlichen konstanten Anteil einer bildungsbürgerlich geprägten Gruppe, deren Kernbestand sich zwei Mal, an der Wende vom 19. zum 20. Jahrhundert sowie dann zwischen 1940 und 1950, verringert hatte. Von der 68er-Bewegung zeigten sich diese bildungsbürgerlich Orientierten hingegen in keiner Weise beeindruckt. Namen wie »Isolde«, »Leonore«, »Manon« und »Nora«, »Emanuel«, »Augustinus«, »Bonaventura« und »Tassilo« (Geburtsjahrgang 1960), wie »Elsa«, »Laetitia«, »Selma« oder »Berengar«, »Justus« und »Leander« (Geburtsjahrgang 1980) lassen sich mit ihrer doch sehr hervorgehobenen Konnotation eindeutig zuordnen. Nur in diesem Kontrast zu den »echten Bildungsnamen« kann die Zunahme des Anteils lateinischer und griechischer Vornamen sinnvoll interpretiert werden; jede andere Erklärung wäre absurd, denn in dem Maße stieg die »Volksbildung« in der Bundesrepublik – trotz der Bildungsexplosion – nun auch wieder nicht, daß man annehmen könnte, an die 20 Prozent der Bevölkerung hätten sich auf einmal an humanistischen Bildungsidealen gemessen.

Wie die Deutschen »jüdeln«

Der Deutschen vermeintliche »Unfähigkeit zu trauern« (Alexander Mitscherlich) hat Günter Grass in der *Blechtrommel* tiefsinnig parodiert. »Im Zwiebelkeller« heißt das entsprechende Kapitel. Ort der Handlung ist ein Lokal der Düsseldorfer High Society:

> Man versuchte, ins Gespräch zu kommen, schaffte es aber nicht, redete, trotz bester Absicht, an den eigentlichen Problemen vorbei, hätte sich gerne einmal Luft gemacht, hatte vor, mal richtig auszupacken, wollte frisch von der Leber, wie einem ums Herz ist, aus voller Lunge, den Kopf aus dem Spiel lassen, die blutige Wahrheit, den nackten Menschen zeigen – konnte aber nicht. Hier und da deutete sich in Umrissen eine verpfuschte Karriere an, eine zerstörte Ehe. Der Herr dort mit dem klugen massiven Kopf und den weichen fast zierlichen Händen scheint Schwierigkeiten mit seinem Sohn zu haben, dem die Vergangenheit des Vaters nicht paßt.[38]

Endlich tritt der Wirt vor, Herr Schmuh. Nomen est omen, denn die Tränen, die er auslöst, sind künstlich, ein Schmuh, durch die Zwiebeln bewirkt, die er dem Publikum verabreicht. Die Zwiebeln werden aufgeschnitten, und die Tränen fließen in Sturzbächen. Echte Tränen können oder wollen die verhärteten vornehmen Menschen über ihre Taten in der Vergangenheit nicht vergießen. Hier, bei Herrn Schmuh, schaffen sie es, indem sie sich selbst und die anderen betrügen. Und alle wissen um diesen Betrug:

Schmuhs Gäste sahen nichts mehr, oder einige sahen nichts mehr, denen liefen die Augen über, nicht weil die Herzen so voll waren; denn es ist gar nicht gesagt, daß bei vollem Herzen sogleich auch das Auge überlaufen muß, manche schaffen das nie, besonders während der letzten oder verflossenen Jahrzehnte, deshalb wird unser Jahrhundert später einmal das tränenlose Jahrhundert genannt werden, obgleich so viel Leid allenthalben – und genau aus diesem tränenlosen Grunde gingen Leute, die es sich leisten konnten, in Schmuhs Zwiebelkeller, ließen sich vom Wirt ein Hackbrettchen [...], ein Küchenmesser für achtzig Pfennige und eine ordinäre Feld-Garten-Küchenzwiebel für zwölf Mark servieren, schnitten die klein und kleiner, bis der Saft es schaffte, was schaffte? Schaffte, was die Welt und das Leid dieser Welt nicht schafften: die runde menschliche Träne. Da wurde geweint. Da wurde endlich wieder einmal geweint. Anständig geweint, hemmungslos geweint, freiweg geweint. Da floß es und schwemmte fort.[39]

Statt der Zwiebeln entscheiden sich die Bundesbürger inzwischen offenbar für hebräisch-jüdische Vornamen. Fast könnte man von einer Inflation dieser Vornamen sprechen. Soll man es als »Wiedergutmachung« deuten? Im »Dritten Reich« mußte ein jüdisches Mädchen »Sarah«, heißen, heute wünschen es die deutschen Eltern für ihr Töchterlein. 1983 erschien »Sarah« zuerst unter den zehn beliebtesten Mädchennamen, 1988/89 belegte sie Platz zwei der Hitliste.[40] Auch andere Vornamen tragen zur großen Beliebtheit dieser Gruppe bei: »Lea«, »Mirjam«, »Deborah«, »Rahel«, »Shulamit« bei den Mädchen, »Manuel«, »Samuel«, »Aaron«, »Amos«, »Ruben«, »Dan«, »Elie« bei den Jungen. 1950 gaben ungefähr 3 Prozent ihren Kindern hebräische-jüdische Vornamen, 1990 waren es ca. 13 Prozent (Abb. 44, S. 297). Dieses »neue Deutschland« kristallisierte sich schon früher als in anderen Beispielen, seit den fünfziger Jahren, heraus. Der große Zugriff auf den jüdischen Vornamenwortschatz begann jedoch erst um 1975 (Abb. 44. S. 297).

Der Boom hebräisch-jüdischer Namen ist sicherlich sympathisch, gut gemeint und ehrenwert. Ist er aber nicht doch eher aufgesetzt, aufdringlich und unauthentisch? So unauthentisch wie der Gebrauch des Wortes »Schoah« von Deutschen und anderen, die kein Hebräisch können? Oder auch so unauthentisch, wie einst der jüdische »Siegfried«? Wozu müssen »Nicht-Juden« »Als-ob-Juden« sein? Sie sollten sich selbst finden, ihr eigenes Ich. Denn jede Gemeinschaft hat ihr besonderes Ich. Jede Flucht aus diesem Ich ist ein Betrug, ist unmöglich, ist absurd.

Als bloße Fassade erscheint auch die große Häufigkeit biblischer Namen in einer zunehmend nichtreligiösen Gesellschaft. Nie wählten die Deutschen so oft biblische Namen wie in der Epoche ihrer größten Nichtreligiosität: »Eva«, »Tobias«, »Jonas«, »Daniel«, »Lukas«, »Jakob«, »Simon«. Ihr Anteil erreichte 1985 fast 16 Prozent.

1990 wählten 13 Prozent der Eltern in München lebender Kinder hebräische und weitere 22 Prozent ausländische Namen, also 35 Prozent nichtdeutsche Namen. Das ist einerseits wirklich ein Zeichen für Weltoffenheit, ein europäisches Deutschland, andererseits aber auch ein Indiz für mangelnde Authentizität. Ist das bundesdeutsche Ich so gebrochen? Gibt es keinen Mittelweg zwischen der gefährlichen Forderung »Gebt deutschen Kindern deutsche Namen!«, dem Mob aus Koeppens *Tauben im Gras* und dem Verlust nationaler Identität? Bei Menschen ist es nicht wesentlich anders als bei Bäumen. Ohne Wurzeln fallen sie schon bei einem Windchen um, nicht erst bei Stürmen. Die Deutschen hatten sich selbst verloren, als sie die schlimmsten Verbrechen begingen und zuließen. Und dabei verwechselten die törichtesten der Dummen diesen Verlust des eigenen Ichs mit dessen Wiederentdeckung.

Weinen und Jammern sind unangebracht, zumal der zunehmende Verlust der Authentizität kein rein deutsches Phänomen ist. Vornamenanalysen aus einer spanischen Fischerstadt während der letzten Jahrzehnte lieferten vergleichbare Ergebnisse.[41] Ja, die Welt ist ein einziges Dorf geworden, in dem die jeweilige Einzigartigkeit zunehmend verlorenzugehen scheint.

So gesehen, entpuppt sich die Multikultur immer stärker als Monokultur, als kultureller Einheitsbrei. Die faszinierende und anregende Vielfalt geht verloren. Entsteht internationale, kollektive Einfalt?

Abbildung 33

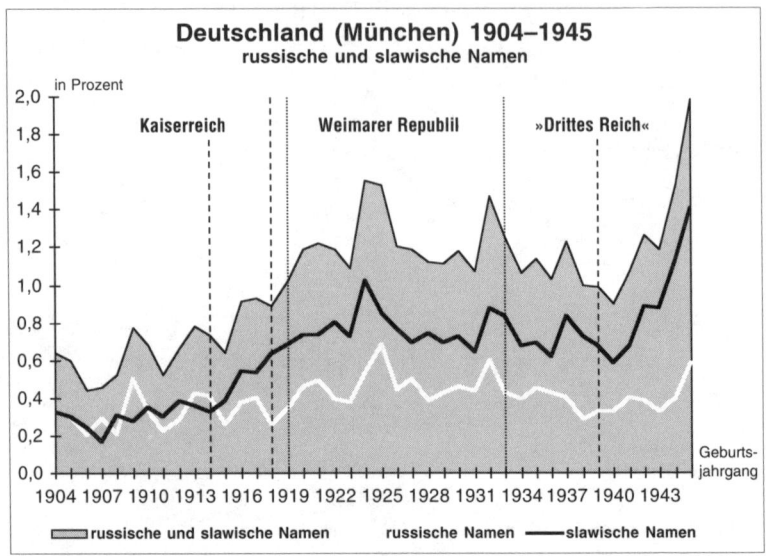

Abbildung 34

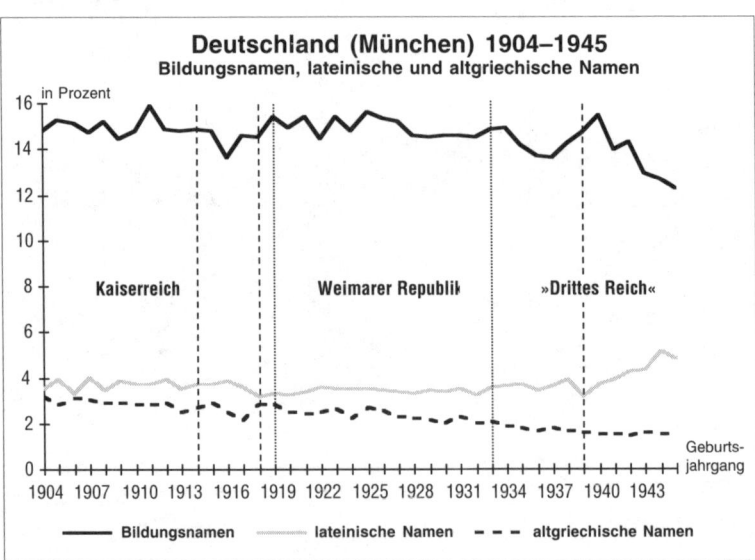

Abbildung 35

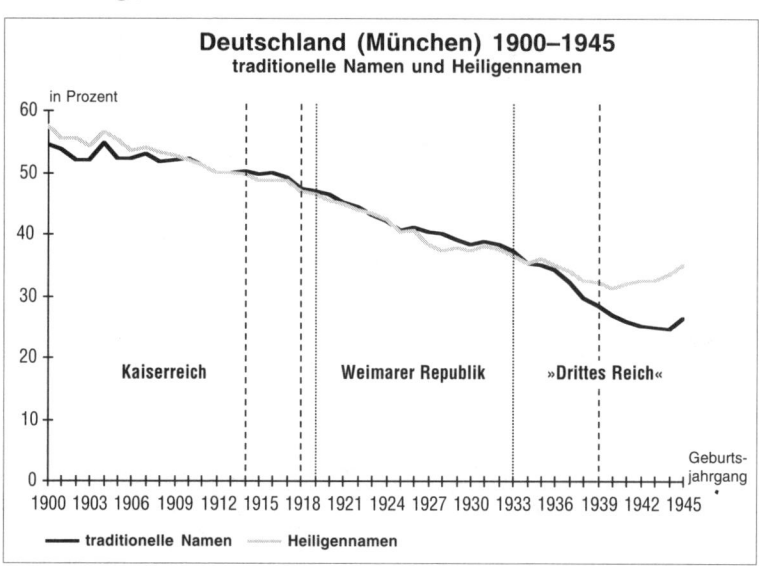

Abbildung 36

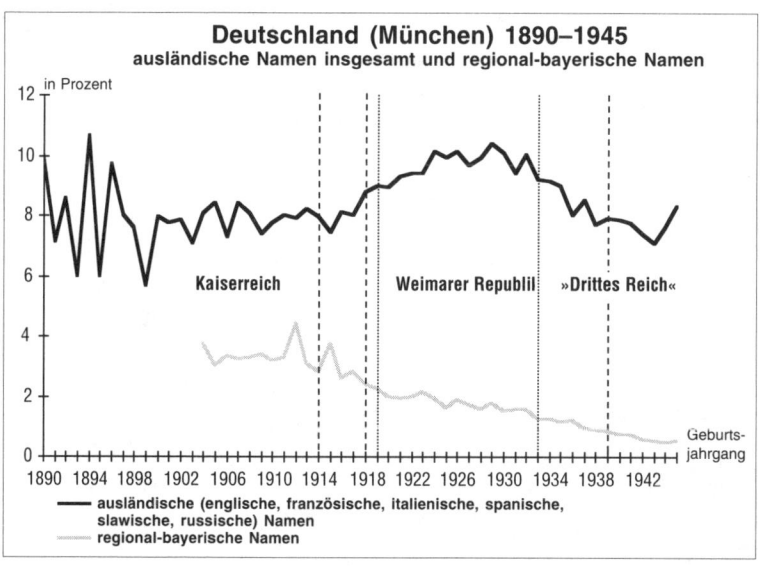

Abbildung 37

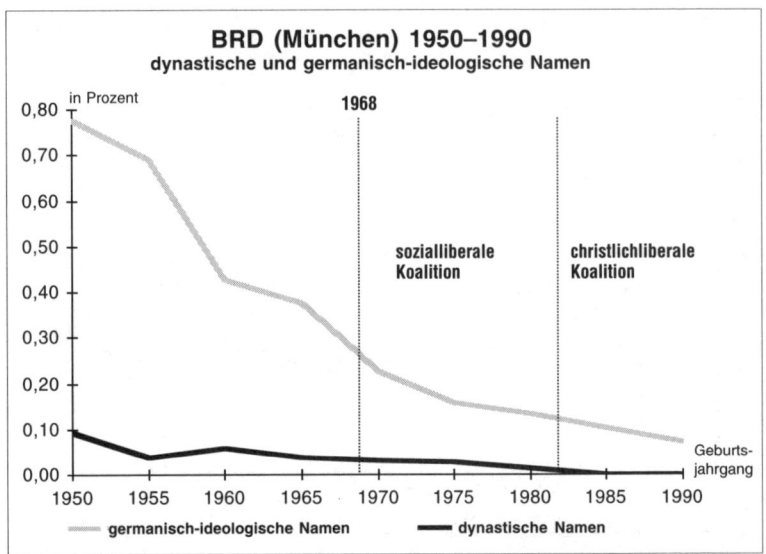

Abbildung 38

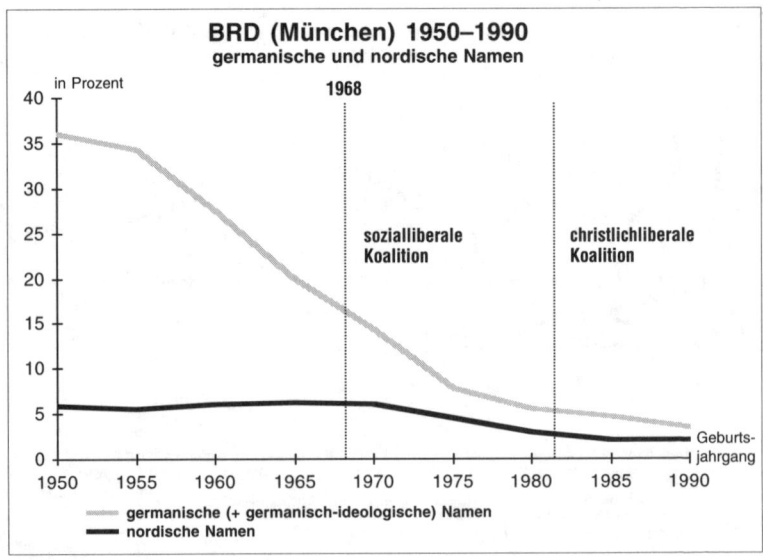

Abbildung 39

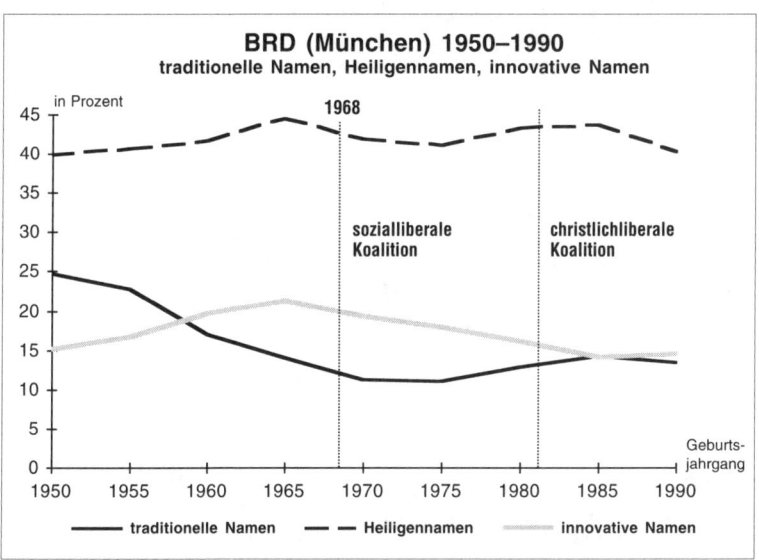

Abbildung 40

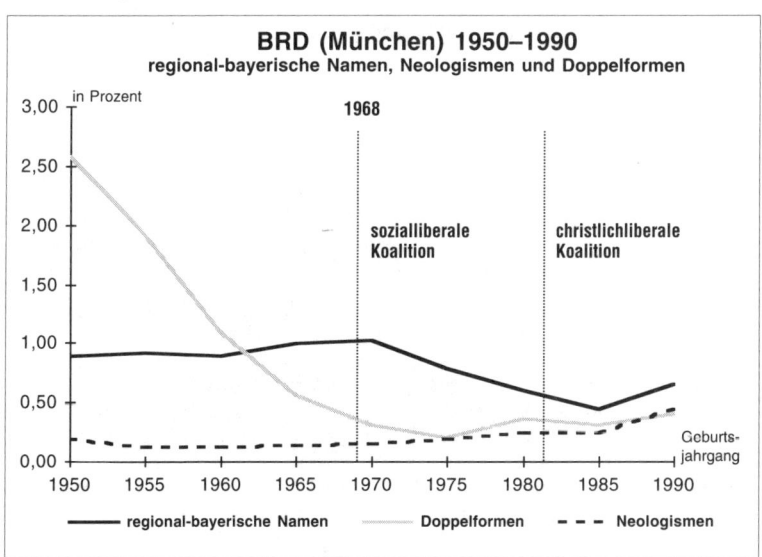

Abbildung 41

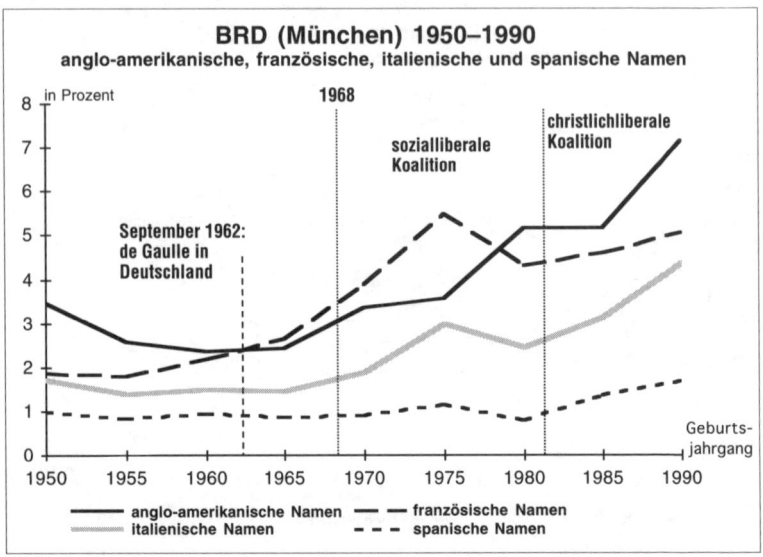

Abbildung 42

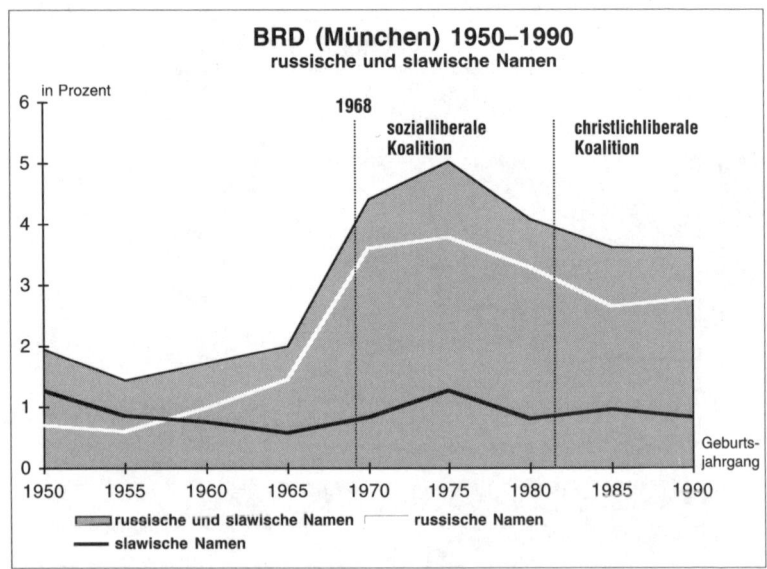

Abbildung 43

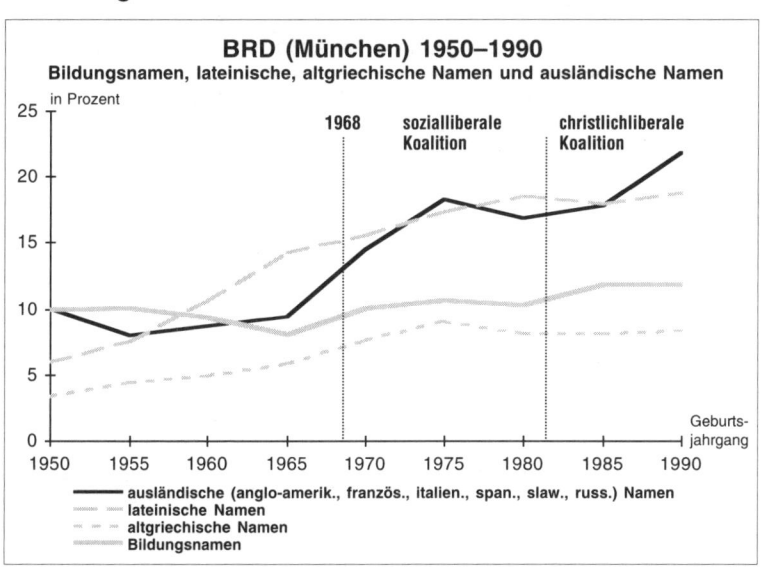

Abbildung 44

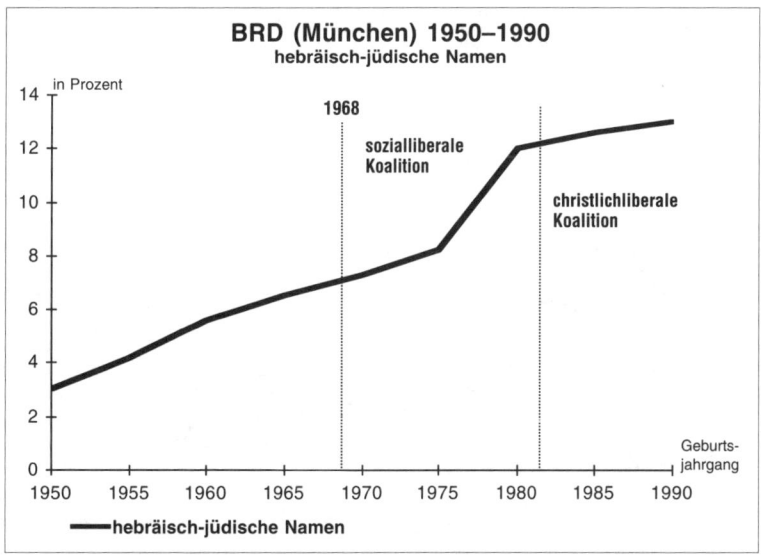

Abbildung 45

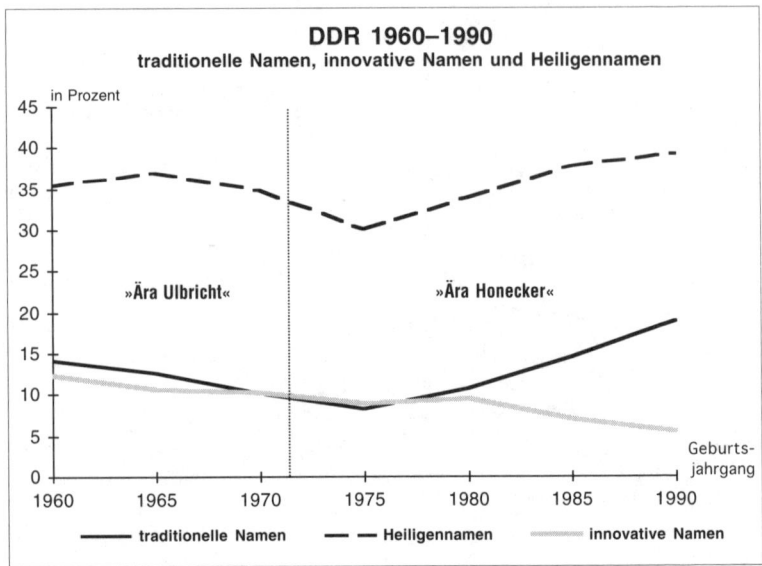

Abbildung 46

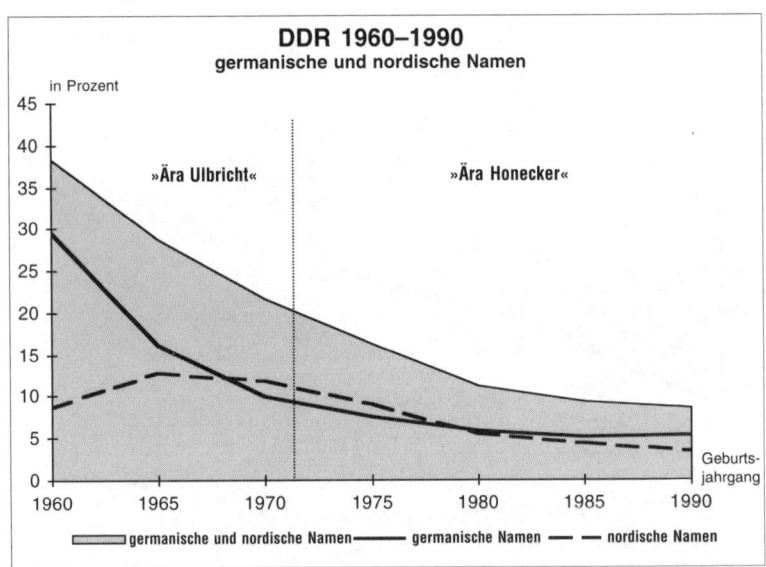

Abbildung 47

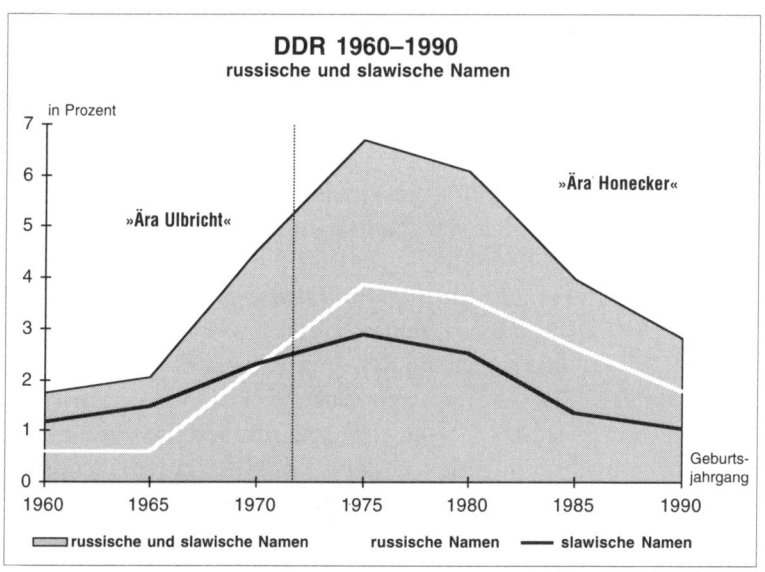

Abbildung 48

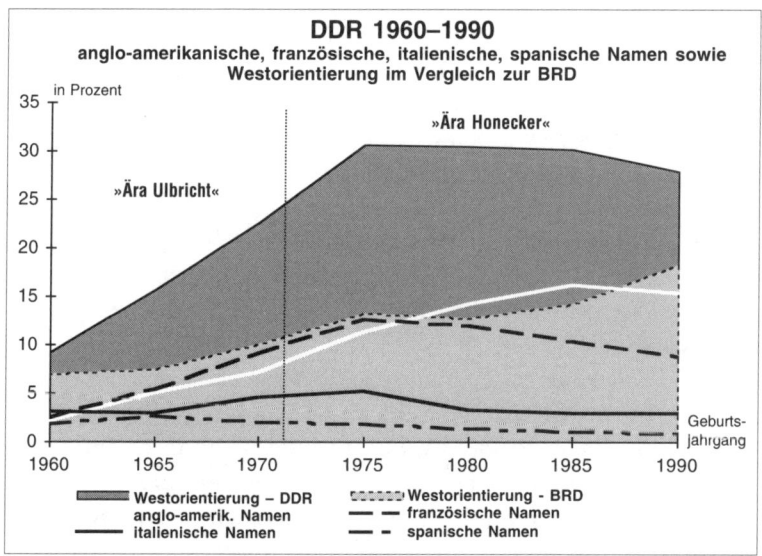

IX.
DDR: Westsucht im Osten?

Ostsucht nennt Hans Pleschinski seine Liebeserklärung an den deutschen Osten. »Ich war niemals ein Bürger der Deutschen Demokratischen Republik. Doch lebte ich immer in Tuchfühlung mit dem *Ersten Arbeiter- und Bauernstaat auf deutschem Boden.* Die DDR und das Gebiet, das sie umschloß, haben immer konkrete und ungenaue Reizungen auf mich ausgeübt,«[1] teilt uns der 1956 geborene, heute in München lebende Schriftsteller mit. Es ist das sehr persönliche (und lesenswerte) »Erinnerungsbuch eines Wessis, dessen Liebe schon lange vor 1989 den Ossis galt«, wie es im Klappentext heißt.

Wie sehr identifizierten sich die wirklichen Bürger des Ersten Arbeiter- und Bauernstaates auf deutschem Boden mit den Werten, Worten und Westverdammungen ihrer Obrigkeit? Die einen stimmten mit den Füßen ab und verließen die DDR in Richtung Westen. Rund vier Millionen waren es im Laufe der vierzigjährigen Geschichte jenes Staates. Das war ihre Form der »Westbindung«. Die politische, ideologische, militärische und wirtschaftliche Ostbindung der DDR lehnten sie offenkundig ab. Doch wie stark war die Ostbindung der DDR-Bürger, die ihr Land nicht verlassen hatten? Läßt sich bei ihnen eine Art innere Westbindung erkennen? Und wenn ja, wie? Wie »deutsch« oder kosmopolitisch waren die Menschen im zweiten deutschen Staat? Öffneten sie sich, wie die »Wessis« (die man seinerzeit noch nicht so nannte), »ausländischen« Einflüssen? Oder waren sie vielleicht doch so »deutsch«, daß sie ihren Kindern lieber germanische Vornamen gaben?

Einige Antworten geben die zu DDR-Zeiten geheimen *Berichte des Instituts für Meinungsforschung*[2] an das Politbüro der SED, die inzwischen in Buchform zugänglich sind. Mit Hilfe der Vornamenanalyse können wir zusätzliche Informationen über die Einstellungen der DDR-Bürger vorlegen.

Für die Untersuchung der Vornamengebung in der DDR steht uns mit Bernd Kleinteichs Buch *Vornamen in der DDR* seit 1992 eine einzigartige, publizierte Quelle zur Verfügung.[3] Kleinteich, eigentlich Arzt von Beruf, erstellte für jeden Geburtsjahrgang zwischen 1960 und 1990 repräsentative Samples von etwa zehntausend Geburten pro Jahr, die er alphabetisch nach Vornamen geordnet und nach Geschlechtern getrennt auflistete. Wie im Fall des Münchner Einwohnermelderegisters gibt auch Kleinteich außer der Häufigkeit der jeweiligen Vornamen im Sample keinerlei zusätzliche Informationen, so daß wir wiederum auf detailliertere Aussagen über das Verhalten bestimmter Bevölkerungsgruppen verzichten müssen. Durch die Repräsentativität der Auswahl für das gesamte Gebiet der DDR wird dieser »Mangel« zwar nicht aufgehoben, aber doch hinreichend kompensiert. Analog zu unserem Verfahren für die Bundesrepublik haben wir jeweils jeden fünften Jahrgang der von Kleinteich gelieferten Rohdaten, beginnend mit 1960, weiterbearbeitet, das heißt in erster Linie nach dem von uns entworfenen Klassifizierungssystem ausgewertet.

Vornamenkunde hatte als Wissenschaft in der DDR selbst immer einen guten Stand, nicht zuletzt, weil die staatstragende Ideologie in ihr ein Gebiet von hoher gesellschaftlicher Relevanz erkannte. Quantitative Analysen unter dem Aspekt geschichtswissenschaftlicher Erkenntnis wurden freilich weniger betrieben. Trotzdem können wir für die von Kleinteich nicht abgedeckte Zeit vor 1960 eine umfangreichere Arbeit von Horst Naumann aus dem Jahr 1973 heranziehen, die am Beispiel verschiedener Städte und Gemeinden der damaligen DDR *Entwicklungstendenzen in der modernen Rufnamengebung* erforscht und gleichfalls viel empirisches Material vorgelegt hat.[4] Unsere Aussagen beziehen sich also in nahezu optimaler Weise auf »die Deutschen« in der DDR.

Untertanen?

Im deutschen Westen wurde der Untertan nach 1945 Bürger und wandte sich von der Obrigkeit als Identifikationsobjekt ab. Im deutschen und europäischen Osten zelebrierten die Diktatoren unter der Führung Stalins bis zu dessen Tod einen aufwendigen Personenkult. Orientalischen Despotien glich die Vergötzung des obersten Führers der kommunistischen Welt und seiner Satrapen-Unterführer. In der DDR wurde Walter Ulbricht nahezu allmächtig, und auch um ihn gab es so etwas wie einen Personenkult; doch selbst bei größtem Wohlwollen eignete sich der Genosse Walter denkbar schlecht als Kultfigur. Eher war er »einer von uns«, einer aus dem Volke, der Volksverbundenheit spielte. Und war dieses unbeholfene Spiel nicht geradezu rührend und mehr als nur werbend? Konnten sich die DDR-Bürger mit ihm identifizieren? Sie konnten es. Wollten sie es auch? Wenn man die Auswahl der Vornamen betrachtet, gibt es nur eine Antwort: Sie wollten es nicht.

Der Vorname »Walter« wurde genauso oft beziehungsweise selten gewählt wie in »Vor-DDR-Zeiten«. Nun ist »Walter« im deutschen Sprachraum ein so traditioneller Name, daß man vielleicht nicht unbedingt sichere Schlußfolgerungen aus der Häufigkeit seiner Vergabe ziehen kann. Oder doch? Wir meinen, daß es möglich ist. Hätten sich nämlich die Bürger der DDR mit ihrem Walter identifiziert, wäre sein Name auf der Rangliste in ähnlicher Weise nach oben geschnellt wie »Adolf« in den ersten Jahren nach der »Machtergreifung«. Nach »Walters« Aufstieg wird man aber vor und nach 1960 vergeblich suchen.

In den ausgewählten Städten und Gemeinden auf dem Territorium der späteren DDR landete »Walter« im Jahre 1924 mit 108 so genannten Jungen weit vorne: Ein Anteil von 3,5 Prozent führte diesen Namen immerhin auf Platz sieben. Zehn Jahre danach, 1934, war »Siegfried« (102 Nennungen; 3,8 Prozent) erheblich beliebter. »Walter« war zurückgefallen, aber mit 50 Nennungen (1,9 Prozent) im Mittelfeld auffindbar.[5] 1944 gab es nur noch 15 neugeborene »Walter« (0,5 Prozent). Als

Dank für die sozialistischen Errungenschaften des »Genossen Walter« gaben 1954 nur noch vier Eltern oder 0,1 Prozent ihrem Sohn den Vornamen des damaligen ZK-Vorsitzenden.[6] Gemessen an »Adolf«, für den sich in diesem Jahr niemand entschieden hatte, war das eine enorme Errungenschaft.[7] Der Faschismus war also, wie es die DDR ja auch immer selbstlobend hinausposaunte, »an den Wurzeln beseitigt«, das ideologische Planziel war erreicht worden. Es dauerte jedoch nicht lange, zehn Jahre, bis »Walter« mit »Adolf« den Gleichstand erreicht hatte. 1964 lag der Anteil beider bei null.[8]

> Der Schnee verzehrt sich, Ulbricht dauert.
> Gesamtdeutsch blüht der Stacheldraht.
> [...] der Rhein riecht fromm nach Abendland,
> und Globke lächelt aus dem Zeugenstand.
>
> [...]
>
> Heut gab es an der Grenze keinen Toten.
> Nun langweilt sich das Bild-Archiv.
> Seht die Idylle: Vogelscheuchen
> sind beiderseits der Elbe aufmarschiert;
> jetzt werden Spatzen ideologisiert.[9]

Gesamtdeutscher März nannte Günter Grass dieses Gedicht. Nun, auch Ulbricht dauerte nicht dauerhaft. 1971 ist beziehungsweise wurde der Genosse Walter Ulbricht abgetreten. Noch deutlicher ist die Distanz jener DDR-Bürger ihrem Ersten Mann gegenüber kaum auszudrücken.

Und dabei hatte sich doch Johannes R. Becher (1891–1958), Lyriker, Kulturpolitiker und Kulturminister der Jahre 1954 bis 1958 mit seinem Sonett *Für Walter Ulbricht* 1950 soviel Mühe gegeben:

> Wer so wie Du sieht auf den Grund der Dinge,
> Wer so wie Du nur *eines* Willens ist,
> Daß Friede sei und daß das Volk vollbringe
> Ein Friedenswerk – wer nach *dem* Maße mißt –,

Wer so wie Du der Jugend ist verbündet
Und ihr den Mut zu neuem Leben gibt –
Wer so wie Du ist in sich fest begründet –
Wer so wie Du sein Land, sein Deutschland liebt,

Der zieht den Haß, des Feindes Haß auf sich,
Doch mit dem Unmaß dieses Hasses wendet
Des Volkes ganze Liebe sich ihm zu –

Die Liebe ist's, die dies Sonett Dir sendet.
Wir, die wir Deutschland lieben, grüßen Dich.
Ruhm jedem, der sein Volk liebt so wie Du![10]

Nun kann man möglicherweise darüber streiten, ob Walter Ulbricht sein Volk liebte. Es wäre eine einseitige Liebe gewesen, denn das Volk liebte ihn offenbar nicht. Da war bei Johannes R. Becher wohl der Wunsch der Vater des Gedankens.

Noch schlechter als »Walter« war es »Otto« ergangen. Otto Grotewohl war von 1946 bis 1954, gemeinsam mit Wilhelm Pieck, Vorsitzender der SED und von 1949 bis 1964 Ministerpräsident der DDR. Die Häufigkeiten für »Otto« betragen in jenen ausgewählten, gar nicht so kleinen Gemeinden, zu denen auch Magdeburg und Plauen zählen 1924, während der Weimarer Republik: 36 (1,2 Prozent); 1934, zu »Adolfs« Zeiten: nur noch 17 (0,6 Prozent); 1944, im Krieg: 3 (0,1 Prozent) – und dann, 1954, die überwältigende Identifizierung von keinem einzigen DDR-Bürger mit »Otto«.[11] Ähnlich finster sah es 1964 und 1969 aus: Wie »Walter« landete auch »Otto« in diesen Jahren bei 0 Prozent.[12]

Über »Wilhelm« brauchen wir gar nicht zu reden: Er taucht auf keiner Liste auf; auch nicht 1924, 1934 oder 1944. Nur die Kurzformen »Willi« und »Willy« finden wir, 1924 noch 45mal (1,4 Prozent), 1934 25mal (0,9 Prozent) und 1944 3mal (0,1 Prozent). Seit 1954 Fehlanzeige bei allen drei Varianten – wie im Westen. Von dort wußten wir es ja schon.[13]

Johannes R. Becher, dem wir den Text der DDR-Nationalhymne verdanken (»Auferstanden aus Ruinen und der Zukunft zugewandt«) hat sich auch für den Genossen-Präsidenten Wilhelm Pieck literarisch in seinem Gedicht *Du, Deines Volkes Bester* hingebungsvoll sozialistisch-realistisch eingesetzt:

> Du bist das Volk, das schafft,
> Und Du bist sein Erheben. Es gab des Volkes Kraft
> Dir Kraft zu Deinem Leben.
> [...] Dein Volk hat Dich gesandt.
> Es singt zu Deinem Feste, Der Zukunft zugewandt:
> Du, Deines Volkes Bester.[14]

Was schließlich die Wahl von »Erich« betrifft, so erreichte der Name des politischen Spitzenmannes, der die Geschicke der DDR von 1971 bis 1989 lenkte, 1978 keinen Spitzenplatz unter den zehn beliebtesten Vornamen von Berlin-Friedrichshain, das seit der Wiedervereinigung durchaus DDR-nostalgische Gefühle entwickelte, wenn man an die verschiedensten Wahlergebnisse im Osten der Hauptstadt denkt. In Borna und Weißwasser, teilweise auch Zwickau, identifizierten sich 1978 bis 1980 nur so wenige mit »Erich«, daß er ebenfalls nicht unter den ersten zehn zu finden war.[15] Im Sample Kleinteichs treffen wir in allen Geburtsjahrgängen zwischen 1971 und 1990 nur ganze drei »Erichs« an, zwei im Jahr 1979 und einen 1988. Wie im Westen, stellten auch in der DDR die einzelnen Staatsmänner keine Identifikationsfiguren mehr dar. War dies freilich in der Bundesrepublik kaum je beabsichtigt, so schlug in der DDR der offiziös-sozialistische Personenkult glatt fehl.

Traditionsbruch?

Traditionelle Namen wie »Hans« und »Franz«, »Fritz« und »Peter«, »Maria« und »Johanna« blieben in der ganzen DDR-Geschichte recht beliebt, trotz erkennbarer Schwankungen.[16] 1960 fand man 14 Prozent traditionelle Namen, bis 1975 ging der Anteil auf rund 8 Prozent zurück, um bis 1990 kontinuierlich wieder auf 18 Prozent zu steigen (Abb. 45, S. 298).

Auch die Analyse der von den DDR-Bürgern gewählten Vornamen zeigt, daß sich die große Mehrheit der Ostdeutschen weder für die Erschaffung einer neuen Welt noch eines neuen Menschen sonderlich begeisterte. Die Stichworte »Normalität« und »neuentdeckte Kontinuität« bezeichnen das Lebensgefühl eher.

Die auch in der DDR große Häufigkeit der Heiligennamen spricht gleichfalls für diese Ansicht. Nicht etwa, weil die DDR-Bürger religiös gewesen oder geworden wären – das Gegenteil war der Fall, wie wir aus Umfragen ab 1989 genau wissen –, sondern weil jene religiös geladenen Namen längst ihren inneren Bezug verloren haben.[17] Was wir für den Westen des »deutschen Vaterlandes« festgestellt haben (Abb. 39, S. 295), können wir auch im Osten beobachten: die Entkopplung von traditionellen und Heiligennamen als Hinweis auf die steigende Vielfalt der Vornamen sowie die vermeintliche Renaissance der Heiligennamen, die in Wirklichkeit als Fortsetzung des Säkularisierungsprozesses zu deuten ist. Heiligennamen, die ehemals klassischen Indikatoren der religiösen Orientierung, verloren im Laufe dieses Prozesses ihre alte Konnotation und erlebten eine Wiedergeburt im Zeichen modisch-nostalgisierender Strömungen.

Stärker noch als in der Bundesrepublik bildete in der DDR das Jahr 1975 die Zäsur. Seit dieser Zeit stiegen die Anteile der traditionellen und Heiligennamen im Osten wieder an. Auch zuvor freilich hatten besonders die Heiligennamen nie wirklich schlechte Konjunktur: 1960 lag ihr Anteil bei 35, 1965 bei ca. 37 Prozent. Ein Rückgang auf 30 Prozent ist allenfalls zwischen 1965 und 1975 zu verzeichnen. 1990 hingegen erreichten sie sogar knapp 40 Prozent (Abb. 45, S. 298), drang »Maria« mit 3,4 Prozent auf Platz drei der Rangliste beliebtester Mädchennamen vor.[18] Während dieser Trend in der Bundesrepublik seit 1985 schon wieder abnahm, blieben die Bürger der (seit Oktober 1990 ehemaligen) DDR den säkularisierten Heiligennamen noch länger treu.

Der Anteil innovativer Namen nahm in der DDR zwischen 1960 und 1990 im ganzen ab, von etwa 13 Prozent 1960 auf etwa 6 Prozent 1990. Zwischen 1965 und 1980 lag er jedoch relativ konstant im Bereich von 10 Prozent. Aus dieser im Vergleich zur Bundesrepublik etwas niedrigeren Rate (Abb. 39, S. 295) auf eine geringere Innovationsneigung der DDR-Bürger zu schließen hieße, einige Charakteristika der Vornamengebung im anderen deutschen Staat zu verkennen. So entstand zwischen 1960 und 1975 eine – im Westen nicht vorhandene – Gruppe von Vornamen aus der phantasiereichen, mitunter abstrusen graphemisch-lautmalerischen Abwandlung vor allem anglo-amerikanischer Namen: »Maik«, »Maic«, »Mayk«, »Meik«, »Myk« statt »Mike«, »Stiev«, »Stief«, »Stev« statt »Steve«, »Mendy« statt »Mandy«, »Nadyn« statt »Nadine« etc. 1975 erreichten diese Namen mit 1,4 Prozent ihren Höchststand, um sich anschließend bei 1 Prozent einzupendeln. Daneben tendierten die DDR-Eltern sehr viel mehr als die bundesdeutschen zu sogenannten Kurzformen (»Brit«, »Gret«, »Grit«, »Kati«, »Liz«, »Winni«, »Alf«, »Nick«, »Tom«, »Wolf« etc.).[19] Lagen deren Anteile im Osten stets zwischen 20 und 30 Prozent, so erreichten sie im Westen maximal 16 Prozent (1970), blieben jedoch meistens unter der 14-Prozent-Marke.

Nur bedingt schlagen sich diese Eigenheiten der DDR-Vornamengebung in der Gruppe wirklich innovativer Namen nieder. Insgesamt dürfen wir die Innovationsneigung im Osten sicher nicht geringer einschätzen als im Westen und müssen die Vornamenvielfalt in jedem Fall höher veranschlagen. Gerade mit den traditionellen Schriftformen gingen die DDR-Bürger höchst freizügig um. Holten sie sich auf diese Weise wenigstens namenpolitisch, was ihnen realpolitisch verweigert wurde: ein Stück Freiheit?

Entnazifiziert und entgermanisiert

Noch 1960 bevorzugten 30 Prozent der Ostdeutschen germanische Namen für ihre neugeborenen Kinder – ein unvermutet hoher Anteil (Abb. 46, S. 298). Über die Motive kann man spekulieren. Läßt sich die Entscheidung fürs Postgermanische (mit deutlichen NS-Schwingungen angesichts der deutschen Geschichte und Namenpolitik zwischen 1933 und 1945) auch als Ausdruck von Widerwillen gegen die neuerliche ideologische Bevormundung deuten? Vielleicht, vielleicht auch nicht, wenngleich uns diese Überlegung durchaus überzeugt. Zur wenigstens gedanklichen Austreibung des roten Teufels hätte man sich damit jedoch für den braunen Beelzebub entschieden; auch kein sonderlich anziehender Zeitgenosse.

Mit der Zeit sahen es die DDR-Bürger offenbar ebenso. Der Anteil germanischer Vornamen ging drastisch und dramatisch zurück: 1965 auf 15 Prozent, ab 1970 auf 10 und bis 1990 auf ungefähr 5 Prozent. Wieder zeigt sich also eine Parallele zur Bundesrepublik Deutschland: Auch dort distanzierte sich die Bevölkerung erst Ende der fünfziger, Anfang der sechziger Jahre innerlich zunehmend vom »braunen« Erbe (Abb. 38, S. 294).

Vergleichen wir die Neigung zu germanischen Namen in Ost und West: In Westdeutschland wählten 1950 35 Prozent »Siegfried«, »Kriemhild« und andere Namen dieser Kategorie, 1960 waren es rund 28 Prozent; also weniger, doch nicht viel weniger als in Ostdeutschland. Auch sonst verlaufen die Entwicklungslinien ähnlich; die Stabilisierung im Bereich von 5 Prozent im Jahre 1990 ist eine gesamtdeutsche Erscheinung. Weshalb die nordischen Vornamen nur sehr begrenzt als Indikator für »braunes« Gedankengut in deutschen Köpfen nach der NS-Periode gelten können, haben wir mit unserer Analyse gezeigt. Je länger das »Dritte Reich« zurücklag, desto alltäglicher und unbelasteter wurden sie für die Nachkriegsdeutschen in Ost und West.

Noch in den Sechzigern bildeten auch die nordischen Vornamen eine beliebte Vornamenkategorie. Das änderte sich seit den siebziger Jahren (Abb. 46, S. 298). 1990 wollten nur noch knapp 4 Prozent ihre Kinder »aufnorden«, 1960 waren es rund 8 und 1965 sogar knapp 13 Prozent. Sollte es wirklich eine »Aufnordung« sein? Hier gilt, was für die germanischen Namen galt. Mit zunehmender zeitlicher Distanz zur ideologischen Vergötterung des germanisch-nordischen »Herrenmenschen« verlor auch diese Namensgruppe ihre negative Konnotation, nahm eine neutralere Färbung an und deutet in jüngster Zeit wohl kaum auf mehr noch hin als den reinen Popularitätsgrad. Wenn westöstlicher Gleichklang auch hier ins Auge springt, so allerdings mehr im Verlauf der Entwicklung als in der Größenordnung. In der DDR – das wenigstens können wir mit Sicherheit sagen – war der Anteil der nordischen Vornamen stets ungefähr doppelt so groß wie in der Bundesrepublik (vgl. Abb. 38, S. 294).

Bemerkenswert deutlich war seit 1960 der Rückgang germanischer und nordischer Vornamen insgesamt. In der Früh-DDR war diese Gefühls- und Gedankenwelt freilich noch erschreckend populär: Knapp 40 Prozent im Jahre 1960, 1990 nur noch 10 Prozent. Obwohl für die ersten zehn Jahre der DDR keine vergleichbaren Zahlen vorliegen, erkennen wir hier doch gegenüber der Bundesrepublik einen etwas verzögerten Abschied von der germanisch-nordischen Namenwelt. Entnazifizierte sich die DDR langsamer, trotz – oder vielleicht gerade wegen – des obrigkeitlich verordneten Antifaschismus? Der Blick auf die Addition der ehemals nationalsozialistisch belasteten Namen erhärtet unsere eingangs geäußerte, nur scheinbar paradoxe Vermutung: Die neue Diktatur, obwohl ideologisch der alten diametral entgegengesetzt, bremste zunächst den innerlichen Abschied der Bürger von der vorangehenden (Abb. 46, S. 298).

Die Ostbindung der »Ossis«

Wie hielten es die DDR-Bürger mit dem Großen Bruder, der Sowjetunion? Offiziell liebten alle Ostdeutschen die UdSSR, zunächst und vor allem den Genossen Stalin. Sie hatten das Vaterland des Sozialismus und den Kremlherrn zu verehren. Besungen hat ihn – neben Stephan Hermlin[20] und anderen im Ostblock – auch der Genosse Dichter Johannes R. Becher: *Ein Mann, der Deutschland liebt*:

Ein Mann, der alle Völker Frieden lehrt
Und der bei Lenin ging einst in die Lehre,
Ein Mann, in dem ein großes Volk sich ehrt,
Ein Mann der hält es für die höchste Ehre,

Wenn ihn ein Volk den Mann des Friedens nennt –
Ein Mann, in dessen Tausend Bildnissen
Ein Volk in seinem Besten sich erkennt –
Und tiefstes Wissen ist und Weltgewissen –

Ein Mann, der uns die Botschaft hat gebracht,
Daß unser Volk, mit seinem Volk verbündet,
Europas Völkern Frieden geben kann –

Ein Mann, der Stalin heißt und mit uns wacht.
Ein Mann, der Deutschlands wahren Ruhm verkündet.
Ein Mann, der Deutschland liebt – und unser Mann![21]

Daß Menschen, die einer solch pseudoreligiösen, zugleich antiwestlichen wie strammteutonisch anmutenden Indoktrination ausgesetzt waren, sich von dieser Gedankenwelt geradezu trotzig abwandten, ist mehr als verständlich. Liebte Stalin Deutschland und die Deutschen? Das ist nicht unser Thema und mag getrost bezweifelt werden. Neugieriger macht uns die Frage, ob die Deutschen ihn liebten. Was die Westdeutschen von Stalin hielten, dokumentieren nicht zuletzt Umfragen aus der Bundesrepublik. So fragte das Allensbach-Institut im April 1953: »Glauben Sie, daß seit dem Tode Stalins die Aussichten auf Erhaltung des Friedens besser oder schlechter geworden sind?« 40 Prozent der Befragten antworteten: »besser«, nur 7 Prozent: »schlechter«.[22]

Liebten die Ostdeutschen Stalin? Diese Frage können wir anhand der Namenswahl nur verneinen. Die Anziehungskraft seines Landes wie der slawischen Welt überhaupt blieb während der gesamten Geschichte der DDR außerordentlich gering. Hätten sich sonst so wenige DDR-Bürger für russische oder slawische Vornamen entschieden? Wer eine bestimmte Welt liebt, identifiziert sich mit ihr auch nach außen, nicht zuletzt durch die Wahl entsprechender Vornamen für seine geliebten Kinder.

Der DDR-Rekord für russische Vornamen wurde 1975, wie bei den »Brüdern und Schwestern« im Westen, erreicht: 3,8 Prozent (Abb. 47, S. 299). Offensichtlich war dieser insgesamt doch recht begrenzte Russenboom eher Ergebnis der Ostpolitik der sozialliberalen Bonner Koalition als des neuen sozialistischen Menschen. Die Gorbatschow-Reformjahre von »Glasnost« und »Perestroika« konnten in der DDR den neuerlichen Rückgang russischer Vornamen auf ungefähr 2 Prozent nicht aufhalten, während »Gorbi« im Westen einen Miniaufschwung russischer Vornamen von 2,5 auf etwa 2,8 Prozent vollbrachte (vgl. Abb. 42, S. 296). Bei Umfragen schnitt der letzte Präsident der UdSSR in der Bundesrepublik allerdings nicht nur gut, sondern bestens ab.

Widersprechen die demoskopischen Daten unserer Vornamenanalyse? Nein, denn bei der Namenauswahl haben sich gewiß viele, die Gorbatschow und seine Politik begeisterte, nicht gleich zu russischen Vornamen für ihre Kinder entschlossen. Sympathie ja, Identifizierung nicht unbedingt, das wäre die bilanzierende Formel für den Westen wie für den Osten, bei einer dort stärker zu beobachtenden antirussischen Haltung. Diese schwappte dann auf alle übrigen slawischen Namen über. Rund 7 Prozent – das ist das Ergebnis, wenn man die DDR-Rekorde für russische und slawische Vornamen zusammenrechnet (Abb. 47, S. 299). Recht kümmerlich angesichts des propagandistischen Aufwandes und trotz der »Liebe« des Genossen Stalin und anderer, auch milderer Genossen, zu Deutschland und den Deutschen.

Die Westsucht der »Ossis«

Die innere Bindung der Ostdeutschen an ihren Staat war und blieb offenkundig recht schwach, ihre starke Westbezogenheit dagegen springt dem Betrachter der Vornamensdaten unverzüglich ins Auge. Fast gewinnt man den Eindruck, daß die Bürger der DDR noch mehr als ihre Landsleute aus der Bundesrepublik zum westlichen Bündnis gehörten. Als jedoch 1990 endlich die Wiedervereinigung und damit die Zugehörigkeit zur westlichen Welt erreicht war, stellte man gerade bei den Bürgern der neuen Bundesländer eine doch recht große Distanz zum westlichen Bündnis und zu den USA fest.

Nach der Wiedervereinigung aber, das verrät uns nicht nur der Titel eines Buches Richard von Weizsäckers, war es anders: »Die deutsche Geschichte geht weiter«.[23]

Noch 1960 bevorzugten nur ca. 2 Prozent der DDR-Eltern englische Vornamen (Abb. 48, S. 299) für ihre Kinder. Danach folgte eine regelrechte Explosion. 1985 wurde der Rekord von 16 Prozent erreicht, 1990 lag der Anteil nur knapp darunter. Zum Vergleich die Daten aus Westdeutschland: Der BRD-Rekord englischer Vornamen betrug rund 7 Prozent 1990 (vgl. Abb. 41, S. 296). Zum Zeitpunkt der Wiedervereinigung dokumentierte sich die »Westsucht« der DDR-Bürger besonders, um Hans Pleschinskis Buchtitel abzuwandeln.

Nicht ganz so hoch, doch immer noch höchst beachtlich waren die DDR-Werte für französische Vornamen. Mit fast 13 Prozent wurde 1975 der größte Anteil ermittelt. 1960 hatte mit 2 Prozent kein Unterschied zu englischen Vornamen bestanden. Das änderte sich, wie gesagt, zugunsten der anglo-amerikanischen. Wieder blicken wir zum Vergleich auf die Bundesrepublik: Hier besaßen die Bürger schon längst ihre Westbindung, und nichts ist so alltäglich wie der Alltag. Was man hat, ersehnt man nicht. Und deshalb litten die Westdeutschen nicht an der (sehr verständlichen!) Westsucht ihrer ostdeutschen »Brüder und Schwestern«. In einem aber glichen sich Ost und West in ihrer Frankreichorientierung: Sie gelangten gleichzeitig, 1975, zum Höhepunkt. Allerdings betrug in diesem Jahr der Stand in der DDR eben 13, im Westen nur etwas mehr als 5 Prozent (vgl. Abb. 41, S. 296).

Fürs warme Italien erwärmten sich die Deutschen in ihrer Geschichte immer wieder. Zuerst die Germanen der Völkerwanderung, dann die deutschen Kaiser des Mittelalters und später die Bildungsreisenden des 18. Jahrhunderts. In der zweiten Hälfte dieses Jahrhunderts folgte der Massenstrom der Touristen. Die Begeisterung für italienische Vornamen hielt sich jedoch in engeren Grenzen, im Westen wie im Osten Deutschlands. Wie für französische, so war auch für italienische Vornamen 1975 das DDR-Rekordjahr. Bei 5 Prozent der Eltern jenes Jahrganges war eine mehr oder weniger ausgeprägte Italiensehnsucht bei der Benennung ihres Kindes mit im Spiel.[24] Ansonsten bewegten sich die Werte um 3 Prozent. Das ist, über den gesamten Zeitraum betrachtet, etwas, doch nicht erheblich weniger als in der Bundesrepublik.

Ebenfalls dem Westen vergleichbar ist der noch niedrigere Anteil spanischer Vornamen. Der Höchstwert von 1965 (2,5 Prozent) fiel langsam und beständig auf rund 1 Prozent im Jahre 1990. In der Bundesrepublik waren es in diesem Jahr ungefähr 1,8 Prozent. Dieser Rekordanteil lag aber immer noch erheblich unter der DDR-Höchstmarke für spanische Vornamen.

Insgesamt betrug der Anteil westlicher (englischer, französischer, italienischer und spanischer) Vornamen in der DDR seit 1975 konstant 30 Prozent (Abb. 48, S. 299): ein klares Bekenntnis der DDR-Bürger zum Westen. Keine Vornamensgruppe hat in diesem Teil Deutschlands je so hohe Werte erzielt; mit großem Abstand die höchsten. Im deutschen Westen erreichte im Rekordjahr 1990 der Anteil westlicher Vornamen nicht einmal 20 Prozent.

Bildungsbürger im deutschen Arbeiter- und Bauernstaat

Beim Personenkult haben wir eine klaffende Lücke zwischen Aufwand und Ertrag erkannt. Bei der inneren Bindung der DDR-Bürger an den Staat gab es, wieder aus der Sicht der Machthaber, erhebliche Defizite. Und auch bildungsbürgerliche Flausen ließen sich die Menschen durch die Arbeiter- und Bauernromantik auf Dauer nicht austreiben. Die SED hätte eben doch das Volk auflösen und ein neues wählen müssen.

Dieses jedenfalls lehnte die Liebesmüh der Staats- und Parteiführung in seiner großen Mehrheit ab.

Während der Frühzeit der DDR war es der herrschenden Ideologie immerhin gelungen, der Gesellschaft den Stempel der Antibürgerlichkeit wenigstens leicht aufzudrücken. Nur knapp mehr als 4 Prozent betrug der Anteil typisch bildungsbürgerlicher Vornamen im Jahr 1960. Danach jedoch nahm die Rate stetig zu, erst langsam, seit 1975 stärker. Rund 8 Prozent Bildungsnamen verzeichnen wir am Ende des Arbeiter- und Bauernstaates (Abb. 49, S. 337). Im Westen variierte der Anteil von 8 bis 12 Prozent. Die Westdeutschen waren eher bildungsbürgerlich. Kein Wunder, denn die BRD war eine »bürgerliche Gesellschaft«.

Und wieder eine Ost-West-Parallele: Ein harter und stabiler Kern entschied sich für lateinische Vornamen, ein ebenso harter, doch kleinerer für griechische. Zwischen 8 und 12 Prozent schwankten die Werte für lateinische, zwischen 3 und 6 Prozent für altgriechische Vornamen. Wieder waren die westdeutschen Werte sowohl bei lateinischen als auch griechischen Vornamen erheblich höher. Die gesellschaftlichen Rahmenbedingungen machten sich dabei zweifellos bemerkbar. Wie heißt es doch so schön im marxistischen Wortschatz? »Das Sein bestimmt das Bewußtsein.« Ja, das bürgerliche Sein prägte die westdeutschen Bürger durchaus. Keine Überraschung. Sehr wohl eine Überraschung ist dagegen die empirisch nachweisbare Tatsache, daß die Bürger des »ersten Arbeiter- und Bauernstaates auf deutschem Boden« in erstaunlichem Maße entweder »bürgerlich« blieben oder aber zunehmend wieder bürgerlich wurden.

Die Bibel: »Opium für das Volk«?

Karl Marx hatte es verkündet, und seine Jünger wiederholten es fast immer und überall und stets hingebungsvoll: »Religion ist Opium für das Volk.« Wenn die Religion »Opium für das Volk« ist, dürfen wir annehmen, daß diese kommunistische

Weisheit auch auf die Bibel übertragen werden darf. Sie ist ja immerhin eine Art Drehbuch für die jüdische, christliche und auch islamische Religion, also für die drei monotheistischen Opiate.

So gesehen blieb auch die den DDR-Bürgern verordnete religiöse Entziehungskur eher wirkungslos. Im Jahre 1960 gaben knapp 6 Prozent der Eltern ihren Kindern Namen, bei denen die Konnotation »biblisch« dominierte, etwas mehr als 6 Prozent sogar Namen mit deutlich vorherrschender »hebräisch-jüdischer« Konnotation. Der folgende Anstieg in beiden Gruppen war stetig und nachhaltig. 1990 wurde mit über 8 Prozent hebräisch-jüdischer sowie 10 Prozent biblischer Namen eine Höchstmarke verzeichnet (Abb. 50, S. 337). Gewiß waren das deutlich niedrigere Werte als in unserer bundesdeutschen Datei mit süddeutsch-katholischem Schwerpunkt, die 1985 den Spitzenwert von ca. 15 Prozent biblischer Namen aufweist (Abb. 44, S. 297). Allerdings sind diese biblischen wie hebräisch-jüdischen Vornamen im Osten wie im Westen religiös entleert. »Was bleibt?« fragte dann eben nicht nur eine Christa Wolf. Es bleibt die Tatsache, daß die religiöse Tradition selbst in der atheistischen DDR weiterlebte, wenn auch in säkularisierter Form. Auch bei den Heiligennamen hatten wir ja ähnliches festgestellt. Überinterpretieren darf man diesen Sachverhalt nicht. Er signalisiert keine Rückkehr zur Religion, aber er beweist (einmal mehr), daß das inhaltlich-innere Bezugssystem der DDR-Bürger eben kaum das politische, wirtschaftliche, gesellschaftlich und kulturelle »System DDR« war. Dieses Ergebnis ist keine Sensation, aber anders als sonst wurde es hier empirisch belegt; sowohl grundsätzlich als auch (und das ist eben bislang unbekannt geblieben) in den jeweiligen Größenordnungen.

»Der Grundirrtum meines Lebens«, bekannte Johannes R. Becher in einem lichten Augenblick, »bestand in der Annahme, daß der Sozialismus die menschlichen Tragödien beende und das Ende der menschlichen Tragik selber bedeute.«[25] War dann auch die DDR ein Irrtum? Zumindest irrte die DDR-Führung in der Annahme, sie könne die Gehirne ihrer Bürger sozialistisch waschen. Für alle wäre es besser gewesen, wenn nicht nur der Kommunist Becher rechtzeitig Selbstkritik geübt und das Experiment auf Kosten der Menschen eingestellt hätte. An seinem Lebensende schrieb Becher:

> Wenn wider Willen auch und ohne Wissen,
> So ist mir recht zur rechten Zeit geschehen,
> Denn ich ließ jedes Selbsturteil vermissen,
> War nicht imstande mehr zu übersehen.[26]

Die Erzählung *Ein sehr guter zweiter Mann* von Stefan Heym ist eine Art Möchtegern-Gleichnis auf Leben und Menschen in der DDR. Sie endet versöhnlicher, trotz der erkennbaren Mängel des Sozialismus: »›Die Brücke wird stehen‹, sagte er, ›weil sie von Menschen gebaut wurde, von unseren Arbeitern und von den Menschen hier – und weil ich ein sehr guter zweiter Mann …‹ Seine Stimme erhob sich - ›… und weil ich Kommunist bin!‹«[27] Und wenn sie nicht gestorben sind, dann leben sie noch heute. Gestorben ist die DDR, und die DDR-Märchen, auch die von Heym & Co literarisch er- beziehungsweise überhöhten, überzeugten die Bürger dieses Staates nicht. Man könnte wiederum Stefan Heym zitieren: »Und das glaubst du, Muttchen, du glaubst wirklich, was du mir da vorbetest?«[28] Es kam eben, so der Titel eines Heymschen Erzählungsbandes auf *Die richtige Einstellung* an. Auch dem literarischen Agitprop-Schmalz in seiner Erzählung *Mein Richard* glaubten sie offenkundig nicht: »›Wenn ich Sie gewesen wäre, Genosse Staatsanwalt, ich hätte einen Orden für die beiden Jungen beantragt.‹ ›Wieso das?‹ sagte der Staatsanwalt. ›Weil sie, wie jetzt gerichtsnotorisch, vierzehnmal hintereinander [durch ihre freiwillige Rückkehr aus dem Westen] ihre absolute Treue zu unserer Republik unter Beweis gestellt haben.‹«[29] »Wishful thinking« nennt man das heutzutage. Das gilt auch für die Rückkehr Ritas aus West-Berlin in die DDR (ausgerechnet am 13. August 1961, dem Tag des Mauerbaus) in Christa Wolfs *Der geteilte Himmel*. Wer konnte, ging und kam nicht zurück.

»Ihr bessert nichts mit einem Naserümpfen«, hatte Heiner Müller seine Landsleute belehrt.[30] Auch das fruchtete nicht und nichts. Eher hielten es die Menschen in der DDR mit Wolf Biermanns Botschaft in *Warte nicht auf beßre Zeiten*:

> Wartet nicht auf beßre Zeiten
> Wartet nicht mit eurem Mut
> Gleich dem Tor, der Tag für Tag
> An des Flusses Ufer wartet
> Bis die Wasser abgeflossen
> Die doch ewig fließen
> die doch ewig fließen.[31]

Es bleibt dabei: Im Sinne ihrer Führung hatten die Bürger der DDR mehrheitlich die falsche Einstellung. Wir konnten es nachweisen.

X.
Wo lange alles beim alten blieb: Ein Dorf im Altmühltal

Nicht nur Radfahrer schätzen die Naturschönheiten des Altmühltals. Bundespräsident Theodor Heuss mochte es ebenfalls: Das Altmühltal gehöre nicht zu den großartigen, doch zu den köstlichen Dingen in Deutschland, meinte er.[1]

»Bayerisch-Sibirien« nennen es manche; weniger wegen der Kälte als wegen der Abgeschiedenheit. Sie ist trotz der geringen Entfernung von kaum hundert Kilometern ins großstädtische München nicht zu bestreiten. Selbst (oder gerade) die von dieser Landschaft Begeisterten sprechen von ihrem »jahrhundertelangen Dornröschenschlaf im Windschatten mächtiger Zentren [...]: Nürnberg, Regensburg, München, Augsburg, Ulm und Würzburg«.[2] Nach den Turbulenzen des Dreißigjährigen Krieges war den Bewohnern diese Schlafseligkeit gewiß nicht unwillkommen.

Die große weite Welt ließ das Altmühltal nicht auf Dauer unberührt. Mit dem Bau des 172 Kilometer langen Ludwig-Donau-Main-Kanals erregte Ludwig I. schon von 1837 bis 1846 die ökonomischen und ökologischen Gemüter, die sich damals freilich noch nicht »Umweltschützer« nannten, doch das gleiche meinten. Obwohl vor allem das Frankfurter Bankhaus Rothschild die Finanzierung gesichert hatte,[3] wurde, soweit bekannt, nicht behauptet, daß »die Juden« an der Zerstörung der Flußlandschaft schuld wären. In den siebziger und achtziger Jahren unseres Jahrhunderts sorgte der Rhein-Main-Donau-Kanal nicht nur bei den Anhängern der Grünen für Aufregung über die politisch traditionell schwarze Region.

Seit 1844 durchquert die Eisenbahn auf der Linie Bamberg–Nürnberg Teile des Altmühltals. 1865 wurde die Strecke bis Würzburg erweitert, 1873 bis Regensburg. Die Ludwigs-Nord-Süd-Bahn stellte 1851 die Verbindung zwischen München und Berlin her; seit 1867 besteht die Bahnstrecke München–Ingolstadt. Immer enger wurde der Raum zwischen der ländlichen Idylle und den Handels- und Industriezentren. Die Autobahn Hof–Nürnberg–München–Salzburg wurde 1939 vollendet. Sie durchschneidet – seit August 1938 – das Tal in Nord-Süd-Richtung bei Greding.[4]

Trotzdem blieb das Altmühltal am Rand des politischen und wirtschaftlichen Geschehens. Wegen der langen Abgeschiedenheit des Flußtales darf man vermuten, daß der »Gang der Geschichte« im 19. und 20. Jahrhundert dessen Dörfer weitgehend unberührt ließ. Blieb hier die historische Uhr stehen, geriet in dieser Region die Welt (aus der Sicht der Traditionalisten) nicht aus den Fugen der herkömmlichen Ordnung? Wie lange und bis wann? Gelang, wenn überhaupt, der Politik der Einbruch in die Tradition der Religion? Wann wurden die Dorfbewohner des Altmühltals »modern«?

»Gotteswinkel« wollen wir das von uns untersuchte Dorf nennen. Es ist so klein, daß wir seinen Namen verschweigen müssen, um die Privatsphäre seiner damaligen oder heutigen Einwohner nicht zu verletzen. Weil wir auf diese Weise auch den gültigen Datenschutzbestimmungen entsprechen, können wir alle Taufmatrikel von »Gotteswinkel« für die Geburtsjahrgänge 1807 bis 1990 auswerten. Die Ergebnisse vermitteln uns ein Stück Sozial- und Mentalitätsgeschichte jener gottgesegneten Gegend.[5]

Freilich, die Dorfgemeinschaft umfaßte und umfaßt nur wenige Familien. Dementsprechend steht auch die Zahl der jährlichen Geburten in »Gotteswinkel« in keinem Verhältnis zu derjenigen in städtischen Großpfarreien wie etwa St. Peter in München. Während des gesamten Untersuchungszeitraumes kamen in unserem Dorf selten mehr als zwanzig Kinder jährlich zur Welt, ja im 20. Jahrhundert fällt die Quote fast durchweg unter fünfzehn.[6] Mehr noch als bei unseren Studien zum Münsterland müssen wir fragen, wie aussagekräftig die Daten so weniger Menschen sein können? Natürlich dürfen die Ergebnisse nicht vorschnell verallgemeinert, die hohen Prozentsätze für einen Namen hier nicht mit den viel niedrigeren in

Großstädten verglichen werden. Wenn ein einziger Vorname in Großstädten in einem Jahr ein Prozent erreicht, kann man angesichts der Namenvielfalt schon von Häufigkeit sprechen, im Dorf wahrlich nicht. Nur die Veränderungen innerhalb dieser Winzigwelt können in Bezug zueinander gesetzt werden. Das ist durchaus aufschlußreich, weil die Öffnung dieser kleinen für die vermeintlich große Welt nachvollzogen werden kann.

Wer die politische und soziale Geschichte Deutschlands, auch auf dem Lande, kennt, wird Vermutungen aufgrund vorhandener Kenntnisse bestätigt finden – empirisch bestätigt, und darauf kommt es an. Wir entdecken auch hier nicht das große Amerika, schon gar nicht im kleinen Altmühltal, aber wir stellen einmal mehr fest, daß und wie hilfreich unsere Meßmethode ist.

Gott lebte lang

Die »modernen« Menschen – wir haben es auch bei unseren Vornamenstudien mehrfach beobachtet – ließen seit dem 19. Jahrhundert Gott allmählich sterben. Im Zuge der Verweltlichung (»Säkularisierung«) entfernten sie sich besonders in den großstädtischen Gesellschaften immer mehr von der Religion. Um »Gotteswinkel« und auch viele andere bayerische Dörfer machte die Verweltlichung lange einen weiten Bogen. Eines dieser Dörfer, nämlich seine gar nicht so oder zumindest nicht immer idyllische ländliche Heimat am Starnberger See hat Oskar Maria Graf eindringlich geschildert, in seinem Buch *Das Leben meiner Mutter*.

Gewiß, Berg am Starnberger See im Süden Münchens ist nicht das nördlich der bayerischen Hauptstadt gelegene Altmühltal, aber die Menschen und deren Mentalität sind in bezug auf ihre Glaubensfestigkeit bis zum ausgehenden 19. Jahrhundert vergleichbar. Der Einbruch der Moderne erfolgte freilich in Grafs Heimat erheblich früher. Immerhin residierte (und starb) Bayerns Traumkönig Ludwig II. in Berg. Hochadel sowie großstädtisch großbürgerliche Touristen suchten diesen Winkel des Voralpenlandes viel früher heim als das Altmühltal. Dieses wurde touristisch erst nach dem Zweiten Weltkrieg richtig »entdeckt«, jener schon im ausgehenden 19. Jahrhundert. Oskar Maria Graf hat diese »Entdeckung« seiner Heimat seit den späten 1880er Jahren, die langfristig eher einer Invasion glich, ebenfalls beschrieben.

> Ja, die Bauern entdeckten den praktischen Wert der neuen landwirtschaftlichen Maschinen sehr bald. Sie konnten sich's auch leisten. Es ging auf- und vorwärts in diesen bewegten Jahren. Selbst die abgelegensten Dörfer am Ufer des Sees verloren in kurzer Zeit ihr bäuerliches Gesicht. Abgesehen von den zahlreichen Tagestouristen und Sommergästen, die in den besseren Fischer- und Bauernhäusern ihren Urlaub verbrachten, siedelten sich jetzt immer mehr fremde Herrschaften aus allen Ländern an. Der Verdienst der Bauunternehmer, der Handwerker und Gewerbeleute riß nicht ab. [...] Die Wirte scheffelten Geld, die Metzger wußten oft nicht, woher sie das viele Fleisch nehmen sollten, und unsere Bäckerei ging glänzend. Am wohlhäbigsten wurden aber die Fischer und Bauern, die Grundstücke am Seeufer hatten. In Berg und Leoni trat eine eigentümliche Veränderung ein. An dem stundenlangen Uferstrich von Leoni bis Ammerland machten sich neben den ehemaligen Künstlern und vornehmen Münchner Kaufleuten jetzt hauptsächlich altbayrische Adelsfamilien ansässig. Stolze Burgen und solide Villen entstanden dort.[7]

So fundamental änderte sich das Altmühltal nicht. Anders als der Raum am und um den Starnberger See wurden »Gotteswinkel« und Umgebung kein Nobelvorort Münchens. Das Neue hat im Altmühltal das Alte nicht so früh und nachhaltig verdrängt. Die Traditions- und Glaubensverbundenheit der »Gotteswinkler« dokumentieren ihre jeweiligen Entscheidungen bei der Benennung ihrer Kinder. Traditionelle und vor allem Heiligennamen dominierten von 1807 bis in die dreißiger Jahre des 20. Jahrhunderts – ein langer Zeitraum traditionsverhafteter, geistig-geistlicher Mentalität und Kontinuität in einer so revolutionären, bruch- und zusammenbruchsreichen Epoche.[8]

In der Regel wählten zwischen 75 und 90 Prozent der Eltern, während des 19. Jahrhunderts oftmals sogar 100 Prozent,[9] traditionelle und Heiligennamen für ihre Kinder aus; die Schwankungen bis 1910 waren gering. Erst seit der Zeit des Ersten Weltkriegs erkennen wir nachhaltigere Veränderungen, vor allem einen allgemeinen, eindeutigen Rückgang der traditionellen und der Heiligennamen. Seit den zwanziger und erst recht seit den dreißiger Jahren fallen beide fast regelmäßig unter Marken, die sie früher selbstverständlich erreichten (80 Prozent bei den traditionellen, 70 Prozent bei den Heiligennamen). Einer gewissen Stabilisierung auf tieferem Niveau folgt seit dem Kriegsjahr 1940 ein erneuter dramatischer Einbruch der Anteile dieser Namensgruppen (Abb. 51/52, S. 338).

Zusammenbruch

1945 fiel dann die neue nicht- und antireligiöse Welt zusammen. Während es 1943 und 1944 keinen einzigen Heiligennamen gab, waren es 1945 über 75 Prozent. Man besann sich wieder des Altbekannten. Bis 1965 sanken die Werte für traditionelle und Heiligennamen selten unter 30 Prozent. Die Wende, das heißt das Abwenden von diesen Namensgruppen, erfolgte dann schlagartig ab 1965, kurz bevor die Bilderstürmer der Studentenrevolte, »die 68er«, die politische Bühne betraten (Abb. 53, S. 339).

Mit Bildern hatte dieser Modernisierungsschub trotzdem zu tun. Nicht mit Bilderstürmern, wohl aber mit den Stürmen, die Bilder auslösten: Fernsehbilder. Anfang bis Mitte der sechziger Jahre begann nämlich auch in »Gotteswinkel« das Fernsehzeitalter. Es veränderte die Mentalität, gemessen und nachvollziehbar an der Auswahl von »modernen« (innovativen) und nichtkirchlichen Vornamen, nachhaltig. So vergaben im Durchschnitt zwischen 1960 und 1969 über die Hälfte der Eltern in »Gotteswinkel« (rund 58 Prozent) innovative Namen, im Jahrzehnt zwischen 1970 und 1979 sogar über 70 Prozent.

Erwies sich der Sturm als Stürmchen? Denn eigentlich schon seit Mitte der siebziger Jahre läßt sich ein Trend zur Rückbesinnung auf die alten traditionellen und Heiligennamen beobachten, der dann in den Achtzigern ganz augenfällig wird: Jetzt entschieden sich im Schnitt fast wieder 40 Prozent für einen Namen aus dem althergebrachten Namenschatz, etwa 28 Prozent dezidiert für einen traditionellen Heiligennamen wie »Anna«, »Maria« oder »Martin.« Trotzdem: Gemessen an den Werten bis etwa 1910, war auch im »Gotteswinkel« des Altmühltals die alte traditionsverhaftete christlich-katholische Welt untergegangen. Dabei war der Traditionsbruch, ausgehend von der Beschleunigungswirkung des Ersten Weltkriegs, im wesentlichen während der zwanziger und dreißiger Jahre erfolgt.

Was wir für die Bundesrepublik wie für die DDR im großen entdeckt und besprochen haben (Abb. 39, S. 295 und Abb. 45, S. 298), gilt auch für das kleine Altmühltal, und wir können uns damit begnügen, kurz zu wiederholen: Die Heiligennamen von einst kehren im ausgehenden 20. Jahrhundert lediglich in säkularisierter, ihrer religiösen Inhalte entleerter Form wieder. Von einer Rückwendung zur Religion, ja gar von einer Rückkehr der Heiligenverehrung kann auch für die »Gotteswinkler« wahrlich nicht die Rede sein, sehr viel mehr jedoch von einer nostalgisierenden Modewelle. Mit dem Rückgriff auf die Vornamen ihrer Groß- und Urgroßeltern waren die »Gotteswinkler« seit den achtziger Jahren gesamtdeutsch sozusagen »in«. Das Dorf als Avantgarde? Nein, vielmehr das Alte als leere Hülse des »neuen Deutschland« – in Stadt und Land.

Die Neue Welt

Wo Deutschland im Zuge der industriellen Revolution »modern« wurde, begann hierzulande die neue Welt um die Mitte des 19. Jahrhunderts; auch in München, wie wir sahen. Nicht viel später erreichte sie die Außenbezirke der bayerischen Hautpstadt, auch ihre ländlichen Randgebiete. Spannungsfrei war dieser Einbruch der Moderne wahrlich nicht. Oskar Maria Grafs Vater, der Bäcker, war von der modernen Technik fasziniert, seine Mutter ihr gegenüber bestenfalls distanziert. Ende der neunziger Jahre bekamen die Grafs elektrisches Licht:

> Am Abend standen wir alle verdutzt, freudig erregt in der Kuchl und starrten fast ehrfürchtig auf die kleine, weißleuchtende Glasbirne an der Decke. Der Vater war begeistert, Mutter sagte gar nichts. Wir aber rannten in die Mehlkammer, in die Backstube, an den Ofen, in den Stall und oben hinauf und knipsten wie um die Wette, so lange, bis die Birnen ausgebrannt oder sonst etwas passiert war.[10]

»Gotteswinkel« mag etwa zur gleichen Zeit Elektrizität bekommen haben, die Welt der Industrie ließ ansonsten erheblich länger auf sich warten. Hier war die Verspätung beträchtlich. Verkehrte das ländliche Gebiet mit der Außenwelt nach der Verkehrserschließung, besonders durch den Bau der Eisenbahn, intensiver? Kapselte man sich nach der Agrarkrise Anfang der 1890er Jahre aus Verdruß auch geistig ab? Wann und wie heftig hat sich die »Lebensauffassung der Dorfmenschen […] pluralisiert«?[11] Gibt die Auswahl der Vornamen Antworten auf diese Fragen?

In der Dorfwelt des ausgehenden 19. Jahrhunderts war auch die Namengebung ein Kampf zwischen Altem und Neuem. So beschreibt auch Oskar Maria Graf das Verhalten seines Vaters Max: »Gegen seinen Willen hatte die Resl […] es durchgesetzt, daß er Joseph heißen sollte, ein Name aus der Aufhauser Verwandtschaft. […] Seither aber suchte der Maxl stets Namen für seine Kinder, die in dieser Gegend wenig üblich waren. Einen Eugen zum Beispiel gab es seit Menschengedenken in der Aufkirchener Pfarrei nicht.«[12]

Und »Gotteswinkel« im Altmühltal? Innovative Vornamen, solche also, die nicht dem überlieferten, althergebrachten Namenskanon angehören, findet man dort zunächst nur zaghaft;

im Schnitt betrug ihr Anteil bis 1909 stets deutlich weniger als 10 Prozent. Immer öfter traten sie seit dem Ersten Weltkrieg auf (Abb. 51–53, S. 338f.). Der Trend des End-Kaiserreichs wurde in der Weimarer Republik fortgesetzt. Die erste deutsche Demokratie bedeutete keinen Einschnitt. Spiegelbildlich zum Rückgang traditioneller Vornamen ist die Zunahme der neuen Vornamen seit den späten zwanziger und in den dreißiger Jahren. Etwa 20 Prozent der Kinder erhielten während der beiden ersten Jahrzehnte des 20. Jahrhunderts im Jahresdurchschnitt innovative Vornamen. In den ersten Jahren des »Dritten Reiches«, bis 1939, stieg diese Rate auf 25 Prozent.

Wie der Erste wirkte auch der Zweite Weltkrieg als großer Beschleuniger und gewaltiger Zerstörer des Alten. Besonders seit 1940 ist diese Entwicklung zu beobachten. In den Jahren 1942 und 1943 wurden sogar 75 Prozent innovative Vornamen festgestellt.[13] Lag der durchschnittliche Anteil innovativer Namen im Jahrzehnt zwischen 1910 und 1919 zum ersten Mal knapp an der 20-Prozent-Marke, so erreichte er zwischen 1940 und 1949 50 Prozent (Abb. 51, S. 338). Kaum ein anderer Indikator dürfte wohl die starken Verwerfungen, die jene beiden Kriege selbst in einer so abgelegenen ländlichen Region wie dem Altmühltal herbeiführten, ähnlich eindrucksvoll anzeigen wie die Analyse der Vornamen.

In der Frühphase der Bundesrepublik, von 1950 bis 1960, setzte in »Gotteswinkel« zunächst eine zaghafte Restauration ein; innovative Namen wurden nicht mehr so oft (zu weniger als 35 Prozent) vergeben. Von 1960 bis weit in die achtziger Jahre dominierte dann aber der Trend zur Erneuerung. Man könnte auch sagen: die Beliebigkeit der Vielfalt. Mehr als die Hälfte der »Gotteswinkler«, in der Regel zwischen 60 und 70 Prozent, wählte für ihre Kinder innovative, »moderne« Vornamen aus.

Erst in den späten achtziger Jahren erscheint der Erneuerungsdrang etwas gebrochen, wurden wieder Werte unter 50 Prozent erreicht. Im Zehnjahrescluster (Abb. 51, S. 338) zeigt sich dies in der auf etwa 62 Prozent zurückgefallenen Quote innovativer Namen zwischen 1980 und 1989. Zwischen 1970 und

1979 hatte diese Quote noch runde 10 Prozent mehr betragen. Fast könnte man geneigt sein, von einem Gleichgewicht zwischen nostalgischer Rückwendung und nach vorne orientierter Erneuerung zu sprechen, das sich zukünftig möglicherweise in Richtung eines Namenszyklus weiterentwickeln wird.

Spuren des Zeitgeistes am Ende der Welt

Soweit das allgemeine Bild. Es lohnt, hier und da genauer hinzusehen. Man erhält dann seismographisch Aufschlüsse über kommende Dinge, ebenso wie gekommene und vergehende.

Blickpunkt frühes 19. Jahrhundert: Bis zum Ende der Napoleonischen Zeit, vor allem in den Jahren 1810 bis 1812, findet man sogar in »Gotteswinkel« weniger Heiligennamen als danach; zum ersten Mal sank ihr Anteil in jenen Jahren deutlich unter 80 Prozent (Abb. 52, S. 338). Der Blick auf die Entwicklung der traditionellen und innovativen Namen vermittelt denselben Eindruck. Freilich, die Macht des Überkommenen blieb auch bis 1815 geradezu übermächtig, doch danach war sie noch viel mächtiger – bis zum gesamteuropäischen Unruhe- beziehungsweise Revolutionsjahr 1830 (Abb. 52, S. 338).

Weshalb hätten die »Gotteswinkler« denn völlig abseits stehen können? Sie durften es nicht, sie konnten es nicht. Zehntausende bayerischer Soldaten mußten mit dem französischen Kaiser ins Feld ziehen, nicht zuletzt 1812/13 nach Rußland. Rund dreißigtausend verloren dabei ihr Leben. Der Obelisk am Karolinenplatz in München erinnert an die in den Napoleonischen Feldzügen gefallenen Bayern. Daß die Altmühltaler im Schonwinkel bleiben konnten, ist mehr als unwahrscheinlich. Aufschlußreich ist, daß wir hier Parallelen zum Münsterland beobachten. Dort hatte sich zwar die Entwicklung der religiös motivierten Namen in jenen Jahren etwas anders gestaltet als im Altmühltal; die Innovationsfreudigkeit der Bevölkerung lag 1810 jedoch ähnlich hoch. Und ebenso deutlich nahm sie bis zum Jahr nach dem Zusammenbruch des napoleonischen Systems 1815 wieder ab. (Abb. 2, S. 130).

Das Zeitalter der Restauration machte sich von 1815 bis 1830 auch in »Gotteswinkel« bemerkbar. Traditionelle Vornamen und Heiligennamen wurden wieder öfter verwendet. Die europäischen Revolutionen des Jahres 1830 blieben gleichfalls nicht ganz ohne Resonanz in »Gotteswinkel«. Sichere Aufschlüsse über deren Art und Intensität lassen sich der Vornamenkurve nicht entnehmen; einige Indizien weisen aber immerhin auf die instabile politische Großwetterlage zurück. So klettert schon 1830 die Rate der innovativen Namen auf einen seit 1818 nicht mehr erreichten Stand von über 10 Prozent. Bei den Heiligennamen fällt das Jahr 1835 ins Auge: 70 Prozent markieren hier den seit Beginn des Untersuchungszeitraumes tiefsten Stand. Eine späte Nachwirkung des Revolutionsjahres? Wie auch immer: Eine verhaltene, doch durchaus erkennbare Abkehr vom traditionell Kirchlichen setzte sich von 1830 bis ca. 1835 durch. Vergleichbar reagierten die »Gotteswinkler« erst wieder ab Mitte der vierziger Jahre, besonders 1847 und im Revolutionsjahr 1848: Nur noch knapp 69 Prozent Heiligennamen sowie die für diese Zeit einsame Spitze von 23 Prozent innovativer Namen verweisen auf den Eindruck, den die 48er-Revolution auch in einem entlegenen Landstrich hinterließ und der sogar bis 1852/53 noch nachwirkte.

Der neue Mann an der Spitze der preußischen Politik, Otto von Bismarck, sorgte schon seit seinem Amtsantritt 1862 für Dynamik. Sie scheint, zumindest indirekt, bis nach »Gotteswinkel« ausgestrahlt zu haben. Seit jenem Jahr, bis Anfang der achtziger Jahre, wird das Alte sichtbar zurückgedrängt. Die industrielle Revolution hatte zudem für mehr Kommunikation auch zwischen Stadt und Land gesorgt. Die Stadt brach gewiß nicht ins Dorfleben ein, aber sie rückte näher. Scheinbar kehrte das Alte in den neunziger Jahren wieder, bis 1910/11. Ein Jahr später gewann auf der nationalen Ebene die SPD die Reichstagswahlen. In »Gotteswinkel« entschieden sich 1912 nicht einmal mehr 65 Prozent der Eltern für einen der alten Heiligen- beziehungsweise traditionellen Namen; 35 Prozent dagegen wählten einen innovativen. Auch wenn die SPD in »Gotteswinkel« natürlich nicht die stärkste Partei wurde, so

war doch selbst hier das Alte nicht mehr unverändert zu halten.
Die deutsche Welt wurde insgesamt offenkundig »vernetzter«; sogar bis in die letzten Winkel, wie »Gotteswinkel«. Freilich, in besonders heftigen Krisen griff man gerade hier wieder gerne aufs Vertraute zurück. Zum Beispiel 1918/19. Aber das war nur ein Zwischenspiel; ebenso wie die »Goldenen Zwanziger«, die Ruhe signalisierten. Mit ihr war es seit Anfang der dreißiger Jahre vorbei, besonders ab 1942. Atem wurde zwischen 1945 und 1947 geholt. Man war eben auch hier vom Krieg erschöpft, sofern man überlebt hatte. Ab 1948 wählten die »Gotteswinkler« wieder mehr innovative Vornamen aus, in den frühen fünfziger Jahren verhielten sie sich dagegen erneut etwas herkömmlicher. War es die Altmühltalvariante der »Fröhlichen Restauration«, die der Literaturhistoriker Hans Mayer dem westdeutschen Bundesstaat unterstellte?[14] Mag sein, sie war jedenfalls sehr kurz, denn seit Ende der fünfziger Jahre und erst recht seit den frühen sechziger Jahren brachen die Dämme des Alten endgültig. Keine Spur von »Restauration«.

»Gotteswinkel« wird politisch

Ganz unpolitisch war selbst »Gotteswinkel« nie. Sogar das scheinbar unpolitische Alltagsleben war alles andere als unpolitisch. Die Auswirkungen der von Bismarck reichsweit eingeführten Gewerbefreiheit oder der Einführung der Reichsmark betrafen auch die dörfliche Welt:

> Weiß Gott, die Zeit war bewegt genug, und viele Menschen kamen nicht mehr mit! Der unbegreiflich rechthaberische Kanzler in Berlin aber schien sie nur noch mehr zu verwirren, und alle Menschen, die ihrer friedlichen Arbeit nachgingen, bekamen das immer mehr zu fühlen. Sie kannten sich nicht aus und fanden das meiste, was dieser wilde Berliner Mann tat, gewalttätig und planlos. Wenn sie nachzudenken versuchten, kam es ihnen vor, als sei nur durch ihn

aller Unfriede auf die Welt gekommen: zuerst sein jahrelanger, giftiger Hader mit den Katholiken [...]; dann die überall mit Mißtrauen aufgenommene Vereinheitlichung des Geldwesens, womit er insbesondere die Bauern kopfscheu und unruhig gemacht hatte.« Bald darauf hörten die weltfernen und weltfremden Bauern aus Oskar Maria Grafs Heimatdorf auch noch »etwas von jenem lichtscheuen Gesindel in den Städten, von den ganz und gar gottlosen Lumpen und Kaisermördern, die Sozialdemokraten oder kurzweg »Sozis« genannt wurden.[15]

Jener »wilde Mann in Berlin herrschte zu fühlbar. Jeder Mensch spürte seinen harten Druck. Nicht weniger nämlich als die Katholiken drangsalierte er die städtischen Arbeitermassen [...]. Nur die Reichen, die Herren der Fabriken, die ostelbischen Junker und Militärs jubelten dem Kanzler zu. Das Volk hatte er tief verstimmt und gereizt.«[16] Auch und gerade im ländlichen Bayern, Süd und Nord. 1866 waren sie seinetwegen, durch und gegen ihn, mit Österreich, in den Krieg gezogen (worden), 1870/71 wieder durch ihn, aber dann mit ihm: gegen Frankreich. Nicht alle einfachen Bauern konnnten so schnell umschalten.

Noch vor etlichen Jahren, anno 66, hatte er mitgewollt gegen die verhaßten Preußen [...]. »Revanche! Endlich Revanche diesen Kartoffelschädeln!« brüllte er, reckte die Fäuste, fuchtelte und machte einen kurzen Sprung. »Krieg! Krieg! ... Endlich besinnt sich Bavarski! Krieg mit Feuer und Schwert gegen das Pack! Attacken! Bataillen! Bravo! Respekt! Respekt!« Mittenhinein aber sagte der Stellmacher trocken: »Nicht gegen die Preußen! Gegen die Franzosen soll's gehen, verrückter Stier, verrückter!« – »Wa-was?« stockte der Peter und riß seine hitzigen Augen weit auf, »Wasss? Und ...« – » ... unser König macht mit«, ergänzte der Stellmacher und fuhr fort: »Es geht mit den Preußen.« [...] »Die Welt ändert sich eben! Und was die Großen tun, muß uns recht sein!« warf der Andreas hin.[17]

Nicht nur diese Männer waren im Sommer 1870 verwirrt.

> »Krieg ist! Krieg! Krieg ist!« schrie der Mesner, der eben aus dem Pfarrdorf kam und auf die abschüssigen Felder der Aufkirchener und Aufhauser trat. – »Krieg? Gegen wen denn?« wollten die zunächst Arbeitenden wissen. – »Gegen die Franzosen!« antwortete der Mesner und sah nichts als verständnislose Gesichter. – »Gegen die Franzosen?... Ja, die haben uns doch nie was gemacht?« meinte der Jani-Hans. [...] »Alles muß einrücken! Jedes Mannsbild muß fort! ... Es hilft nichts!« sagte der Mesner wiederum und setzte dazu: »Überall weiß man's schon.« Eine kurze Weile wurde es stumm. Niemand machte ein gutes Gesicht. [...] »Hm, jetzt Krieg? So mitten im Sommer, wo die meiste Arbeit ist. Jetzt so was, hm. Dümmer hätten sich die Herren die Zeit nicht aussuchen können! Akkurat jetzt fällt ihnen so was ein, hmhm.«[18]

Es gab auch damals Ausnahmen, die den »höllischen Bismarck« priesen, so Oskar Maria Grafs Vater: Doch »in dieser unduldsamen Zeit erging es dem Stellmacher-Maxl von Berg mit seinen Lobworten auf Bismarck und seinem oftmaligen Absingen des Liedes ›Bei Sedan ...‹ nicht gut. Zweimal prügelten die aufgebrachten Bauern ihn und seine Zechgenossen aus der Aufkirchener Wirtsstube. Einmal trug er ein Loch im Hinterkopf davon und hatte so ein verquollenes Gesicht, daß er sich eine ganze Woche lang nicht mehr sehen lassen konnte.«[19]

Wie unpolitisch konnte man selbst am Ende der Welt bleiben, wenn man sogar von hier zum Kriegsdienst geholt wurde? Manch einer kam nie mehr heim, und Heimsuchungen dieser Art prägen die Weltsicht der Hinterbliebenen. Betrachten wir die Politisierung der Vornamen bei den »Gotteswinklern«. Als »obrigkeitsorientiert« bezeichnen wir jetzt nicht nur die dynastischen, sondern all jene Namen, die sich im Lauf der zwei untersuchten Jahrhunderte auf Herrscher, Regierende, Politiker beziehen lassen – von »Maximilian«, »Ludwig« und »Otto« bis – theoretisch! – »Konrad« und »Helmut«.

Im Anfang war Gott; zumindest am Anfang unseres Untersuchungszeitraums. Von 1807 bis 1819 finden wir in »Gotteswinkel« keinen einzigen obrigkeitsorientierten Vornamen. Daß Bayern Königreich und im Rheinbund französischer Vasall war, dann wieder eher restaurativ wurde, spiegelt sich in der Namengebung hier nicht. Die »Gotteswinkler« hielten sich mit Treuebekundungen merklich zurück. Während der von uns betrachteten 183 Jahre von 1807 bis 1990 vergaben sie überhaupt nur in 23 Jahren politisch ausgerichtete, obrigkeitsorientierte Vornamen.[20]

Geradezu bekenntnisfroh verhielten sie sich in dieser Hinsicht unter Ludwig I., im Vormärz: 1847 und sogar im Revolutionsjahr 1848. Freilich, Kontinuitäten und Brüche, wie wir sie aus der Vergabe der Herrschernamen in München ablesen konnten, lassen sich bei den geringen Werten und dem unregelmäßigen Auftreten einzelner Namen in »Gotteswinkel« nicht aufzeigen. Wir müssen uns mit dem Hinweis auf Tendenzen begnügen. Auch bis 1864, unter König Max II. scheint die Identifikation mit der königlich bayerischen Obrigkeit gut ausgeprägt gewesen zu sein. Mit dem exzentrischen Märchenkönig Ludwig II. hielten es die bodenständig nüchternen »Gotteswinkler« hingegen ganz und gar nicht. Der königliche Name wurde während dessen Regierungszeit kein einziges Mal vergeben. Und auch andere obrigkeitlich orientierte Namen traten, mit Ausnahme des Jahres 1879, nicht auf.

Glauben wir Oskar Maria Graf, so wurde die Zugehörigkeit zum Kaiserreich während des ausgehenden 19. Jahrhunderts den Kindern seines Heimatdorfes von der Pike auf als Wert an sich eingeschärft.

Als ich damals zur Schule kam, mußten wir fast jeden Tag eine lange Weile die Zahl 1900 auf unsere Schiefertafeln kratzen, und der junge Lehrer, der uns Buben und Mädel von der ersten, zweiten und dritten Klasse in einem einzigen Raum unterrichtete, sagte nach dieser Lektion stets mit bedeutungsvoller Miene: »Das bedeutet – merkt es euch – den Anfang eines neuen Jahrhunderts mit dem deutschen Kaiser

Wilhelm dem Zweiten an der Spitze.« – Wir schauten ihn dumm und verständnislos an, aber »Jahrhundert« und »Kaiser Wilhelm« prägten sich uns ein. Wir hielten beides für etwas Großes und Geheimnisvolles, aber zugleich – weil wir es uns nicht deutlich vorstellen konnten – für etwas sehr Langweiliges. – Unser Vater aber sagte einmal: »Jaja, vor hundert Jahr' ist noch der Napoleon dagewesen. Der hat wenigstens Krieg führen können, aber unser Kaiser jetzigerzeit, der schreit bloß.«[21]

In bezug auf das Kriegführen, immerhin, hat sich Wilhelm II. in den folgenden Jahren erheblich weiterentwickelt.

Mutter Graf (»Sie hatte sich nie um den Bismarck gekümmert und wußte nicht einmal, wer jetzt eigentlich regiere.«[22]) reagierte ganz anders als der politisch polternde Vater:

> »Der soll euch lieber was Gescheites lernen und nicht lauter so Dummheiten.« Zu ihrer Zeit, schloß sie, da habe man richtig beten, schreiben, lesen und rechnen gelernt, mehr brauche der Mensch nicht. – »Und rackern und sich plagen wie du!« spöttelte der Vater gutmütig, denn er wollte schon lange, daß sie sich mehr Ruhe gönne. – »Ja, du hast leicht reden«, warf sie ungekränkt hin, »zu was sind wir denn auf der Welt als zum Arbeiten!« [...] Sie lebte nur in ihrer Umgebung und in all dem, was dazugehörte. Was außerhalb dieser Grenzen geschah, blieb ihr fremd. Das bemißtraute sie, ja, sie fürchtete sich sogar davor. Sie wich ihm aus, wo und wie immer sie nur konnte. Das ging aber nicht immer.[23]

Nicht einmal in »Gotteswinkel«.

Sollten im Altmühltal dem Grafschen Lehrer vergleichbar Nationsbegeisterte gelebt und gewirkt haben – der Vornamengebung ließe es sich nicht entnehmen; obrigkeitsorientierte Namen finden wir lediglich 1890. Kurz vor dem Ersten Weltkrieg flackerte es politisch etwas, wenngleich kaum wahrnehmbar in den Jahren 1907, 1910 und 1913; hie und da ein

»Wilhelm«, kein »Otto«. Was für die bayerischen Königsnamen, gilt auch für Kaiser- und Kanzlernamen: Wirkliche Entwicklungslinien können wir nicht beschreiben. Die weltlichen Helden konnten in »Gotteswinkel« den heiligen Glaubenshelden nie den Rang ablaufen.

Mit einer Ausnahme. Sehr wohl und heftig wahrnehmbar waren die politischen Solidaritätsadressen der »Gotteswinkler« Eltern zwischen 1933 und 1936. 1933 gab es den Rekord bei der Auswahl obrigkeitsorientierter, politischer Vornamen während des gesamten Untersuchungszeitraums: »Adolf« war mit einem Anteil von fast 17 Prozent der einsame Zwei-Jahrhunderte-Sieger (Abb. 54, S. 339).

Versuchen wir, die so hohen »Adolf«-Anteile in »Gotteswinkel« zwischen 1933 und 1936 in Beziehung zu unseren Beobachtungen auf gesamtdeutscher Ebene zu setzen, so müssen wir ein weiteres Mal auf die niedrige absolute Zahlenbasis hinweisen und betonen, daß die hieraus errechneten Prozentwerte nicht unbedingt mit denjenigen für Deutschland vergleichbar sind. 16,7 Prozent im Jahr 1933 bedeutet: 2 von 12 in diesem Jahr geborenen Kindern hießen »Adolf« (bezögen wir uns nur auf die Jungen, fiele der Prozentwert noch astronomischer aus); 13,3 Prozent 1933 bedeutet: 2 von 15 Kindern hießen »Adolf« (1934); 7,7 Prozent: eines von 13 Kindern (1935); 12,5 Prozent: 2 von 16 Kindern (1936). Grundfalsch wäre angesichts dieser Zahlen der Schluß, in der Altmühltalgemeinde hätte sich der Führerkult sehr viel stärker ausgeprägt als im Rest Deutschlands, wo der »Adolf«-Anteil auf maximal 2,3 Prozent, 1934, kletterte (Abb. 27, S. 208). Unabhängig von den prozentualen Werten zeigen sich freilich signifikante Parallelen: der höchste »Adolf«-Wert im Jahr 1933 (gesamtdeutsch 1934) – zuvor lag er bei 0 Prozent –, der Rückgang bis 1935 (gesamtdeutsch bis 1936), noch einmal kurzer Anstieg 1936 (gesamtdeutsch 1939), dann schließlich der Einbruch. Im Unterschied jedoch zur gesamtdeutschen Entwicklung zeigt sich dieser Einbruch im ländlich-katholischen Altmühltal noch viel ausgeprägter. Bereits seit 1937 gab es keinen »Adolf« mehr in »Gotteswinkel«. Ganz im Gegensatz zu ihrem sonstigen Verhalten scheinen die »Gotteswinkler« in diesem Fall den anderen Deutschen um einige Jahre vorausgeeilt zu sein.

Wie in Anna Wimschneiders niederbayerischem Dorf mag die Verfolgung der gotteslästerlichen roten Kommunisten den braunen Nationalsozialisten zu zeitweiliger Popularität verholfen haben. »Bei uns gab es nur wenige Hitler-Anhänger, denn die Bauern hielten nicht viel von ihm. Erst nach dem Reichstagsbrand, da waren viele froh, daß er uns vor den Kommunisten gerettet hat. Zu sagen, du bist ein Kommunist, war eine der schwersten Beleidigungen, und ist es heute noch«, schreibt Anna Wimschneider in ihren Lebenserinnerungen *Herbstmilch*.[24]

Zimperlich waren die Nationalsozialisten auch auf den Dörfern nicht.

Nach der Machtübernahme war dann eine Wahl, da sollte man mit Ja stimmen, und am Eingang zum Wahllokal standen SA-Männer in ihrer Uniform und hefteten einem ein Ja aus Blech an. Der Onkel wurde, da er so gehbehindert war, zur Wahl gefahren. Er war bekannt als Schwarzer [also Wähler der erzkatholisch-bayerischen Bayerischen Volkspartei]. Ein Nachbar schaute ihm zu, wie er den Wahlzettel ins Kuvert stecken wollte. Der Onkel hatte ein Nervenleiden und zitterte sehr mit der rechten Hand, da sagte dieser Nachbar, na, geht der schwarze Frack wieder nicht hinein? Die SA stand dabei. Es ging noch mal gut, es war aber eine gefährliche Bedrohung. – Auch bei uns wurden einige Leute nach Dachau gebracht, es wurde einiges geflüstert, aber was Gewisses wußte niemand. Da hat man auch den Stadtpfarrer in Schutzhaft genommen, und wir merkten, daß ein anderer Wind geht. [...] Es kamen auch welche zurück aus Dachau, aber die sagten nichts aus. Alberts Bruder, der drei Jahre älter und in Neuötting so ein Sozialdemokrate war, den haben sie im März 1933 nach Dachau gebracht, und weil der ein halbes Jahr dort war, habe ich später auch davon gehört.[25]

Genau wie in den Städten gab es auf dem Land nicht nur Opfer, sondern auch Täter. Mitläufertum und tatsächliche Gesinnung beobachten wir anhand der Vornamengebung vor allem in der Frühzeit der nationalsozialistischen Diktatur. Beides schwächte sich aber schneller ab als in städtischen Regionen. Denn auch Germanisierungstendenzen, die tiefergehende ideologische Verwurzelungen nachweisen könnten, stellen wir in »Gotteswinkel« nicht fest: keine »Uta«, keinen »Horst«, schon gar keinen germanisch-ideologischen Namen. Der »Führer« wurde hier nicht leidenschaftlich verehrt. Die Dorfgemeinschaft wandte sich von ihm und der Politik im Privatbereich der Namen ab und dem Alten, vor allem der Religion, wieder zu. Zwischen 1935 und 1940 wurden deutlich mehr Heiligennamen (65–75 Prozent) vergeben als zwischen 1928 und 1934 (45–65 Prozent). Alles in allem für Deutsche im »Dritten Reich« kein schlechtes Zeugnis – sieht man von der anfänglichen Begeisterung ab.

Der tatsächliche oder erwartete Druck war erheblich. Seit den späten dreißiger Jahren sah es zumindest in Anna Wimschneiders Dorf bei den Familien so aus: »In allen Häusern hing nun schon ein Hitlerbild, dafür haben manche das Kreuz im Herrgottswinkel weggetan, bei uns nicht. Wir haben auch kein weißes Tuch aus dem Fenster gehängt, als später die Amerikaner mit den Panzern am Haus vorbeifuhren. Bei uns wurde und wird immer ein gemeinsames Tischgebet gesprochen, und dazu brauchten wir kein Führerbild.«[26] Nach dem 8. Mai 1945 wollten auch auf dem Lande diejenigen, die zuvor ein solches Kunstwerk »gebraucht« hatten, von ihren einstigen politischen Vorlieben nichts mehr wissen. Schwer fiel ihnen – Anna Wimschneider zufolge – ihre spezielle Art von Vergangenheitsbewältigung nicht. »Die Hitlerbilder in den Bauernhäusern waren dann auch nicht mehr da, eigentlich konnte sich niemand erinnern, daß sie früher einmal in der Stube hingen. Der Nachbar, den der schwarze Frack gestört hatte, war wieder normal und hat zum Geburtstag eine Ehrung in der Zeitung bekommen als einer, dessen Wort in der Gemeinde was galt. So verging das Tausendjährige Reich bei uns.«[27]

In »Gotteswinkel« scheint man vom demonstrativ Politischen genug gehabt zu haben. Schon seit 1937, erst recht nach 1945 gab es keine erkennbar politisch motivierte Vornamengebung mehr. Weder die Frankreichbegeisterung der sechziger Jahre (»Dominique« oder »Madeleine«) noch der Jubel um die sozialliberale Ostpolitik (»Boris« oder »Jana«) macht sich bei der Auswahl der Vornamen bemerkbar; auch nicht die neuentdeckte Liebe der Deutschen zum Alten Testament.

Die Abwesenheit des Politischen ist gewiß nicht unpolitisch. Sie signalisiert Ernüchterung. Ernüchtert resigniert haben zudem viele Bauern als Bauern, wegen der Aussichtslosigkeit des bäuerlichen Wirtschaftens, auch wegen des harten Lebens auf dem Lande. Anna Wimschneider sagt es so: »Wenn ich noch einmal zur Welt käme, eine Bäuerin würde ich nicht mehr werden.«[28]

Bei der geringen Datenmasse aus ländlichen Regionen besteht immer die Gefahr einer Überinterpretation. Die Trends freilich sind eindeutig: Selbst das entfernte »Gotteswinkel« blieb keine politik- und wandelfreie Oase der Ewig-Religiösen. Schon der oberflächliche Blick auf die graphischen Umsetzungen des »Gotteswinkler« Vornamenmaterials genügt, um zu erkennen, daß, wann und wie sehr in den vergangenen zweihundert Jahren aus den katholisch schwarzen Mentalitäten innovativ unverbindliche wurden – auch in einem deutschen Dorf. Daß dieses Dorf wiederum alles andere als ein Einzelfall ist, darf man mit Fug und Recht erwarten. Man sollte es durch historische Forschung freilich weiter bestätigen.

Wir indes verlassen das Dorf, atmen wieder den »Duft der großen, weiten Welt« und versuchen, unsere wichtigsten Ergebnisse noch einmal Revue passieren zu lassen.

Abbildung 49

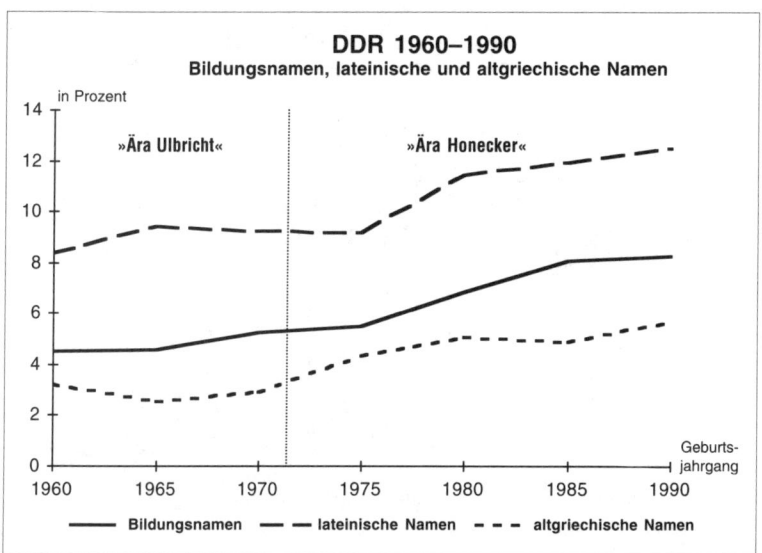

Abbildung 50

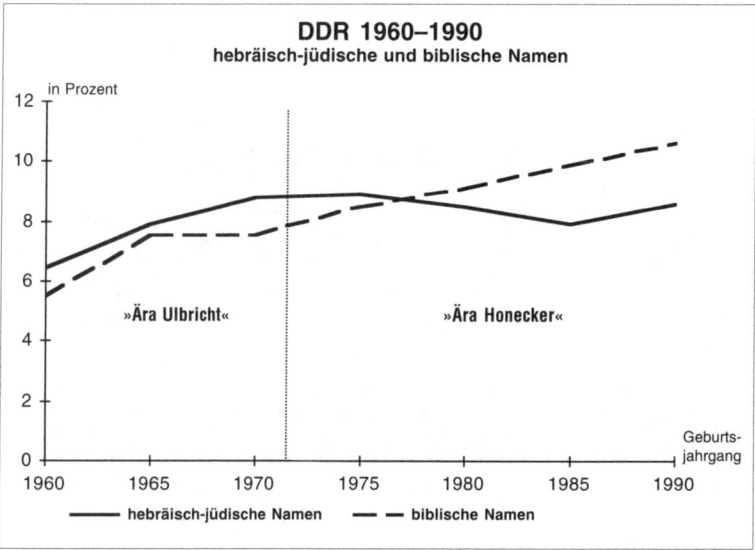

Abbildung 51

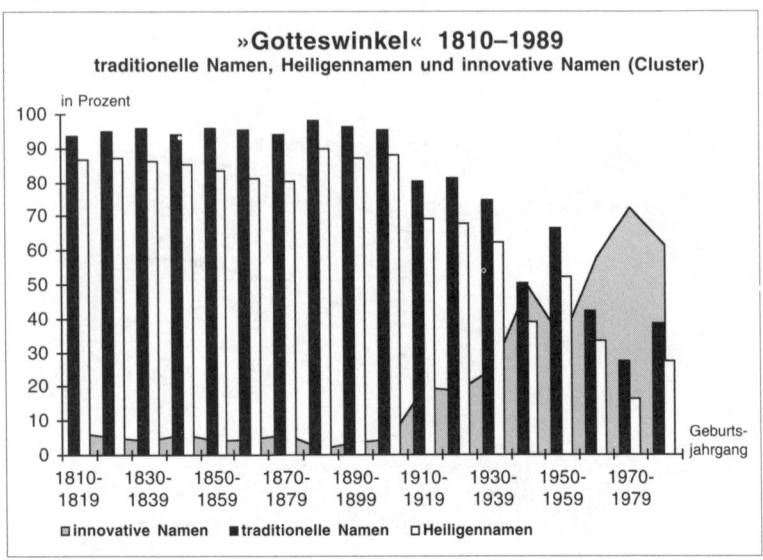

Abbildung 52

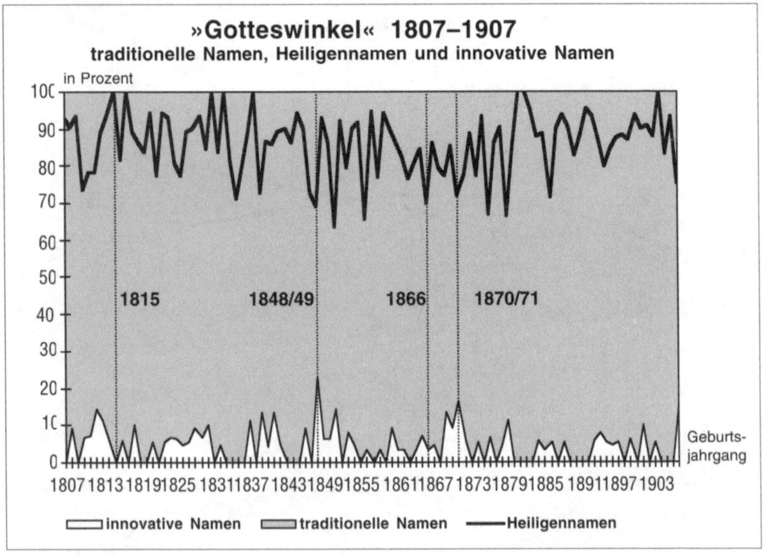

Abbildung 53

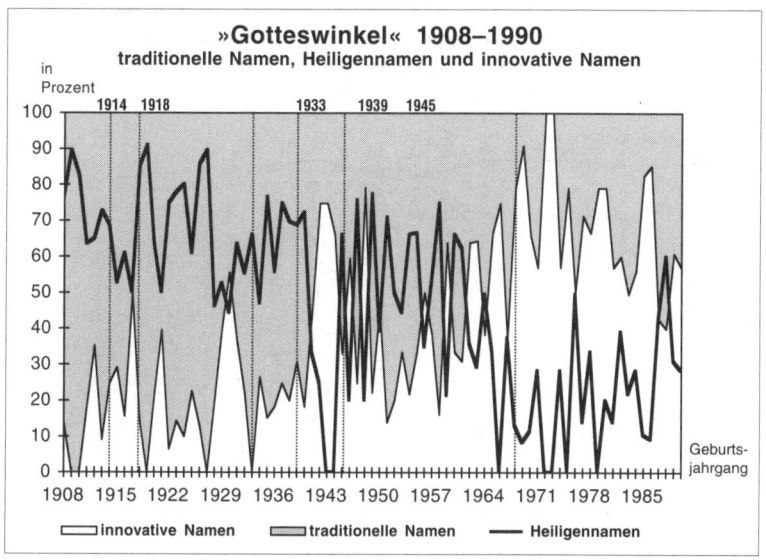

Abbildung 54

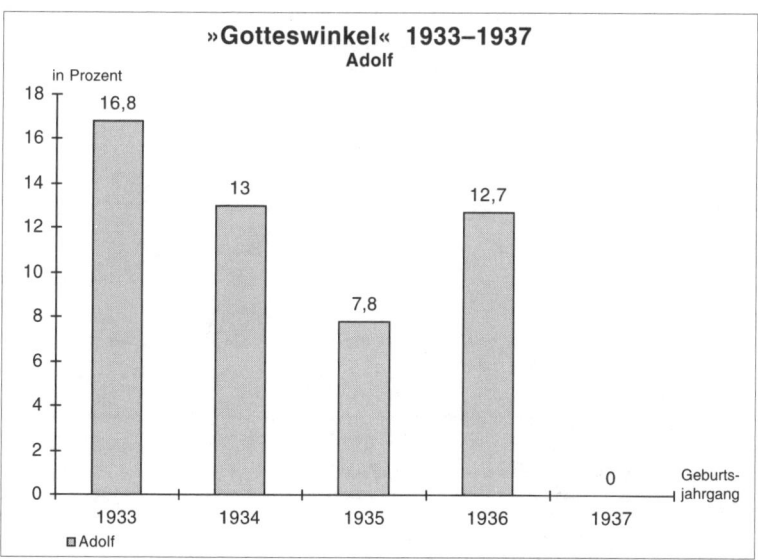

Abbildung 55

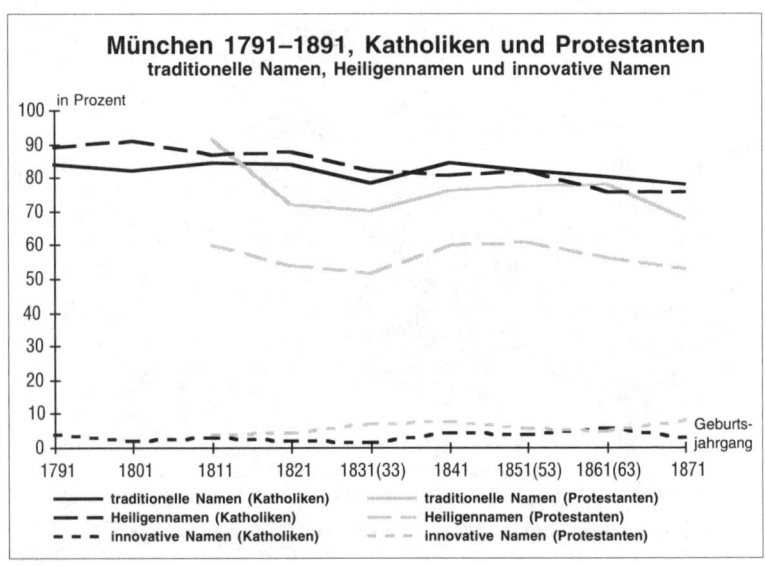

Abbildung 56

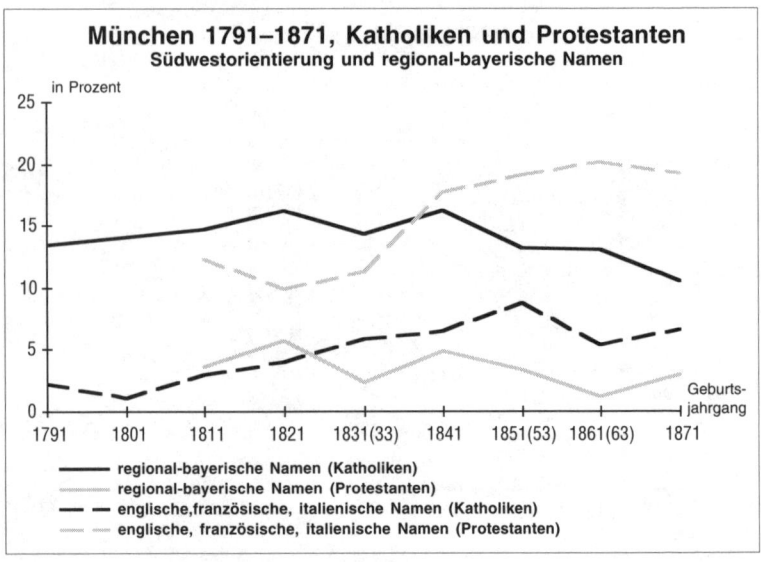

Abbildung 57

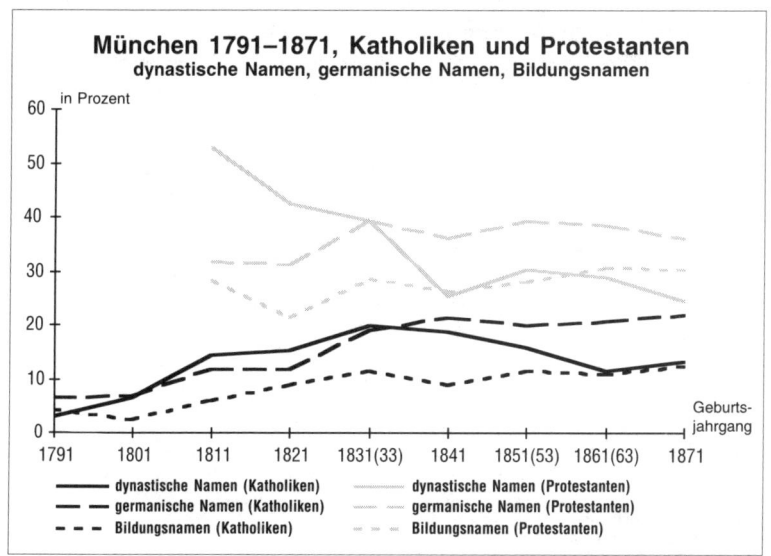

Abbildung 58

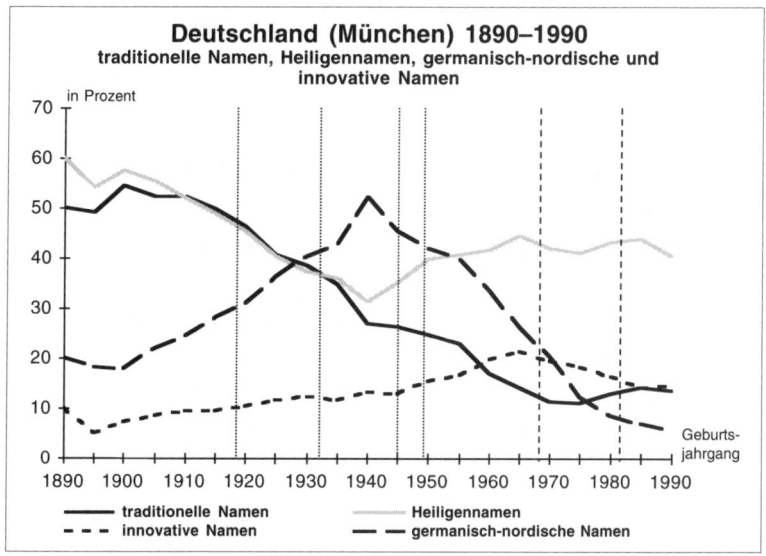

Abbildung 59

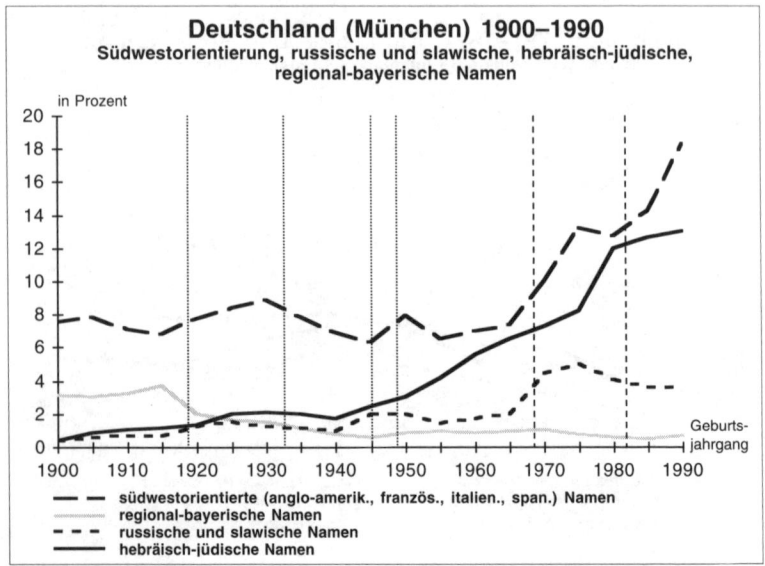

XI.
Über die Deutschen

Aussagen über ein ganzes Volk sind immer riskant. Manchmal sind sie töricht, hier und dort böswillig, wenn zum Beispiel über »die Deutschen«, »die Amerikaner« oder »die Juden« oder über wen auch immer als Kollektiv gesprochen wird. Auch Größenwahnsinnige scheuen das Risiko der Verallgemeinerung nicht, und tatsächlich oder vermeintlich Große, wie Gordon A. Craig, packen das Thema ganz anders an, indem sie es in einzelne Versuche (»Essays«) verpacken.[1]

Unser Buch *Die Deutschen und ihre Vornamen* wetteifert weder mit der bedeutenden *Deutschen Gesellschaftsgeschichte* Hans-Ulrich Wehlers noch der monumentalen *Deutschen Geschichte* Thomas Nipperdeys. Wir analysieren Kontinuität und Wandel politischer Einstellungen und sozialer Mentalitäten der – tatsächlich oder nur formal christlichen – Deutschen im 19. und 20. Jahrhundert.[2] Unsere Untersuchung leistet einen Beitrag zur Forschung über öffentliche Meinung besonders in Zeiten, zu denen es keine Umfragen gibt. Für eine Art Meinungsforschung in vordemoskopischer Zeit bedient sie sich eines bislang weitgehend vernachlässigten Hilfsmittels: der Analyse der Vornamengebung. Über öffentliche Meinung in vordemoskopischer Zeit ist viel geschrieben, wenig geforscht worden. Die immense Anspruchslücke vermag die vorliegende Studie nicht zu schließen; aber sie mag zu ihrer Verringerung beitragen, auch in der Hoffnung auf weitere Detailarbeiten, deren Richtung sie den Weg weisen möchte.

Die Deutschen und ihre Vornamen, der Titel unseres Buches, ist nur scheinbar abenteuerlich, denn die Grundlage unserer Verallgemeinerungen war wirklich allgemein repräsentatives Material. Wir haben nicht verallgemeinert, sondern das Allgemeine ausgewertet, bewertet, dargestellt und versuchsweise erklärt.

Zum Abschluß blicken wir auf die großen Linien der Entwicklung, die einen Gesamttrend von relativ homogenen Gesellschaften hin zu einer pluralen, aber auch instabilen Mentalitätsstruktur der Bevölkerung wiedergeben. Um die von uns untersuchten zweihundert Jahre besser überblicken zu können, vergrößern wir die zeitlichen Intervalle der Graphiken und ziehen im 19. Jahrhundert nur jedes zehnte, im 20. Jahrhundert jedes fünfte Jahr heran. Diese Reduktion blendet die kurzfristigen Schwankungen aus und lenkt den Blick auf die längerwirkenden Entwicklungen. Weil wir im 19. Jahrhundert Katholiken und Protestanten nach verschiedenen Quellen behandelten, müssen wir auch jetzt dabei bleiben und beide Konfessionsgruppen getrennt betrachten. Das Münsterland, das Altmühltal, die DDR sowie alle anderen Orte, Städte und Regionen, die wir berührten, lassen wir nun außer acht und konzentrieren uns ganz auf unsere Münchner Quellen.

Wie hielten es die Münchner Deutschen im 19. Jahrhundert mit den *Traditionen*, nicht zuletzt mit der stärksten aller Traditionen, der christlichen – (und in Bayern ganz besonders) der »katholischen« Religion?

Die Moderne, so sahen wir, zog langsam ein in München, aber sie zog ein. Wir erkannten es am langsamen Rückgang der traditionellen Namen (Abb. 55, S. 340) und, etwas stärker ausgeprägt, der Heiligennamen. Die Verbindlichkeit der christlichen Heilslehre für das Verständnis von Mensch und Welt löste sich auf, verlor an Integrationskraft. Ein Prozeß der *Säkularisierung* kam in Gang, der bis in unser Jahrhundert hinein anhält. An die Stelle allgemeinverbindlicher Normen trat und tritt eine Vielheit von Orientierungsmöglichkeiten, tritt *Pluralismus*. Altüberlieferte Namen wichen zunehmend solchen, die bisher dem Vornamenschatz nicht angehörten, innovativen Namen (Abb. 55, S. 340).

Zu den rückläufigen Traditionen gehört auch der *Regionalismus* (Abb. 56, S. 340). Während die Häufigkeit regionalbayerischer Namen sank, fanden Namen südwesteuropäischer Herkunft, italienische, französische und englische Namen verstärkten Anklang. Der Blick der Münchner Deutschen richtete sich mehr auf diese südwestlichen als auf andere, etwa die östlichen europäischen Nachbarn.

Die *Süd-West-Orientierung* steht in engem Zusammenhang mit einem anderen zentralen, sozialgeschichtlichen Wandlungsprozeß innerhalb der deutschen Geschichte des 19. Jahrhunderts, den wir gleichfalls anhand der Vornamen ständig beobachten konnten: dem *Aufstieg des liberalen Bildungsbürgertums* zur neuen politischen und gesellschaftlichen Elite. Orientierte sich dieses Bürgertum – wie wir anhand der dynastischen Namen zeigen konnten (Abb. 4, S. 131) – zuerst noch am Adel als der alten Elite, so nahm diese Orientierung um so mehr ab, je stärker sich eine eigene bildungsbürgerliche Identität ausprägte.

Als Kennzeichen dieser Identität erschienen uns zunächst die *Bildungsnamen*. Deren stetig zunehmender Anteil verwies auf den Hintergrund einer »Bildungsreligion«, die im bürgerlichen Lager an die Stelle der christlichen Religion trat. Hinzu kamen als zweiter wichtiger Faktor der neuen bürgerlichen Identität die »germanischen« Namen als Ausdruck des klassisch liberalen Nationalbewußtseins, wie es sich seit Herder über den Idealismus, die Klassik und Romantik sowie während und kurz nach der Zeit der Befreiungskriege herangebildet hatte. Wir sahen es verwurzelt in historistischem und organologischem Denken, stark auf den Begriff der Kulturnation bezogen und noch weitgehend ohne chauvinistische, völkische oder gar rassistische Aggressivität. So konnte neben der nationalen, »germanischen« Orientierung völlig gleichberechtigt eine »internationale« stehen, wie sie sich in der Häufigkeit südwesteuropäischer Namen äußerte.

Ausschließlich dem Bildungsbürgertum blieben die neuen Namen aber nicht vorbehalten. Mehr oder weniger intensiv erreichten die meisten im Lauf der Zeit alle Bevölkerungsschichten »unten«. Trotzdem war einzelnen Namensgruppen, etwa den englischen Namen, eine starke soziale Unterscheidungsfunktion eigen, die ihre Verwendung auf bestimmte Schichten beschränkte. Nur wenig soziales Reglement fanden wir hingegen für die Benennung nichtehelicher Kinder vor. Diese hatten in der Regel Zugang zum allgemein gebräuchlichen Vornamenschatz. Allenfalls zu Beginn des Jahrhunderts bestanden gewisse Konventionen hinsichtlich der Vergabe der Vornamen des jeweils regierenden Königspaares an nichtehelich geborene Kinder. Auch die Bildungsnamen schienen unter den ledigen Müttern weniger Anklang zu finden.

In fast jedem unserer Beispiele erwies sich das gebildete Bürgertum als die eigentlich agierende Bevölkerungsschicht. Den Trend der öffentlichen Meinung setzten fast immer zuerst die Bildungsbürger, während das traditionelle, handwerklich-gewerbliche Stadtbürgertum, die Handwerksmeister und Gewerbetreibenden, in der Regel unbeweglich verharrte und nur zäh sein Verhalten und seine Orientierungen änderte. Mehr innovatives, mitunter gar revolutionäres Potential brachten hingegen die unterbürgerlichen Schichten – Gesellen, Taglöhner, Dienstboten – auf.

Während wir anhand des Münsterlandes zur Zeit der Französischen Revolution sowie anhand der aus Datenschutzgründen verschleierten Altmühltalgemeinde »Gotteswinkel« ländlich-bäuerlich geprägte Gesellschaften ins Visier nahmen, konnten wir in den Untersuchungen über die Politik der Wittelsbacher in Bayern *die politischen Orientierungen* der wichtigsten Schichten einer groß- und residenzstädtischen Bevölkerung in allen Details studieren. Eine Kehrseite der bildungsbürgerlichen Regsamkeit erkannten wir hier in einer mit ihr eng verbundenen »Verführbarkeit«, die sich aus der oftmals fast haltlosen Sprunghaftigkeit dieser Bevölkerungsgruppe ablesen ließ. Der Fall des »preußischen Otto« lieferte ein besonders aussagekräftiges Beispiel dafür, wie unbekümmert die Bildungsbürger ihr Fähnlein nach dem Wind hängen konnten. Als übermäßig prinzipientreu erwiesen sie sich selten (vielleicht die konservativeren katholischen noch eher als die liberaleren protestantischen).

Dieser Befund erinnert an Helmuth Plessners These von der »Verführbarkeit des bürgerlichen Geistes«, entworfen 1935 in einem frühen Versuch, die nationalsozialistische Machtergreifung in Deutschland geistesgeschichtlich zu erklären.[3] Die verspätete nationalstaatliche Entwicklung Deutschlands ohne eine tragende Staatsidee einerseits sowie der ideengeschichtliche Prozeß des Zerfalls aller religiösen, geschichtlichen und geistigen Autoritäten andererseits hätten den Sieg der nationalsozialistischen Blut-und-Boden-Ideologie in starkem Maße begünstigt. Vor allem die »politisch am wenigsten fixierten Intelligenzschichten«[4] seien als die Opfer des Autoritätsverlustes verführbar gewesen, da sie sich beständig auf der Suche nach neuen Werten, anstelle der destruierten alten, befunden hätten.

Plessners Diagnose mit den Ergebnissen unserer schichtenspezifischen Vornamenanalysen, insbesondere mit den herausgearbeiteten Verhaltensmustern des Bildungsbürgertums, zu verknüpfen hieße, einer geschichtspessimistischen Erklärung stattzugeben. Das gebildete Bürgertum erschiene dann als ein unsteter, leicht beeinflußbarer Teil der Bevölkerung, der – vom großen Säkularisierungsprozeß der Moderne, vom »Verlust der Mitte« am meisten betroffen – sich der jeweils herrschenden politischen, sozialen, geistigen, Halt versprechenden Strömung bereitwillig unterwirft und kritiklos preisgibt. Dagegen sähe eine positivere Deutung im Bildungsbürgertum eine aufgeschlossene und für Neues offene Schicht, den Hauptträger gesellschaftlicher Umbrüche und Erneuerung, im Gegensatz vor allem zum konservativen, unbeweglichen, traditionell orientierten handwerklich-gewerblichen Bürgertum. Unsere Methode der Vornamenanalyse kann diesen Widerstreit der Interpretationsmöglichkeiten nicht lösen. Sie kann ihm als empirische Methode nur das Material zur Verfügung stellen.

Im 20. Jahrhundert setzten sich für die Deutschen jene im 19. Jahrhundert eingeleiteten Entwicklungen als *Traditionsbrüche* fort. Waren sie bisher nicht in den Abgrund der Traditionslosigkeit gestürzt, sondern allmählich in ihn hineingerutscht, so beschleunigte sich nun das Tempo – wenn man die Auswahl von »traditionellen« Vornamen sowie Heiligennamen als Indikator akzeptiert. Die Neigung der Rutschbahn, auf die sich die Deutschen zu Beginn des 20. Jahrhunderts begaben, verdeutlichen unsere Graphiken. Begonnen hatte die im

Vergleich zum 19. Jahrhundert verschärfte Talfahrt der eher weltlich geprägten Namenstradition und der Heiligennamen schon vor dem Ersten Weltkrieg (Abb. 58, S. 341).

Um die Jahrhundertwende hatten immerhin noch rund 60 Prozent der Deutschen in München Heiligennamen bevorzugt. Seit 1900 ging es damit steiler bergab als während der gesamten hundert Jahre zuvor. Die allgemeine Entfernung von der Religion, die »Säkularisierung«, nahm also gegenüber dem 19. Jahrhundert noch zu. Wir konnten sie für beide Jahrhunderte nicht nur elitenorientiert, sondern repräsentativ darstellen.

Am Vorabend des Völkergemetzels hatten sich mehr als 50 Prozent der Deutschen für traditionelle Vornamen entschieden. Nur noch etwa 47 Prozent waren es 1918 und 1933 nicht einmal mehr 40 Prozent. Bei unter 30 Prozent lag der Wert am Ende des »Dritten Reiches«. 1970 waren es nur etwas mehr als 10 Prozent. Lediglich einmal, 1945, schien der Abwärtstrend leicht gebremst (Abb. 58, S. 341). Kurzfristig klammerten sich damals die Deutschen an ihre Tradition. Seit etwa 1975 ist eine teilweise und sehr zaghafte, doch unübersehbare Rückwendung erkennbar. Möglicherweise läßt sich die vielbeschworene »Wende« von 1982/83, der Wechsel von der sozialliberalen zur christlich-liberalen Koalition nicht nur, aber eben auch in diesen traditionspolitischen Zusammenhang stellen. Das zu beurteilen, wäre verfrüht. Aber eine genaue Überprüfung verdient diese Fragestellung zweifellos. Ein Bruch des rutschenden Traditionsbruchs kann ab Mitte der siebziger Jahre nicht bestritten werden. Der Amtsantritt der Regierung Kohl schiene durch diesen Aufweis gerechtfertigt: die »geistig-moralische Wende« hätte nachhaltiger und tiefgehender als vermutet einem Bedürfnis der Bevölkerung entsprochen.

Wir können und werden hier dieses neue Thema nicht vertiefen, denn wir sind am Ende unseres Buches angelangt. Wagen »die Deutschen« einen neuen Anfang mit ihrer Tradition? Man darf gespannt sein.

Eine Rückkehr in die Tradition des kaiserlichen Deutschlands? Wer will sie? Selbstverständlich niemand. Aber haben

»die Deutschen« sich traditionspolitisch nicht mit der Vertreibung des Teufels Herrn Beelzebub eingelassen? Und war der Kaiser ein Teufel? Oder war er nur ein »Depp«? Ein Großmaul? Ein Säbelraßler, der dann den Säbel nicht nur gegen andere richtete, sondern auch gegen sein eigenes Volk und politisch auch gegen sich selbst? Nach 1945 ist der Traditionsverlust den Deutschen und dadurch auch anderen Völkern nicht schlecht bekommen. Wo aber führt Traditionslosigkeit in die gefährliche Wurzellosigkeit? Wie wurzellose Bäume fallen nämlich auch wurzellose Menschen schon bei einem Windchen um. Es bedarf dann keines Sturmes. Unser Feld war die Empirie, wir verzichten auf das weite Feld der Möchtegern-Philosophie. Philosophie oder eher Spekulation? Einerlei. Beide gehören nicht zu unserem Thema.

Der Rutschpartie der Tradition entspricht der weitere Aufstieg der *Innovation*, der Neuerungen im Schatz deutscher Vornamen, auch und besonders im 20. Jahrhundert (Abb. 58, S. 341). Kontinuierlich, wenn auch in zyklischen Schwankungen, nahmen die Neuerungen seit Anfang des Jahrhunderts zu. Höhe- und Endpunkt dieser Entwicklung waren die mittsechziger Jahre. Auch hier war das »Dritte Reich« weniger als erwartet ein Einschnitt. Was für die Tradition gilt, läßt sich auch für die Innovation sagen: Die Nationalsozialisten profitierten von einer grundlegenden Veränderung, die nicht sie bewirkt hatten: vom Zerbrechen jahrhundertealter Verhaltensmuster und dem Wunsch nach Erneuerung. Daß das Neue nicht das Bessere wurde, haben die Deutschen und die Welt lernen müssen – auf höchst grausame, blutige Weise.

Auch eine andere, ältere Entwicklung instrumentalisierten die Nationalsozialisten für ihre Zwecke: die steigende Popularität *germanischer* und *nordischer Namen* (Abb. 58, S. 341). Ein regelrechter Teutonisierungswahn der Deutschen hatte bereits um die Jahrhundertwende eingesetzt, nachdem der Anteil germanischer Namen seit den 1850er Jahren leicht zurückgegangen war (Abb. 57, S. 341). Mit den bürgerlichen Idealen der liberalen Altvordern des 19. Jahrhunderts hatte die neue Germanisierungswelle nicht mehr viel gemein. Der Nationalismus war bedrohlich geworden, spätestens seit Wilhelm II. den imperialistischen Kurs zum »Platz an der Sonne« vorgab. 1930 erreichte der Anteil germanisch-nordischer Namen schon 40 Prozent, und 50 Prozent waren es bei Kriegsausbruch, 1939. Nicht einmal die nationsbewußten Münchner Protestanten hatten es in der ersten Hälfte des 19. Jahrhunderts zu so vielen germanischen Namen gebracht: 50 Prozent in der Gesamtbevölkerung, bei Protestanten *und* Katholiken, stellen einen horrenden Anteil dar. Es war ein Fiebertraum, der Weg in die Zukunft war eine Flucht in eine stilisierte germanische Vergangenheit. Das Erwachen bewirkte die Gegenwart des Krieges, besonders die sich abzeichnende Niederlage.

Der Rückgang germanisch-nordischer Vornamen war kein radikaler Bruch mit der Vergangenheit, kein jäher Absturz, sondern folgte wieder einer lang anhaltenden Trendbewegung, deren Geschwindigkeit sich in den sechziger und siebziger Jahren erheblich beschleunigte. Deshalb war das Jahr 1945 auch nicht die Stunde Null, denn der allmähliche, innere Wandel hatte sich vorher, besonders seit 1942, schon abgezeichnet.

Ein anderes wichtiges Ergebnis: Die Deutschen wandelten sich seit 1945 *von Untertanen zu Bürgern* – in Ost und West. Die Bürger der DDR, die selbst als »Genossen« keine Freiheits- und Bürgerrechte genießen durften, wollten (wie ihre westdeutschen Landsleute) von obrigkeitlich oder sonstwie politisch bestimmten Vornamen nichts mehr wissen. Explosionsartig stieg die *Anzahl der gewählten Vornamen* – ein Trend zu mehr Individualität und Pluralität oder auch der Emanzipation im alten Sinn der Aufklärung. Aufklärung, wie Kant sie verstand, als »Ausgang des Menschen aus seiner selbstverschuldeten Unmündigkeit«. Auch mehr Selbstbestimmung und weniger Fremdbestimmung. Frei nach dem Motto: »Der Vorname unseres Kindes gehört uns. Wir bestimmen, nicht die Umwelt oder gar die Politik.«

Daß die Namensgeber sich dabei über Moden und Zeitgeist hinwegsetzten, wäre freilich eine freundlich gemeinte Fehlinterpretation. Ja, mehr Individualität ist unbestreitbar – fast immer in den Grenzen der *jeweiligen Moden*. Besonders modeanfällig war, wir müssen es wiederholen, sowohl im 19. als auch im 20. Jahrhundert das Bildungsbürgertum, obwohl ja angeblich gerade Bildung den »Ausgang des Menschen aus seiner selbstverschuldeten Unmündigkeit« fördert. Mehr ein frommer Wunsch als Wirklichkeit. Die Verführbarkeit des Bildungsbürgertums ist allgemein. Oder sollte man statt von der Verführbarkeit lieber von »Offenheit« reden? Das ist eine Frage der Interpretation der Fakten, nicht mehr der Fakten selbst. Doch wo ist die Grenze zwischen Offenheit und Verführbarkeit – und sogar Mittäterschaft? Denken wir doch an die deutschen Professoren im Frühjahr 1933? War ihre Willigkeit und Willfährigkeit bei der »Arisierung« der Universitäten ein Zeichen für »Offenheit« oder »Verführbarkeit«, gar für Dummheit und Werteverlust – trotz (oder vielleicht wegen) ihrer Bildung? Sie war eine ungeheuerliche Fehlleistung der Bildungselite sowie eine antiaufklärerische und letztlich auch mörderische Fehlleitung bildungsbürgerlicher Errungenschaften.

Was war aus der Bildungsreligion des 19. im 20. Jahrhundert geworden? Halten wir uns wieder an die Quote der *Bildungsnamen*, so blieb – abgesehen von kurzen zyklischen Ausschlägen – der Anteil bildungsbürgerlich geprägter Eltern mit ca. 14 Prozent zunächst ziemlich konstant, auch im Vergleich zum vorangehenden Jahrhundert (Abb. 57, S. 341. Der Gesamtkurve im 20. entspricht in den Graphiken für das 19. Jahrhundert eher diejenige der Katholiken als die der Protestanten). Ein Bruch, aber kein Verfall, setzte in den frühen vierziger Jahren ein. Kein Wunder, denn damals wurde der vermeintlich durch Bildung vermeidbare Zivilisationsbruch offenkundig. Bis in die Mitte der sechziger Jahre schrumpfte die bildungsbürgerliche Identifizierung der Bundesdeutschen rapide. Seitdem läßt sich eine Art Erneuerung beobachten, wobei die Neigung zu den Bildungsnamen von einst wenig über das Niveau der Volksbildung besagt.

Die bescheidene bildungsbürgerliche Rückbesinnung ist keine »bildungsbürgerliche Renaissance«, denn auch in den achtziger Jahren lag der Anteil dieser Vornamengruppe deutlich unter dem bis in die frühen vierziger Jahre feststellbaren. Es besteht keine Veranlassung, über den Beinahe-Untergang dieser Welt zu jammern. Ein wirklich wirksamer Zivilisationsdamm war die »Bildungsreligion« nicht, allen gegenteiligen Behauptungen zum Trotz.

Weltoffener wurden die Deutschen im Verlauf des 20. Jahrhunderts – so richtig freilich erst nach dem gescheiterten, größenwahnsinnigen Versuch, die Weltherrschaft zu erringen. Die Abwendung von regionaler Nabelschau hatte dennoch früher begonnen. Die ohnehin schon rückläufigen Vornamen mit eindeutig regionaler Färbung wurden seit Ende des Ersten Weltkrieges noch seltener gewählt. Ihr Anteil brach nach 1915 dramatisch ein (Abb. 59, S. 342). Stärker als der Hitlerkrieg erscheint in unserer Analyse der Erste Weltkrieg als der große historisch-politisch-mentale Einschnitt in der deutschen Geschichte dieses Jahrhunderts.

Nach 1945 öffneten sich deutsche Köpfe und Herzen zunehmend der Welt ihrer neuen Freunde und Verbündeten: den westlichen Nationen. Gegenüber dem 19. Jahrhundert fand jetzt aber eine neue Gewichtung statt. Die anglo-amerikanische Welt trat an die erste Stelle, Frankreich fiel dahinter zurück, verblieb jedoch vor Italien und Spanien auf dem zweiten Platz. Durch die sozialliberale Ostpolitik der siebziger Jahre folgte die Öffnung zur östlich-russisch-slawischen Welt (Abb. 59, S. 342). Diese Begeisterung war zeitlich begrenzt und eher modisch. Von einer Abwendung nach 1975/80 kann jedoch keine Rede sein, eher von einer Beruhigung, Versachlichung, Normalisierung. Die Weltoffenheit der Deutschen, auch der einstigen DDR-Bürger, war und blieb vor allem eine *Westoffenheit*. Keine Ostverschlossenheit, doch eben eine Westoffenheit. Bei den Ostdeutschen haben wir – wohlmeinend – von einer Art Westsucht gesprochen. Mehr als verständlich war sie. Die »unverbrüchliche, enge Freundschaft« zu den überwiegend russischen Vor- und Mitkämpfern des Sozialismus hielt sich bei den Ostdeutschen der DDR in sehr engen Grenzen, viel enger als bei den kapitalistischen »Brüdern und Schwestern« im Westen, die ihre Herzen und Köpfe seit der sozialliberalen Ostpolitik auch der russisch-slawischen Welt gegenüber öffneten.

Weniger als Zeichen für Weltoffenheit, sondern womöglich eher als Verlust der Authentizität beurteilen wir eine andere Entwicklung, die zweifellos als eine Art Wiedergutmachung zu verstehen ist: die Mode, hebräisch-jüdische Vornamen auszuwählen (Abb. 59, S. 342). Dazu ein schöner jüdischer Witz: Jankel will, daß sein Sohn Moische nicht mehr »Daitsch«, sondern Deutsch spricht. Er läßt ihn im Kloster lernen. Nach sechs Monaten erkundigt sich Jankel bei einem der Mönche: »Na, kann mein Moische jetzt gut Deutsch?« fragt er. »Das ganze Kloster moischelt schon«, antwortet der Christenmensch.[5] Vergangenheitsbewältigung, was immer sie sei, bedeutet eben nicht Verlust der eigenen Identität. Sie muß vielmehr anstreben, das andere des anderen zu akzeptieren und zu tolerieren – nicht zu kopieren.

Weltoffenheit ist wunderbar und wünschenswert. Sie sollte aber nicht zum Verlust der eigenen Welt führen. Auf der Suche nach der Großen Welt verliert man möglicherweise eine kleine, eigene authentische Welt – und damit sich selbst.

Sind die Deutschen dabei, sich zu verlieren? Wieder zu verlieren und dadurch automatisch andere mit in den Abgrund zu reißen? Es gibt Anzeichen für diesen Selbstverlust, für den Verlust der Authentizität. Es gibt aber ebenfalls Anzeichen für eine Rückbesinnung. Daß diese nicht reaktionär, ichsüchtig-deutsch und somit sowohl mörderisch als auch selbstmörderisch wird, garantiert nicht nur das unübersehbare und starke Gegengewicht: die Weltsucht vieler Deutscher. Von germanisch-nordischem Schwadronieren haben sich die Deutschen in der Bundesrepublik freiwillig distanziert.

Wer weiß, vielleicht, hoffentlich, sichern diese Gewichte und Gegengewichte das Gleichgewicht der deutschen Gesellschaft. Es ist den Deutschen und der Welt, uns allen, zu wünschen.

ANHANG

Ergänzende Bemerkungen zur Methodik

Zur Forschungslage

Dietz Berings Studie *Der Name als Stigma* zeichnet das »Wachsen eines namenpolemischen Instrumentariums«[1] nach, das sich aus dem Spannungsfeld zwischen den Assimilationsbestrebungen der jüdischen Minderheit einerseits und den Ausgrenzungsversuchen der mehr oder weniger antijüdischen Mehrheit andererseits entwickelte. In der Besetzung bestimmter Namen mit antisemitischen Inhalten sieht Bering eine Technik der Durchsetzung von Antisemitismus im Alltag, die zur Stigmatisierung von Juden allein durch ihren Namen führte und die es nationalsozialistischen Demagogen wie Joseph Goebbels ermöglichte, durch systematische Zudiktierung antisemitisch stark aufgeladener Namen – etwa »Isidor« oder »Cohn« – die Juden als Gruppe zu denunzieren und zum Feindbild zu stilisieren. Bering interessieren nicht in erster Linie Namengebungsakte, nicht also die Namengebenden, sondern Namenänderungsanträge, also die Benannten selbst. Er rekonstruiert die Geschichte der Namenänderungspolitik in Preußen, erstellt durch Auszählen der häufigsten Namenwechsel Ranglisten der antisemitisch geladenen Namen und verdeutlicht durch Analyse von Einzelfällen den Leidensdruck der Betroffenen. Bering setzt vor allem namenpsychologisch an. Er erklärt, wie durch Namenpolemik ein zentrales »Konstruktionselement des Identitätsgefühls«[2] verletzt wird und die so Stigmatisierten aus dem institutionalisierten Verkehr der Gesellschaft ausgegrenzt, in ihrer Würde angegriffen, zu leben gezwungen sind. Obwohl er Vor- und Familiennamen gleichermaßen behandelt, liegt der Schwerpunkt doch auf den Familiennamen. Denn, »über die Massivität des Drucks läßt sich [...] aus den Anträgen auf Vornamen viel weniger entnehmen als bei denen auf Änderung von Familiennamen«.[3] *Der Name als Stigma* unterscheidet sich inhaltlich wie methodisch grundlegend von unserem Ansatz. Während Bering die Reaktionen einer Minderheit unter entrechtender Fremdbestimmung untersucht, nehmen wir Verhalten und Orientierungen der Gesamtheit über einen längeren Zeitraum hinweg in den Blick.

Im Gegensatz zum punktuellen Ansatz Berings behandelt Michael Mitterauer in *Ahnen und Heilige* die gesamte abend- und auch Teile der morgenländischen Namengebungstradition. Auch ihn leitet ein historisches Erkenntnisinteresse; auch er verweist auf den hohen Quellenwert von Namen, auf die unterschiedlichen Beziehungssysteme, in denen Namen stehen und über die sie vielfältig Auskunft geben. »Der Name kann ein Indikator sein, historische Prozesse des sozialen Wandels besser zu verstehen, mitunter sogar sie überhaupt erst wahrzunehmen.«[4] Denkt Mitterauer dabei vor allem an sozialgeschichtliche Zusammenhänge zwischen Familie und Nachbenennung, so lassen sich seine Beobachtungen ohne weiteres auch als Ermunterung werten, nach dem demoskopischen Indikatorwert von Vornamen zu fragen. In der Namengebung komme »nach innerfamilialen wie nach außerfamilialen Namensvorbildern [...] stets eine soziale Beziehung zu früheren Trägern des Namens zum Ausdruck – sei es eine schon bestehende Beziehung der namengebenden Personen, zumeist also der Eltern, sei es eine durch die Namengebung neu konstituierte zum Kind. [...] Auf dem Hintergrund der Nachbenennung werden innerfamiliale Strukturen und Beziehungen erkennbar, ebenso aber auch Zusammenhänge zwischen der Familie und umfassenderen gesellschaftlichen Organisationsformen.«[5]

Gerade auf diese Zusammenhänge, sofern sie sich als politische und gesellschaftliche Meinungen im Akt der Vornamengebung äußern sowie sich einer quantitativen Methodik erschließen, kommt es unserem Versuch an. In größerer Nähe als die Forschungen Berings und Mitterauers stehen hierzu die Überlegungen von Andrea Jedlicka zum Thema *Namengebung und Mentalitätswandel*, wenn diese auch sehr im Theoretischen verharren, und ihre einleitend angekündigte quantifizierende Untersuchung der »Verteilung des Namengutes auf Räume, Zeiten und soziale Gruppen«[6] nur fragmentarisch ausfällt. Indes, auch Jedlicka hält »die Geschichte der Namen und der Namengebung in historischer Hinsicht« gerade deshalb für »interessant, da sie die Geschichte jener Schichten erhellen helfen, die die schweigende Masse in der Geschichte bilden und von welcher wir kaum oder gar keine schriftlichen Quellen besitzen«.[7] Nicht jedoch öffentliche Meinung steht im Zentrum ihres Interesses, sondern die Frage, inwieweit Namen vom Wandel der Mentalitäten künden. »Longue durée« heißt das Stichwort, und so zieht sich Jedlickas Untersuchungszeitraum fast über ein Jahrtausend, vom 8. bis ins nachreformatorische 17. Jahrhundert. Die vielsagendsten Ausführungen betreffen hierbei das Aufkommen von Heiligennamen während des 12. und 13. Jahrhunderts sowie die Wandlungen des Namenschatzes während der Reformationszeit unter den Einflüssen der lutherischen und calvinistischen Lehren.

Einem in seiner rationalistischen Konsequenz sicherlich einzigartigen Phänomen innerhalb der Geschichte europäischer Namengebung widmet sich Nicoline Hörsch in *Republikanische Personennamen*: dem Versuch der Französischen Revolution, neben dem Kalender auch den Vornamenschatz tiefgreifend im Sinne der herrschenden Ideologie umzugestalten. Sie begreift die neuen, revolutionären Namen als »politisch-kulturellen Abriß ihrer Zeit und der vorherrschenden Mentalität«[8] und bezweckt neben einem »Einblick in die revolutionäre Namengebung und ihre Motive« auch »Tendenzen zeitlicher, sozialer, geschlechtsspezifischer und anderer Art«[9] herauszuarbeiten. Durch die Beschränkung auf das Spektrum der republikanischen Namen kann ihr dies insofern nur zur Hälfte gelingen, als deren systematische Konfrontation mit dem immer noch vorherrschenden, traditionellen Namenschatz ausbleibt und angesichts der kaum zu bewältigenden Größe und Vielfalt des Materials auch ausbleiben muß. So erforscht sie letztlich nicht öffentliche Meinung, sondern die Idealvorstellungen der Revolution, wie sie deren überzeugteste Anhänger auch in der Vornamengebung umzusetzen versuchten.

Die Möglichkeit, durch quantitative Vornamenanalyse zu einer wirklich harten Datenbasis mit repräsentativem Aussagecharakter hinsichtlich öffentlicher Meinung zu gelangen, blieb bisher so gut wie unerforscht. Einzelne Hinweise existierten freilich, oft jedoch an verborgenen Stellen veröffentlicht. Bruno Gleitze versuchte in seinem *Beitrag zur Geschichte der kulturellen Integration Deutschlands* bereits unmittelbar nach dem Ende des Zweiten Weltkrieges, eine »kulturstatistische« Analyse der Vornamengebung im mitteldeutschen Raum durchzuführen, mit dem Ziel, aus Vornamenwanderungsbewegungen Rückschlüsse auf die kulturelle Integration einzelner deutscher Regionen zu ziehen. Neben kultureller beggnete ihm in Ansätzen auch politische Dynamik, etwa im Fall des preußischen Königinnennamens »Luise« während und nach den Befreiungskriegen. Seine Vermutung, quantitativ erstellte Vornamenkurven machten »kulturelle Kräfte in ihrer Dynamik sichtbar und vielleicht sogar meßbar«,[10] sah Gleitze durch seine Einzeluntersuchungen bestätigt. Norbert Ohler testete in seiner Studie *Pfarrbücher als Quelle für den Historiker* die Aussagekraft von Pfarrmatrikeln am Beispiel einer badischen Dorfgemeinde. In diesem Zusammenhang führte er auch Vornamenana-

lysen durch und beobachtete Beziehungen zwischen Krisenzeiten des
19. Jahrhunderts und Veränderungen der Namenvielfalt. Vornamen,
so resümierte er, künden von Wertewandel und Neuorientierungen, also, wäre zu ergänzen, von öffentlicher Meinung.[11] Die aktuellste Untersuchung in dieser Richtung von Jürgen Gerhards und Rolf
Hackenbroch, *Kulturelle Modernisierung und die Entwicklung der
Semantik von Vornamen*, geht von einem soziologisch-kulturhistorischen Erkenntnisinteresse aus. Sie begreift Vornamen als »Indikator
zur Messung theoretisch angenommener kultureller Entwicklungstrends«[12] und dokumentiert mit ihren Daten den Säkularisierungs-
und Individualisierungsprozeß der Moderne. Ihre Resultate bestätigen
unsere in eindrucksvoller Weise und untermauern sehr beweiskräftig
die Annahme vom Wert der Vornamen als Quelle empirischen Datenmaterials, vor allem in vordemoskopischer Zeit.

Berechnungsgrundlagen und Problematik
der geringen Datenmengen

Prozentuale Werte erwecken den Anschein von Objektivität und Vergleichbarkeit. Wenn freilich die jeweiligen Berechnungsgrundlagen
zu sehr voneinander abweichen, wirkt sich dies auch auf die Homogenität der Prozentangaben aus. Sehr kleine Geburtsjahrgänge führen
zu höheren Anteilen einzelner Namen und Namensgruppen als große
und sehr große. Bei diesen besteht die entgegengesetzte Gefahr, daß
die Anteile unterproportional klein ausfallen, weil bei steigenden Geburtenzahlen der Vornamenschatz nicht mehr entsprechend mitwächst,
sozusagen gesättigt ist. Die Möglichkeit eines methodisch korrekten
Vergleiches prozentualer Werte besteht nur innerhalb einer Quelle,
deren jährliche Geburtenzahlen nicht allzu stark voneinander abweichen. Bei der Diskussion von Werten, die sich von quantitativ sehr
unterschiedlichen Datenbasen herleiten, ist hingegen Vorsicht geboten und differenzierendes Abwägen mit Rücksicht auf die Gesamtzahl der Geburten gefordert (vgl. das Beispiel »Adolf« in Kap. X,
S. 333 f.).

Eine Berechnungsvariante, die bei kleinen Jahrgängen eine höhere
quantitative Basis bereitstellt und extreme prozentuale Schwankungen (ein »Adolf« bei zehn Geburten = 10 Prozent, kein »Adolf« = null
Prozent etc.) ausgleicht, könnte darin bestehen, nicht die Zahl der
Geburten, sondern der vergebenen Vornamen als Grundlage heran-

zuziehen. Dies verfälscht jedoch die Aussage insofern, als dann nicht mehr das Handeln der Eltern, der Akt der Namengebung, betrachtet wird, sondern die Entwicklung des Namenschatzes. Folgerichtig müßte diesem Perspektivenwechsel durch die Klassifizierung jedes einzelnen Vornamens statt aller Vornamen eines Kindes als Einheit Rechnung getragen werden (also nicht »Franz Josef« = traditionell, heilig, sondern »Franz Joseph = traditionell, traditionell, heilig, heilig) – was wiederum dem gewünschten Effekt einer Nivellierung der prozentualen Schwankungen entgegenliefe. Für welchen Weg auch immer die Entscheidung fällt, das Problem der unsicheren Prozentwerte bei kleinen absoluten Datenbasen, läßt sich nicht ohne weiteres umgehen. Im Rahmen der Interpretation kann und muß es freilich berücksichtigt werden.

Zusätzliche Schwierigkeiten entstehen fast immer auch beim Vergleich der eigenen Daten mit veröffentlichtem Datenmaterial, vor allem aus der älteren Literatur. Nicht selten geben nämlich deren Autoren keinerlei Auskunft über ihre Berechnungsgrundlagen. Nathan Pulvermacher ermittelt beispielsweise in seiner Studie *Berliner Vornamen* seine prozentualen Angaben aufgrund der vergebenen Namen, führt dies jedoch nicht ausdrücklich aus. Verwirrend erscheinen die Berechnungen von Sigmund Schott, *Vornamen im Wechsel der Volksgunst* (Mannheim), der obendrein mit dem schwer durchschaubaren Begriff »Namensfälle« operiert. Präziser arbeiten die jüngeren Statistiker (Hubert Harfst, *Die Vornamen [...] in Stuttgart*, Heinz Ahlbrecht / Andreas Letzner, *Die Vornamen der Berliner*, Elmar Huss / Peter Geißer, *Vornamen der Münchner*). Ihre Prozentwerte beziehen sich auf die Zahl der Namenträger; allerdings ist zu berücksichtigen, daß sie in der Regel nur den Erstvornamen (»Rufnamen«) auswerten (Harfst äußert sich darüber nicht). Bei Anteilsberechnungen für einzelne Namen gilt es schließlich zu fragen, welche Namenvarianten jeweils mit einflossen (»Wilhelm« und »Willi, -y«? – »Friedrich« und »Fritz«? etc.) – Ein vorschneller Vergleich solcher nur auf den ersten Blick kompatibler Prozentangaben führt zu falschen Ergebnissen; vor der Interpretation muß genau über die jeweiligen Grundlagen nachgedacht und im Zweifelsfall – sofern möglich – nach den eigenen Vorgaben neu berechnet werden.

Zum Schichtenmodell

Wie jedes Schichtenmodell hat auch unseres seine Vor- und Nachteile. Auf die Übernahme von Modellen aus der Soziologie (etwa des Dahrendorfschen, wie es Friedhelm Debus in *Soziale Veränderungen und Sprachwandel* zugrunde legt) verzichteten wir, weil diese Modelle den Gegebenheiten des 19. Jahrhunderts nur annähernd gerecht werden. Trotzdem bauen unsere Überlegungen auf entsprechenden Ergebnissen der soziologischen und mehr noch der historischen Forschung selbstverständlich auf. Im Laufe der Arbeit an den Vornamenanalysen entstand unser Modell aus dem Bestreben, praktikable und aussagekräftige Bevölkerungsklassen auszuwählen, ohne die Datenbanken dadurch zu sehr zu verkleinern. Die Berufsangaben der Quellen zum Hauptkriterium der Unterteilung zu erheben, lag hierfür nahe; freilich hätte aber eine detaillierte Unterteilung nach einzelnen Berufen (Handwerksmeister, Ärzte, Lehrer, Taglöhner etc.) nur in den wenigsten Fällen zu ausreichend großen Datenbasen geführt. Also erschien ein gröberes Raster, das die Berufe jeweils zu Gruppen zusammenfaßt, sinnvoller. Als Abgrenzungsmerkmal des traditionellen, handwerklich-gewerblichen Stadtbürgertums vom Bildungsbürgertum diente die Frage nach dem jeweiligen (Aus-)Bildungshorizont (handwerklich-gewerbliche Ausbildung bis zum Meister, Lehre, kaufmännische Ausbildung im Gegensatz zu höherer Schul- insbesondere Gymnasialbildung sowie Hochschulstudium), was zunächst noch keine Aussage über den höheren gesellschaftlichen Status der einen oder anderen Gruppe beinhaltet. Ein gutsituierter, »gestandener« Handwerksmeister konnte durchaus über ein höheres soziales Ansehen verfügen als ein Gymnasialprofessor oder ein mittlerer Beamter. Während zur Unterscheidung dieser Schichten also vor allem der Zusammenhang von Bildung und politisch-gesellschaftlicher Orientierung und weniger die Frage nach der jeweiligen Stellung innerhalb sozialer Hierarchien interessiert, stellt sich die Abgrenzung der dritten Klasse gegenüber den beiden ersten durchaus als eine soziale Segmentierung von »oben« und »unten« dar. Gleichwohl sollte auch hier die Möglichkeit fließender Übergänge beachtet werden. Dies bezieht sich insbesondere auf die Handwerksgesellen, die auch als Zwischenschicht mit starkem Drang in Richtung »Bürgertum« begreifbar wären. Wie hier am unteren Rand des Bürgertums (gemessen nach sozialem Status und Einkommen) ergibt sich ein ähnliches Problem an dessen oberem Ende mit der sogenannten Bourgeoisie. Aus den angesprochenen Rücksichten auf genügend hohe Datenmengen kann unser Modell diese Schicht getrennt nicht sinnvoll erfassen. Eine Verteilung der »bourgeoisen« Industriellen und größeren Unternehmer nach dem Bildungskriterium auf die beiden bürgerlichen Schichten bleibt gleichfalls schwierig, da den Angaben in den Quellen eben jener Bildungsgrad – wie übrigens auch bei vielen »Privatiers« – nicht zu entnehmen ist.[13] Angesichts des sehr kleinen Prozentsatzes dieser Bevölkerungsschicht ergeben sich aus ihrer Nichtberücksichtigung jedoch kaum nennenswerte Verzerrungen. Über die Frage eines grundsätzlich anderen Klassifikationsprinzips könnte sicherlich diskutiert werden. So böte sich etwa eine strikte Einteilung in »Oben«, »Mitte«, »Unten« nach dem alleinigen Kriterium des Einkommens an. Aber abgesehen davon, daß die Quellen über die Einkommenshöhe der namengebenden Eltern schweigen, vernachlässigte ein solches Schema den Komplex »Bildungsbürgertum« im Gegensatz zum »traditionellen« und »handwerklich-gewerblichen« Stadtbürgertum in unzulässigem Maße. Gerade auf diesen aber kommt es im Rahmen unserer Fragestellung entscheidend an.

»Knotenjahre« und Zeitabstände bei der Datenerhebung

Je umfangreicher die untersuchten Grundgesamtheiten, desto schwieriger die Erfassung aller Geburtsjahrgänge des Untersuchungszeitraumes. Grundsätzlich besteht die Möglichkeit, entweder die Grundgesamtheit auf eine repräsentative Stichprobe zu verringern oder aber die Abstände zwischen den bearbeiteten Geburtsjahrgängen zu vergrößern. Während wir für das 19. Jahrhundert (sowie für das Altmühltal über den gesamten Zeitraum hinweg) die jeweiligen Jahrgänge stets vollständig erfaßten, blieb für das 20. Jahrhundert – schon aufgrund des Charakters der Quellen – nur der Rückgriff auf Stichproben. Immerhin konnten wir aber die Geburtsjahrgänge 1890 bis 1945 Jahr für Jahr bearbeiten; wegen der extrem anwachsenden Samplegröße mußten wir uns nach 1945 sowohl für die Bundesrepublik als auch für die DDR mit Fünfjahresintervallen begnügen. Das heißt jedoch keineswegs, daß alle anderen Jahrgänge für Stichproben und Einzeluntersuchungen nicht gleichfalls herangezogen wurden.

Zur Einteilung des Untersuchungszeitraumes in Intervalle lassen sich zwei Wege beschreiten. Erstens: Auswertung nach »Knotenjahren«.

Dabei führen die Annahme, daß sich politisch, gesellschaftlich und wirtschaftlich einschneidende Ereignisse in der Vornamengebung spiegeln, sowie die methodisch bedingte Anrechnung zeitlicher Verzögerungen zur Festlegung einer Reihe von Geburtsjahrgängen, deren Daten erhoben werden. In der zweiten Hälfte des 19. Jahrhunders wären dies etwa 1849 (Revolution 1848/49), 1863 (preußischer Verfassungskonflikt 1862), 1867 (preußisch-österreichischer Krieg 1866), 1872 (Reichsgründung 1871). Dieses Verfahren hat allerdings Nachteile. Abgesehen davon, daß die Intervalle sehr unregelmäßig ausfallen, erscheint als Haupteinwand das hier vorliegende Denken vom Ergebnis her. Gerade solche wechselseitigen Abhängigkeiten zwischen aktueller Politik und Vornamengebung, wie sie die Festsetzung von Knotenjahren voraussetzt, sind ja in der Untersuchung erst nachzuweisen. Unsauber wäre es, als wichtigen Baustein des Beweises etwas bereits Vorausgesetztes zu verwenden. Im übrigen stünden der Interpretation der für die Knotenjahre gesammelten Daten einige Schwierigkeiten entgegen, da als Vergleichswerte Zahlen aus anderen, nicht auf einschneidende historische Ereignisse bezogenen Jahren fehlten. Und erst solche Vergleiche führen zu interpretierbaren Ergebnissen.

Demgegenüber scheint es als Variante sinnvoller, den Untersuchungszeitraum unabhängig vom Ablauf der historischen Ereignisse in gleichmäßigen Abständen von drei bis maximal fünf Jahren durchzuarbeiten. Dieses Vorgehen führt zu einigermaßen genauen Kurven, die dann methodisch einwandfrei interpretiert, das heißt in bezug zum historischen Geschehen gesetzt werden können. Bei unserer Arbeit zum 19. Jahrhundert, die am Anfang des Projekts stand und sich über mehrere Jahre hinzog, galt es zunächst, ein realistisches Verhältnis von verfügbarer Arbeitskraft und Idealvorstellung zu finden. Um einen ersten Überblick zu erhalten, stand zunächst die Erfassung von Knotenjahren im Mittelpunkt. In einem späteren Schritt überprüften und vertieften wir dann die Ergebnisse durch Hinzunahme weiterer Jahrgänge sozusagen »lückenfüllend«, so daß beide Vorgehensweisen kombiniert zur Anwendung kamen (vgl. zu den untersuchten Jahrgängen im einzelnen die Zusammenstellung »Art und Umfang der ausgewerteten Archivquellenbestände«, S. 368–375).

Zeitdifferenz

Nicht nur die »Knotenjahr-Strategie«, sondern überhaupt die Hypothese vom Einfluß politischer Ereignisse auf die Vergabe von Vornamen wirft die Frage auf, zu welchem Zeitpunkt zwischen Zeugung, Entbindung und Taufe die Entscheidungen für Vornamen denn fallen. Sicherlich müssen wir bei besonderen Ereignissen, wie etwa der Reichsgründung 1871 oder vielleicht auch der »Machtergreifung« vom Januar 1933, damit rechnen, daß zu diesem Zeitpunkt geborene Kinder besonders begeisterter Eltern spontan politisch motivierte Namen erhielten, die nicht von vornherein geplant waren. Aber dies dürfte doch die schwer quantifizierbare Ausnahme darstellen. Obwohl hierzu keine Einzeluntersuchungen vorliegen, gilt es als »common sense« unter Vornamenforschern, daß der Großteil der Eltern im System weitgehend freier Namenwahl die Entscheidung mehr oder weniger wohlüberlegt während der neunmonatigen Schwangerschaft fällt. Führt bereits diese Überlegung zur Annahme einer gewissen zeitlichen Verzögerung zwischen politischem Ereignis und entsprechendem Reflex in der Vornamengebung, so steht zusätzlich zu berücksichtigen, daß sich einschneidende politische Veränderungen selten von einem Tag auf den anderen vollziehen, ja daß ihre Bedeutung meist erst im Lauf einer längeren Entwicklung ganz zutage tritt. Ähnliches gilt für die Prominenz der Handlungsträger des politischen beziehungsweise öffentlichen Lebens. Bis deren Namen Massenpopularität gewinnen, vergeht Zeit. Den Höhepunkt des Namens »Adolf« finden wir eben nicht im Jahr 1933, sondern 1934; gleichwohl lag auch der Wert für 1933 bereits hoch, was damit zusammenhängen dürfte, daß »das Ereignis« – also die »Machtergreifung« – am Jahresbeginn, im Januar, stattfand. Eine Zeitdifferenz von mehreren Monaten zwischen Aktion und Reaktion sollte also in jedem Fall angenommen werden.

Nachbenennung

Die Benennung der Kinder nach Eltern, Großeltern und Verwandten anderen Grades sowie nach Paten gehört zu den zentralen Mustern europäischer Vornamengebung. Sie im einzelnen nachzuvollziehen und in den Datensätzen zu dokumentieren darf im Rahmen der vorliegenden Fragestellung unterbleiben. Nachbenennung dokumentiert eindeutig traditionsorientiertes Verhalten, kann also weder im Falle der Untersuchung von Entwicklungsverläufen einzelner Namen (wie etwa »Adolf«) noch von Namensgruppen (etwa germanischer Namen) bedeutsame Kurvenausschläge erklären, weil solche Ausschläge eben nur durch eine Häufung nichttraditionsorientierter Handlungen denkbar sind. Stichproben aus den Quellen untermauern diesen Schluß auch empirisch. Der Name »Otto« wurde etwa in der Pfarrei St. Peter zwischen 1815 und 1817 kaum durch Nachbenennung, sondern fast immer nur frei vergeben. In der graphischen Darstellung bilden die auf Nachbenennung basierenden Vornamen stets den über längere Zeiträume hinweg relativ konstanten, tendenziell abnehmenden Sockel (etwa bei »Otto« zwischen 1,5 und 2 Prozent während des 19. Jahrhunderts, bei »Horst« um die 0,5 Prozent in der ersten Hälfte des 20. Jahrhunderts). Lassen sich im Verlauf der Kurven Zyklen im Generationsabstand erkennen (z. B. bei »Uta« zwischen 1935 und 1944 sowie zwischen 1959 und 1965), liegt die Annahme eines im Einzelfall besonders ausgeprägten Nachbenennungsverhaltens der jeweiligen Eltern allerdings nahe. – Um den Rückgang des Traditionsmusters »Nachbenennung« selbst zu dokumentieren, genügen die Gruppen »traditionelle« und »Heiligennamen« vollkommen; aus ihnen speist sich im wesentlichen der Fundus jener Namen, die durch Nachbenennung weitergegeben werden. Freilich kann auch die Vergabe »innovativer Namen« Nachbenennungsmustern unterliegen, jedoch nie in Größenordnungen, die im Rahmen der quantifizierenden Analyse das Ergebnis maßgebend verfälschten.

Kleinteichs Stichprobe

Bernd Kleinteich wertete für *Vornamen in der DDR 1960–1990* Geburtsregister von 94 Gemeinden beziehungsweise Kreisgebieten der ehemaligen DDR aus, darunter Bautzen, Bitterfeld, Chemnitz, Eisenach, Frankfurt/Oder, Greifswald, Gera, Jena, Merseburg, Neuruppin, Potsdam, Salzwedel, Suhl, Weimar, Wismar, Wittenberg und Zwickau. Ergänzend zog er die Geburtsverzeichnisse von neun Entbindungskliniken heran, u. a. der Kinderkliniken Berlin-Lichtenberg (Lindenhof) und Berlin-Friedrichshain, der Ambulatorien Berlin-Friedrichsfelde und Erfurt (Johannesplatz) sowie der Poliklinik Berlin-Ahrensfelde. Die Größe der jährlichen Stichproben variiert zwischen 5548 (Jungen 1961) und 8386 (Mädchen 1985); insgesamt beläuft sich das Sample auf etwas mehr als 400 000 Geburten. Dies entspricht einem Anteil von weniger als 7 Prozent aller in der DDR zwischen 1960 und 1990 geborenen Kinder. Kleinteich nahm die Auswahl der Namen per Zufallsprinzip vor und zog in der Regel nur die Erst- bzw. Rufnamen der Kinder heran, verzichtete also auf Zweit- und Drittnamen (vgl. auch die Zusammenstellung »Art und Umfang der ausgewerteten Archivquellenbestände«, Tab. 6, S. 375).

Art und Umfang der ausgewerteten Archivquellenbestände

1. Münsterland, Kapitel III

Geburts-jahrgang	Geburten insges.	Burgsteinfurt	Greven	Freckenhorst	Sendenhorst
1785	244	20	87	53	84
1790	211	18	95	46	52
1795	191	17	82	51	41
1800	251	22	103	68	58
1805	319	31	130	104	54
1809	275	25	105	72	73
1810	266	28	110	62	66
1811	251	32	85	62	72
1812	225	28	79	58	60
1813	260	20	115	57	68
1814	238	29	88	60	61
1815	256	39	84	69	64
1816	259	21	105	71	62
1817	236	32	96	49	59
Summe	3482	362	1364	882	874

[1] Abgesehen von Tabelle 6 (DDR: Daten von Kleinteich) stellt diese Übersicht ausschließlich die von uns bearbeiteten unpublizierten Quellenbestände vor. Zu den zusätzlich benutzten veröffentlichten Quellen vgl. das Quellenverzeichnis.

2. München, St. Peter (Katholiken) Kapitel IV, V

Geburtsjahrgang	Geburten insges.	trad.	bild.	unterbgl.	andere / nicht klassifizierbar	eheliche	nicht-eheliche	nicht klassifizierbar
1787	635	381	87	134	33	516	119	0
1791	614	386	77	126	25	460	153	1
1794	591	391	50	121	29	424	167	0
1797	524	330	54	113	27	388	136	0
1801	528	329	65	121	13	372	156	0
1803	556	335	78	106	37	413	143	0
1807	682	368	105	145	64	465	217	0
1811	896	561	137	176	22	610	286	0
1817	651	406	109	109	27	430	221	0
1821	668	382	122	138	26	434	230	4
1825	695	469	120	94	12	457	238	0
1829	779	529	90	142	18	564	215	0
1833	736	494	76	121	45	488	242	6
1837	732	468	103	127	34	427	305	0
1841	839	512	131	133	63	521	318	0
1849	573	332	117	81	43	390	183	0
1853	425	292	50	73	10	315	110	0
1857	503	314	66	107	16	334	169	0

Geburtsjahrgang	Geburten insges.	trad.	bild.	unterbgl.	andere / nicht klassifizierbar	eheliche	nicht-eheliche	nicht klassifizierbar
1861	675	401	86	116	72	414	259	2
1863	753	430	98	164	61	433	320	0
1865	756	480	71	122	83	502	253	1
1867	810	469	112	162	67	523	287	0
1871	780	541	53	146	40	568	211	1
1876	954	596	125	171	62	802	152	0
Summe	16355	10196	2182	3048	929	11250	5090	15

3. München, St. Matthäus (Protestanten), Kapitel IV, V

Geburtsjahrgang	Geburten insges.	trad.	bild.	unterbgl.	andere / nicht klassifizierbar	eheliche	nicht-eheliche	nicht klassifizierbar
1809	37	20	8	4	5	35	2	0
1811	57	17	22	10	8	51	5	1
1813	68	28	20	5	15	61	7	0
1815	54	21	23	7	3	46	8	0
1817	63	29	16	7	11	54	8	1
1819	55	22	16	10	7	45	10	0
1821	71	27	23	10	11	60	11	0

Geburtsjahrgang	Geburten insges.	trad.	bild.	unterbgl.	andere / nicht klassifizierbar	eheliche	nicht-eheliche	nicht klassifizierbar
1823	70	32	19	10	9	52	18	0
1825	73	28	27	10	8	58	15	0
1827	90	45	23	13	9	71	19	0
1829	125	68	26	19	12	91	34	0
1831	130	64	36	16	14	101	29	0
1833	142	82	35	14	11	108	34	0
1835	139	74	37	17	11	100	39	0
1837	145	59	53	23	10	109	36	0
1839	174	90	50	24	10	138	36	0
1841	187	95	52	26	14	140	47	0
1843	187	96	48	31	12	143	44	0
1845	194	100	47	33	14	145	49	0
1847	177	86	42	35	14	131	46	0
1849	195	103	47	28	17	131	64	0
1851	215	114	68	18	15	150	65	0
1853	229	104	69	37	19	159	70	0
1855	207	117	49	28	13	141	66	0
1857	247	121	69	33	24	174	73	0
1859	256	134	66	33	23	172	84	0
1861	269	128	77	43	21	180	89	0
1863	338	169	85	44	40	234	104	0

Geburtsjahrgang	Geburten insges.	trad.	bild.	unterbgl.	andere / nicht klassifizierbar	eheliche	nicht-eheliche	nicht klassifizierbar
1865	408	242	75	45	46	282	126	0
1867	435	244	103	60	28	313	122	0
1869	482	286	103	44	49	366	116	0
1871	512	307	110	54	41	403	109	0
Summe	**6031**	**3152**	**1544**	**791**	**544**	**4444**	**1585**	**2**

4. München, ergänzend herangezogene Pfarreien, Kapitel IV, V

Geburtsjahrgang	Unsere Liebe Frau (ULF)	Mariahilf, Au	St. Ursula (Schwabing)	Gebärhaus St. Elisabeth
1841			75	
1848			97	
1849	475		88	534
1856			89	
1863	268	329	115	714
1867	258	480	166	661
1872				637
1876			435	
Summe	**1001**	**809**	**1065**	**2546**

5. München, Einwohnermelderegister, Stand: 31.12.1994, Kapitel VI, VII, VIII

Von den zum 31.12.1994 mit Erstwohnsitz in München gemeldeten Deutschen waren 27 Prozent gebürtige Münchner und 26 Prozent gebürtige Bayern (außer München); 47 Prozent stammten aus allen anderen Teilen Deutschlands (einschließlich der alten DDR).

Geburtsjahrgang	insges.	Geburtsjahrgang	insges.	Geburtsjahrgang	insges.
1890	**10**	1906	2935	1922	10532
1891	28	1907	3454	1923	10030
1892	35	1908	4219	1924	9839
1893	50	1909	4842	**1925**	**10766**
1894	75	**1910**	**5401**	1926	10830
1895	**100**	1911	5996	1927	10635
1896	165	1912	7030	1928	11149
1897	175	1913	7584	1929	11263
1898	276	1914	7829	**1930**	**11685**
1899	425	**1915**	**6539**	1931	11121
1900	**540**	1916	5409	1932	11023
1901	842	1917	5262	1933	10800
1902	1171	1918	5723	1934	13520
1903	1402	1919	8429	**1935**	**14760**
1904	1892	**1920**	**10862**	1936	16052
1905	**2343**	1921	10903	1937	16208

Geburtsjahrgang	insges.	Geburtsjahrgang	insges.	Geburtsjahrgang	insges.
1938	17585	1960	20337	1982	6976
1939	19698	1961	21684	1983	6816
1940	**20499**	1962	22543	1984	6907
1941	20058	1963	24158	**1985**	**6801**
1942	17204	1964	24574	1986	7202
1943	18214	**1965**	**24226**	1987	7394
1944	17934	1966	24091	1988	7743
1945	**13424**	1967	23108	1989	7855
1946	15207	1968	21622	**1990**	**8290**
1947	15855	1969	18997	Summe	1072695
1948	15320	**1970**	**15914**		
1949	15430	1971	14438		
1950	**15062**	1972	11663		
1951	14530	1973	9994		
1952	14697	1974	8987		
1953	15095	**1975**	**7702**		
1954	15344	1976	7220		
1955	**16034**	1977	6768		
1956	16931	1978	6359		
1957	18175	1979	6423		
1958	18538	**1980**	**6828**		
1959	19330	1981	6752		

6. DDR 1960–1990, Kapitel IX

Geburtsjahrgang	Größe des Samples bei Kleinteich
1960	12989
1965	12402
1970	13009
1975	13536
1980	14475
1985	15882
1990	12418
Summe	94711
Gesamtumfang des Samples	400766

7. Altmühltal, Kapitel X

»Gotteswinkel«, Geburtsjahrgänge 1807–1990: insges. 2821 Geburten. Auf Wunsch des örtlichen Pfarrers haben wir den Namen des Ortes verändert, aus diesem Grund verzichten wir auch auf eine tabellarische Aufschlüsselung nach Geburtsjahrgängen.

Systematik der Namensgruppen

Die nachfolgenden Übersichten stellen typische, bei weitem jedoch nicht alle Vornamen der einzelnen Gruppen zusammen. Jeder Name kann mehreren Gruppen angehören; in der Regel erfolgte eine Klassifizierung nach einer der Gruppen unter Punkt 1. sowie einer oder mehrerer der Gruppen unter Punkt 2 und 3. Je nach untersuchter Bevölkerungsgrundgesamtheit und Zeit änderte sich gegebenenfalls auch die Zusammensetzung der einzelnen Gruppen, wie die Beispiele unter 1.1 und 1.2 demonstrieren. Dynamisch angelegt sind insbesondere die Gruppen 1.1 (Traditionelle Namen), 1.2 (Innovative Namen) sowie die Gruppen unter 2.1 und 2.2 (Heiligen- und biblische Namen; Dynastische, Bildungs- und Germanisch-ideologische Namen), d. h., für die Klassifizierung nach diesen Gruppen gab weniger das »objektive« Denotat, sondern vielmehr das jeweilige »subjektive« Konnotat den Ausschlag. Grundsätzlich ging der Eingliederung jedes Einzelnamens in eine oder mehrere der Gruppen immer eine sorgfältige Abwägung der jeweiligen Denotat- und Konnotatebenen voraus. Ziel der Klassifizierung war nicht die möglichst vollständige Erfassung des gesamten Namenschatzes; sehr wohl sind weitere Gruppen denkbar (z. B. Kurzformen, Modenamen, Blumennamen, nieder- und oberdeutsche Namen, außereuropäische Herkunft). Im Lichte der hier untersuchten Fragestellung erwiesen sich jedoch die vorliegenden als allein aussagekräftig. Die Begrifflichkeit, vor allem in den Abschnitten 2.1–2.3, orientiert sich an Vorschlägen Wilfried Seibickes. Vgl. zum Klassifikationsschema auch Kapitel II, S. 30–35.

1. Formale Grundklassifikation
1.1 Traditionelle Namen
Kriterium: konstantes Vorkommen innerhalb des Vornamenschatzes einer Bevölkerung über längere Zeiträume hinweg. Häufigkeit des Vorkommens als eine wichtige, aber weder hinreichende noch notwendige Bedingung. Bis in die zweite Hälfte des 20. Jahrhunderts hinein sind jedoch die zehn häufigsten Vornamen jedes Jahrgangs immer auch als traditionelle Vornamen zu betrachten (s. Beispiele 1–4).

Beispiel 1: München, Pfarrei Unsere Liebe Frau (ULF), Geburtsjahrgang 1849

	weiblich	Anteil in %	männlich	Anteil in %
1	Maria	32,3	Joseph	22,9
2	Anna	21,8	Johann	16,8
3	Theresia	17,9	Franz	12,8
4	Franziska / Katharina	10,0	Karl	10,3
5	Carolina	9,6	Georg	9,8
6	Josepha	7,9	Maximilian / Max	9,4
7	Magdalena	6,5	Anton	7,4
8	Elisabeth / Johanna	4,8	Friedrich	6,5
9	Amalia	3,9	Ludwig	5,3
10	Rosina / Mathilda, -e	3,5	August	4,9

Beispiel 2: München, Pfarrei St. Matthäus (Protestanten), Geburtsjahrgang 1849

	weiblich	Anteil in %	männlich	Anteil in %
1	Maria, -e	23,1	Friedrich	28,7
2	Anna	20,4	Carl	19,5
3	Carolina, -e	13,9	Johann / Wilhelm	17,2
4	Katharina	11,1	Georg	13,8
5	Friederike, -ca	10,2	Heinrich	12,6
6	Barbara / Johanna	9,3	Ludwig	8,1
7	Sophia, -e	8,3	Franz / Maximilian, Max	5,7
8	Margaretha	6,5	Christian	4,6
9	Louise	5,6		
10	Christiana, -e / Magdalena	4,6		

Beispiel 3: München, Pfarrei St. Peter, Geburtsjahrgang 1876

	weiblich	Anteil in %	männlich	Anteil in %
1	Maria	29,6	Joseph	21,1
2	Anna	19,6	Johann	17,0
3	Katharina	9,4	Karl	9,5
4	Franziska	7,1	Franz / Georg	8,4
5	Theresia	6,9	Ludwig	7,5
6	Karolina	6,5	Anton	6,5
7	Josepha	5,7	Maximilian / Max	5,8
8	Barbara	4,7	Otto	5,2
9	Johanna	3,9	Michael	3,7
10	Margaretha, -e	3,3	August	3,5

Beispiel 4: Deutschland (Einwohnermelderegister München), Geburtsjahrgang 1915

	weiblich	Anteil in %	männlich	Anteil in %
1	Maria	11,0	Johann / Hans	9,4
2	Anna	9,2	Josef	8,1
3	Elisabeth	4,5	Karl	5,2
4	Therese	3,8	Franz	5,1
5	Katharina	2,4	Wilhelm	5,0
6	Franziska	2,2	Georg	3,7
7	Hildegard	2,1	Friedrich	3,3
8	Johanna	2,0	Alois	3,2
9	Rosa	1,9	Ludwig	2,6
10	Frieda	1,8	Anton	2,5

Beispiel 5: Deutschland (Einwohnermelderegister München), Geburtsjahrgang 1945

weiblich	Anteil in %	Platz in der Rangliste der 10 häufigsten Namen		männlich	Anteil in %
		w	m		
Maria	2,7	4	1	Hans	6,2
Christine	2,4	5	2	Peter	4,7
Ursula	2,0	10	4	Karl	3,3
Barbara	1,7	–	10	Josef	2,4
Anna	1,7	–	–	Johann, -es	2,4
Marianne	0,9	–	–	Franz	2,2
Elisabeth	0,6	–	–	Georg	1,6
Katharina	0,6	–	–	Friedrich	1,2
Therese, -a	0,5	–	–	Anton	0,8
Antonia	0,2	–	–	Andreas	0,6

Beispiel 6: Deutschland (Einwohnermelderegister München), Geburtsjahrgang 1975

weiblich	Anteil in %	Platz in der Rangliste der 10 häufigsten Namen		männlich	Anteil in %
		w	m		
Christine	1,8	9	2	Andreas	5,5
Barbara	0,9	–	–	Peter	1,3
Katharina	0,8	–	–	Hans	0,6
Anna	0,7	–	–	Georg	0,6
Elisabeth	0,6	–	–	Franz	0,5
Maria	0,6	–	–	Johann, -es	0,5
Johanna	0,5	–	–	Paul	0,3
Caroline	0,4	–	–	Josef	0,3
Franziska	0,2	–	–	Anton	0,2
Antonia	0,1	–	–	Karl	0,2

Beispiel 7: Deutschland (Einwohnermelderegister München), Geburtsjahrgang 1990

weiblich	Anteil in %	Platz in der Rangliste der 10 häufigsten Namen		männlich	Anteil in %
		w	m		
Anna	2,5	7	8	Andreas	2,6
Katharina	2,0	8	–	Johannes	1,3
Franziska	1,4	–	–	Peter	0,6
Therese, -a	1,1	–	–	Jakob	0,6
Elisabeth	0,9	–	–	Paul	0,6
Caroline	0,9	–	–	Georg	0,4
Maria	0,8	–	–	Franz	0,3
Johanna	0,8	–	–	Anton	0,3
Antonia	0,5	–	–	Josef	0,3
Barbara	0,3	–	–	Hans	0,2

Beispiel 8: DDR (Sample Kleinteich), Geburtsjahrgang 1960

weiblich	Anteil in %	Platz in der Rangliste der 10 häufigsten Namen		männlich	Anteil in %
		w	m		
Andrea	2,0	10	3	Peter	4,5
Anna	0,1	–	4	Michael	4,3
Barbara	1,4	–	9	Andreas	2,6
Caroline	0,05	–	–	Hans	2,0
Elisabeth	0,5	–	–	Karl	0,7
Johanna	0,2	–	–	Georg	0,4
Katharina	0,2	–	–	Johann, -es	0,1
Maria	0,6	–	–	Josef	0,1
Marianne	0,4	–	–	Franz	0,1
Therese	0,05	–	–	Friedrich	0,1

Beispiel 9: DDR (Sample Kleinteich), Geburtsjahrgang 1975

weiblich	Anteil in %	Platz in der Rangliste der 10 häufigsten Namen		männlich	Anteil in %
		w	m		
Katharina	0,8	–	1	Thomas	3,6
Franziska	0,6	–	2	Michael	3,2
Maria	0,4	–	6	Andreas	2,6
Caroline	0,3	–	–	Peter	0,6
Anna	0,2	–	–	Johann, -es	0,3
Barbara	0,1	–	–	Hans	0,1
Therese	0,1	–	–	Georg	0,1
Elisabeth	0,1	–	–	Paul	0,1
Marianne	0,03	–	–	Karl	0,03
Johanna	0,03	–	–	Joseph	0,03

Beispiel 10: DDR (Sample Kleinteich), Geburtsjahrgang 1990

weiblich	Anteil in %	Platz in der Rangliste der 10 häufigsten Namen		männlich	Anteil in %
		w	m		
Maria	3,4	3	10	Michael	1,8
Franziska	2,6	5	–	Paul	1,2
Therese	1,2	–	–	Johann, -es	1,1
Katharina	1,1	–	–	Andreas	0,9
Anna	0,9	–	–	Peter	0,6
Elisabeth	0,8	–	–	Franz	0,5
Caroline	0,7	–	–	Georg	0,5
Johanna	0,3	–	–	Hans	0,2
Marianne	0,2	–	–	Josef	0,2
Barbara	0,1	–	–	Karl	0,1

1.2 Innovative Namen

Kriterium: seltenes (aber keineswegs immer nur einmaliges) Auftreten in einzelnen Jahrgängen bzw. nicht in einer Reihe von Jahren hintereinander; besonders in der zweiten Hälfte des 20. Jahrhunderts können innovative Namen auf Anhieb auch höhere prozentuale Anteile erlangen, wenn sie sich durch Modeströmungen sehr schnell etablieren (s. Beispiel 7); in der DDR auch viele – nicht alle – Schreibvarianten anglo-amerikanischer, französischer, slawischer Namen bei deren erstem Auftreten (z. B. Eik, Beispiel 8).

Beispiel 1: München, Pfarrei Unsere Liebe Frau,
Geburtsjahrgang 1849

weiblich	Anteil in %	männlich	Anteil in %
Adelgund	0,4	Damasius	0,4
Alma	0,4	Egmond	0,4
Amanda	0,4	Eulogius	0,4
Cäsaria	0,4	Germanikus	0,4
Editha	0,4	Joachim	0,4
Hugolina	0,4	Marquard	0,4
Juditha	0,4	Willibald	0,4

Beispiel 2: München, Pfarrei St. Matthäus (Protestanten),
Geburtsjahrgang 1849

weiblich	Anteil in %	männlich	Anteil in %
Hildegard	0,9	Caesar	1,2
Isabella	0,9	Fortunat	1,2
Leonore	0,9	Lionel	1,2
Thusnelda	0,9		
Virginie	0,9		

Beispiel 3: München, Pfarrei St. Peter, Geburtsjahrgang 1876

weiblich	Anteil in %	männlich	Anteil in %
Clotilde	0,2	Albin	0,2
Emmeline	0,2	Andor	0,2
Gertraud	0,4	Daniel	0,2
Juliana	0,6	Edmund	0,4
Ottilia	0,2	Hyppolit	0,2
Wilgefortis	0,2		

Beispiel 4: Deutschland (Einwohnermelderegister München), Geburtsjahrgang 1915

weiblich	Anteil in %	männlich	Anteil in %
Elsa, -e	1,1	Bruno	0,3
Erika	0,8	Engelbert	0,1
Erna	1,2	Erich	1,6
Hertha	0,7	Hugo	0,3
Juliana	0,4	Walter	1,4

Beispiel 5: Deutschland (Einwohnermelderegister München), Geburtsjahrgang 1945

weiblich	Anteil in %	männlich	Anteil in %
Ansgard	0,02	Klausius	0,02
Marina	0,1	Nestor	0,02
Oswalda	0,02	Marold	0,02
Sylvelin	0,03	Welf	0,02
Verginea	0,02	Witold	0,02

Beispiel 6: Deutschland (Einwohnermelderegister München), Geburtsjahrgang 1975

weiblich	Anteil in %	männlich	Anteil in %
Danna	0,1	Aegidius	0,03
Genoveva	0,02	Aurelian	0,03
Julita	0,02	Carolus	0,03
Liebgard	0,02	Freimut	0,03
Thaddea	0,02	Irenäus	0,03

Beispiel 7: Deutschland (Einwohnermelderegister München), Geburtsjahrgang 1990

weiblich	Anteil in %	männlich	Anteil in %
Benedicta	0,03	Beat	0,02
Elfrid	0,03	Gottfried	0,02
Florina	0,05	Hugo	0,02
Tizia	0,03	Linus	0,1
Xenia	0,1	J-, Yannik	0,3

Beispiel 8: DDR (Sample Kleinteich), Geburtsjahrgang 1960

weiblich	Anteil in %	männlich	Anteil in %
Berenike	0,02	Arwed	0,02
Clelia	0,02	Donald	0,02
Friedburg	0,02	Eik	0,02
Iduna	0,02	Hilfried	0,03
Liebhild	0,02	Meinhard	0,02

Beispiel 9: DDR (Sample Kleinteich), Geburtsjahrgang 1975

weiblich	Anteil in %	männlich	Anteil in %
Cosima	0,02	Ferry	0,1
Dalia	0,03	Ingbert	0,03
Solvig	0,02	Ino	0,01
Virena	0,02	Samir	0,01

Beispiel 10: DDR (Sample Kleinteich), Geburtsjahrgang 1990

weiblich	Anteil in %	männlich	Anteil in %
Amrei	0,02	Cevin	0,03
Dirka	0,03	Gard	0,02
Mare	0,02	Kebit	0,02
Roxelane	0,02	Quintin	0,02
Weike	0,02	Tarik	0,02

2. Klassifikation nach Denotat und Konnotat der einzelnen Namen
2.1 Religiöse Namen
2.1.1 Heiligennamen

weiblich	männlich
Afra	Anton
Anna	Emmeram
Barbara	Franz
Cäcilie	Georg
Elisabeth	Josef
Katharina	Nikolaus (Klaus)
Kreszentia	Paul
Maria	Peter
Monika	Ulrich
Ursula	Wolfgang

2.1.2 Biblische Namen

Alt- und neutestamentliche Namen, bei denen die Konnotation »hebräisch« nicht dominiert; oftmals auch »heilig«; vgl. auch »hebräisch-jüdische Namen« (2.3.11)

weiblich	männlich
Eva	Adam
Magdalena	Gabriel
Martha	Jakob
Ruth	Joachim
Salome	Lukas
Susanna, -e	Markus
Veronika	Matthäus
	Paul
	Simon
	Thomas

2.2 Idol- / Demonstrativnamen
2.2.1 Dynastische Namen

weiblich	männlich
Amalie	Albrecht
Augusta	Ferdinand
Caroline	Friedrich
Isabella	Leopold
Leopoldine	Ludwig (in Bayern)
Ludovika (in Bayern)	Luitpold (in Bayern
Maximiliana (in Bayern)	Maximilian / Max (in Bayern)
Therese	Otto
Viktoria	Rudolf
Wilhelmine	Wilhelm

2.2.2 Bildungsnamen

weiblich	männlich
Agathe	Amadeus
Emilia	Athanasius
Friederike	Egmont
Julia	Gotthold (Ephraim)
Lotte	Hermann / Armin, -ius
Luise	Horst (im 19. Jh.)
Minna	Immanuel
Ottilie	Nathan
Selma	Oskar
Stella	Siegfried

2.2.3 Germanisch-ideologische Namen

weiblich	männlich
Brunhilde	Gernot
Elfrun	Giselher
Gerburg	Gundomar
Gerhild	Hildolf
Hildegunde	Oto
Irmhilt	Randolf
Krimhild	Thietmar
Ortrud	Volprecht
Reglindis	Wernher
Sigrun	Wigbert

2.3 Sprachliche Herkunft
2.3.1 Germanische Namen

weiblich	männlich
Adelheid	Berthold
Bertha	Dieter
Gisela	Gerhard

weiblich	männlich
Gudrun	Günther
Hedwig	Hartmut
Hildegard	Helmut
Irmgard	Reinhold
Mechthild	Volker
Sieglinde	Wilhelm
Ute / Uta	Wolfgang

2.3.2 Nordische Namen

weiblich	männlich
Annika	Axel
Astrid	Erich / Erik
Berit	Gunnar
Helga	Harald
Ingeborg	Holger
Karin	Lars
Kerstin	Nils
Nora	Olaf
Sigrid	Sven
Svenja	T(h)orsten

2.3.3 Anglo-amerikanische Namen

weiblich	männlich
Deborah	Alfred
Ellinor	Arthur
Evelyn	Brian
Harriet	Dorian
Jennifer	Edward
Jenny	Edwin
Jessica	Oliver
Mildred	Patrick
Sabrina	Richard
Vanessa	Ronald

2.3.4 Französische Namen

weiblich	männlich
Béatrice	Alphons, -e
Charlotte	André
Claire	Edouard
Desirée	Gaston
Florence	Jean
Jacqueline	Lorant
Janine	Louis
Nannette	Marcel
Nicole	Pascal
Yvonne	René

2.3.5 Italienische Namen

weiblich	männlich
Angelina	Enrico
Bianca, -ka	G(u)ildo
Carmela	Marco
Cosima	Mario
Laura	Ricardo
Luisa	Romeo
Marcella	Sandro
Margherita (Rita)	Tonio
Romina	Valentino
Rosa	Vico

2.3.6 Spanische Namen

weiblich	männlich
Carmen	Carlos
Isabell, -a	Diego
Elvira	Enrique
Ines	Ferdinand

weiblich	männlich
Dolores	Juan
Ramona	Manuel
Pilar	Miguel
Mercedes	Pablo
Alma	Ramon
Marcela	Raoul

2.3.7 Russische Namen

weiblich	männlich
Anuschka	Aljoscha
Dunja	Boris
Irina	Andrej
Katja	Fedor
Nadja	Igor
Natascha	Ivan
Olga	Modest
Sonja	Nikolai
Tatjana	Sascha
Vera	Wanja

2.3.8 Slawische (und andere osteuropäische) Namen

weiblich	männlich
Aniela	Bronislav
Danuta	Ivo
Jadwiga	Kasimir
Jana	Ladislaus (Laszlo)
Jelena	Marek
Katalin	Milan
Ludmilla	Miroslav
Milena	Stanislav / Stanislaus
Valeska	Tibor

2.3.9 Lateinische Namen

weiblich	männlich
Wanda	Wenzel / Wenzeslaus
Beate	Alban
Caecilia	Benedikt
Candida	Christian
Carola	Clemens
Cornelia	Coelestin
Patricia, -zia	Dominik
Pia	Julius
Regina	Markus
Renate	Pius
Sabine	Urban

2.3.10 (Alt-)Griechische Namen

weiblich	männlich
Apollonia	Alexander
Dorothea	Athanasius
Euphemia	Balthasar
Helena	Basilius
Irene	Hektor
Iris	Isidor
Melitta	Leander
Philomena	Philipp
Sophie, -a	Theodor
Thekla	Theophil

2.3.11 Hebräisch-jüdische Namen

Namen, bei denen der Hinweis auf die hebräisch-jüdische Geistes- und Lebenswelt deutlich vorherrscht; Konnotation »hebräisch« dominant, i. d. R., jedoch nicht ausschließlich kombiniert mit »biblisch« (2.1.2)

weiblich	männlich
Athalia	Aaron
Esther	Abraham
Hanna	Benjamin
Judith	Daniel
Lea	Elias
Miriam	Isaak
Rahel	Jonas
Rebecca	Joshua
Salome	Tobias
Sarah	

2.4 Regionale (bayerische) Namen

weiblich	männlich
Aloisia	Alois
Balbina	Benedikt
Emerenz, -tia	Emmeram
Josepha	Eustach, -ius
Korbiniana	Hubert
Kreszenz, -tia	Ignatz
Theres	Korbinian
Walburga	Luitpold
Xaveria	Rupert
	Xaver

3. Movierte Namen (nur weiblich)
Klassifikation nach der Wortbildung (morphologischer Aspekt)

Adolphine
Aloisia
Ernestine
Josephine
Korbiniana
Leopoldine
Ludovika
Maximiliane
Pauline
Philippine
Reinholdis
Roberta
Theodore
Wilfriede
Wilhelmine

Anmerkungen

II. Nomen est omen. Vornamen als politischer und gesellschaftlicher Indikator

1 Victor Klemperer: *LTI. Notizbuch eines Philologen*, Leipzig [16]1996, S. 100.
2 Vgl. Friedhelm Debus: »Aufgaben, Methoden und Perspektiven der Sozioonomastik«, in: Rob Rentenaar/Ellen Palmboom (Hg.): *De naamkunde tussen taal en cultur*, Amsterdam 1988, S. 44 f.: »Jeder Namengeber ist seinerseits durch Herkunft und Bildung, durch seinen Erfahrungshorizont und seine Rolle in der Gesellschaft geprägt. Individuelle und gesellschaftliche Faktoren formen die Mentalität, die wiederum den Namengebungsprozeß wesentlich steuert. [...] Nach den vorliegenden Beobachtungen spielt diese ›Disposition‹ bei der Personennamengebung eine entscheidende Rolle, auch wenn dies beim einzelnen Namengeber weniger bewußt wird.« Aus marxistisch-leninistischer Perspektive Hans Walther: »Gesellschaftliche Entwicklung und geschichtliche Entfaltung von Wortschatz und Namenschatz«, in: *Onomastica Slavogermanica* VII, Berlin 1973, S. 17 f.: »Denn die Art und Weise der sprachlichen Behandlung (Benennung) eines Gegenstandes, einer Institution oder auch Person hängt in erster Linie von dem gesellschaftlichen Standort des Namengebers ab, die über sein Bewußtsein hinweg basiert auf seiner Zugehörigkeit zu einer Klasse oder Schicht.«
3 Elizabeth Gaskell: *Das Leben der Charlotte Brontë* [1857], München 1997, S. 19.
4 Zur Geschichte dieser Benennungssysteme in vergleichender Perspektive grundlegend Michael Mitterauer: *Ahnen und Heilige. Namengebung in der europäischen Geschichte*, München 1993; Überblick bei Wilfried Seibicke: »Traditionen der Vornamengebung. Motivationen, Vorbilder, Moden«, in: Ernst Eichler u. a. (Hg.): *Namenforschung – Name Studies – Les noms propres. Ein internationales Handbuch zur Onomastik*, 2. Teilband, Berlin/New York 1996, S. 1207–1214, hier bes. S. 1208 f.
5 Die vorliegende Einleitung beschränkt sich auf die Darlegung der unverzichtbaren methodischen Grundüberlegungen, in Verbindung mit einer ersten Vorstellung des ausgewerteten Materials und einer knap-

pen Erläuterung des praktischen Vorgehens bei Datenerhebung und -auswertung. In den »Ergänzenden Bemerkungen zur Methodik« im Anhang dieses Buches (S. 357–367) finden sich weiter gehende Ausführungen zur Forschungslage sowie zu einzelnen methodischen Problemen. Die ebenfalls im Anhang vereinigten Tabellen informieren zusammenfassend über »Art und Umfang der ausgewerteten Archivquellen« (S. 368–375) sowie der Namensgruppen (S. 376–393). Vgl. darüber hinaus: Michael Wolffsohn / Thomas Brechenmacher: »Vornamen als demoskopischer Indikator? München 1785 bis 1876«, in: *Zeitschrift für bayerische Landesgeschichte* 55 (1992), S. 544 bis 573.

6 Wilhelm Heinrich Riehl: *Die Familie*, Stuttgart/Augsburg 1855, S. 145.
7 Ebd.
8 Vgl. Hans-Ulrich Wehler: *Deutsche Gesellschaftsgeschichte, Bd. 3: Von der »Deutschen Doppelrevolution« bis zum Beginn des Ersten Weltkrieges, 1849–1914*, München 1995, S. 1086.
9 Ebd., S. 1107.
10 Hans-Ulrich Wehler: *Deutsche Gesellschaftsgeschichte, Bd. 2: Von der Reformära bis zur industriellen und politischen »Deutschen Doppelrevolution« 1815–1845/49*, München ²1989, S. 302.
11 Klaus Hildebrand: *Das vergangene Reich. Deutsche Außenpolitik von Bismarck bis Hitler, 1871–1945*, Stuttgart 1995, S. 99.
12 Vgl. die ausführlichen Bibliographien in: Gerhard Koß: *Namenforschung. Eine Einführung in die Onomastik*, Tübingen 1990, S. 118 bis 134, Konrad Kunze: *Namenkunde. Vor- und Familiennamen im deutschen Sprachgebiet*, München 1998, S. 198–202, sowie vor allem Wilfried Seibicke: *Die Personennamen im Deutschen*, Berlin/New York 1982, S. 383–404; ders.: *Vornamen*, Frankfurt/M. ²1991, S. 314–351; ders.: *Historisches deutsches Vornamenbuch, Bd. 1: A–E*, Berlin/New York 1996, S. XVI–XCVII, sowie *Bd. 2: F–K*, ebd. 1998, S. IX–XV.
13 Vgl. Hans-Ulrich Wehler: *Geschichte als historische Sozialwissenschaft*, Frankfurt/M. 1973, hier insbes. S. 9–44.
14 Nicoline Hörsch: *Republikanische Personennamen. Eine anthroponymische Studie zur Französischen Revolution*, Tübingen 1994.
15 Dietz Bering: *Der Name als Stigma. Antisemitismus im deutschen Alltag 1812–1933*, Stuttgart ³1992; ders.: *Kampf um Namen. Bernhard Weiß gegen Joseph Goebbels*, ebd. 1991.
16 Mitterauer: *Ahnen und Heilige*.

17 Eine ausführlichere Erörterung dieser Unterschiede findet sich in den »Ergänzenden Bemerkungen zur Methodik« im Anhang dieses Buches (S. 357–367).
18 Bruno Gleitze: »Beitrag zur Geschichte der kulturellen Integration Deutschlands. Untersucht an der ost- und westdeutschen Vornamensentwicklung 1750–1850«, in: *Jahrbuch der Albertus-Universität zu Königsberg/Pr.* 13 (1963), S. 130–151; Norbert Ohler: »Pfarrbücher als Quelle für den Historiker. Methoden und Möglichkeiten ihrer Erschließung, dargestellt am Beispiel der Pfarrbücher von Hochdorf/ Breisgau«, in: Irmgard Hampp/Peter Assion (Hg.): *Forschungen und Berichte zur Volkskunde in Baden-Württemberg 1974–1977*, Stuttgart 1977, S. 115–148, sowie ders.: *Quantitative Methoden für Historiker. Eine Einführung*, München 1980, hier S. 83–85; Andrea Jedlicka: *Namengebung und Mentalitätswandel*, Frankfurt a. M./ Berlin/New York 1993; Gisela Grünwald: *Gesellschaftliche Veränderungen im Spiegel der Namengebung. Eine empirische Untersuchung anhand spanischer Vornamen in der Stadt Javea*, Stuttgart 1994; Jürgen Gerhards/Rolf Hackenbroch: »Kulturelle Modernisierung und die Entwicklung der Semantik von Vornamen«, in: *Kölner Zeitschrift für Soziologie und Sozialpsychologie* 49 (1997), S. 410 bis 439; Horst Pohl: *Einflüsse auf die Vornamenwahl in Leipzig und Nürnberg vom 13. bis zum 18. Jahrhundert*, Neustadt/Aisch 1998.
19 Sasha Weitman: »Prénoms et orientations nationales en Israel, 1882 à 1980«, in: *Annales* 42 (1987), S. 879–900; ders., »Some Methodological Issues in Quantitative Onomastics«, in: *Names* 29 (1981), S. 181–196.
20 Amos Elon: *Die Israelis. Gründer und Söhne*, Wien/München 1972, S. 148.
21 Michael Wolffsohn, *Politik in Israel*, Opladen 1983, S. 385; ebd. auch Beispiele.
22 Weitman, *Prénoms*, S. 879 [Übersetzung durch die Verf.].
23 Ebd.
24 Friedhelm Debus: »Soziale Veränderungen und Sprachwandel. Moden im Gebrauch von Personennamen«, in: *Sprachwandel und Sprachgeschichtsschreibung. Jahrbuch 1996 des Instituts für deutsche Sprache*, Düsseldorf 1977, S. 167–204; Nathan Pulvermacher: »Berliner Vornamen. Eine statistische Untersuchung, 2 Teile«, in: *Wissenschaftliche Beilage zum Jahresbericht des Lessing-Gymnasiums* Nr. 63, Berlin 1902, S. 1–31, und Nr. 66, ebd. 1903, S. 1–29; Heinz Ahlbrecht/Andreas Letzner: »Die Vornamen der Berliner heu-

te und im historischen Vergleich«, in: *Berliner Statistik* 42 (1988), S. 174–212; Hubert Harfst: »Die Vornamen der zwischen 1929 und 1949 geborenen Deutschen in Stuttgart«, in: *Statistischer Informationsdienst. Beiträge aus Statistik und Stadtforschung*, Stuttgart 1980, S. 1–6; Sigmund Schott: »Vornamen im Wechsel der Volksgunst« [Mannheim 1911 und 1923], in: *Allgemeines Statistisches Archiv* 15 (1925), S. 225–237.

[25] Achim Masser: *Tradition und Wandel. Studien zur Rufnamengebung in Südtirol*, Heidelberg 1992.

[26] Bernd Kleinteich: *Vornamen in der DDR 1960–1990*, Berlin 1992. Zum Charakter von Kleinteichs Sample vgl. unten S. 366 f.

[27] Horst Naumann: »Entwicklungstendenzen in der Rufnamengebung der Deutschen Demokratischen Republik«, in: *Der Name in Sprache und Gesellschaft. Beiträge zur Theorie der Onomastik*, Berlin (Ost) 1973, S. 147–191.

[28] Eine ähnliche Einschätzung bei Achim Masser: »Zum Wandel der deutschen Rufnamengebung.« Ein Vorbericht, in: *Beiträge zur Namenforschung* NF 13 (1978), S. 341–357, hier S. 343.

[29] Einzelheiten unten S. 56–59 sowie Tab. 2–4 im Anhang, S. 369–372.

[30] Gerhards/Hackenbroch, *Kulturelle Modernisierung*, beschränken sich auf die Erhebung der »jeweils ersten 100 Geburten eines jeden ausgewählten Jahres« (S. 413) ihrer Quelle (Geburtsregister des Standesamtes Gerolstein); bei Intervallen von vier bzw. zwei Jahren (nach 1950) steht zu befürchten, daß diese Reduktion die Datenbasis für repräsentative Aussagen zu sehr einengt.

[31] Vgl. insbes. Elmar Huss/Peter Geißer: »Vornamen der Münchnerinnen«, in: *Münchener Statistik 1992*, S. 357–386; Peter Geißer: »Vornamen der Münchner«, in: *Münchener Statistik 1993*, S. 61–91.

[32] Quelle: Einwohnermelderegister der Stadt München, Stand: 31.12.1994; zu den exakten Zahlen vgl. Anhang, Tab. 5, S. 373 f.

[33] Auch Zuwanderer aus dem Bereich der ehemaligen DDR sind in der Datei, allerdings unterproportional, vertreten (1,1 Prozent).

[34] Zum Vergleich: Kleinteichs Sample für das Gebiet der DDR umfaßt 400 766 Neugeborene (Kleinteich, *Vornamen in der DDR*, S. 7; vgl. auch Tab. 6 im Anhang, S. 375) – Neben Katholiken und Protestanten untersuchten wir auch die Vornamengebung verschiedener jüdischer Gemeinden (u. a. der Münchener) im 19. und 20. Jahrhundert. Der Umfang dieses Kapitels wuchs sich zu dem eines eigenen kleinen Bandes aus, den wir zu gegebener Zeit separat zu publizieren beabsichtigen.

35 Allein das Taufbuch der Altmühltalgemeinde stand bis zum Jahrgang 1990 zur Verfügung – allerdings um den Preis der Anonymität.
36 Zu »Denotation« und »Konnotation« in der Linguistik allgemein vgl. die entsprechenden Artikel in Hadumod Bussmann: *Lexikon der Sprachwissenschaft*, Stuttgart 1983, S. 86 und 261; namentheoretisch: Torsten Hartmann: *Untersuchung der konnotativen Bedeutung von Personennamen. Ein theoretischer und empirischer Beitrag zur Psychoonomastik mit Hilfe eines konzeptspezifischen semantischen Differentials*, Neumünster 1984; Friedhelm Debus: »Zur Pragmatik von Namengebung und Namengebrauch in unserer Zeit«, in: *Beiträge zur Namenforschung* NF 20 (1985), S. 305–343; Klaus Hilgemann: »Eigennamen und semantische Strukturen«, in: Friedhelm Debus / Wilfried Seibicke (Hg.): *Reader zur Namenkunde, Bd. I: Namentheorie*, Hildesheim/Zürich/New York 1989, S. 21–40.
37 Vgl. Seibicke, *Vornamen*, S. 203.
38 Vgl. Hiltgart L. Keller: *Reclams Lexikon der Heiligen und der biblischen Gestalten*, Stuttgart 1968, S. 323.
39 Grundlegende Hilfsmittel zur Klassifikation: Seibicke, *Vornamen*; ders.: *Historisches deutsches Vornamenbuch*. Weitere Vornamenlexika wie bei Wilfried Seibicke: »Personennamenwörterbücher«, in: Franz Josef Hausmann u. a. (Hg.): *Wörterbücher – Dictionaries – Dictionnaires. Ein internationales Handbuch zur Lexikographie*, 2. Teilband, Berlin/New York 1990, S. 1267–1275. – Wir danken Wilfried Seibicke für vielfältige Hilfe bei der Klassifikation der Vornamen.
40 Weitere Ausführungen und Beispiele zu allen Namensgruppen im Anhang »Systematik der Namensgruppen« (S. 376–393).
41 In großer Häufigkeit treten solche Neubildungen nur in der DDR auf, hauptsächlich in Form graphemischer Varianten bzw. adaptierter Schreibweisen westeuropäischer Vornamen (»Maik« oder »Meik« zu »Mike«, »Eick« oder »Eyck« zu »Ike«, »Gorden« zu »Gordon«, »Emelie« zu »Emily«, »Nadin« zu »Nadine«). Auch diese Namen klassifizierten wir beim ersten Auftreten als innovativ.
42 Hilfsmittel: Keller, *Lexikon der Heiligen und der biblischen Gestalten*; Franz von Sales Doyé: *Heilige und Selige der römisch-katholischen Kirche. Deren Erkennungszeichen, Patronate und lebensgeschichtliche Bemerkungen*, 2 Bde., Leipzig 1925/30; Vera Schauber / Hanns Michael Schindler: *Die Heiligen und Namenspatrone im Jahreslauf*, Augsburg ²1988.
43 Die Terminologie orientiert sich an Vorschlägen von Seibicke, *Traditionen der Vornamengebung*, S. 1209–1211, übernimmt diese jedoch

nicht exakt. So ordnen wir beispielsweise die alttestamentlichen Namen nicht in diese Gruppe ein.

44 »Karl« und »Johann« klassifizieren wir nicht als »dynastische« Namen, obwohl auch sie über eine Tradition als Dynastennamen, etwa bei den Habsburgern, durchaus verfügen. Aber diese Konnotation herrscht nicht vor, ist nur eine unter vielen. Wir empfinden »Karl« und »Johann« besonders im 19. Jahrhundert als typische Allerweltsnamen, die eigentlich nur als »traditionell« sinnvoll einzustufen waren.

45 Zu Geschichte und Bildung der germanischen Namen vgl. Kunze, *Namenkunde*, S. 16–31. – Beim Auftreten eindeutig akzentuierter Varianten gaben wir der durch die Schreibweise zum Ausdruck kommenden Konnotation bei der Klassifizierung den Vorrang vor der sprachgeschichtlichen Denotation. So klassifizierten wir den germanischen Namen »Adolf« als »französisch«, wenn er in der Form »Adolphe«, desgleichen den englischen Namen »Edward«, wenn er als »Edouard« erschien.

46 Als Hilfsmittel Elli und Ludwig Merkle: *Vornamen in Bayern von Alois bis Zenzi*, München 1981.

III. Werden die Deutschen Franzosen? Revolution und Revolutionszeit im westfälischen Raum, 1785–1817

1 Das Kapitel basiert auf dem von Jens Drüge gesammelten und ausgewerteten Vornamenmaterial aus den genannten vier Gemeinden; ergänzende Recherchen führte Claudia Mohr durch. – Im Gegensatz zu Greven, Freckenhorst und Sendenhorst gehörte Burgsteinfurt nicht zum Fürstbistum Münster, sondern bildete als Residenz der Grafen von Bentheim-Steinfurt eine Enklave der Landgrafschaft Hessen-Kassel auf fürstbischöflich-münsterischem Gebiet, die sich einerseits den Entwicklungen im Fürstbistum Münster nicht verschließen konnte, andererseits aber auch gewisse Eigenständigkeiten und individuelle Züge bewahrte (vgl. auch Anm. 3). Insgesamt versucht die Auswahl der vier Gemeinden einen repräsentativen Querschnitt durch das nordwestliche Westfalen, das »Münsterland«, herzustellen. Vgl. Jens Drüge: *Vornamen als politischer und gesellschaftlicher Indikator? Westfalen 1785–1817*. Eine Studie über die Möglichkeiten und Grenzen der Vornamenforschung als Hilfswissenschaft für die historischen Sozialwissenschaften, masch. Diplomarbeit, Univer-

sität der Bundeswehr München, Staats- und Sozialwissenschaften, 1992. – Quellen: Bistumsarchiv Münster, Taufregister der Gemeinden St. Bonifatius, Freckenhorst, St. Martinus, Greven, St. Johann Nepomuk, Burgsteinfurt, St. Martinus, Sendenhorst. Zur quantitativen Basis vgl. Tab. 1, S. 368 in »Art und Umfang der ausgewerteten Archivquellenbestände«.

2 Annette von Droste-Hülshoff: »Westphälische Schilderungen aus einer westphälischen Feder«, in: dies., *Sämtliche Werke*, hg. von Bodo Plachta und Winfried Woesler, Bd. 2, Frankfurt/M. 1994, S. 63–101, hier S. 89 und 91.

3 Verglichen mit den hohen Werten für Heiligennamen, die wir im katholischen München an der Wende vom 18. zum 19. Jahrhundert beobachten werden (um die 90 Prozent zwischen 1787 und 1801; vgl. Abb. 14, S. 136), erscheinen die rund 60 Prozent im Münsterland als ein relativ geringer Anteil. Hierbei steht jedoch zu bedenken, daß in einer der untersuchten münsterländischen Kleinstädte (Burgsteinfurt) traditionell eine große Zahl von Protestanten lebte, konfessionell gemischte Ehen also häufig waren (vgl. Drüge, *Vornamen als politischer und gesellschaftlicher Indikator?*, S. 32, und Alwin Hanschmidt: »Das 18. Jahrhundert«, in: Wilhelm Kohl (Hg.): *Westfälische Geschichte, Bd. 1: Von den Anfängen bis zum Ende des Alten Reiches*, Düsseldorf 1983, S. 605–685, Karte S. 656). Durch die Mischehen schlugen sich »protestantische« Namengebungsmuster auch in der katholischen Bevölkerung nieder, was sich entsprechend in unserer Quelle, der Taufmatrikel von Burgsteinfurt, spiegelt. Der Anteil der Heiligennamen in der »rein katholischen« Bevölkerung des Münsterlandes dürfte demnach unsere Mittelwerte in Abb. 1, S. 130, noch übersteigen. Gleichwohl ändert die Berücksichtigung dieser konfessionellen Gemengelage in Burgsteinfurt nichts an der Feststellung, daß die Benennung nach Heiligen im katholischen Münsterland zu Beginn des 19. Jahrhunderts offensichtlich weniger stark ausgeprägt war als im katholischen München zur selben Zeit.

4 Zur Nachbenennung grundsätzlich Mitterauer, *Ahnen und Heilige*. – Beide Nachbenennungssysteme überschneiden sich, wie auch aus Abb. 1, S. 130, dieses Kapitels sogleich hervorgeht: die meisten Heiligennamen waren gleichzeitig gebundene Namen; auf der anderen Seite war jedoch längst nicht jeder gebundene Name ein Heiligenname.

5 Zur Geschichte der Französischen Revolution vgl. François Furet/Denis Richet: *Die Französische Revolution*, Frankfurt/M. 1968; Ernst

Schulin: *Die Französische Revolution*, München 1988 (mit weiterführender Bibliographie).
6 Josephe [unaufgelöstes Pseudonym]: »An mein Vaterland«, in: Hans Werner Engels (Hg.): *Gedichte und Lieder deutscher Jakobiner*, Stuttgart 1971, S. 105f.
7 Zum allgemeinhistorischen Kontext vgl. Eberhard Weis: *Der Durchbruch des Bürgertums, 1776–1847*, Frankfurt a. M./Berlin/Wien 1975, hier bes. S. 237–260; zu Westfalen vgl. Hanschmidt, »Das 18. Jahrhundert«, bes. S. 677–679; Monika Lahrkamp: »Die französische Zeit«, in: Wilhelm Kohl (Hg.): *Westfälische Geschichte, Bd. 2: Das 19. und 20. Jahrhundert Politik und Kultur*, Düsseldorf 1983, S. 1–43; Alfred Hartlieb von Wallthor: »Die Eingliederung Westfalens in den preußischen Staat«, in: Peter Baumgart (Hg.): *Expansion und Integration. Zur Eingliederung neugewonnener Gebiete in den preußischen Staat*, Köln/Wien 1984, S. 227–254.
8 Zit. nach Hans Müller: *Säkularisation und Öffentlichkeit am Beispiel Westfalen*, Münster 1971, S. 140.
9 Aus diesen drei Hauptsträngen speist sich auch die Untersuchung Müllers über *Säkularisation und Öffentlichkeit am Beispiel Westfalen*; vgl. ebd., S. 66.
10 Müller, *Säkularisation und Öffentlichkeit*, S. 139.
11 Hanschmidt, »Das 18. Jahrhundert«, S. 679.
12 Lahrkamp, »Die französische Zeit«, S. 20; vgl. auch Josef Prinz: *Greven an der Ems. Die Geschichte der Stadt und des Amtes Greven*, Greven 1960, S. 354f.
13 Vgl. Lahrkamp, »Die französische Zeit«, S. 31f.
14 Theodor Fontane: *Vor dem Sturm*, 4 Bde., Frankfurt a. M./Berlin 1986 (*Werke und Schriften*, hg. von Walter Keitel und Helmuth Nürnberger, Bd. 1–4), hier Bd. 1, S. 22f.
15 Ebd., S. 30.
16 Vgl. hierzu Drüge, *Vornamen als politischer und gesellschaftlicher Indikator?*, S. 101.
17 Ebd., S. 95–103 und S. 153, 159. – Zu Burgsteinfurt vgl. auch Anm. 1 und 3.
18 Ebd., S. 135f., 140, 145f., 149–152, 162–164.
19 Heinrich Heine: »Der Tambourmajor«, in: ders., *Sämtliche Schriften*, hg. von Klaus Briegleb, Bd. 4, München 1971, S. 416–418.
20 Vgl. hierzu die »Ergänzenden Bemerkungen zur Methodik«, S. 360ff., sowie Tab. 1., S. 368.
21 Vgl. die »Ergänzenden Bemerkungen zur Methodik«, S. 365.

²² Ernst Moritz Arndt: »Vaterlandslied« [1812], in: ders.: *Werke in 12 Teilen*, hg. von August Leffson und Wilhelm Steffens, Bd. 1, Berlin u. a. [1912], S. 100 f.

IV. Vom Königreich ins Kaiserreich: Bayerisch-deutsche Politik im Spiegel der öffentlichen Meinung Münchens

1 Dieses wie auch das nachfolgende Kapitel, »Säkularisierung und sozialer Wandel«, basiert auf umfangreichen Vornamenstudien im Archiv der Erzdiözese München-Freising (Taufmatrikel St. Peter, AEM MM 115–127; ergänzend: Unsere Liebe Frau [ULF], MM 25/26, Mariahilf/Au, St. Ursula, Schwabing, MM 449, 450, 450a und Gebärhaus St. Elisabeth, MM 195/2–203; – Materialsammlung: Dubravka Petrak und Andreas Stoffers unter Mitarbeit von Andrea Brill, Thomas Bork, Jens Drüge, Stephan Heiß, Elisabeth Jändl, Christian Meier, Peter Münch, Andreas Otto Weber, Stephan Wendehorst) und im evangelischen Kirchenbucharchiv Regensburg [KAR], Taufmatrikel der protestantischen Gemeinde München KB 24, 1–8; – Materialsammlung: Friederike Kaunzner); zu Einzelheiten der Datenerhebung vgl. Michael Wolffsohn / Thomas Brechenmacher, »Vornamen als demoskopischer Indikator? München 1785–1876«, in: *Zeitschrift für bayerische Landesgeschichte* 55 (1992), S. 544–573.

2 Vgl. etwa Eberhard Weis, *Der Durchbruch des Bürgertums, 1776 bis 1847*, Frankfurt a. M./Berlin/Wien 1975, S. 416; Thomas Nipperdey: *Deutsche Geschichte 1800–1866. Bürgerwelt und starker Staat*, München ⁴1987, S. 255; ders.: *Deutsche Geschichte 1866–1918, Band I: Arbeitswelt und Bürgergeist*, ebd. 1990; Michael Behnen: »Bürgerliche Revolution und Reichsgründung (1848–1871)«, in: Martin Vogt (Hg.): *Deutsche Geschichte*. Begründet von Peter Rassow. Vollständig neu bearb. Ausgabe, Stuttgart 1987, S. 403–468.

3 Zur bayerischen Geschichte im 19. Jahrhundert. Michael Doeberl: *Entwicklungsgeschichte Bayerns*, Bd. III, München 1931; Max Spindler (Hg.): *Handbuch der bayerischen Geschichte*, Bd. IV, ebd. ²1979; Eberhard Weis: *Montgelas, Bd. 1: Zwischen Revolution und Reform 1759 bis 1799*, ebd. ²1988; Heinz Gollwitzer: *Ludwig I. von Bayern. Königtum im Vormärz. Eine politische Biographie*, ebd. ²1987.

4 Am Beginn des 19. Jahrhunderts bestand in München neben St. Peter nur noch die Pfarrei Unsere Liebe Frau; erst 1808 wurde St. Anna

im Lehel gegründet, um den seelsorgerischen Aufgaben in der gewachsenen Stadt besser nachkommen zu können. Hatte diese Veränderung das Gebiet von St. Peter noch kaum betroffen, so erfolgte eine einschneidende Verkleinerung im Jahr 1844, durch die Abtrennung einer neuen Pfarrei Hl. Geist vom alten Kernbestand der Gemeinde St. Peter. Dabei verlagerte sich deren Einzugsbereich in Richtung Ludwigvorstadt, wobei die Schwanthalerstraße ihre nördliche Grenze zur ebenfalls neuen Pfarrei St. Bonifaz bildete; die Sozialstruktur verschob sich durch diese Gebietsverschiebung jedoch kaum. Bis ins frühe 20. Jahrhundert blieb der Sprengel anschließend unverändert, trotz anhaltenden rapiden Wachstums der Stadt. Vgl. Ernest Geiss: *Geschichte der Stadtpfarrei St. Peter in München*, München 1868; graphische Darstellungen in: *Die katholischen Pfarreien Münchens in ihrer historischen Entwicklung*, bearb. von der katholischen Heimatmission München, München 1935, hier insbes. Tafel III und IV.

5 Hans-Ulrich Wehler, *Deutsche Gesellschaftsgeschichte*, Bd. 2, München 1987, S. 174; zum Komplex »Stadt und Bürgertum« vgl. mit weiteren Literaturhinweisen Lothar Gall (Hg.): *Stadt und Bürgertum im 19. Jahrhundert*, München 1990; ders: *Bürgertum, liberale Bewegung und Nation. Ausgewählte Aufsätze*, ebd. 1996; zu München Ralf Zerback: *Stadt und Bürgertum in München. Eine Residenzstadt als Bürgergemeinde 1780–1870*, ebd. 1997.

6 Traditionelles Stadtbürgertum, St. Peter München 1787: 60% – 1841: 61% – 1876: 62,5%.

7 Bildungsbürgertum, St. Peter München 1787: 13,7% – 1841: 15,6% – 1876: 13,1%.

8 Vgl. Wehler, *Deutsche Gesellschaftsgeschichte* Bd. 2, S. 174 und 185–210.

9 Diese erreichen eine Größenordnung von höchstens 4%.

10 Unterbürgerliche/unterbäuerliche Schichten, St. Peter München 1787: 21,1% – 1841: 15,9% – 1876: 17,9%.

11 Industriearbeiterschaft, St. Peter München 1867: 1,8% – 1876: 1,9%

12 Protestantische Gemeinde München (St. Matthäus): absolute Geburtenzahlen 1809: 37 – 1841: 187 – 1871: 512. – Traditionelles Stadtbürgertum 1809: 54,1% – 1841: 50,8% – 1871: 60%; – Bildungsbürgertum 1809: 21,62% – 1841: 27,8% – 1871: 21,5%; – Unterbürgerliche/unterbäuerliche Schichten 1809: 10,8% – 1841: 13,9% – 1871: 10,5%.

13 Daß manche dieser »dynastischen« Vornamen höchst katholischen Herrscherhäusern entstammten, spielte bei den Protestanten offenbar

keine so große Rolle. Die dynastische Konnotation überdeckte hier die konfessionelle. – Zu den Namensgruppen vgl. die Einleitung, S. 30–35, sowie die »Systematik der Namensgruppen« im Anhang, S. 376–393.

14 Aufgrund der geringen Größe der protestantischen Gemeinde Münchens vor 1817 (1809: 37 Taufen; 1811: 57; 1813: 68; 1815: 54) läßt sich eine Trennung nach Bevölkerungsschichten für frühere Jahre nicht sinnvoll durchführen; vgl. die »Ergänzenden Bemerkungen zur Methodik« im Anhang, S. 376.

15 Wilhelm Doenniges an Franz Seraph Pfistermeister, 23. 8. 1859, zit. nach Achim Sing: *Die Wissenschaftspolitik Maximilians II. von Bayern (1848–1864). Nordlichterstreit und gelehrtes Leben in München*, Berlin 1996, S. 191, Anm. 45.

16 Paul Heyse an Jacob Burckhardt, 12. 11. 1860, in: Erich Petzet (Hg.): *Der Briefwechsel von Jacob Burckhardt und Paul Heyse*, München 1916, S. 97–99, hier S. 98.

17 Sing, *Wissenschaftspolitik*, S. 191.

18 Vgl. die allgemeinen Literaturhinweise in Anm. 3 sowie zusätzlich Adalbert Prinz von Bayern: *Max I. Joseph von Bayern. Pfalzgraf, Kurfürst und König*, München 1957; Hubert Glaser (Hg.): *Krone und Verfassung. König Max I. Joseph und der neue Staat*, München/Zürich 1980; Eberhard Weis: »Bayern und Frankreich in der Zeit des Konsulats und des ersten Empire (1799–1815)«, in: ders., *Deutschland und Frankreich um 1800. Aufklärung, Revolution, Reform*, München 1990, S. 152–185.

19 Allein die Namen »Maximilian«, »Max« und »Ludwig« kommen als »bayerische Königsnamen« in Betracht, nicht aber der Name »Joseph«. Zusammen mit »Maria« auf der weiblichen Seite bildet »Joseph« das Gespann der in Bayern von jeher populärsten Vornamen; in deren Vergabe wirkt eine Vielzahl unterschiedlicher Motivationsfaktoren zusammen und vereitelt den Versuch, ein einzelnes Kriterium – wie etwa das Kriterium »Königsname« – zum ausschlaggebenden oder dominierenden zu erklären. Im Falle der erstgenannten Königsnamen scheint eine solche Annahme sehr viel eher plausibel und sieht sich durch die nachfolgenden Untersuchungen bestätigt.

20 Vgl. S. 151–156.

21 Weis, »Bayern und Frankreich«, S. 155 und 173.

22 Ernst Moritz Arndt: *Meine Wanderungen und Wandelungen mit dem Reichsfreiherrn Heinrich Karl Friedrich von Stein*, Berlin 1858, S. 105 f.

23 Weis, »Bayern und Frankreich«, S. 176: ein Stimmungsumschwung habe sich bereits 1809 abgezeichnet, wofür unter anderem der schweigend-kalte Empfang zeuge, den die Münchner dem Empereur bei seinem Durchzug durch die Residenzstadt in jenem Jahr bereiteten.
24 Vgl. Gollwitzer, *Ludwig I.*, S. 122f.
25 Zumindest nach dem Fiasko des Rußlandfeldzuges wuchs Ludwig mehr und mehr in die Rolle eines »Oppositionsführers« hinein; vgl. Gollwitzer, *Ludwig I.*, S. 153, mit der Einschätzung des französischen Gesandten in München, der Kronprinz sei «das moralische Haupt der Opposition«.
26 1804/05 befand er sich auf seiner Bildungsreise in Italien, 1806 verbrachte er einen Großteil des Jahres in Paris, bis Juli 1807 leistete er Militärdienst auf dem Feldzug gegen Preußen und Rußland; vgl. Gollwitzer, *Ludwig I.*
27 Gollwitzer, *Ludwig I.*, S. 137–141.
28 Vgl. ebd., S. 248–261: »Versuch eines Psychogramms«.
29 Ebd., S. 147.
30 König Ludwig I. von Bayern: »An Therese«, in: Ludwig Merkle (Hg.): *Der bayerische Schwan. Gedichte des Königs Ludwig I. von Bayern*, München 1979, S. 42.
31 Einzelheiten bei Martha Schad: *Bayerns Königinnen*, Regensburg 1992, S. 100–192; die Zitate ebd. S. 101.
32 Zu den Fakten vgl. Max Braubach: »Von der Französischen Revolution bis zum Wiener Kongreß«, in: *Gebhardt Handbuch der deutschen Geschichte*, 9. Aufl., hg. von Herbert Grundmann Bd. 3/I, Stuttgart 1970, hier zit. nach der Tb.-Ausgabe, Bd. 14, München 1974 u. ö., S. 55–62; Hans Schmidt: »Zerfall und Untergang des alten Reiches (1648–1806)«, in: Vogt (Hg.), *Deutsche Geschichte*. Begründet von Peter Rassow. S. 218–297, insbes. S. 292–295; Weis, »Bayern und Frankreich«, S. 164–166, bes. S. 165 mit Hinweis auf die Rolle Bayerns bei der Durchsetzung der Klöstersäkularisation.
33 Vgl. Weis, »Bayern und Frankreich«, S. 165.
34 Prot. Gemeinde München, traditionelles Bürgertum 1817 absolut 13 männliche Geburten, davon 5 Maximilians.
35 Bettine von Arnim: *Goethes Briefwechsel mit einem Kinde*, hg. von Waldemar Oehlke, Frankfurt/M. 1984, S. 303.
36 Ebd., S. 268.
37 Vgl. Gollwitzer, *Ludwig I.*, S. 236–242.
38 Die Einzelheiten ebd., S. 706–720.

39 König Ludwig I. von Bayern: »An L***« , in: Merkle, *Der bayerische Schwan*, S. 52.
40 Gollwitzer, *Ludwig I.*, S. 668; zur Affäre insgesamt ebd., S. 668–688.
41 Constantin Höfler an Friedrich Emanuel Hurter, o. D. [Ende 1846], Archiv des Benediktinerklosters Muri-Gries, Sarnen, NL Friedrich Emanuel Hurter.
42 Ernst von Lasaulx an Aloys Mayr, 18. 2. 1847, zit. nach: Axel Wernitz: »Lasaulx und die vorrevolutionäre Münchner Szene im Februar 1847. Ein unbekannter Brief des Professors an seinen Würzburger Kollegen Aloys Mayr«, in: *Oberbayerisches Archiv* 93 (1971), S. 185 bis 189, hier S. 188.
43 1841: 1. Joseph (25,5%), 2. Johann (16%), 3. Karl (10,2%), 4. Franz (8,4%), 5. Ludwig (8,1%), 6. Anton (7,7%), 7. Georg (7,2%). – 1849: 1. Joseph (20,1%), 2. Anton (12,7%), 3. Johann und Franz (jeweils 12,3%), 4. Karl (10,9%), 5. Maximilian/Max (8,5%), 6. Georg (7,4%), 7. Ludwig (4,9%).
44 Oskar Maria Graf: *Das Leben meiner Mutter*, München 1994, S. 48.
45 Gollwitzer, *Ludwig I.*, S. 726.
46 Zu König Max II. vgl. Anm. 55.
47 Johann Andreas Schmeller: *Tagebücher 1801–1852*, hg. von Paul Ruf, 2 Bde., München 1956, hier Bd. II, S. 450.
48 Franz Schnabel: *Deutsche Geschichte im neunzehnten Jahrhundert*, Bd. 4: *Die religiösen Kräfte*, Freiburg/Brsg. 1937, Nachdr. München 1987, S. 146.
49 Grundlegend Heinz Gollwitzer: *Ein Staatsmann des Vormärz: Karl von Abel (1788–1859). Beamtenaristokratie – Monarchisches Prinzip – Politischer Katholizismus*, Göttingen 1993.
50 Über die sogenannten »Kölner Wirren« vgl. Markus Hänsel-Hohenhausen: *Clemens August Freiherr Droste zu Vischering. Erzbischof von Köln 1773–1845. Die moderne Kirchenfreiheit im Konflikt mit dem Nationalstaat*, 2 Bde., Frankfurt/M. 1991.
51 Vgl. Gollwitzer, *Ludwig I.*, S. 595–598; ders., *Abel*, S. 452–456.
52 Vgl. Gollwitzer, *Ludwig I.*, S. 596: »Innerhalb des Linienmilitärs erhob sich kaum Widerspruch; den aktiv Dienenden und den Berufssoldaten schien der Gegenstand der Aufregung zumeist nicht wert zu sein. Anders unter den protestantischen Mitgliedern der Landwehr, gestandenen Bürgern mit politischen Überzeugungen und ausgeprägtem Bewußtsein ihrer Konfessionszugehörigkeit.«
53 Ebd., S. 681 f.
54 Heinrich Heine: »Lobgesänge auf König Ludwig, Nr. I«, in: ders.,

Sämtliche Schriften, hg. von Klaus Briegleb, Bd. 4, München 1971, S. 458f.
55 Zu Max II. vgl. Doeberl, *Entwicklungsgeschichte Bayerns*, Bd. III, S. 171–358; Hans Rall: »Die politische Entwicklung von 1848 bis zur Reichsgründung 1871«, in: Spindler (Hg.): *Handbuch der bayerischen Geschichte*, Bd. IV, 1, S. 224–282; Michael Dirrigl: *Maximilian II. König von Bayern 1848–1864*, 2 Bde., München 1984; Haus der bayerischen Geschichte (Hg.): *König Maximilian II. von Bayern 1848–1864*, Rosenheim 1988; Achim Sing (Hg.): *Die Memoiren König Maximilians II. von Bayern (1848–1864). Mit Einführung und Kommentar*, München 1997.
56 In Bayern zielten diese Forderungen v. a. auf die Weiterbildung der Verfassung, die Abschaffung der alten Ständeordnung, die Reform der zweiten Kammer; als zentrale Punkte erschienen: Ministerverantwortlichkeit, Presse-, Versammlungs-, Vereinsfreiheit, schließlich die Reform der Judikative, insbes. die Trennung von Justiz und Verwaltung.
57 Vgl. Leonhard Lenk: »König und Landtag«, in: *König Maximilian II. von Bayern*, S. 131–139.
58 Sing, *Wissenschaftspolitik*, sowie Harald Dickerhof: »›Es soll eine neue Ära in München begründet werden …‹ Zur Rolle der ›Nordlichter‹ in der Modernisierung der bayerischen Universität«, in: *König Maximilian II. von Bayern*, S. 271–283.
59 Wilhelm Liebhart: »Maximilian II. und die Volksmeinung«, in: *König Maximilian II. von Bayern*, S. 79–88, hier S. 85.
60 Sing, *Wissenschaftspolitik*, S. 18.
61 Ebd., S. 14.
62 Leopold von Ranke: »Rede zur Eröffnung der VI. Plenarversammlung [der Historischen Kommission bei der Bayerischen Akademie der Wissenschaften] am 28. 9. 1864«, in: ders., *Abhandlungen und Versuche. Neue Sammlung*, hg. von Alfred Dove und Theodor Wiedemann, Leipzig 1888, S. 507–516, hier S. 508.
63 Im Zusammenhang zitiert bei Doeberl, *Entwicklungsgeschichte Bayerns*, Bd. III, S. 285.
64 Vgl. zusätzlich zu den oben angeführten Urteilen von Liebhart, »Maximilian II. und die Volksmeinung«, und Sing, *Wissenschaftspolitik*, Gollwitzer, *Ludwig I.*, S. 318f.: Bei Max handelte es sich um einen «sehr schwierigen, kapriziösen, unzufriedenen, unsicheren Charakter […], überdies um einen von schweren Depressionen heimgesuchten Mann«. Es fehlte ihm ganz »des Vaters Tendenz zum Angewand-

ten, Praktischen, Konkreten, Ludwigs Tatmenschentum und Energie«.
65 Vgl. Doeberl, *Entwicklungsgeschichte Bayerns*, Bd. III, S. 286-288; Uwe Puschner: *Handwerk zwischen Tradition und Wandel. Das Münchener Handwerk an der Wende vom 18. zum 19. Jahrhundert*, Göttingen 1988; Bernward Deneke (Hg.): *Geschichte Bayerns im Industriezeitalter in Texten und Bildern*, Stuttgart 1987, S. 141-158: Das Handwerk zwischen Krise und Anpassung. – Trotz aller Neuerungen blieb das Betreiben von Gewerben aller Art von restriktiv gehandhabten Konzessionen abhängig. Erst ein Gesetz vom Januar 1868 führte weitgehende Gewerbefreiheit in Bayern ein (ebd., S. 27).
66 Liebhart, »Maximilian II. und die Volksmeinung«, S. 82 und 85.
67 Zu Maximilians Berufungspolitik insgesamt Sing, *Wissenschaftspolitik*; hier auch detailreiche Ausführungen über die publizistische und öffentlichkeitswirksame Kontroverse um die »Nordlichter«.
68 Max Halbe: *Scholle und Schicksal. Geschichte meines Lebens*, München 1933, S. 302f.
69 Zu Ludwig II. allg. vgl. Ludwig Hüttl: *Ludwig II. König von Bayern. Eine Biographie*, München 1986.
70 »Im Oberland liebte die Bevölkerung den schönen jungen König mehr als in der Hauptstadt«: Graf, *Das Leben meiner Mutter*, S. 48.
71 Höchstwert »Maximilian/Max« während der Regierungszeit Max' II. (Katholiken): 8,5%; Tiefstwert: 6,5%. Höchstwert »Ludwig« während der Regierungszeit Ludwigs II. bis 1876 (Katholiken): 7,5%; Tiefstwert: 5,4% (Schnitt: »Maximilian« 7,6 %; »Ludwig«: 6,7%).
72 Höchstwert »Maximilian/Max« während der Regierungszeit Max' II. (Protestanten): 6,4%; Tiefstwert: 0,7%. Höchstwert »Ludwig« während der Regierungszeit Ludwigs II. bis 1871: 8,3%; Tiefstwert: 6,7%.
73 Friedrich Smetana an seine Frau, 22.7.1870, zit. nach Ernst Rychnovsky: *Smetana*, Stuttgart/Berlin 1924, S. 217.
74 Michael Georg Conrad: *Was die Isar rauscht. Münchener Roman*, 2 Bde., Leipzig 1887, hier Bd. 2, S. 399f.
75 Doeberl, *Entwicklungsgeschichte Bayerns*, Bd. III, S. 523; Rall, »Die politische Entwicklung von 1848 bis zur Reichsgründung«, S. 251 bis 282; Hüttl, *Ludwig II.*, S. 163-190.
76 Doeberl, *Entwicklungsgeschichte Bayerns*, Bd. III, S. 526-535; Rall, »Die politische Entwicklung von 1848 bis zur Reichsgründung«, S. 280; im größeren Zusammenhang Thomas Nipperdey: *Deutsche Geschichte 1866-1918, Band II: Machtstaat vor der Demokratie*, München 1992, S. 79.

77 König Ludwig II. an seinen Bruder Otto, 25.11. 1870; in Michael Doeberl: *Bayern und die Bismarckische Reichsgründung*, München/Berlin 1925, S. 311.
78 Vgl. Friedrich Hartmannsgruber: *Die bayerische Patriotenpartei 1868–1887*, München 1986, S. 142–155.
79 Vgl. die Stammtafeln in Hubert Glaser (Hg.): *Die Zeit der frühen Herzöge. Von Otto I. zu Ludwig dem Bayern. Beiträge zur bayerischen Geschichte und Kunst 1180–1350*, München/Zürich 1980, Spindler (Hg.): *Handbuch der bayerischen Geschichte*, Bd. II, sowie die Kurzbiographien in Karl Bosl (Hg.): *Bosls Bayerische Biographie*, Regensburg 1983.
80 Abb. 12, S. 135, verzeichnet die Anteile erst ab 1803. Tatsächlich tritt in St. Peter in allen seit 1787 untersuchten Jahrgängen der Name «Otto» nie auf.
81 Der Anteil bei den Unterbürgerlichen ist für die protestantische Bevölkerung aufgrund der niedrigen absoluten Zahlen nicht sicher zu ermitteln.
82 Gollwitzer, *Ludwig I.*, S. 477.
83 Die Einzelheiten nach Schad, *Bayerns Königinnen*, S. 116f.
84 Vgl., mit weiterführender Literatur, Gollwitzer, *Ludwig I.*, S. 474 bis 493 und 732–736, bes. S. 481f. und 732.
85 Heinrich Heine, »Lobgesänge auf König Ludwig, Nr. I«, in: ders., *Sämtliche Schriften*, hg. von Klaus Briegleb, Bd. 4, S. 458f.
86 Vgl. Leonard Bower/Gordon Bolitho: *Otto, König von Griechenland*; Autenried 1997; Eberhard Weis: «Otto, König der Hellenen», in: *Unbekanntes Bayern, Bd. 10: Bayern in Europa*, München 1965 S. 193–208; Gollwitzer, *Ludwig I.*, S. 735f.; die Charakterisierungen ebd., S. 483 und 734.
87 Hans-Ulrich Wehler: *Deutsche Gesellschaftsgeschichte, Bd. 3: Von der »Deutschen Doppelrevolution« bis zum Beginn des Ersten Weltkrieges, 1849–1914*, München 1995, S. 264f.
88 Lothar Gall: *Bismarck. Der weiße Revolutionär*, Frankfurt a.M./Berlin/Wien 1980, S. 253, mit Belgstellen von Max von Forckenbeck sowie aus der Augsburger »Allgemeinen Zeitung« und der «Kölnischen Zeitung».
89 Zu Jörg vgl. die Einleitung von Dieter Albrecht, in: Joseph Edmund Jörg: *Briefwechsel 1846–1901*, Mainz 1988 (= Veröffentlichungen der Kommission für Zeitgeschichte, Reihe A, Bd. 41); hier auch die weiterführende Literatur.
90 [Joseph Edmund Jörg]: »Zeitläufe. Der Gipfel der preußischen Krisis

in Herrn von Bismarck-Schönhausen«, in: *Historisch-politische Blätter für das katholische Deutschland* 50 (1862), S. 684–700, die Zitate auf S. 685, 687, 696, 697, 698 und 700.

91 Carl Adolf Cornelius an Theodor Brüggemann, 7.11. 1862 und 27.1. 1864 (»Seiltänzer«), Bayerische Staatsbibliothek, NL Cornelius ANA 351.

92 Constantin Rößler: »Preußen und der Landtag von 1862«, hier zit. nach Otto Nirrnheim: *Das erste Jahr des Ministeriums Bismarck und die öffentliche Meinung*, Heidelberg 1908, Nachdr. Nendeln 1977, S. 125 f.

93 Rall, »Die politische Entwicklung von 1848 bis zur Reichsgründung«, S. 257.

94 [Anton Mayer]: *Dortmals. Ein Leben in Bayern vor hundert Jahren*, hg. von Carl Amery, München 1975, S. 49.

95 Dieter Albrecht: »Von der Reichsgründung bis zum Ende des ersten Weltkrieges (1871–1918)«, in: Spindler (Hg.): *Handbuch der bayerischen Geschichte*, Bd. IV, 1, S. 283–386, hier S. 291.

96 Mayer, *Dortmals*, S. 51. Der Name des »braven Königs von Preußen«, »Wilhelm« – einschließlich seiner Movierungen »Wilhelmine« und »Wilhelmina« –, erreichte 1871 zumindest bei den Münchner Protestanten einen Höchststand von 10,6% (zum Vergleich 1865: 9,1%, 1867: 7,8%). Unter den Katholiken erreichte dieser preußische Königsname kaum größere Popularität (St. Peter 1857: 2,6%, 1861: 0,9%, 1863: 2,4%, 1867: 2,22%; 1871: 2,18%; 1876: 2,20%).

97 Worte Jörgs nach Jörg, *Briefwechsel*, S. 396; zum Abstimmungsverhalten Hartmannsgruber, *Patriotenpartei*, S. 371 f. – Die Großstadt München kann in diesem Fall nicht unbedingte Repräsentativität für ganz Bayern beanspruchen. Datenerhebungen aus den Hochburgen der Patriotenpartei, etwa den alt- und niederbayerischen Kleinstädten ergäben sicherlich einen leicht veränderten Verlauf der »Otto«-Kurve.

98 Zum Kulturkampf vgl. die Darstellungen bei Nipperdey, *Deutsche Geschichte 1866–1918*, Bd. II, S. 364–381; Wehler, *Deutsche Gesellschaftsgeschichte*, Bd. 3, S. 892–902; Karl Erich Born, »Von der Reichsgründung bis zum Ersten Weltkrieg«, in: *Gebhardt Handbuch der deutschen Geschichte*, 9. Aufl., Bd. 3/III, Stuttgart 1970, S. 221 bis 375, hier S. 265–270 und 274 f. (Tb.-Ausgabe, Bd. 16, München 1975, S. 81–89 und 95 f.).

99 Jörg an Anton Ruland, 31.12.1873, in: Jörg, *Briefwechsel*, S. 394 f., hier S. 395.

100 Anton Ruland an Jörg, 1./4. 5. 1873, in: ebd., S. 396 f., hier S. 397.

[101] Gerhard A. Ritter / Merith Niehuss: *Wahlgeschichtliches Arbeitsbuch. Materialien zur Statistik des Kaiserreichs 1871–1918*, München 1980, hier S. 38 (Reichstagswahl 1874) und 84 (Regierungsbezirk Oberbayern).
[102] Ebd., S. 155.
[103] Vgl. ebd., S. 150–154. Auch die Wahlkreisgeometrie begünstigte die liberale Partei (ebd., S. 152).
[104] Constantin Höfler an Ignaz Döllinger, 30.6.1886, München, Bayerische Staatsbibliothek, NL Ignaz von Döllinger: Döllingeriana II.

V. Säkularisierung und sozialer Wandel: Eine städtische Gesellschaft im 19. Jahrhundert

[1] Eduard Devrient: Tagebucheintrag vom 29. 5. 1842 (NL Eduard Devrient, Tagebücher, in Familienbesitz).
[2] Gotthilf Heinrich Schubert: *Der Erwerb aus einem vergangenen und die Erwartungen von einem zukünftigen Leben. Eine Selbstbiographie*, Bd. 3, Erlangen 1856, S. 707.
[3] Paul Heyse: »Jugenderinnerungen und Bekenntnisse«, in: ders.: *Gesammelte Werke*. Dritte Reihe, Bd. 1, Stuttgart/Berlin o. J., S. 3–311, hier S. 171–173.
[4] Friedrich Hebbel: »Gemälde von München. 1839«, in: ders., *Sämmtliche Werke*. Historisch-kritische Ausgabe, hg. von Richard Maria Werner (Säkular-Ausgabe), Erste Abt., Bd. 9, Berlin 1913, S. 403 bis 424, hier S. 412.
[5] August Heinrich Hoffmann von Fallersleben: »Mein Leben«, in: ders., *Ausgewählte Werke*, hg. von Hans Benzmann, Bd. 3, Leipzig o. J. [1905], S. 165.
[6] Eduard Devrient: Tagebucheintrag vom 16. 6. 1842 (NL Eduard Devrient, Tagebücher, in Familienbesitz).
[7] Wilhelm Heinrich Riehl: »Bildungs- und Gesittungszustand des bayerischen Volkes. Memorandum für König Maximilian II. vom Juli 1856«, zit. nach Achim Sing: *Die Wissenschaftspolitik Maximilians II. von Bayern (1848–1864)*, München 1996, S. 190.
[8] Ludwig Tieck an Friedrich von Raumer, 15. 7. 1827, zit. nach Edwin H. Zeydel/Percy Matenko: »Unpublished Letters of Ludwig Tieck to Friedrich von Raumer«, in: *The Germanic Review* 5 (1930), S. 19 bis 37, hier S. 27.
[9] Joseph Görres an seine Tochter Sophie, 31. 11. 1827, in: ders., *Ge-*

sammelte Briefe, Bd. 1: Familienbriefe, München 1858, S. 287-290, hier S. 287f.

10 Christian Friedrich Daniel Schubart: *Schubart's Leben und Gesinnungen. Von ihm selbst im Kerker aufgesezt.* Erster Theil, Stuttgart 1791, S. 256f.

11 Zur Definition der Namensgruppen vgl. Kapitel II, S. 30-35, sowie, mit Beispielen, die »Systematik der Namensgruppen« im Anhang (S. 376-393).

12 Die scheinbar nur graphemische Variante »Marie« zu »Maria« markiert einen erheblichen Unterschied in den Konnotationen. Im Gegensatz zu dem klassischen katholischen Heiligennamen »Maria« stellt »Marie« die säkularisierte, bildungsbürgerlich-protestantische Form dieses Vornamens dar, die innerhalb der katholischen Bevölkerung so gut wie nicht auftritt. Bezeichnend für die Anpassungstendenzen der Protestanten erscheint, daß »Maria« selbst unter diesen gegenüber »Marie« klar bevorzugt wird (St. Matthäus 1849: 22mal »Maria« gegenüber 3mal »Marie«; 1863: 39mal »Maria« gegenüber 9mal »Marie«).

13 »Katharina«, im katholischen Bayern ein typischer Heiligenname (Katharina von Siena, Katharina von Alexandrien, Katharina von Vadstena), kann für den Lutheraner auch eine andere Konnotation tragen – durch seinen Verweis auf die Frau Martin Luthers, Katharina von Bora. Im vorliegenden Zusammenhang müssen wir also davon ausgehen, daß unter den Protestanten bei der Vergabe des Namens »Katharina« beide Konnotationen mitschwingen.

14 Vgl. die Zahlen in Tab. 1.1, Beispiel 2, in der »Systematik der Namensgruppen«, S. 377.

15 Theodor Fontane: »Die Brück am Tay«, in: ders., *Balladen, Lieder, Sprüche, Gedichte,* hg. von Walter Keitel und Helmuth Nürnberger (*Werke, Schriften und Briefe,* Bd. I, 6), München ³1995, S. 285-287, hier S. 286.

16 Zur Person Riehls vgl. Jasper von Altenbockum: *Wilhelm Heinrich Riehl 1823-1897. Sozialwissenschaft zwischen Kulturgeschichte und Ethnographie,* Köln/Weimar/Wien 1994.

17 Vgl. die Zusammenstellung aus verschiedenen Berichten Riehls für Maximilian II. bei Sing, *Die Wissenschaftspolitik Maximilians II. von Bayern,* S. 185f.

18 Vgl. als Überblick Martha Schad: *Bayerns Königinnen,* Regensburg 1992; zu Caroline: Anna Lore Bühler: *Karoline, Königin von Bayern. Beiträge zu ihrem Leben und zu ihrer Zeit,* München 1941.

[19] Heinz Gollwitzer: *Ludwig I. von Bayern. Königtum im Vormärz. Eine politische Biographie*, München ²1987, S. 318.
[20] Schmidt, Ludwig Friedrich von: »Lebenserinnerungen des ehemaligen bayerischen Kabinetspredigers und Ministerialrates Ludwig Friedrich von Schmidt«, in: *Blätter für bayerische Kirchengeschichte* 5/6 (1887/88), S. 55–73, 81–87, 104–107, 119–124, hier S. 70.
[21] Schad, *Bayerns Königinnen*, S. 24.
[22] Schmidt, *Lebenserinnerungen*, S. 69.
[23] Jean Paul (d. i. Friedrich Richter) an Karoline Richter, 13. 6. 1820, in: ders., *Sämtliche Werke*. Historisch-kritische Ausgabe, hg. von Eduard Berend, Dritte Abt., Bd. 8, Berlin 1955, S. 39 f.
[24] Schad, *Bayerns Königinnen*, S. 41 und 56.
[25] Ebd., S. 43 f. mit Zitat der Inschrift eines Reliefs, das der Magistrat der Stadt München der »Allgeliebten Königin« anläßlich des silbernen Regierungsjubiläums überreichte. Der hohe Anteil des Namens »Caroline« 1825 beweist, daß es sich bei dieser Anrede nicht lediglich um ungegründete Panegyrik handelte.
[26] Schad, *Bayerns Königinnen*, S. 56.
[27] Vgl. ebd., S. 50–57.
[28] München, protestantische Gemeinde, »Carolina, -e« 1843: 15%; 1847: 9,9%; 1853: 12%; 1861: 10%; 1865: 6%; 1869: 11,6%.
[29] Anteil der nichtehelich geborenen Kinder in St. Peter 1787: 18,7%; 1794: 28,3%; 1801: 29,5%; 1807: 31,8%; 1811: 31,9%; 1817: 33,9%; 1821: 34,4%; 1825: 34,2%; 1829: 27,6% 1833: 32,9%; 1837: 41,7%; 1841: 37,9%; 1849: 31,9%; 1853: 25,9%; 1857: 33,6%; 1863: 42,6%.
[30] Hebbel, »Gemälde von München. 1839«, S. 414 f.
[31] Heyse, »Jugenderinnerungen und Bekenntnisse«, S. 175.
[32] Lena Christ: *Erinnerungen einer Überflüssigen* (1912), München 1950, S. 51.
[33] Vgl. Schad, *Bayerns Königinnen*, S. 135 f.
[34] »Therese, -ia«, München St. Peter 1791: 9,1%; 1794: 9,9%; 1807: 9%; 1825: 9,6%; 1849: 8,3%; 1867: 9,8%; 1876: 8,4%.
[35] Vgl. Dietz Bering: *Der Name als Stigma. Antisemitismus im deutschen Alltag 1812–1933*, Stuttgart 1987, ³1992, passim.
[36] Vgl. Elli und Ludwig Merkle: *Vornamen in Bayern von Alois bis Zenzi*, München 1981.
[37] Peter Schmidtbauer: »Zur Veränderung der Vornamengebung im 19. Jahrhundert«, in: *Österreichische Namenforschung* 4 (1976), S. 25–32, hier S. 29.

38 Ebd.
39 Darauf weist auch Wilfried Seibicke: *Die Personennamen im Deutschen*, Berlin/New York 1982, S. 138, hin, der eine Blüteperiode der movierten Namen im 17./18. Jahrhundert erkennt. Unsere Daten zeigen ergänzend, daß sie auch im gesamten 19. Jahrhundert in protestantischen Kreisen keineswegs selten waren; vgl. auch Konrad Kunze: *Namenkunde*, München 1998, S. 48f.
40 Thomas Nipperdey, *Deutsche Geschichte 1800–1866. Bürgerwelt und starker Staat*, München ⁴1987, S. 440.
41 Bericht des österreichischen Gesandten in München an Ministerpräsident Schwarzenberg, 18.2.1850, zit. nach Sing, *Die Wissenschaftspolitik Maximilians II. von Bayern*, S. 188f.
42 Alle Beispiele aus den Jahrgängen 1833 und 1857 der Pfarrei St. Peter, München.
43 Die Gruppen »lateinische« und »altgriechische« Namen beleuchten den Komplex der »Bildungsreligion« von einer anderen Seite. Aus Umfangsgründen unterlassen wir deren Erörterung an dieser Stelle.
44 Friedrich Wilhelm Viehbeck: *Die Namen der alten Deutschen als Bilder ihres sittlichen und bürgerlichen Lebens*, Erlangen 1818; Georg Wilhelm Friederich Beneken: *Teuto, oder Urnamen der Deutschen, gesammelt und erklärt*, Erlangen 1816.
45 Beneken, *Teuto*, S. XII.
46 Tilemann Dothias Wiarda: *Über deutsche Vornamen und Geschlechtsnamen*, Berlin/Stettin 1800; Johann Christian Gotthilf. Schincke: *Zacharias und Elisabeth. Wie soll das Kindlein heißen? Oder: Unsere Taufnamen mit ihrer Bedeutung, alphabetisch geordnet*, Halle 1827; Friedrich Atzerodt/H. Kaiser: *Wie soll das Kindlein heißen? Oder: Die Bedeutung der Taufnamen*, Quedlinburg/Leipzig 1835; Franz Otto Stichart: *Namensbüchlein. Kurze Belehrung über die Taufnamen für den Bürger und Landmann. Ein Buch für jeden Familienvater, besonders auch für Lehrer*, Zwickau 1849.
47 Beispiele im Anhang »Systematik der Namensgruppen«, Tab. 2.3.1 und 2.2.3, S. 387f.
48 Vgl. die einschlägigen Darstellungen zur Geschichte des 19. Jahrhunderts, z. B. Wolfram Siemann: *Vom Staatenbund zum Nationalstaat. Deutschland 1806–1871*, München 1995, S. 346f.
49 Philipp Jakob Siebenpfeiffer: Rede auf dem Hambacher Fest, am 27. Mai 1832, in: Tim Klein (Hg.): *1848. Der Vorkampf deutscher Einheit und Freiheit. Erinnerungen, Urkunden, Berichte, Briefe*, München/Leipzig 1914, S. 43f.

50 Beispiele im Anhang »Systematik der Namensgruppen«, Tab. 2.3.3, 2.3.4, und 2.3.5, S. 388f.
51 Über die Verhältnisse in den protestantischen Bevölkerungsgruppen können wir aufgrund der geringen Datendichte keine sicheren Aussagen machen. – Aus Umfangsgründen verzichten wir auf die Abbildung der nach (katholischen) Bevölkerungsgruppen getrennten Graphiken für englische, französische und italienische Namen.
52 Weitere Beispiele im Anhang »Systematik der Namensgruppen«, Tab. 2.1.2 und 2.3.11, S. 386 und 392.

VI. Auf dem Weg nach Deutschland und zur Verbürgerlichung

1 Heinz Ahlbrecht / Andreas Letzner, »Die Vornamen der Berliner heute und im historischen Vergleich«, in: *Berliner Statistik* 42 (1988), S. 183. – Datenmaterial aus dem 19. Jahrhundert liefert zusätzlich die Arbeit von Nathan Pulvermacher, »Berliner Vornamen. Eine statistische Untersuchung. 2 Teile«, in: *Wissenschaftliche Beiträge zum Jahresbericht des Lessing-Gymnasiums*, Nr. 63 und Nr. 66, Berlin 1902 und 1903. Ihre Repräsentativität leidet jedoch nicht nur unter der geringen Dichte der ausgewerteten Schülerlisten, sondern auch unter dem Fehlen der exakten Geburtsjahrgänge, so daß ihre Ergebnisse mit Vorsicht zu bewerten sind.
2 Theodor Fontane: *Der Stechlin*. Hg. von Walter Keitel und Helmuth Nürnberger, (*Sämtliche Werke* I, 5), München 1966, S. 7–388, hier S. 11.
3 Theodor Fontane: »Wo Bismarck liegen soll«, in: ders., *Balladen, Lieder, Sprüche, Gedichte*, hg. von Walter Keitel und Helmuth Nürnberger (*Werke, Schriften und Briefe*, Bd. I, 6), München ³1995, S. 249f.
4 Einwohnermelderegister der Stadt München, Stand 31.12.1994. – Klassifizierung und Auswertung: Friederike Kaunzner. Wir arbeiten mit dieser Quelle auch in allen folgenden Kapiteln, außer IX (DDR) und X (Altmühltal); vgl. zur Charakteristik Kapitel II, S. 25–27, sowie Tab. 5 im Anhang »Art und Umfang der ausgewerteten Archivquellenbestände«, S. 373f.
5 Siegmund Schott: »Vornamen im Wechsel der Volksgunst« [Mannheim 1911 und 1923], in: *Allgemeines Statistisches Archiv* 15 (1925), S. 225–237; Hubert Harfst: »Die Vornamen der zwischen 1929 und

1949 geborenen Deutschen in Stuttgart«, in: *Statistischer Informationsdienst. Beiträge aus Statistik und Stadtforschung*, Stuttgart 1980, S. 1–6.
6 Vgl. die Tab. 1.1, Beispiele 3 und 4, sowie 1.2, Beispiel 4, im Anhang »Systematik der Namensgruppen«, S. 383.
7 Eberhard Jäckel: *Das deutsche Jahrhundert. Eine historische Bilanz*, Stuttgart 1996, S. 15.
8 Ebd., S. 47.
9 Heinrich Mann: *Der Untertan* [1918], Berlin 1958, S. 446–448.
10 Vgl. im Anhang »Systematik der Namensgruppen« z. B. die Tab. 1.1, Beispiel 4, S. 378 f.
11 Angaben zum Geburtsjahrgang 1889 nach Pulvermacher, »Berliner Vornamen«, Nr. 66, S. 14, Tab. IV, zu den Geburtsjahrgängen um 1899 nach Ahlbrecht/Letzner, »Die Vornamen der Berliner«, S. 183. Aufgrund der stark variierenden Quantitäten sowie der unterschiedlichen Berechnungsgrundlagen sind die beiden hier verglichenen Datenbestände nicht vollständig kompatibel; der Wert Pulvermachers (Geburten um 1889) wird eher nach oben zu korrigieren sein. Zur Problematik der Daten Pulvermachers vgl. Anm. 1; zu den unterschiedlichen Berechnungsgrundlagen und deren Konsequenzen für die Vergleichbarkeit prozentualer Angaben vgl. die »Ergänzenden Bemerkungen zur Methode« im Anhang, S. 357–367.
12 Diese Annahme stützt auch ein Vergleich der Werte nur des Namens »Wilhelm« (ohne »Willi« und »Willy«); Durchschnittswert Berlin bei den vor 1900 Geborenen: 4,6% (Ahlbrecht/Letzner, »Die Vornamen der Berliner«, S. 183); München: 2,2% (in dieser Altersgruppe war in der Münchner Datei kein »Willi, -y« anzutreffen). Die Kurzform »Willi, -y« hat im Berliner Raum eine ungleich größere Häufigkeit als im Bayerischen. Wir müssen daher von einem regionalen Akzent des Namens »Willi, -y« ausgehen, der die dynastische Konnotation möglicherweise sogar übertrifft. – Zum Vergleich die Daten aus einer anderen süddeutschen Stadt, Mannheim. »Wilhelm«: Geburtsjahrgang vor 1880: 4,9%; 1880 und später: 5,8%; 1911: 7,9%, 1923: 4,7% (Schott, »Vornamen im Wechsel der Volksgunst«, S. 234).
13 Über Wilhelm II. vgl. v. a. die Arbeiten von John C. G. Röhl: *Wilhelm II. Die Jugend des Kaisers 1859–1888*, München 1993; ders.: *Kaiser, Hof und Staat. Wilhelm II. und die deutsche Politik*, ebd., ⁴1995.
14 Ludwig Thoma: »Der Krieg. Ein Schulaufsatz«, in: ders., *Gesammelte Werke*, Bd. 4, München 1968, S. 571 f.
15 *Simplicissimus* vom 23.10.1898; vgl. auch Christian Schütze: »Die

Geschichte des Simplicissimus«, in: ders. (Hg.): *Simplicissimus-Album. Facsimile-Querschnitt durch den Simplicissimus*, Bern/Stuttgart/Wien 1963, S. 9–19, hier S. 12 f. – Beispiele für den »radikalen Patriotismus« des »Simpl« nach 1914, »der streckenweise zum Chauvinismus ausartete« (ebd., S. 15), ebd., S. 134–139, bes. S. 137: »Franzos und Ruß in Spiritus.«

16 Karl Kraus: *Die letzten Tage der Menschheit*, Bd. 1, München ³1969, S. 43.

17 Zit. nach Dirk Heißerer: *Wo die Geister wandern. Eine Topographie der Schwabinger Bohème um 1900*, München ²1996, S. 297.

18 Vgl. Ahlbrecht / Letzner, »Die Vornamen der Berliner«, S. 182 f. – Bei den zwischen 1919 und 1929 geborenen und 1980 in Stuttgart lebenden Männern lag »Friedrich / Fritz« auf Rang 19 (1,61 %) und »Wilhelm / Willi, -y« auf Rang 21 (1,36 %); Harfst, »Die Vornamen […] in Stuttgart«, S. 3.

19 H. Mann, *Der Untertan*, S. 450.

20 Ebd., S. 452.

21 Erich Mühsam: »Der Revoluzzer. Der deutschen Sozialdemokratie gewidmet« (1907), in: ders., *Gedichte,* hg. von Günther Emig, Berlin 1983, S. 149 f.

22 Platz in der Liste der 20 häufigsten Namen:

	Wilhelm	Ludwig
1920	10	11
1932	11	–
1933	12	–
1934	16	13
1936	17	18
1941	–	–
1945	–	–

23 Theodor Fontane: »Erstes Bataillon Garde (1780)«, in: ders., *Balladen, Lieder, Sprüche, Gedichte (Werke, Schriften und Briefe*, Bd. I, 6), S. 221 f. Das Zitat aus »Der alte Zieten«, ebd., S. 209.

24 Theodor Fontane: »Willibald Alexis«, in: ders., *Aufsätze und Aufzeichnungen,* hg. von Walter Keitel und Helmuth Nürnberger (Sämtliche Werke III, 1), München 1969, S. 407–462, hier S. 414 f.

25 Willibald Alexis: »Fridericus Rex«, in: Ferdinandd Avenarius (Hg.): *Balladenbuch.* Gekürzte Taschenausgabe. Des Balladenbuchs 121. bis 127. Tausend, München o. J. [ca. 1920], S. 267 f. – »Der alte Zieten« ebd., S. 268 f.

26 1991 waren weder »Friedrich« noch »Fritz« unter den 100 häufig-

sten Vornamen der in München gemeldeten Jungen dieses Geburtsjahrgangs zu finden; allein die französische Form »Fréderic« stieß mit
8 Nennungen auf Rang 90 vor. Peter Geißer: »Vornamen der Münchner«, in: *Münchener Statistik* 1993, S. 78, Tab. 16. – Allgemeines
zu »Friedrich« und »Fritz« bei Wilfried Seibicke: *Historisches deutsches Vornamenbuch*, Bd. II, Berlin/New York 1996, S. 92–94,
96 f.
27 Pulvermacher, »Berliner Vornamen«, Nr. 66, S. 14, Tab. IV.
28 Ahlbrecht/Letzner, »Die Vornamen der Berliner«, S. 183. – Vergleichs-
daten aus Mannheim: »Friedrich«, Geburtsjahrgang vor 1880: 5,8 %;
1880 und später: 5,5 %; 1911: 7,0 %; 1923: 5,5 % (Schott, »Vornamen im Wechsel der Volksgunst«, S. 234).
29 München 1907: Friedrich 2,8 %, Fritz 1,3 %, zusammen 4,1 %; 1910:
Friedrich 3,1 %, Fritz 0,6 %, zusammen 3,7 %; 1915: Friedrich 2,6 %
(Rangliste Platz 9), Fritz 0,7 %, zusammen 3,3 % (Rangliste Platz 7);
1920: Friedrich 2,7 %, Fritz 0,9 %, zusammen 3,6 %.
30 Elisabeth Noelle-Neumann / Renate Köcher (Hg.): *Allensbacher
Jahrbuch der Demoskopie 1984–1992*, Bd. 9, München u. a. 1993,
S. 375.
31 Joachim Ringelnatz: *Gedichte 2*, Berlin 1985, S. 48.
32 Thomas Mann: »München als Kulturzentrum« [1926/27], in: ders.,
Altes und Neues. Kleine Prosa aus fünf Jahrzehnten, Frankfurt/M.
1953, S. 314–321, hier S. 318.

VII. Adolf und Horst, Uta, Sigrun und Gundomar: Die Deutschen im »Dritten Reich«

1 Sasha Weitmann, »Prénoms et orientations nationales en Israel, 1882
à 1980«, in *Annales* 42 (1987), S. 879–900.
2 Aus Gründen des Persönlichkeitsschutzes verzichten wir auf einen
Nachweis. Der Name der Leserbriefautorin ist den Verfassern bekannt.
3 Ian Kershaw: *Popular Opinion and Political Dissent in the Third
Reich. Bavaria 1933–1945*, Oxford 1983.
4 Vgl. Anm. 2.
5 »Runderlaß des Preußischen Ministers des Inneren vom 3. 7. 1933«,
in: *Zeitschrift für Standesamtswesen, Personenstandsrecht, Eherecht
und Familiengeschichte* 13 (1933), S. 230 [Hervorhebung durch die
Verf.]. – Zur Vornamengebung während der NS-Zeit allgemein Wer-

ner Mahlburg: »Die Vornamengebung im Nationalsozialismus«, in: *Das Standesamt 38* (1985), S. 241–247, sowie – mit sorgfältiger Zusammenstellung einschlägiger »Gesetze«, Richtlinien und Gerichtsentscheidungen – Winfried Seibert: *Das Mädchen, das nicht Esther heißen durfte. Eine exemplarische Geschichte*, Leipzig 1996; auch Dietz Bering: *Der Name als Stigma*, Stuttgart 1987, ³1992; ders., *Kampf um Namen*, Stuttgart 1991.
6 *Zeitschrift für Standesamtswesen* 13 (1933), S. 253, 284, 314; vgl. auch Mahlburg, »Die Vornamengebung im Nationalsozialismus«, S. 243.
7 »Oldenburg, Beilegung von Vornamen«, 29. 11. 1933, in: ebd., S. 392.
8 Zit. nach Nicolas Becker: »Hans und Grete, Momo und Azalee. Namenwahl als Zeitgeschichte«, in: *Kursbuch* 72, Juni 1983, S. 154 bis 165, hier S. 155.
9 Zit. nach Seibert, *Das Mädchen, das nicht Esther heißen durfte*, S. 231.
10 Ebd., S. 231 f, dort auch zur Verfasserschaft Globkes.
11 Ebd., S. 232.
12 Ebd., S. 233. Zum 1. 11. 1934 wurde das Preußische Ministerium des Innern mit dem Reichsministerium vereinigt.
13 Zit. nach Seibert, *Das Mädchen, das nicht Esther heißen durfte*, S. 54.
14 Rolf Ludwig Fahrenkrog: *Deutschen Kindern – Deutsche Namen*, Berlin 1939, S. 125–142; der Runderlaß vom 18. 8. 1938 ebd., S. 134 bis 138; vgl. als weitere zeitgenössische Sammlung Günter Mayer: *Deutsches Namensrecht. Systematische Darstellung nebst Abdruck der grundlegenden Vollzugsvorschriften*, München 1939.
15 Fahrenkrog: *Deutschen Kindern – Deutsche Namen*, S. 125–127.
16 Ebd., S. 126 (§ 7).
17 Ebd., S. 127 f.
18 Ebd., S. 129–133, hier S. 129, Abs. 2.
19 Ebd., S. 133–138; vgl. auch den Faksimileabdruck bei Seibert, *Das Mädchen, das nicht Esther heißen durfte*, S. 134 f., sowie ebd. S. 136 f.
20 Zweite Verordnung zur Durchführung des Gesetzes über die Änderung von Familiennamen und Vornamen, § 2 (1); Fahrenkrog, *Deutschen Kindern – Deutsche Namen*, S. 133.
21 Vgl. Seibert, *Das Mädchen, das nicht Esther heißen durfte*, S. 136.
22 »Vornamen. Runderlaß des Reichsministers des Innern vom 18. August 1938«, in: Fahrenkrog, *Deutschen Kindern – Deutsche Namen*, S. 135. – Durch eine Verordnung vom 24. Januar 1939 sorgte Reichs-

innenminister Frick auch für die namensrechtliche Judenreinheit der Deutschen »im Lande Österreich« und in den sudentendeutschen Gebieten (ebd., S. 140f.).
23 »Vornamen. Runderlaß des Reichsministers des Innern vom 18. Februar 1933«; ebd., S. 142.
24 Ebd., S. 142. – Vgl. den Erlaß vom 14. April 1937 (s. Anm. 13).
25 Zu »Adolf« vgl. Wilfried Seibicke: *Historisches deutsches Vornamenbuch*, Bd. 1, Berlin/New York 1996, S. 29–32.
26 Heinrich Anacker: »Deutsche Ostern 1933«, in: ders., *Die Fanfare. Gedichte der deutschen Erhebung*, München 1934, S. 112f.
27 Bruno Brendel: »12. September 1938«, in: ders., *Heim ins Reich. Lieder eines Sudetendeutschen*, Reichenberg 1939, S. 23.
28 Erich Kästner: »Kennst Du das Land, wo die Kanonen blühen?« (1928), in: ders., *Bei Durchsicht meiner Bücher ... Eine Auswahl aus vier Versbänden*, Stuttgart/Hamburg o. J. [1946], S. 9.
29 Seibert, *Das Mädchen, das nicht Esther heißen durfte.*
30 Vgl. zum Charakter der Datei (Einwohnermelderegister der Stadt München) Kapitel II, S. 25–27, sowie Kap. VI, S. 186f.
31 Erich Weinert: »Dicht am Nationalhelden vorbei« [1934], in: ders., *Gesammelte Gedichte*, Bd. 5, Berlin/Weimar 1970, S. 25–26.
32 Johannes R. Becher: »Hitlers kleine Friedens-Chronik oder Wofür Hitler Krieg führt«, in: ders., *Gesammelte Werke*, Bd. 5, Berlin/Weimar 1967, S.168–174, hier S. 168f.
33 Ebd., S. 169.
34 Heinz Ahlbrecht / Andreas Letzner: »Die Vornamen der Berliner heute und im historischen Vergleich«, in: *Berliner Statistik* 42 (1988), S. 178f.
35 Peter Geißer: »Vornamen der Münchner«, in: *Münchener Statistik* 1993, S. 68.
36 Ebd., S. 190. – Den Prozentwert müssen wir schätzen, weil Ahlbrecht/Letzner hierzu keine Angaben machen.
37 Ebd., S. 183. Prozentwert geschätzt.
38 Ebd., S. 190.
39 Alle Daten über Kiel aus Friedrich Debus: »Soziale Veränderungen und Sprachwandel. Moden im Gebrauch von Personennamen«, in: *Sprachwandel und Sprachgeschichtsschreibung, Jahrbuch 1976 des Instituts für deutsche Sprache*, Düsseldorf 1977, S. 185f. Debus stützt sich nicht zuletzt auf I. Lüpke-Müller: *Namensgebungspolitik und -praxis in der Zeit des Dritten Reiches am Material der Stadt Kiel*, masch. Staatsexamensarbeit, Kiel 1974. Zu Kiel vgl. auch Ste-

fan Mattlinger: *Namengebung und Ideologie im »Dritten Reich« am Beispiel der Stadt Kiel.* Diss. Univ. Kiel, 1995 (Microfiche); Konrad Kunze: *Namenkunde*, München 1998, S. 52 f., sowie Friedhelm Debus: »Personennamengebung der Gegenwart im historischen Vergleich«, in: *Zeitschrift für Literaturwissenschaft und Linguistik* 67 (1987), S. 63.

40 Vgl. Rolf Steininger: *Südtirol im 20. Jahrhundert. Vom Leben und Überleben einer Minderheit.* Insbruck/Wien, 1997, hier S. 153–173, bes. S. 171.

41 Achim Masser, *Tradition und Wandel*, Heidelberg 1992, S. 44 f. und Tabellen III und V/3.

42 Ebd., S. 155, 157 und 161.

43 Vgl. die sehr abgewogene und differenzierende Darstellung von Ernst Hanisch: *Der lange Schatten des Staates. Österreichische Gesellschaftsgeschichte im 20. Jahrhundert*, Wien 1994, hier bes. S. 337 bis 394. – Detaillierte Namensstudien zu Österreich liegen nicht vor. Michael Mitterauers Aussage, »Adolf, Hermann und Horst haben [in Wien zwischen 1930 und 1945] überhaupt keine besondere Häufigkeit erreicht«, erscheint als zu unpräzise. Michael Mitterauer: »Namengebung«, in: *Beiträge zur historischen Sozialkunde* 18 (1988), S. 36–70, hier S. 67.

44 Vgl. Anm. 5 und 7.

45 Joachim C. Fest: *Hitler. Eine Biographie*, Berlin u. a. 1973 u. ö., S. 29. »Schon als Führer der aufstrebenden NSDAP fand er das Interesse an seinen privaten Lebensumständen beleidigend, als Reichskanzler verbat er sich alle Veröffentlichungen darüber« (ebd.).

46 Joachim von Ribbentrop, zit. nach ebd.

47 Runderlaß des oldenburgischen Justizministers vom 29. 11. 1933 (vgl. Anm. 7).

48 Elisabeth Noelle / Erich Peter Neumann (Hg.): *Jahrbuch der öffentlichen Meinung 1947–1955*, Allensbach 1956, S. 133.

49 Ebd., S. 135.

50 Wilfrid Bade: »Horst Wessel 1907–1930«, in: *Die Großen Deutschen. Neue Deutsche Biographie*, hg. von Willy Andreas und Wilhelm von Scholz, Bd. IV, Berlin 1936, S. 594–606, hier S. 595–596; vgl. auch Fest, *Hitler*, S. 385.

51 Bertolt Brecht: *Schweyk im zweiten Weltkrieg*, Frankfurt/M. 1962 u. ö., hier S. 83 f.; als Gedicht [Kälbermarsch], in: ders.: *Die Gedichte in einem Band*, Frankfurt/M. 1981 u. ö., S. 1219 f.

52 Fahrenkrog, *Deutschen Kindern – Deutsche Namen*, S. 42.

53 Franz Kurzmann: *Weg mit den undeutschen Tauf- und Familiennamen. Gebt und vererbt den Kindern deutsche Namen!*, Melk an der Donau 1937, S. 21.
54 Seibicke, *Historisches deutsches Vornamenbuch*, Bd. 1, S. 417.
55 Peter Huchel: »Dezember 1942«, in: ders., *Chausseen, Chausseen*, Frankfurt/M. 1963, S. 64.
56 Geißer, »Vornamen der Münchner«, S. 74.
57 Ahlbrecht / Letzner, »Die Vornamen der Berliner«, S. 183.
58 Ebd.
59 Debus, »Soziale Veränderungen und Sprachwandel«, S. 185 f.; vgl. auch Kunze, *Namenkunde*, S. 52.
60 Brief von Willi H. an Michael Wolffsohn, 16. 12. 1996.
61 Grundlegend Wolfgang Ullrich: *Uta von Naumburg. Eine deutsche Ikone*, Berlin 1998. Wir danken Wolfgang Ullrich darüber hinaus für mehr als ein erkenntnisreiches »Uta-Gespräch«.
62 Zu Hege vgl. ebd., S. 71–79 (mit Abbildungen und weiterführender Literatur).
63 Felix Dhünen: *Uta von Naumburg*, Berlin 1934; Lothar Schreyer: *Frau Uta in Naumburg*, Oldenburg 1934; Ullrich, *Uta von Naumburg*, S. 87–96.
64 Schreyer, *Frau Uta*, S. 6 f.
65 Wolfgang Ullrich: *Eine Diva aus Stein, Die Naumburger Uta und ihre Wirkungsgeschichte.* (Bayerischer Rundfunk, Programm Bayern 2, 09. 07. 1995).
66 Ullrich, *Uta von Naumburg*, S. 43.
67 *Mitteldeutsche National-Zeitung* (Ausgabe Naumburg), vom 27. 2. 1938, zit. nach Ullrich, *Uta von Naumburg*, S. 102.
68 Wir berücksichtigen nur die genannten, auf -a auslautenden Namenvarianten, nicht den ebenfalls beliebten Namen »Ute«, bei dem der Zusammenhang mit der Naumburger Stifterfigur nicht mehr in dem ausgeprägten Maße erkennbar ist, wir wir es für eine sichere und dominante Konnotation voraussetzen. Da »Ute« zusätzlich dann in den sechziger Jahren zum Modenamen aufsteigt, entstünde durch seine Hinzuziehung zur »Uta«-Gruppe der irrige Eindruck, mit der neuen Popularität sei auch der Uta-von-Naumburg-Mythos in jenen Jahren wiedererwacht.
69 Elmar Huss / Peter Geißer: »Vornamen der Münchnerinnen«, in: *Münchener Statistik* 1992, S. 368.
70 Ahlbrecht / Letzner, »Die Vornamen der Berliner«, S. 185.
71 Fahrenkrog, *Deutschen Kindern – Deutsche Namen*, S. 3.

72 Becker, »Hans, Grete, Momo und Azalee«, S. 158, mit Daten aus Hannover.
73 Victor Klemperer: *LTI. Notizbuch eines Philologen*, Leipzig ^{16}1996, S. 101.
74 Geißer, »Vornamen der Münchner«, S. 85, Graphik 6, und S. 86, Tab. 20; Ahlbrecht / Letzner, »Die Vornamen der Berliner«, S. 193 bis 195.
75 Ebd.
76 Vgl. Liste und Graphik bei Huss / Geißer, »Vornamen der Münchnerinnen«, S. 378 f.
77 Fahrenkrog, *Deutschen Kindern – Deutsche Namen*, S. 4.
78 Ebd., S. 20.
79 Ebd., S. 23.
80 Ebd., S. 23 f.
81 Ebd., S. 25.
82 Ernst Christmann: *Deutsche Rufnamen! Eine deutsche Forderung auf Grund einer Untersuchung der Verhältnisse im saarpfälzischen Raum*, Kaiserslautern 1939, S. 4.
83 Ferdinand Khull-Kholwald: *Gebt den Kindern deutsche Namen!*, Graz/Leipzig 1928.
84 Alle Beispiele aus dem Verzeichnis »deutscher« Vornamen bei Fahrenkrog, *Deutschen Kindern – Deutsche Namen*, S. 50–121; vgl. auch den Anhang »Systematik der Namensgruppen«, Tab. 2.2.3, S. 387.
85 Vgl. Anm. 24 dieses Kapitels.
86 Erlaß des Reichsinnenministers vom 14. April 1937 (wie Anm. 13 dieses Kapitels); zu Ragnar: Becker, »Hans, Grete, Momo und Azalee«, S. 158.
87 Huss / Geißer, »Vornamen der Münchnerinnen«, S. 369.
88 Hatten wir für das 19. Jahrhundert »biblische« und »hebräische« Namen noch unterschieden, so ziehen wir nun diejenigen biblisch-alttestamentarischen Namen, die in der früheren Klassifikation das Merkmal »heb« nicht ohnehin schon erhalten hatten, zu den hebräischen mit hinzu. Mit wachsendem Antisemitismus trat das Merkmal »hebräisch« ja auch bei solchen Vornamen in den Vordergrund, bei denen es in früheren Zeiten mehr oder minder verschüttet war, weil der Name so selbstverständlich zum alltäglichen Vornamensschatz gehörte, daß breitere Bevölkerungskreise über seine hebräische Herkunft nichts mehr wußten (z. B. bei Jakob).
89 In der von Dietz Bering erstellten Tabelle antisemitisch geladener Vor-

namen steht »Jakob« an vierter, »Simon« an achtzehnter Stelle (Bering, *Der Name als Stigma*, S. 238 f.). – Vgl. auch den Anhang »Systematik der Namensgruppen«, Tab. 2.1.2 und 2.3.11, S. 386 und 392.

[90] 1994 lebten etwa 4000 Juden in München; unter der Voraussetzung, daß alle mit Erstwohnsitz dort gemeldet waren, entspräche dies einem Anteil von rund 0,4 Prozent.

[91] Vgl. zusätzlich die Bemerkungen zu den Namensgruppen in der Einleitung (S. 34 f.) sowie den Anhang »Systematik der Namensgruppen«, S. 386 und 392.

[92] Hermann Rauschning: *Gespräche mit Hitler*, Zürich/New York 1940, zit. nach Walther Hofer (Hg.): *Der Nationalsozialismus. Dokumente 1933–1945*, Frankfurt/M. 1979, S. 120f.

[93] Zit. nach Erich Kordt: *Nicht aus den Akten. Die Wilhelmstraße in Frieden und Krieg. Erlebnisse, Begegnungen und Eindrücke 1928 bis 1945*, Stuttgart 1950, S.109.

[94] Karl Löwith: *Mein Leben in Deutschland vor und nach 1933. Ein Bericht*, Stuttgart 1986, S. 82.

[95] Zit. nach Fest, *Hitler*, S. 1013.

[96] Ebd., S. 1014.

[97] Hitlers »politisches Testament«, das er Martin Bormann im Berliner »Führerbunker« diktierte, zit. nach Rainer Zitelmann: *Adolf Hitler. Eine politische Biographie*, Göttingen/Zürich 1989, S. 169.

[98] Hitler im Führerhauptquartier, 17./18. 9. 1941, zit. nach Wolfgang Michalka (Hg.): *Deutsche Geschichte 1933–1945. Dokumente zur Innen- und Außenpolitik*, Frankfurt/M. 1993, S. 247.

[99] Sebastian Haffner: *Der Teufelspakt. Die deutsch-russischen Beziehungen vom Ersten zum Zweiten Weltkrieg*, Zürich 1988.

[100] Zit. nach Zitelmann, *Hitler*, S. 162. Ebd. zahlreiche weitere Zitate und Belege zu diesem Komplex.

[101] Albert Speer, zit. nach Sebastian Haffner: *Anmerkungen zu Hitler*, Frankfurt/M. 1985, S. 153.

[102] Beispiele im Anhang »Systematik der Namensgruppen«, Tab. 2.3.9 und 2.3.10, S. 391.

[103] Alfred Andersch: *Der Vater eines Mörders*, Zürich 1982, S. 136.

[104] Herybert Menzel: »Die Schlacht«, in: ders., *Anders kehren wir wieder. Gedichte*, Hamburg 1943, S. 14.

[105] Zur Definition der beiden Gruppen vgl. die Bemerkungen zu den Namensgruppen in Kapitel II (S. 30–32) sowie den Anhang »Systematik der Namensgruppen«, S. 376–381 und 385.

VIII. Die Bundesrepublik als »neues Deutschland«?

[1] Beispiele im Anhang »Systematik der Namengruppen«, Tab. 2.2.1, S. 386.
[2] Peter Geißer: »Vornamen der Münchner«, in: *Münchener Statistik* 1993, S. 61–91, und Elmar Huss/Peter Geißer: «Vornamen der Münchnerinnen«, in: *Münchener Statistik* 1992, S. 357–386; auch Heinz Ahlbrecht/Andreas Letzner: »Die Vornamen der Berliner heute und im historischen Vergleich«, in: *Berliner Statistik* 42 (1988), S. 174–212. Friedhelm Debus: »Soziale Veränderungen und Sprachwandel«, in: *Sprachwandel und Sprachgeschichtsschreibung, Jahrbuch 1976 des Instituts für deutsche Sprache*, Düsseldorf 1977, S. 188, bei Bauernkindern in der Region Kiel, S. 191; bei Fischerkindern S. 192. Auch ders.: »Personennamengebung der Gegenwart im historischen Vergleich«, in: *Zeitschrift für Literaturwissenschaft und Linguistik* 67 (1987), S. 64.
[3] »Adolf«, nach Einwohnermelderegister München, Stand 31.12. 1994: 1950: 6 (0,08%); 1955: 13 (0,16%); 1960: 6 (0,06%); 1965: 4 (0,03%); 1970: 2 (0,03%); 1975, 1980, 1985: 0; 1990: 1 (0,02%).
[4] Vgl. dazu Michael Wolffsohn: *Keine Angst vor Deutschland*, Erlangen u. a. 1990, Kapitel IX mit zahlreichen empirischen Belegen.
[5] Beispiele und prozentuale Angaben im Anhang, »Systematik der Namensgruppen«, Tab. 1.1, Beispiel 5–7, S. 379 f.
[6] Vgl. die von der Gesellschaft für deutsche Sprache alljährlich in der Zeitschrift *Der Sprachdienst* veröffentlichten Listen der zehn beliebtesten Vornamen. »Michael« befand sich zwischen 1977 und 1990 ohne Unterbrechung auf einem der ersten zehn Plätze, danach – in den alten Bundesländern – 1992, 1993, 1995 und 1996. Zwischen 1977 und 1981 belegte er nach »Christian« stets den zweiten Platz auf der Beliebtheitsskala.
[7] Vgl. die in den Allensbacher Jahrbüchern für Demoskopie regelmäßig veröffentlichten Umfragedaten.
[8] Vgl. *Kölnische Rundschau*, Jubiläumsausgabe 50 Jahre »Kölnische Rundschau«, April 1996, S. 73. Frankfurter Allgemeine Zeitung vom 22.2.1997 und *Frankfurter Allgemeine Zeitung* vom 22.2.1996.
[9] Huss/Geißer, »Vornamen der Münchnerinnen«, S. 361 und die Graphik ebd., S. 363.
[10] Günter Grass: *Die Blechtrommel*, [1959], Darmstadt/Neuwied 1974, S. 164.
[11] Ebd., S. 164 f.

[12] Ebd., S. 463 f.
[13] Vgl. Huss/Geißer, »Vornamen der Münchnerinnen«, S. 367; zur neuen Popularität der alten Heiligennamen vgl. zusätzlich die Ausführungen in Kap. IX (DDR), S. 306 und Kap. X (Altmühltal), S. 323.
[14] Geißer / Huss, »Vornamen der Münchnerinnen«, S. 369 ff.
[15] Weitere Beispiele im Anhang »Systematik der Namensgruppen«, Tab. 2.2.4, S. 392.
[16] Vgl. Irma Raveling: *Die ostfriesischen Vornamen. Herkunft, Bedeutung und Verbreitung*, Aurich ³1985; dies.: Frühe Rufnamen in Ostfriesland, ebd. 1985; Marc van Rooyen: *Het groot voornamenboek*, 3 Bde., Brugge 1987–1989; Armin Otte-Schacht: »Friesische Vornamen wieder beliebter. Untersuchung über Häufigkeit und Verteilung von für die Region typischen Namensformen«, in: *Heimat am Meer. Beilage zur Wilhelmshavener Zeitung*, Nr. 21/95, 1995, S. 81–83.
[17] Otte-Schacht, »Friesische Vornamen wieder beliebter«, S. 81.
[18] Die Beispiele nach der Liste, ebd., S. 83.
[19] Beispiele im Anhang »Systematik der Namensgruppen«, Tab. 2.3.3, S. 388.
[20] Rangliste der anglo-amerikanischen Namen im Geburtsjahrgang 1950 (nach Einwohnermelderegister München, Stand 31.12.1994): Alfred (1,15%), Richard, Arthur, Edgar, Edmund, Harry, Edward, Fred, James, Henry, York, Harold, Irving, Norman (0,03%). – Edith (0,82%), Evelyn, Eleonore, Ellen, Harriet, Vivian, Daisy, Lilly, Eleanor, Audrey, Carol, Ethel, Geraldine, Jenny (0,01%).
[21] Wolfgang Koeppen: *Tauben im Gras*, [1951], Frankfurt/M. 1980, S. 201.
[22] Max Frisch: *Tagebuch 1946–1949*, [1950], Frankfurt/M. 1958, S. 30.
[23] Hans Magnus Enzensberger: »E.G. de la S. (1928–1967)«, in: ders., *Mausoleum*, Frankfurt/M. 1975, S. 116 f. »E. G. de la S.« steht für Ernesto Guevara de la Serna, kurz Che Guevara.
[24] Erich Fried: »Verhinderter Liebesdient«, in: ders., *und Vietnam und. Einundvierzig Gedichte*, Berlin 1966, S. 18.
[25] Alle Beispiele aus dem Jahr 1970.
[26] De Gaulle am 5.9.1962 in deutscher Sprache vor der auf dem Bonner Marktplatz versammelten Menge, in: Pierre Maillard: *De Gaulle und Deutschland. Der unvollendete Traum*, Berlin/Bonn 1991.
[27] Zu Kiel vgl. Friedhelm Debus: »Namengebung. Möglichkeiten zur Erforschung ihrer Hintergründe«, in: *Onoma* 18 (1974), S. 456–469.
[28] Ebd., S. 462.

[29] Huss/Geißer, »Vornamen der Münchnerinnen«, S. 371; Ahlbrecht/ Letzner, »Vornamen der Berliner«, S. 184. – Hitliste 1977 nach *Der Sprachdienst*, 1977; desgl. in Konrad Kunze: *Namenkunde*, München 1998, S. 56.

[30] Die Listen der jeweils zehn beliebtesten Vornamen, auch vergangener Jahrgänge sind erhältlich bei der Gesellschaft für deutsche Sprache in Wiesbaden. Publiziert werden sie alljährlich in der Zeitschrift *Der Sprachdienst*. – Die häufigsten Mädchennamen der Jahre 1977–1995 bei Kunze, *Namenkunde*, S. 56; hier auch die Daten aus Bielefeld (1977–1990) und Freiburg im Brsg. (1972–1990).

[31] Günter Kunert: »Als ich ein Baum war«, in: ders., *Das kreuzbrave Liederbuch*, Berlin 1961, S. 30f.

[32] Rangliste der italienischen Namen im Geburtsjahrgang 1950 (nach Einwohnermelderegister München, Stand 31.12.1994): Mario (0,04%), Arturo, Genaro, Giorgio, Guillermo, Mauricio, Rodolfo, Rosario; – Rita (1,1%), Rosa, Marietta, Rosalia, Bianca, Mirela, Angelina, Bella, Benita, Carlotta. – Geburtsjahrgang 1990: Marco (1%), Mario, Sandro, Alessandro, Claudio, Dario, Ricardo, Angelo, Fabio, Giuliano; – Laura (2,3%), Bianka, Luisa, Romina, Angelina, Cosima, Mariella, Ricarda, Alessia, Giulia. – Zu Kiel vgl. Debus, »Namengebung«.

[33] Vgl. Hermann Glaser: *Kleine Kulturgeschichte der Bundesrepublik Deutschland 1945–1989*, Bonn ²1991, S. 214–217, bes. S. 216.

[34] Die Münchner Daten passen nahtlos zu denjenigen anderer deutscher Städte und Regionen. Vgl. dazu die Hinweise in Anm. 2 zu Daten aus Berlin, Kiel und anderen norddeutschen Gemeinden

[35] Vgl. Georg Picht: *Die deutsche Bildungskatastrophe. Analyse und Dokumentation*, Olten/Freiburg i. Brsg. 1964.

[36] Beispiele im Anhang »Systematik der Namensgruppen«, Tab. 2.3.10, S. 391.

[37] Das Denotat nach Wilfried Seibicke: *Vornamen*, Frankfurt/M. ²1991, S. 219. – Zur Beliebtheit von »Melanie« vgl. Anm. 30.

[38] Grass, *Die Blechtrommel*, S. 646f.

[39] Ebd., S. 649f.

[40] Ranglisten nach *Der Sprachdienst* sowie Kunze, *Namenkunde*, S. 56.

[41] Gisela Grünwald, *Gesellschaftliche Veränderungen, im Spiegel der Namengebung*, Stuttgart 1994.

IX. DDR: Westsucht im Osten?

1 Hans Pleschinski: *Ostsucht. Eine Jugend im deutsch-deutschen Grenzland*, München 1993, S. 9.
2 Heinz Niemann: *Meinungsforschung in der DDR. Die geheimen Berichte des Instituts für Meinungsforschung an das Politbüro der SED*, Köln 1993.
3 Bernd Kleinteich: *Vornamen in der DDR 1960–1990*, Berlin 1992. Näheres über Kleinteichs Vorgehen in den »Ergänzenden Bemerkungen zur Methodik« im Anhang (S. 357–367).
4 Horst Naumann: »Entwicklungstendenzen in der Rufnamengebung der Deutschen Demokratischen Republik«, in: *Der Name in Sprache und Gesellschaft*, Berlin (Ost) 1973, S. 147–191. – Naumann bearbeitete ein Sample von rund 29 000 Geburten der Jahrgänge 1924, 1934, 1944, 1954, 1964 (Gemeinden Burgstädt, Dohna, Drebkau, Frankenberg, Hohenstein-Ernstthal/Gersdorf, Lichtenstein sowie der größeren Städte Magdeburg und Plauen) und 1921, 1931, 1941, 1951, 1961 (Gemeinden Geyer, Ehrenfriedersdorf, Thum).
5 Ebd., S. 161.
6 Ebd., S. 163.
7 Ebd., S. 164 zu »Adolf«.
8 Ebd., S. 165. Die aus dem Material von Kleinteich zu ermittelnden Daten für »Walter«: 1960: 0,4%; 1965: 0,03%; 1970: 0,03%; 1975: 0%; 1980: 0,02%, danach nur noch 0%.
9 Günter Grass: »Gesamtdeutscher März«, in: ders., *Ausgefragt. Gedichte und Zeichnungen*, Neuwied/Berlin 1967, S. 77f.
10 Johannes R. Becher: »Für Walter Ulbricht«, in: Carsten Gansel (Hg.): *Der gespaltene Dichter. Johannes R. Becher. Gedichte, Briefe, Dokumente 1945–1958*, Berlin 1991, S. 56.
11 Daten nach Naumann, »Entwicklungstendenzen«, S. 161ff.
12 Werte für »Otto« nach Kleinteich: 1960: 0,19%; 1965: 0%; 1970: 0,02%; 1975 ff.: 0%.
13 Werte für »Wilhelm« nach Kleinteich: 1960: 0,19%; 1965: 0,02%; 1970: 0,02%; »Willi, -y« 1960: 0,17%; 1965: 0,02%; 1970: 0%.
14 Becher, *Der gespaltene Dichter*, S. 62f.
15 Heinz Ahlbrecht/Andreas Letzner: »Die Vornamen der Berliner heute und im historischen Berlin«, in: *Berliner Statistik* 42 (1988), S. 202; Werte für »Erich« nach Kleinteich: 1960: 0,22%; 1965: 0%; 1970: 0,01%; 1975 ff.: 0%.
16 Vgl. zur Entwicklung der traditionellen Namen in der DDR auch den

Anhang »Systematik der Namensgruppen«, Tab. 1.1, Beispiele 8–10, S. 380f. – In einer von Kleinteich durchgeführten Befragung von 3341 Eltern bzw. Müttern bezeichneten 2,57% die Traditionsbindung als Hauptmotiv ihrer Vornamenwahl. Dieser Wert entspricht Platz 11 in einer Rangliste der Motivationen (Kleinteich, *Vornamen in der DDR*, S. 352). Zur eingeschränkten Aussagekraft solcher Befragungen vgl. ebd., S. 13f., sowie Friedhelm Debus: »Namengebung. Möglichkeiten zur Erforschung ihrer Hintergründe«, in: *Onoma* 18 (1974), S. 463–469. Auch Gerhard Koß: »Motivationen bei der Wahl von Rufnamen«, in: *Beiträge zur Namenforschung* NF 7 (1972), S. 159 bis 175.

17 Kleinteichs Umfrageergebnis entspricht dieser Argumentation. Nur 18 Eltern (0,54%, Rangliste Platz 29) gaben an, ihr Kind nach einer »biblischen Gestalt« benannt zu haben; 3 Eltern (0,09%, Rang 47) entschieden sich für »einen Gott« als Vorbild, jedoch lediglich ein Elternpaar für »einen Papst« (0,03%, Rang 53). »Soll katholisch sein« führte ebenfalls nur ein Elternpaar als Motivation an. Beim Stellenwert alles Kirchlich-Religiösen in der DDR müssen freilich Aussagen wie diese mit Vorsicht betrachtet werden (Kleinteich, *Vornamen in der DDR*, S. 352f.).

18 Anhang »Systematik der Namensgruppen«, Tab. 1.1, Beispiel 10, S. 381.

19 Alle Beispiele aus Kleinteich, *Vornamen in der DDR*. 5,62% der von Kleinteich befragten Eltern erhoben das Kriterium der Kürze zum Hauptmotiv ihrer Vornamenwahl: Platz 3 in der Rangfolge der Motivationen (ebd., S. 352).

20 Z. B. Stephan Hermlin: »Stalin«, in: ders., *Der Flug der Taube*, Berlin 1952, S. 28–41.

21 Becher, *Der gespaltene Dichter*, S. 79.

22 Elisabeth Noelle / Erich Peter Neumann (Hg.): *Jahrbuch der öffentlichen Meinung 1947–1955*, 2 Bde., Allensbach 1956, S. 335.

23 Richard von Weizsäcker: *Die deutsche Geschichte geht weiter*, Berlin 1983.

24 Die italienische Konnotation der durchweg sehr beliebten Namen »Mario« und »Marco, -ko« hat sich im Lauf der Zeit sicherlich zunehmend verloren. Anteile 1975: Mario, 1,7% (aller Jungen); Marco, -ko: 3,2%.

25 Becher, *Der gespaltene Dichter*, S. 153

26 Ebd., S. 224.

27 Stefan Heym: »Ein sehr guter zweiter Mann«, in: Konrad Franke /

Wolfgang Langenbucher (Hg.): *Erzähler aus der DDR*, Tübingen 1973, S. 208.
[28] Stefan Heym: »Mein Richard«, in: ders., *Die richtige Einstellung und andere Erzählungen*, München 1967, S. 146.
[29] Ebd., S. 165.
[30] Heiner Müller: »L. E. oder Das Loch im Strumpf«, in: ders., *Geschichten aus der Produktion 1, Stücke, Prosa, Gedichte, Protokolle*. Berlin 1975, S. 45.
[31] Wolf Biermann: »Warte nicht auf beßere Zeiten«, in: ders., *Alle Lieder*, Köln 1991, S. 96–98, hier S. 98.

X. Wo lange alles beim alten blieb: Ein Dorf im Altmühltal

[1] Zit. nach Hans Gercke: *Das Altmühltal*, Köln 1991, S. 10.
[2] Ebd., S. 13.
[3] Hubert Weiger (Hg.): *Der Rhein-Main-Donau-Kanal. Das Für und Wider seiner Fertigstellung*, München 1983, S. 23.
[4] Vgl. Anton Gäck: *Die Eisenbahn im Altmühltal – Sie war einmal*, Eichstätt 1976; Manfred Röber: *Greding. Vergangenheit und Gegenwart*, Greding 1983, S. 84. Wir danken dem Stadtheimatpfleger von Eichstätt, Herrn Konrad Held, für wertvolle Hinweise zur Geschichte des Eisenbahn- und Autobahnbaus im Altmühltal.
[5] Materialsammlung und -auswertung: Thomas Winkelbauer. Indem wir den wahren Namen des Dorfes für uns behalten, entsprechen wir nicht nur den Erfordernissen des Datenschutzes, sondern auch dem ausdrücklichen Wunsch des Pfarrers von »Gotteswinkel«, dessen Hilfsbereitschaft uns erst die Benutzung der Taufbücher bis ins Jahr 1990 ermöglichte.
[6] Eine Ausnahme bildet der Zeitraum 1853–1870, in dem es die »Gotteswinkler« fast jährlich zu mehr als 25 Kindern brachten. In diese Zeit fällt auch der absolute Spitzenwert: 35 Geburten 1861. Den tiefsten Stand markiert das Kriegsjahr 1945 mit nur zwei Geburten in »Gotteswinkel«. Vgl. zur absoluten Zahlenbasis den Anhang »Art und Umfang der ausgewerteten Archivquellenbestände«, Tab. 7, S. 375.
[7] Oskar Maria Graf: *Das Leben meiner Mutter*, München 1994, S. 357.
[8] Zur Definition der Namensgruppen vgl. Kapitel II, S. 30–35 sowie den Teil zur »Systematik der Namensgruppen«, Tab. 1.1 und 1.2; Beispiele ebd., S. 376–385.

⁹ Hundert Prozent traditionelle Namen beobachten wir in den Jahren 1807, 1809, 1815, 1817, 1819, 1820, 1822, 1831, 1833–1836, 1838, 1843–1845, 1847, 1852, 1855, 1857, 1859; 1863, 1868, 1873, 1875, 1877, 1880–1883, 1887, 1889–1892, 1898, 1900, 1904–1906, 1909/10, 1919, 1927 und 1933, hundert Prozent Heiligennamen in den Jahren 1815, 1817, 1831, 1833, 1838, 1881, 1882 und 1904.

¹⁰ Graf, *Das Leben meiner Mutter*, S. 365.

¹¹ Thomas Nipperdey: *Deutsche Geschichte 1866–1918, Bd. I: Arbeitswelt und Bürgergeist*, München 1990, S. 224.

¹² Graf, *Das Leben meiner Mutter*, S. 287.

¹³ Innovative Namen in »Gotteswinkel« 1940: 18,2%; 1941: 44%; 1942: 75%; 1943: 75% (jeweils drei von vier im Jahrgang geborenen Kindern), 1944: 66%; 1945: 33%.

¹⁴ Hans Mayer: *Die umerzogene Literatur. Deutsche Schriftsteller und Bücher 1945–1967*, Berlin 1988.

¹⁵ Graf, *Das Leben meiner Mutter*, S. 156, 158.

¹⁶ Ebd., S. 133.

¹⁷ Ebd., S. 44 f.

¹⁸ Ebd., S. 56.

¹⁹ Ebd., S. 126, 128.

²⁰ 1820: 4,8%; 1822: 5,6%; 1825: 6,3%; 1836: 5,7%; 1843: 9,1%; 1844: 6,8%; 1847: 6,8%; 1848: 7,7%; 1851: 6,9%; 1853: 7,9%; 1856: 11,3%; 1858: 10,7%; 1863: 3,4%; 1879: 5,8%; 1890: 4%; 1907: 4,9%; 1910: 5,6%; 1913: 9,1%; 1928: 6,6%; 1933: 16,7%; 1934: 13,3%; 1935: 7,7%; 1936: 12,5%; danach nicht mehr.

²¹ Graf, *Das Leben meiner Mutter*, S. 358 f.

²² Ebd., S. 355.

²³ Ebd., S. 359.

²⁴ Anna Wimschneider: *Herbstmilch. Lebenserinnerungen einer Bäuerin*, München/Zürich ⁴⁹1984, S. 77.

²⁵ Ebd., S. 77 f.

²⁶ Ebd., S. 79.

²⁷ Ebd., S. 81.

²⁸ Ebd., S. 152.

XI. Über die Deutschen

1 Gordon A. Craig: *Über die Deutschen*, München 1982.
2 Über die jüdischen Deutschen wollen wir an anderer Stelle sprechen.
3 Helmuth Plessner: *Die verspätete Nation. Über die Verführbarkeit bürgerlichen Geistes* (1935/1959), Frankfurt/M. 1982, S. 7–223.
4 Ebd., S. 128.
5 »Moischeln« bedeutet soviel wie: Jiddisch sprechen.

Ergänzende Bemerkungen zur Methodik

1 Dietz Bering: *Der Name als Stigma. Antisemitismus im deutschen Alltag 1812–1933*, Stuttgart ³1992, S. 25.
2 Ebd., S. 253.
3 Ebd., S. 242.
4 Michael Mitterauer: *Ahnen und Heilige. Namengebung in der europäischen Geschichte*, München 1993, S. 14.
5 Ebd., S. 16.
6 Andrea Jedlicka: *Namengebung und Mentalitätswandel*, Frankfurt/M. u. a. 1993, S. 16.
7 Ebd., S. 11.
8 Nicoline Hörsch: *Republikanische Personennamen. Eine anthroponymische Studie zur Französischen Revolution*, Tübingen 1994, S. XI.
9 Ebd., S. 65.
10 Bruno Gleitze: »Beitrag zur Geschichte der kulturellen Integration Deutschlands. Untersucht an der ost- und westdeutschen Namensentwicklung 1750–1850«, in: *Jahrbuch der Albertus-Universität zu Königsberg/Pr.* 13 (1963), S. 113.
11 Norbert Ohler: »Pfarrbücher als Quelle für den Historiker. Methoden und Möglichkeiten ihrer Erschließung, dargestellt am Beispiel der Pfarrbücher von Hochdorf/Breisgau«, in: Irmgard Hampp / Peter Assion (Hg.): *Forschung und Berichte zur Volkskunde in Baden Württemberg 1974–1977*, Stuttgart 1977, S. 115–148.
12 Jürgen Gerhards / Rolf Hackenbroch: »Kulturelle Modernisierung und die Entwicklung der Semantik von Vornamen«, in: *Kölner Zeitschrift für Soziologie und Sozialpsychologie* 49 (1997), S. 410.
13 Zur sozialen Herkunft und Zusammensetzung des »Wirtschaftsbürgertums« vgl. Hans-Ulrich Wehler, *Deutsche Gesellschaftsgeschichte Bd. 2: Von der Reformära bis zur industriellen und politischen »Deutschen Doppelrevolution 1815–1845/49«*, München ²1989, S. 186 f.

Quellen- und Literaturverzeichnis

Quellen

Ungedruckte Quellen
Vornamen

München:
Archiv der Erzdiözese München-Freising (AEM)
Taufmatrikel der Pfarreien: St. Peter 1787–1876; – Unsere Liebe Frau (ULF) 1849–1867; Mariahilf/Au 1849, 1863; St. Ursula/Schwabing 1848–1876.
Taufmatrikel des Gebärhauses St. Elisabeth 1849–1872.
Statistisches Amt der Stadt München
  Einwohnermelderegister, Stand: 31.12.1994
Münster: Bistumsarchiv (BAM)
  Taufmatrikel der Pfarreien: St. Bonifatius, Freckenhorst, St. Martinus, Greven, St. Martinus, Sendenhorst, St. Johann Nepomuk, Burgsteinfurt, 1785–1817.
Regensburg: Evangelisches Kirchenbucharchiv (KAR)
  Taufmatrikel der protestantischen Gemeinde München, 1799 bis 1871.
Altmühltal: Taufmatrikel der Gemeinde »Gotteswinkel«, 1807 bis 1990.

Sonstige Archivquellen

München: Bayerische Staatsbibliothek, NL Ignaz von Döllinger, NL Carl Adolf Cornelius.
Sarnen: Archiv des Benediktinerklosters Muri-Gries, NL Friedrich Emanuel Hurter.
Weimar: NL Eduard Devrient, Privatbesitz.

Gedruckte Quellen

Vornamen, Vornamensammlungen

Ahlbrecht Heinz / Andreas Letzner: »Die Vornamen der Berliner heute und im historischen Vergleich«, in: *Berliner Statistik* 42 (1988), S. 174–212.

Debus, Friedhelm: »Soziale Veränderungen und Sprachwandel. Moden im Gebrauch von Personennamen,« in: *Sprachwandel und Sprachgeschichtsschreibung, Jahrbuch 1976 des Instituts für deutsche Sprache*, Düsseldorf 1977, S. 167–204.

Geißer, Peter: »Vornamen der Münchner«, in: *Münchener Statistik* 1993, S. 61–91.

Harfst, Hubert: »Die Vornamen der zwischen 1929 und 1949 geborenen Deutschen in Stuttgart«, in: *Statistischer Informationsdienst. Beiträge aus Statistik und Stadtforschung*, Stuttgart 1980, S. 1–6.

Huss, Elmar / Peter Geißer: »Vornamen der Münchnerinnen«, in: *Münchener Statistik* 1992, S. 357–386.

Kleinteich, Bernd: *Vornamen in der DDR 1960–1990*, Berlin 1992.

Masser, Achim: *Tradition und Wandel. Studien zur Rufnamengebung in Südtirol*, Heidelberg 1992 (Beiträge zur Namenforschung NF, Beiheft 34).

Münchener Statistik, hg. vom Statistischen Amt der Landeshauptstadt München, Jahrgänge 1965, 1970, 1986, 1987.

Naumann, Horst: »Entwicklungstendenzen in der Rufnamengebung der Deutschen Demokratischen Republik«, in: *Der Name in Sprache und Gesellschaft. Beiträge zur Theorie der Onomastik*, Berlin (Ost) 1973 (Deutsch-slawische Forschungen zur Namenkunde und Siedlungsgeschichte, Bd. 27), S. 147–191.

Pulvermacher, Nathan: »Berliner Vornamen. Eine statistische Untersuchung, 2 Teile«, in: *Wissenschaftliche Beilage zum Jahresbericht des Lessing-Gymnasiums*, Nr. 63, Berlin 1902, S. 1–31, und Nr. 66, Berlin 1903, S. 1–29.

Schott, Sigmund: »Vornamen im Wechsel der Volksgunst« [Mannheim 1911 und 1923], in: *Allgemeines Statistisches Archiv* 15 (1925), S. 225–237.

Ältere Vornamenliteratur, Vornamengesetzgebung und Vornamenpolemik

Atzerodt, Friedrich / H. Kaiser: *Wie soll das Kindlein heißen? Oder: Die Bedeutung der Taufnamen*, Quedlinburg/Leipzig 1835.

Beneken, Georg Wilhelm Friederich: *Teuto, oder Urnamen der Deutschen, gesammelt und erklärt*, Erlangen 1816.

Christmann, Ernst: *Deutsche Rufnamen! Eine deutsche Forderung auf Grund einer Untersuchung der Verhältnisse im saarpfälzischen Raum*, Kaiserslautern 1939.

Fahrenkrog, Rolf Ludwig: *Deutschen Kindern – Deutsche Namen*, Berlin 1939.

Khull-Kholwald, Ferdinand: *Gebt den Kindern deutsche Namen!*, Graz/Leipzig 1928.

Kurzmann, Franz: *Weg mit den undeutschen Tauf- und Familiennamen. Gebt und vererbt den Kindern deutsche Namen!*, Melk an der Donau 1937.

Schincke, Johann Christian Gotthilf: *Zacharias und Elisabeth. Wie soll das Kindlein heißen? Oder: Unsere Taufnamen mit ihrer Bedeutung, alphabetisch geordnet*, Halle 1827.

Stichart, Franz Otto: *Namensbüchlein. Kurze Belehrung über die Taufnamen für den Bürger und Landmann. Ein Buch für jeden Familienvater, besonders auch für Lehrer*, Zwickau 1849.

Viehbeck, Friedrich Wilhelm: *Die Namen der alten Deutschen als Bilder ihres sittlichen und bürgerlichen Lebens*, Erlangen 1818.

Wiarda, Tilemann Dothias: *Über deutsche Vornamen und Geschlechtsnamen*, Berlin/Stettin 1800.

Zeitschrift für Standesamtswesen, Personenstandsrecht, Eherecht und Familiengeschichte 13 (1933).

Literarische und historisch-politische Quellen, Quellensammlungen

Anacker, Heinrich: *Die Fanfare. Gedichte der deutschen Erhebung*, München 1934.

Andersch, Alfred: *Der Vater eines Mörders*, Zürich 1982.

Arndt, Ernst Moritz: *Meine Wanderungen und Wandelungen mit dem Reichsfreiherrn Heinrich Karl Friedrich von Stein*, Berlin 1858.

Ders.: *Werke in 12 Teilen*, hg. von August Leffson und Wilhelm Steffens, Berlin/Leipzig/Wien/Stuttgart o. J. [1912].

Arnim, Bettine von: *Goethes Briefwechsel mit einem Kinde*, hg. von Waldemar Oehlke, Frankfurt/M. 1984.

Avenarius, Ferdinand (Hg.): *Balladenbuch*. Gekürzte Taschenausgabe. Des Balladenbuchs 121. bis 127. Tausend, München o. J. [ca. 1920].

Bade, Wilfrid: »Horst Wessel 1907–1930«, in: *Die Großen Deutschen. Neue Deutsche Biographie*, hg. von Willy Andreas und Wilhelm von Scholz, Bd. IV, Berlin 1936, S.594–606.

Becher, Johannes R.: *Gesammelte Werke*, 18 Bde., Berlin/Weimar 1966 bis 1981.

Biermann, Wolf: *Alle Lieder*, Köln 1991.

Brecht, Bertolt: *Die Gedichte in einem Band*, Frankfurt/M. 1981.

Brendel, Bruno: *Heim ins Reich. Lieder eines Sudetendeutschen*, Reichenberg 1939.

Christ, Lena: *Erinnerungen einer Überflüssigen*, München 1950.

Conrad, Michael Georg: *Was die Isar rauscht. Münchener Roman*, 2 Bde., Leipzig 1887.

Dhünen, Felix: *Uta von Naumburg*, Berlin 1934.

Droste-Hülshoff, Annette von: *Sämtliche Werke in zwei Bänden*, hg. von Bodo Plachta und Winfried Woesler, Frankfurt/M. 1994.

Engels, Hans Werner (Hg.): *Gedichte und Lieder deutscher Jakobiner*, Stuttgart 1971 (Deutsche revolutionäre Demokraten, Bd. 1).

Enzensberger, Hans Magnus: *Mausoleum*, Frankfurt/M. 1975.

Fontane, Theodor: *Sämtliche Werke* [später u.d.T. *Werke, Schriften und Briefe*, München ³1995], hg. von Walter Keitel und Helmuth Nürnberger, München 1962 ff. [als Tb.-ausgabe u.d.T. *Werke und Schriften*, Frankfurt a. M./Berlin 1986 ff.].

Franke, Konrad / Wolfgang Langenbucher (Hg.): *Erzähler aus der DDR*, Tübingen 1973.

Fried, Erich: *und Vietnam und. Einundvierzig Gedichte*, Berlin 1966 (Quarthefte 14).

Frisch, Max: *Tagebuch 1946–1949*, Frankfurt/M. 1958.

Gansel, Carsten (Hg.): *Der gespaltene Dichter. Johannes R. Becher. Gedichte, Briefe, Dokumente 1945–1958*, Berlin 1991.

Gaskell, Elizabeth: *Das Leben der Charlotte Brontë* [1857], München 1997.

Graf, Oskar Maria: *Das Leben meiner Mutter*, München 1994 (Oskar Maria Graf Werkausgabe, hg. von Wilfried F. Schoeller, Bd. V).

Grass, Günter: *Die Blechtrommel*, Darmstadt/Neuwied 1974.

Ders.: *Ausgefragt. Gedichte und Zeichnungen*, Neuwied/Berlin 1967.

Görres, Joseph: *Gesammelte Briefe, Bd. 1: Familienbriefe*, München 1858.

Halbe, Max: *Scholle und Schicksal. Geschichte meines Lebens*, München 1933.
Hebbel, Friedrich: *Sämmtliche Werke*. Historisch-kritische Ausgabe, hg. von Richard Maria Werner (Säkular-Ausgabe), Erste Abt., Bd. 9, Berlin 1913.
Heine, Heinrich: *Sämtliche Schriften*, hg. von Klaus Briegleb, Bd. 4, München 1971.
Hermlin, Stephan: *Der Flug der Taube*, Berlin 1952.
Heym, Stefan: *Die richtige Einstellung und andere Erzählungen*, München 1967.
Heyse, Paul: *Gesammelte Werke*. Dritte Reihe, Bd. 1, Stuttgart/Berlin o. J.
Historisch-politische Blätter für das katholische Deutschland 50 (1862).
Hoffmann von Fallersleben, August Heinrich: *Ausgewählte Werke*, hg. von Hans Benzmann, Bd. 3, Leipzig o. J. [1905].
Huchel, Peter: *Chausseen, Chausseen*, Frankfurt/M. 1963.
Jean Paul (d.i. Friedrich Richter): *Sämtliche Werke*. Historisch-kritische Ausgabe, hg. von Eduard Berend. Dritte Abt., Bd. 8, Berlin 1955.
Jörg, Joseph Edmund: *Briefwechsel 1846–1901*, hg. von Dieter Albrecht, Mainz 1988 (Veröffentlichungen der Kommission für Zeitgeschichte, Reihe A, Bd. 41).
Kästner, Erich: *Bei Durchsicht meiner Bücher ... Eine Auswahl aus vier Versbänden*, Stuttgart/Hamburg o. J. [1946].
Klein, Tim (Hg.): *1848. Der Vorkampf deutscher Einheit und Freiheit. Erinnerungen, Urkunden, Berichte, Briefe*, München/Leipzig 1914.
Klemperer, Victor: *LTI. Notizbuch eines Philologen*, Leipzig ^{16}1996.
Koeppen, Wolfgang: *Tauben im Gras*, Frankfurt/M. 1980.
Kordt, Erich: *Nicht aus den Akten. Die Wilhelmstraße in Frieden und Krieg. Erlebnisse, Begegnungen und Eindrücke 1928–1945*, Stuttgart 1950.
Kraus, Karl: *Die letzten Tage der Menschheit*, 2 Bde., München ^{3}1969.
Kunert, Günter: *Das kreuzbrave Liederbuch*, Berlin 1961.
Löwith, Karl: *Mein Leben in Deutschland vor und nach 1933. Ein Bericht*, Stuttgart 1986.
Mann, Heinrich: *Der Untertan*, Berlin 1958.
Mann, Thomas: *Altes und Neues. Kleine Prosa aus fünf Jahrzehnten*, Frankfurt/M. 1953.
[Mayer, Anton]: *Dortmals. Ein Leben in Bayern vor hundert Jahren*, hg. von Carl Amery, München 1975.
Menzel, Herybert: *Anders kehren wir wieder. Gedichte*, Hamburg 1943.

Merkle, Ludwig (Hg.): *Der bayerische Schwan. Gedichte des Königs Ludwig I. von Bayern*, München 1979.
Michalka, Wolfgang (Hg.): *Deutsche Geschichte 1933–1945. Dokumente zur Innen- und Außenpolitik*, Frankfurt/M. 1933.
Mühsam, Erich: *Gedichte*, hg. von Günther Emig, Berlin 1983 (Erich Mühsam Gesamtausgabe, Bd. 1).
Müller, Heiner: *Geschichten aus der Produktion 1. Stücke, Prosa, Gedichte, Protokolle*. Berlin 1975.
Noelle, Elisabeth / Erich Peter Neumann (Hg.): *Jahrbuch der öffentlichen Meinung 1947–1955*, 2 Bde., Allensbach 1956.
Noelle-Neumann, Elisabeth/Renate Köcher (Hg.): *Allensbacher Jahrbuch der Demoskopie 1984–1992*, Bd. 9, München u. a. 1993.
Petzet, Erich (Hg.): *Der Briefwechsel von Jacob Burckhardt und Paul Heyse*, München 1916.
Pleschinski, Hans: *Ostsucht. Eine Jugend im deutsch-deutschen Grenzland*, München 1993.
Ranke, Leopold von: *Abhandlungen und Versuche. Neue Sammlung*, hg. von Alfred Dove und Theodor Wiedemann, Leipzig 1888.
Rauschning, Hermann: *Gespräche mit Hitler*, Zürich/New York 1940.
Riehl, Wilhelm Heinrich: *Die Familie*, Stuttgart/Augsburg 1855 (Die Naturgeschichte des Volkes als Grundlage einer deutschen Social-Politik, Bd. 3).
Ringelnatz, Joachim: *Gedichte 2*, Berlin 1985 (*Das Gesamtwerk in 7 Bänden*, Bd. 2).
Ritter, Gerhard A. / Merith Niehuss: *Wahlgeschichtliches Arbeitsbuch. Materialien zur Statistik des Kaiserreichs 1871–1918*, München 1980.
Rychnovsky, Ernst: *Smetana*, Stuttgart/Berlin 1924.
Schmeller, Johann Andreas: *Tagebücher 1801–1852*, hg. von Paul Ruf, 2 Bde., München 1956.
Schmidt, Ludwig Friedrich von: »Lebenserinnerungen des ehemaligen bayerischen Kabinets-Predigers und Ministerialrats Ludwig Friedrich von Schmidt«, in: *Blätter für bayerische Kirchengeschichte* 5/6 (1887/88), S. 55–73, 81–87, 104–107, 119–124.
Schreyer, Lothar: *Frau Uta in Naumburg*, Oldenburg 1934.
Schubart, Christian Friedrich Daniel: *Schubart's Leben und Gesinnungen. Von ihm selbst im Kerker aufgesezt. Erster Theil*, Stuttgart 1791.
Schubert, Gotthilf Heinrich: *Der Erwerb aus einem vergangenen und die Erwartungen von einem zukünftigen Leben. Eine Selbstbiographie*, Bd. 3, Erlangen 1856.

Schütze, Christian (Hg.): *Simplicissimus-Album. Facsimile-Querschnitt durch den Simplicissimus*, Bern/Stuttgart/Wien 1963.
Thoma, Ludwig: *Gesammelte Werke*, Bd. 5. Erw. Ausgabe, München 1968.
Weizsäcker, Richard von: *Die deutsche Geschichte geht weiter*, Berlin 1983.
Weinert, Erich: *Gesammelte Gedichte*, Bd. 5, Berlin/Weimar 1975.
Wernitz, Axel: »Lasaulx und die vorrevolutionäre Münchner Szene im Februar 1847. Ein unbekannter Brief des Professors an seinen Würzburger Kollegen Aloys Mayr«, in: *Oberbayerisches Archiv* 93 (1971), S. 185–189.
Wimschneider, Anna: *Herbstmilch. Lebenserinnerungen einer Bäuerin*, München/Zürich [49]1984.
Zeydel, Edwin H. / Percy Matenko: »Unpublished Letters of Ludwig Tieck to Friedrich von Raumer«, in: *The Germanic Review* 5 (1930), S. 19–37.

Sekundärliteratur

Namenforschung allgemein und im historischen Kontext

Becker, Nicolas: »Hans und Grete, Momo und Azalee. Namenwahl als Zeitgeschichte«, in: *Kursbuch* 72, Juni 1983, S. 154–165.
Beckers, Hartmut: »›Horst‹ und ›Horsta‹. Ein namenkundliches Problem bei Klopstock und in der älteren historiographischen Literatur«, in: *Beiträge zur Namenforschung* NF 8 (1973), S. 13–25.
Bering, Dietz: *Der Name als Stigma. Antisemitismus im deutschen Alltag 1812–1933*, Stuttgart 1987, [3]1992.
Ders.: *Kampf um Namen. Bernhard Weiß gegen Joseph Goebbels*, Stuttgart 1991.
Bussmann, Hadumod: *Lexikon der Sprachwissenschaft*, Stuttgart 1983.
Debus, Friedhelm: »Namengebung. Möglichkeiten zur Erforschung ihrer Hintergründe«, in: *Onoma* 18 (1974), S. 456-469.
Ders.: »Personennamengebung der Gegenwart im historischen Vergleich«, in: *Zeitschrift für Literaturwissenschaft und Linguistik* 67 (1987) S.52–73.
Ders.: »Zur Pragmatik von Namengebung und Namengebrauch in unserer Zeit«, in: *Beiträge zur Namenforschung* NF 20 (1985), S. 305 bis 343.
Ders.: »Aufgaben, Methoden und Perspektiven der Sozioonomastik«,

in: Rob Rentenaar / Ellen Palmboom (Hg.): *De naamkunde tussen taal en cultur*, Amsterdam 1988, S. 40–77.

Ders. / Wilfried Seibicke: *Reader zur Namenkunde, Bd. I: Namentheorie*, Hildesheim/Zürich/New York 1989.

Drüge, Jens: *Die Vornamengebung in der Münchner Pfarrei St. Ursula (Schwabing) im 19. Jh.* (ungedr. Seminararbeit), Neubiberg 1991.

Ders.: *Vornamen als politischer und gesellschaftlicher Indikator? Westfalen 1785–1817*. Eine Studie über die Möglichkeiten und Grenzen der Vornamenforschung als Hilfswissenschaft für die historischen Sozialwissenschaften, masch. Diplomarbeit, Universität der Bundeswehr München, Staats- und Sozialwissenschaften, 1992.

Gerhards, Jürgen / Rolf Hackenbroch: »Kulturelle Modernisierung und die Entwicklung der Semantik von Vornamen«, in: *Kölner Zeitschrift für Soziologie und Sozialpsychologie* 49 (1997), S. 410–439.

Gleitze, Bruno: »Beitrag zur Geschichte der kulturellen Integration Deutschlands. Untersucht an der ost- und westdeutschen Vornamensentwicklung 1750–1850«, in: *Jahrbuch der Albertus-Universität zu Königsberg/Pr.* 13 (1963), S. 130–151.

Grünwald, Gisela: *Gesellschaftliche Veränderungen im Spiegel der Namengebung. Eine empirische Untersuchung anhand spanischer Vornamen in der Stadt Javea*, Stuttgart 1994.

Hartmann, Torsten: *Untersuchung der konnotativen Bedeutung von Personennamen. Ein theoretischer und empirischer Beitrag zur Psychoonomastik mit Hilfe eines konzeptspezifischen semantischen Differentials*, Neumünster 1984 (Kieler Beiträge zur deutschen Sprachgeschichte, Bd. 7).

Hörsch, Nicoline: *Republikanische Personennamen. Eine anthroponymische Studie zur Französischen Revolution*, Tübingen 1994 (Beihefte zur Zeitschrift für romanische Philologie, Bd. 258).

Jedlicka, Andrea: *Namengebung und Mentalitätswandel*, Frankfurt a. M./Berlin/New York 1993 (Europäische Hochschulschriften XX, 407).

Kaiser, Alfons (Hg.): *Die Welt der Vornamen. Anleitungen aus 22 Ländern, Namen zu verstehen*, Hamburg 1998.

Koß, Gerhard: »Motivationen bei der Wahl von Rufnamen«, in: *Beiträge zur Namenforschung* NF 7 (1972), S. 159–175.

Ders.: *Namenforschung. Eine Einführung in die Onomastik*, Tübingen 1990.

Kunze, Konrad: Namenkunde. *Vor- und Familiennamen im deutschen Sprachgebiet*, München 1998.

Lüpke-Müller, I.: *Namensgebungspolitik und -praxis in der Zeit des Dritten Reiches am Material der Stadt Kiel*, masch. Staatsexamensarbeit, Kiel 1974.

Mahlburg, Werner: »Die Vornamengebung im Nationalsozialismus«, in: *Das Standesamt* 38 (1985), S. 241–247.

Masser, Achim: »Zum Wandel der deutschen Rufnamengebung. Ein Vorbericht«, in: *Beiträge zur Namenforschung* NF 13 (1978), S. 341 bis 357.

Mattlinger, Stefan: *Namengebung und Ideologie im »Dritten Reich« am Beispiel der Stadt Kiel*. Diss. Univ. Kiel, 1995 (Microfiche).

Merkle, Elli und Ludwig: *Vornamen in Bayern von Alois bis Zenzi*, München 1981.

Mitterauer, Michael: »Namengebung«, in: *Beiträge zur historischen Sozialkunde* 18 (1988), S. 36–70.

Ders.: *Ahnen und Heilige. Namengebung in der europäischen Geschichte*, München 1993.

Otte-Schacht, Armin: »Friesische Vornamen wieder beliebter. Untersuchung über Häufigkeit und Verteilung von für die Region typischen Namensformen«, in: *Heimat am Meer. Beilage zur Wilhelmshavener Zeitung*, Nr. 21/95, 14.9.1995, S. 81–83.

Pohl, Horst: *Einflüsse auf die Vornamenwahl in Leipzig und Nürnberg vom 13. bis zum 18. Jahrhundert*, Neustadt/Aisch 1998.

Raveling, Irma: *Die ostfriesischen Vornamen. Herkunft, Bedeutung und Verbreitung*, Aurich ³1985.

Dies.: *Frühe Rufnamen in Ostfriesland*, ebd. 1985 (Ostfriesische Familienkunde, Heft 8 und 5).

Rooyen, Marc van: *Het groot voornamenboek*, 3 Bde., Brügge 1987 bis 1989.

Schmidtbauer, Peter: »Zur Veränderung der Vornamengebung im 19. Jahrhundert«, in: *Österreichische Namenforschung* 4 (1976), S. 25–32.

Seibert, Winfried: *Das Mädchen, das nicht Esther heißen durfte. Eine exemplarische Geschichte*, Leipzig 1996.

Seibicke, Wilfried: *Die Personennamen im Deutschen*, Berlin/New York 1982.

Ders.: »Lexikographie deutscher Personennamen«, in: Herbert Ernst Wiegand (Hg.): *Studien zur neuhochdeutschen Lexikographie*, Bd. 3 (Germanistische Linguistik 1–4/82), Hildesheim/Zürich/New York 1983, S. 275–306.

Ders.: »Schichten slawischer Vornamen im Deutschen«, in: *Onomasti-*

ca Slavogermanica 19 (1990) (Abh. der Sächsischen Akademie der Wissenschaften zu Leipzig, phil.-hist. Klasse, Bd. 73, Heft 2), S. 177 bis 189.

Ders.: »Personennamenwörterbücher«, in: Franz Josef Hausmann / Oskar Reichmann / Herbert Ernst Wiegand / Ladislav Zgusta (Hg.): *Wörterbücher – Dictionaries – Dictionnaires. Ein internationales Handbuch zur Lexikographie*, 2. Teilband, Berlin/New York 1990, S. 1267–1275.

Ders.: *Vornamen*, 2., vollständig überarbeitete Auflage, Frankfurt/M. 1991.

Ders.: »Traditionen der Vornamengebung. Motivationen, Vorbilder, Moden«, in: Ernst Eichler / Gerold Hilty / Heinrich Löffler / Hugo Steger / Ladislav Zgusta (Hg.): *Namenforschung – Name Studies – Les noms propres. Ein internationales Handbuch zur Onomastik*, 2. Teilband, Berlin/New York 1996, S. 1207–1214.

Ders.: *Historisches deutsches Vornamenbuch*, Bd. 1: *A–E*, Berlin/New York 1996, Bd. 2: *F–K*, ebd. 1998.

Walther, Hans: »Gesellschaftliche Entwicklung und geschichtliche Entfaltung von Wortschatz und Namenschatz«, in: *Onomastica Slavogermanica* VII, Berlin 1973 (Abh. der Sächsischen Akademie der Wissenschaften zu Leipzig, phil.-hist. Klasse, Bd. 64, Heft 2), S. 11–21.

Weitman, Sasha: »Some Methodological Issues in Quantitative Onomastics«, in: *Names* 29 (1981), S. 181–196.

Ders., »Prénoms et orientations nationales en Israel, 1882–1980«, in: *Annales* 42 (1987), S. 879–900.

Wolffsohn, Michael / Brechenmacher, Thomas: »Vornamen als demoskopischer Indikator? München 1785–1876«, in: *Zeitschrift für bayerische Landesgeschichte* 55 (1992), S. 544–573.

Geschichtswissenschaftliche Sekundärliteratur

Adalbert Prinz von Bayern: *Max I. Joseph von Bayern. Pfalzgraf, Kurfürst und König*, München 1957.

Albrecht, Dieter: »Von der Reichsgründung bis zum Ende des Ersten Weltkrieges (1871–1918)«, in: Max Spindler (Hg.): *Handbuch der bayerischen Geschichte*, Bd. IV, 1, München ²1979, S. 283–386.

Altenbockum, Jasper von: *Wilhelm Heinrich Riehl 1823–1897. Sozialwissenschaft zwischen Kulturgeschichte und Ethnographie*, Köln/Weimar/Wien 1994.

Baumgart, Peter (Hg.): *Expansion und Integration. Zur Eingliederung neugewonnener Gebiete in den preußischen Staat*, Köln/Wien 1984.

Bokovoy, Douglas / Meining, Stefan (Hg.): *Versagte Heimat. Jüdisches Leben in Münchens Isarvorstadt 1914–1945*, München 1994.

Bower, Leonard / Gordon Bolitho: *Otto, König von Griechenland*, Autenried 1997.

Bühler, Anna Lore: *Karoline, Königin von Bayern. Beiträge zu ihrem Leben und zu ihrer Zeit*, München 1941.

Craig, Gordon A.: *Über die Deutschen*, München 1982.

Deneke, Bernward (Hg.): *Geschichte Bayerns im Industriezeitalter in Texten und Bildern*, Stuttgart 1987 (Wissenschaftliche Beibände zum Anzeiger des Germanischen Nationalmuseums, Bd. 7).

Dirrigl, Michael: *Maximilian II. König von Bayern 1848–1864*, 2 Bde., München 1984.

Doeberl, Michael: *Bayern und die Bismarckische Reichsgründung*, München/Berlin 1925.

Ders.: *Entwicklungsgeschichte Bayerns*, Bd. III, München 1931.

Doyé, Franz von Sales: *Heilige und Selige der römisch-katholischen Kirche. Deren Erkennungszeichen, Patronate und lebensgeschichtliche Bemerkungen*, 2 Bde., Leipzig 1925/30.

Elon, Amos: *Die Israelis. Gründer und Söhne*, Wien/München 1972.

Fest, Joachim C.: *Hitler. Eine Biographie*, Berlin u. a. 1973 u. ö.

Furet, François / Denis Richet: *Die Französische Revolution*, Frankfurt/M. 1968.

Gäck, Anton: *Die Eisenbahn im Altmühltal – Sie war einmal*, Eichstätt 1976.

Gall, Lothar: *Bismarck. Der weiße Revolutionär*, Frankfurt a. M./Berlin/Wien 1980.

Ders. (Hg.): *Stadt und Bürgertum im 19. Jahrhundert*, München 1990 (Historische Zeitschrift, Beiheft 12).

Geiss, Ernest: *Geschichte der Stadtpfarrei St. Peter in München*, München 1868.

Gercke, Hans: *Das Altmühltal*, Köln 1991.

Glaser, Hermann: *Kleine Kulturgeschichte der Bundesrepublik Deutschland 1945–1989*, Bonn ²1991.

Glaser, Hubert (Hg.): *Die Zeit der frühen Herzöge. Von Otto I. zu Ludwig dem Bayern. Beiträge zur bayerischen Geschichte und Kunst 1180–1350; – Krone und Verfassung. König Max I. Joseph und der neue Staat*, München/Zürich 1980 (Wittelsbach und Bayern, Bd. I/1, III/1).

Gollwitzer, Heinz: *Ludwig I. von Bayern. Königtum im Vormärz. Eine politische Biographie*, München ²1987.
Ders.: *Ein Staatsmann des Vormärz: Karl von Abel (1788–1859). Beamtenaristokratie – Monarchisches Prinzip – Politischer Katholizismus*, Göttingen 1993 (Schriftenreihe der Historischen Kommission bei der Bayerischen Akademie der Wissenschaften, Bd. 50).
Haffner, Sebastian: *Anmerkungen zu Hitler*, Frankfurt/M. 1985.
Ders.: *Der Teufelspakt. Die deutsch-russischen Beziehungen vom Ersten zum Zweiten Weltkrieg*, Zürich 1988.
Hanisch, Ernst: *Der lange Schatten des Staates. Österreichische Gesellschaftsgeschichte im 20. Jahrhundert*, Wien 1994 (Österreichische Geschichte, hg. von Herwig Wolfram, Bd. 9).
Hänsel-Hohenhausen, Markus: *Clemens August Freiherr Droste zu Vischering. Erzbischof von Köln 1773-1845. Die moderne Kirchenfreiheit im Konflikt mit dem Nationalstaat*, 2 Bde., Frankfurt/M. 1991.
Hartmann, Peter Claus: *Bayerns Weg in die Gegenwart. Vom Stammesherzogtum zum Freistaat heute*, Regensburg 1989.
Hartmannsgruber, Friedrich: *Die bayerische Patriotenpartei 1868 bis 1887*, München 1986 (Schriftenreihe zur bayerischen Landesgeschichte, Bd. 82).
Haus der bayerischen Geschichte (Hg.): *König Maximilian II. von Bayern 1848–1864*, Rosenheim 1988.
Heißerer, Dirk: *Wo die Geister wandern. Eine Topographie der Schwabinger Bohème um 1900*, München ²1996.
Hildebrand, Klaus: *Das vergangene Reich. Deutsche Außenpolitik von Bismarck bis Hitler, 1871–1945*, Stuttgart 1995.
Hofer, Walther (Hg.): *Der Nationalsozialismus. Dokumente 1933 bis 1945*, Frankfurt/M. 1979
Hüttl, Ludwig: *Ludwig II. König von Bayern. Eine Biographie*, München 1986.
Jäckel, Eberhard: *Das deutsche Jahrhundert. Eine historische Bilanz*, Stuttgart 1996.
Keller, Hiltgart L.: *Reclams Lexikon der Heiligen und der biblischen Gestalten*, Stuttgart 1968 u. ö.
Kershaw, Ian: *Popular Opinion and Political Dissent in the Third Reich. Bavaria 1933–1945*, Oxford 1983.
Kohl, Wilhelm (Hg.): *Westfälische Geschichte*, 2 Bde., Düsseldorf 1983.
Kolbe, Jürgen: *Heller Zauber. Thomas Mann in München 1894–1933*, Berlin 1987.

Maillard, Pierre: *De Gaulle und Deutschland. Der unvollendete Traum*, Berlin/Bonn 1991.
Mayer, Hans: *Die umerzogene Literatur. Deutsche Schriftsteller und Bücher 1945–1967*, Berlin 1988.
Müller, Hans: *Säkularisation und Öffentlichkeit am Beispiel Westfalen*, Münster 1971.
Niemann, Heinz: *Meinungsforschung in der DDR. Die geheimen Berichte des Instituts für Meinungsforschung an das Politbüro der SED*, Köln 1993.
Nipperdey, Thomas: *Deutsche Geschichte 1800–1866. Bürgerwelt und starker Staat*, München ⁴1987.
Ders.: *Deutsche Geschichte 1866–1918, Band I: Arbeitswelt und Bürgergeist*, München 1990. *Band II: Machtstaat vor der Demokratie*, München 1992.
Nirrnheim, Otto: *Das erste Jahr des Ministeriums Bismarck und die öffentliche Meinung*, Heidelberg 1908, Nachdr. Nendeln 1977.
Ohler, Norbert: »Pfarrbücher als Quelle für den Historiker. Methoden und Möglichkeiten ihrer Erschließung, dargestellt am Beispiel der Pfarrbücher von Hochdorf/Breisgau«, in: Irmgard Hampp / Peter Assion (Hg.): *Forschungen und Berichte zur Volkskunde in Baden-Württemberg 1974–1977*, Stuttgart 1977, S. 115–148.
Ders.: *Quantitative Methoden für Historiker. Eine Einführung*, München 1980.
Picht, Georg: *Die deutsche Bildungskatastrophe. Analyse und Dokumentation*, Olten/Freiburg i. Brsg. 1964.
Plessner, Helmuth: *Die verspätete Nation. Über die Verführbarkeit bürgerlichen Geistes* (1935/59), Frankfurt/M. 1982 (Gesammelte Schriften, Bd. 4).
Prinz, Josef: *Greven an der Ems. Die Geschichte der Stadt und des Amtes Greven*, Greven 1960, ²1976/77.
Röber, Manfred: *Greding. Vergangenheit und Gegenwart*, Greding 1983.
Schad, Martha: *Bayerns Königinnen*, Regensburg 1992.
Schnabel, Franz: *Deutsche Geschichte im neunzehnten Jahrhundert, Bd. 4: Die religiösen Kräfte*, Freiburg/Brsg. 1937, Nachdr. München 1987.
Schauber, Vera / Hanns Michael Schindler: *Die Heiligen und Namenspatrone im Jahreslauf*, Augsburg ²1988.
Schulin, Ernst: *Die Französische Revolution*, München 1988.
Siemann, Wolfram: *Vom Staatenbund zum Nationalstaat. Deutsch-*

land 1806–1871, München 1995 (Neue Deutsche Geschichte, Bd. 7).

Sing, Achim, (Hg.): *Die Wissenschaftspolitik Maximilians II. von Bayern (1848–1864). Nordlichterstreit und gelehrtes Leben in München*, Berlin 1996 (Ludovico Maximilianea, Forschungen, Bd. 17).

Spindler, Max (Hg.): *Handbuch der bayerischen Geschichte*, Bd. II, München ²1988; Bd. IV, ebd. ²1979.

Steininger, Rolf: *Südtirol im 20. Jahrhundert. Vom Leben und Überleben einer Minderheit*. Insbruck/Wien, 1997.

Ullrich, Wolfgang: *Eine Diva aus Stein. Die Naumburger Uta und ihre Wirkungsgeschichte*. (Bayerischer Rundfunk, Programm Bayern 2, 09.07.1995).

Ders.: *Uta von Naumburg. Eine deutsche Ikone*, Berlin 1998 (Kleine kulturwissenschaftliche Bibliothek, Bd. 59).

Vogt, Martin (Hg.): *Deutsche Geschichte*. Begründet von Peter Rassow, vollständig neu bearb. Ausgabe, Stuttgart 1987.

Wehler, Hans-Ulrich: *Geschichte als historische Sozialwissenschaft*, Frankfurt/M. 1973.

Ders.: *Deutsche Gesellschaftsgeschichte, Bd. 2: Von der Reformära bis zur industriellen und politischen »Deutschen Doppelrevolution« 1815–1845/49*, München 1987, ²1989; *Bd. 3: Von der »Deutschen Doppelrevolution« bis zum Beginn des Ersten Weltkrieges, 1849 bis 1914*, ebd. 1995.

Weiger, Hubert (Hg.): *Der Rhein-Main-Donau-Kanal. Das Für und Wider seiner Fertigstellung*, München 1983.

Weis, Eberhard: *Der Durchbruch des Bürgertums, 1776-1847*, Frankfurt a. M./Berlin/Wien 1975 (Propyläen Geschichte Europas, Bd. 4).

Ders.: *Montgelas, Bd. 1: Zwischen Revolution und Reform 1759–1799*, München ²1988.

Ders.: *Deutschland und Frankreich um 1800. Aufklärung, Revolution, Reform*, München 1990.

Wolffsohn, Michael: *Politik in Israel*, Opladen 1983.

Ders.: *Keine Angst vor Deutschland*, Erlangen u. a. 1990.

Zerback, Ralf: *München und sein Stadtbürgertum. Eine Residenzstadt als Bürgergemeinde 1780–1870*, München 1997.

Zitelmann, Rainer: *Adolf Hitler. Eine politische Biographie*, Göttingen/Zürich 1989.

Abbildungsverzeichnis

Abb. 1: Münsterland 1785–1817: gebundene Namen und Heiligennamen, S. 130

Abb. 2: Münsterland 1785–1817: französische Namen, preußische Königsnamen, innovative Namen, S. 130

Abb. 3: München 1809–1871, Protestanten: dynastische Namen insgesamt nach Bevölkerungsschichten, S. 131

Abb. 4: München 1787–1876, Katholiken: dynastische Namen insgesamt und nach Bevölkerungsschichten, S. 131

Abb. 5: München 1787–1876, Katholiken: Königsnamen, S. 132

Abb. 6: München 1809–1871, Protestanten: Königsnamen, S. 132

Abb. 7: München 1797–1829, Katholiken und Protestanten: Maximilian/Max, S. 133

Abb. 8: München 1797–1825, Katholiken: Ludwig, Maximilian nach Bevölkerungsschichten, S. 133

Abb. 9: München 1821–1876, Katholiken: Ludwig, nach Bevölkerungsschichten, S. 134

Abb. 10: München 1837–1871, Protestanten: Ludwig, nach Bevölkerungsschichten, S. 134

Abb. 11: München 1841–1867, Katholiken und Protestanten: Maximilian/Max nach Bevölkerungsschichten, S. 135

Abb. 12: München 1803–1876, Katholiken: Otto, insgesamt und nach Bevölkerungsschichten, S. 135

Abb. 13: München 1819–1871, Protestanten: Otto, insgesamt und nach Bevölkerungsschichten, S. 136

Abb. 14: München 1787–1876, Katholiken und Protestanten: traditionelle Namen und Heiligennamen, S. 136

Abb. 15: München 1787–1876, Katholiken: innovative und regionalbayerische Namen, S. 137

Abb. 16: München 1787–1876, Katholiken und Protestanten: Königinnennamen (Caroline und Therese), S. 137

Abb. 17: München 1797–1849, Katholiken: Königinnennamen (Caroline und Therese) bei ehelichen und nichtehelichen Kindern, S. 203

Abb. 18: München 1797–1853, Katholiken: Königsnamen (Maximilian, Ludwig) bei ehelichen und nichtehelichen Kindern, S. 203

Abb. 19: München 1787–1876, Katholiken: innovative Namen bei ehelichen und nichtehelichen Kindern, S. 204

Abb. 20: München 1787–1876, Katholiken: movierte Namen insgesamt und nach Bevölkerungsschichten, S. 204

Abb. 21: München 1787–1876, Katholiken und Protestanten: Bildungsnamen, S. 205

Abb. 22: München 1787–1876, Katholiken: Bildungsnamen nach Bevölkerungsschichten und bei ehelichen und nichtehelichen Kindern, S. 205

Abb. 23: München 1787–1876, Katholiken und Protestanten: germanische Namen, S. 206

Abb. 24: München 1787–1876, Katholiken: englische, französische und italienische Namen, S. 206

Abb. 25: München 1787–1876, Katholiken und Protestanten: biblische und hebräisch-jüdische Namen, S. 207

Abb. 26: Deutschland (München) 1903–1945: Wilhelm, Ludwig, Friedrich und dynastische Namen insgesamt, S. 207

Abb. 27: Deutschland (München) 1907–1945: Adolf und Horst, S. 208

Abb. 28: Deutschland (München) 1919–1966: Uta, S. 208

Abb. 29: Deutschland (München) 1904–1945: germanisch-ideologische Namen, S. 209

Abb. 30: Deutschland (München) 1904–1945: germanische und nordische Namen, S. 209

Abb. 31: Deutschland (München) 1905–1945: biblische und hebräisch-jüdische Namen, S. 210

Abb. 32: Deutschland (München) 1900–1945: englische, französische, italienische und spanische Namen, S. 210

Abb. 33: Deutschland (München) 1904–1945: russische und slawische Namen, S. 292

Abb. 34: Deutschland (München) 1904–1945: Bildungsnamen, lateinische und altgriechische Namen, S. 292

Abb. 35: Deutschland (München) 1900–1945: traditionelle Namen und Heiligennamen, S. 293

Abb. 36: Deutschland (München) 1890–1945: ausländische Namen insgesamt und regional-bayerische Namen, S. 293

Abb. 37: BRD (München) 1950–1990: dynastische und germanisch-ideologische Namen, S. 294

Abb. 38: BRD (München) 1950–1990: germanische und nordische Namen, S. 294

Abb. 39: BRD (München) 1950–1990: traditionelle Namen, Heiligennamen, innovative Namen, S. 295

Abb. 40: BRD (München)1950-1990: regional-bayerische Namen, Neologismen und Doppelformen, S. 295

Abb. 41: BRD (München) 1950-1990: anglo-amerikanische, französische, italienische und spanische Namen, S. 296

Abb. 42: BRD (München) 1950-1990: russische und slawische Namen, S. 296

Abb. 43: BRD (München) 1950-1990: Bildungsnamen, lateinische, altgriechische Namen und ausländische Namen, S. 297

Abb. 44: BRD (München) 1950-1990: hebräisch-jüdische Namen, S. 297

Abb. 45: DDR 1960-1990: traditionelle Namen, innovative Namen und Heiligennamen, S. 298

Abb. 46: DDR 1960-1990: germanische und nordische Namen, S. 298

Abb. 47: DDR 1960-1990: russische und slawische Namen, S. 299

Abb. 48: DDR 1960-1990: anglo-amerikanische, französische, italienische, spanische Namen sowie Westorientierung im Vergleich zur BRD, S. 299

Abb. 49: DDR 1960-1990: Bildungsnamen, lateinische und altgriechische Namen, S. 337

Abb. 50: DDR 1960-1990: hebräisch-jüdische und biblische Namen, S. 337

Abb. 51: »Gotteswinkel« 1810-1989: traditionelle Namen, Heiligennamen und innovative Namen (Cluster), S. 338

Abb. 52: »Gotteswinkel« 1807-1907: traditionelle Namen, Heiligennamen und innovative Namen, S. 338

Abb. 53: »Gotteswinkel« 1908-1990: traditionelle Namen, Heiligennamen und innovative Namen, S. 339

Abb. 54: »Gotteswinkel« 1933-1937: Adolf, S. 339

Abb. 55: München 1791-1891, Katholiken und Protestanten: traditionelle Namen, Heiligennamen und innovative Namen, S. 340

Abb. 56: München 1791-1871, Katholiken und Protestanten: Südwestorientierung und regional-bayerische Namen, S. 340

Abb. 57: München 1791-1871, Katholiken und Protestanten: dynastische Namen, germanische Namen, Bildungsnamen, S. 341

Abb. 58: Deutschland (München) 1890-1990: traditionelle Namen, Heiligennamen, germanisch-nordische und innovative Namen, S. 341

Abb. 59: Deutschland (München) 1900-1990: Südwestorientierung, russische und slawische, hebräisch-jüdische, regional-bayerische Namen, S. 342

Danksagung

Fast neun Jahre sind vergangen, seit wir im Herbsttrimester 1990 an der Universität der Bundeswehr in München zum ersten Mal eine Lehrveranstaltung über »Vornamen und Politik in Deutschland« anboten. Seither hat uns dieses Projekt, nicht immer mit gleicher Intensität, aber doch ununterbrochen beschäftigt. Viele Mitarbeiter und Helfer haben uns begleitet, manche nur eine Wegstrecke, manche von Anfang an. Daß wir »Die Deutschen und ihre Vornamen« als vorläufigen Abschluß des Projekts nun vorgelegt haben, ist zu einem großen Teil ihr Verdienst.

An erster und hervorgehobener Stelle gebührt unser herzlicher Dank Friederike Kaunzner, die von der ersten Stunde an beteiligt war, in langen Archivsitzungen Daten erhoben und am häuslichen Bildschirm Vornamen klassifiziert und mit Kompetenz ausgewertet hat, ohne jemals die Geduld zu verlieren. Besonderen Respekt schulden wir ihr für die Bearbeitung der 1,1 Millionen Einträge der Münchner Einwohnermeldeliste. Ohne Friederike Kaunzner wäre das Buch nicht entstanden.

Thomas Winkelbauer bereitete in einer Seminararbeit den Grund für das Kapitel über das Altmühltal; Jens Drüge legte eine Diplomarbeit über die Vornamengebung im Münsterland zur Zeit der Französischen Revolution vor. Unsere wissenschaftlichen Hilfskräfte Andrea Brill, Thomas Bork, Elisabeth Jändl, Christian Meier, Claudia Mohr, Peter Münch, Dubravka Petrak, Andreas Stoffers, Andreas Otto Weber und Stephan Wendehorst unterstützten das Projekt durch unzählige Archivgänge, Computersitzungen und Redaktionsarbeiten.

Für ihre Hilfe bei der Quellenbeschaffung sind wir auch den Mitarbeitern vom Archiv des Erzbistums München-Freising, des Bistumsarchivs Münster sowie des Evangelischen Kirchenbucharchivs in Regensburg zu Dank verpflichtet. Peter Geißer vom Statistischen Amt der Stadt München stellte den Computerauszug der städtischen Einwohnermeldeliste zur Verfügung, auf dessen Grundlage erst eine aussagekräftige Auswertung der Vornamengebung im »Dritten Reich« und in der Bundesrepublik Deutschland erfolgen konnte.

Literaturhistorische Hilfe leisteten uns Margit Immel und Jürgen Kolbe. Carsten Feldmann bearbeitete die Rohfassung des Manuskripts intensiv, kritisch und konstruktiv und steuerte eine Vielzahl von Anregungen und Verbesserungsvorschlägen bei. Douglas Bokovoy schließlich sorgte im Auftrag der Forschungsstelle deutsch-jüdische Zeitgeschichte e.V. unbürokratisch für die finanzielle Absicherung. Für die Bereitstellung der Mittel danken wir dem Bayerischen Staatsministerium für Wissenschaft, Forschung und Kunst.

Als streitbare Widerspruchsgeister begleiteten das Projekt Rita Wolffsohn und Bärbel Brechenmacher. Und, last but not least, Wilfried Seibicke, der große Vornamenforscher, dem keine noch so abgelegene Frage ein Problem war und dessen nie versiegendes Interesse stets neuen Motivationsschub gab.

Ihnen allen sowie den vielen hier nicht Genannten sei von Herzen gedankt.

München, im Januar 1999 *Michael Wolffsohn*
Thomas Brechenmacher

Register

Die *kursiv* gesetzten Seitenzahlen beziehen sich auf Graphiken.

Aaron 34, *181*, 289
Abbo 273
Abel, Karl von 91–94, 102 f.
Abraham 34
Achilsohn 170
Achtundsechziger-Generation 276 f., 285 f., 322
Adalberta 164
Adam *181*
Adenauer, Konrad 215, 264, 275, 280
Adolf 12, 35, *208*, 211 f., 218–227, 231, 233, 236, 238, 242, 265, 302 f., 333, 360, 365 f.
Adolfine 11, 212 f., 225
Adolfo (Adolphe) 219
Afra 269
Agnes 170
Ahlbrecht, Heinz 361
Albert 176
Albertina 164
Albin 286
Albrecht 59
Albrecht, Dieter 122, 124
Alexander 287
Alexis, Willibald 198
Alfred 179, 278
Alnot 239
Alois 150, 272
Altes Testament 181, 245, 336
altgriechische Namen 34, 257, 286 f., 292, 297, 337
– in der DDR 314
Altmühltal 24, 30, 57, *321 ff.*, *325 ff.*, *338 f.*
Amalia (Amalie) 59, 149, 170, 377
Amos 289
Anacker, Heinrich 219
Andersch, Alfred 258

Andrew 28
Angelina 282
anglo-amerikanische Namen 247 f., 274, 276, 278 f., *296*, *299*, *352*, *382*, *388*
– in der DDR 307, 312
Anna 145, 269, 272, 323, 377
Anna-Elisabeth 238
Annette 178
Antisemitismus 181, 215, 244, 357
Antoinette 178
Anton 269, 377
Arafat, Jassir 276
Arndt, Ernst Moritz 53, 67
Arnim, Bettine von 79 f., 82
Arthur 278
Athanasius 269, 287
Auerstedt 39
August 377
Augusta 59
Augustinus 287
Aurelia 286
Avenarius, Ferdinand 198
Arjeh 34
Axel 241

Bade, Wilfrid 229
Baldhard 239
Barbara 145, 272, 377
Basilius 269
Bauwa 273
Bayerische Patriotenpartei (Zentrumspartei) 124–127
Becher, Johannes R. 222, 303 f., 309, 315
Belinda 278
Benedictus 149
Benedikt 150
Beneken, Georg Wilhelm Friedrich 173

452

Bentheim, Grafschaft 39
Berengar 287
Berg, Großherzogtum 39
Bering, Dietz 20, 163, 358, 367
Bernd-Dietmar 237
Bernd-Walter 237
Bernhard 176
Bertha 170
Bibel 181, 245, 314 ff., 336
biblische Namen 15, 31 f., 34,
  180 ff., 207, 210, 245 f., 250,
  290, 386
– in der DDR 315, 337 f.
Biermann, Wolf 317
Bildungsbürgertum 95, 100 f.,
  166 ff., 174 ff., 347; *siehe auch*
  Vornamengebung, bildungsbürgerliche
Bildungsnamen 33 f. 64, 151,
  168 f., 292, 297, 337, 341, 345,
  351, 376, 387
Bildungsreligion 166–171, 174 f.,
  345, 351 f.
Bismarck, Otto von 110,
  115–128, 172, 184 f., 228,
  327 f., 330
Björn 215, 214
Blanka 173
Blücher, General 39
Bonaventura 287
Bonno 273
Boris 284, 336
Brandt, Willy 264, 267, 284
Brecht, Bertolt 229
Brendel, Bruno 219
Briand, Aristide 249
Brit 307
Brontë, Charlotte 15
Brüggemann, Theodor 117
Burgsteinfurt 40, 50, 368
Busch, Wilhelm 229
Bush, George 279

Callum 274
Carmen 283
Carolina 152, 377
Caroline 28, 137, 152 ff., 159 f.

Caroline (Friederike Wilhelmine
  von Baden), Kurfürstin und
  Königin von Bayern 31, 66,
  137, 151 f., 154 f., 159 f., 167,
  203
Carstens, Karl 264
Céline 281
Chaim 34
Chaja 34
Chantal 281
Charlotte 178, 216
Christ, Lena 158
Christina 377
Cindy 279
Claire 281
Claudia 286
Cohn 357
Conrad, Michael Georg 107 f.
Cordelia 269
Cornelius, Carl Adolf 117, 122
Craig, Gordon A. 343

Dahrendorf, Ralf 362
Daisy 278
Dan 181, 289
Daniel 290
Danny 279
Dante 282
DDR-Namenskurzformen 307
Deborah 289
Debus, Friedhelm 362
Dembinsky (als Vorname) 15
Dennis 279
Deutsch-Französischer Krieg
  107 f., 121, 178, 184, 329 f.
deutsche Namen 172 f., 215 ff.,
  230, 242, 348
Deutscher Bund 40, 91, 146
Deutscher Zollverein 147
Deutsches Reich, Gründung
  121–124, 126 ff., 135, 365
Devrient, Eduard 138, 140
Devrient, Therese 140
Dhünen, Felix 233
Dierk 216
Dietbrand 239
Dietmar-Gerhard 237

Doenniges, Wilhelm von 63
Döllinger, Ignaz 128
Dominique 336
Donatus 269
Doppelnamen 237 f., 266, 295
Doreen 279
Dos Passos, John 248
Dov 34
Droste-Hülshoff, Annette von 40
Dulles, John Foster 275
Dutschke, Rudi 214
dynastische Namen 28, 32, 47, 56, 59–65, 69–129, 131 ff., 142, 151, 165 ff., 169, 171, 178 f., 193–202, 207, 264, 294, 341, 376, 386

Ebrulf 239
Edgar 179
Edith 179, 278
Edmund 179
Eduard 178
Edwin 179
Egmont 33
Ehud 34
Eisenhower, Dwight D. 275
Eleonore 179, 278
Elie 289
Elisabeth 216, 269, 377
Elsa 187, 287
Elvira 283
Emanuel 287
Emerentia 150
Emerenz 272
Emil 178
Emilia 178
englische Namen 177–180, 206, 210, 247 f., 256, 278 f., 284, 293, 340, 344 f.
– in der DDR 312 f.
Enzensberger, Hans Magnus 276
Erhard, Ludwig 264
Erich 187, 305
Erna 187
Ernestine 35, 164
Erster Weltkrieg 191 ff., 201, 242, 247–250, 252, 254, 256, 260 ff., 322 f., 325, 332, 348, 352
Ester (Esther) 34, 181, 220
Etienne 281
Eugenie 164
Euphemia 269
Eva 245, 290
Eva-Maria 238

Fahrenkrog, Rolf Ludwig 216, 230, 236, 238 f.
Faulkner, William 248
Ferdinand 59, 283
Fitzgerald, F. Scott 248
Florian 286
Fokka 273
Fontane, Theodor 47 ff., 147, 184 f., 197 f.
Framold 239
Franco, General 251 f., 283
Frankreich 47, 49–54, 65, 67 ff., 73, 81, 122, 177 ff., 248 f., 280, 329, 352
Franz 32, 150, 305, 377
Franz Josef 361
Franziska 377
Französische Revolution 39–44, 53, 60, 142 ff., 146, 149, 276, 346, 359
französische Namen 28, 33, 42, 49, 50–53, 69, 130, 142, 177 ff., 206, 210, 248 f., 256, 280, 282, 284, 287, 293, 296, 299, 340, 344, 389
– in der DDR 312 f.
Frauenvereinsbewegung 153
Freckenhorst 40, 50, 368
Frick, Wilhelm 217
Fried, Erich 277
Friederike 149, 377
Friedrich 47, 56, 130, 145, 176, 197–200, 207, 361, 377
Friedrich Barbarossa, römisch-deutscher Kaiser 199
Friedrich der Große, König in Preußen 197, 199 f.

Friedrich III., deutscher Kaiser und König von Preußen 199
Friedrich Wilhelm III., König von Preußen 45, 52
friesische Namen 273
Frisch, Max 275 f.
Fritz 199 f., 207, 221, 305, 361
Fulf 273

Gabriele 34
Gall, Lothar 116
Gallikanus 149
Gaskell, Elizabeth 15 f.
Gauck, Joachim 217
Gaulle, Charles de 280, 296
gebundene Namen *130*, 142
Geburtenstatistiken 368–374
Geibel, Emanuel 63
Geißer, Peter 361
Georg 377
Georgina 164
Gerhard 220
Gerhard, Jürgen 360
germanische Namen 33, 64, 151, 173 f., 176 ff., 201, 206, 209, 212, 218, 220, 238 f., 242, 266, 294, 298, 341, 345, 348, 350
– in der DDR 307 f.
germanisch-ideologische Namen 33, 174, 209, 240, 242, 245, 261, 266, 294, 335, 376, 387
germanisch-nordische Namen 341, 350, 353
Gertrud 176
Gildewin 173
Gina 282
Giotto 282
Gleitze, Bruno 359
Globke, Hans 215
Goebbels, Joseph 357
Gollwitzer, Heinz 84, 87, 92
Gorbatschow, Michail 311
Görres, Joseph 91, 141
Gotlinde 212
Gotthold Ephraim 33
Graf, Oskar Maria 87, 105, 320 f., 324, 329–332

Grass, Günter 270, 288, 303
Gret 307
Greven 40, 50, *368*
Griechen-Otto 110, 114 f.; siehe auch Otto, König von Griechenland
Griechenland 114 f.
Grotewohl, Otto 304
Guernica 251, 283
Guevara, Che 214, 276
Gumberta 212
Gundobrand 239
Gundomar 212, 239

Hackenbroch, Rolf 360
Hadubrand 239
Hadumar 239
Haffner, Sebastian 253
Halbe, Max 104
Hambacher Fest 147, 175 f.
Hans 187, 216, 268, 305
Harald 241
Harfst, Hubert 361
Hebbel, Friedrich 139, 141, 158
hebräisch-jüdische Namen 34, 181, 207, 210, 215 ff., 220, 236, 239, 243 ff., 249, 289 f., 297, 342, 353, 392
– in der DDR 315, *337*
Hege, Walter 233
Heiligennamen 15, 28 f., 31 f., 41 f., 44 f., 50, 56, *130*, *136*, 142–146, 167, 180, 244, 259, 260, 268 f., 287, 293, 295, 298, 335, 341, 344, 347 f., 358, 361, 366, 376, 385 ff.
– im Altmühltal 321 ff., 326 f., 338 f.
– in der DDR 306, 315
Heine, Heinrich 50, 93 f., 115
Heine, Thomas Theodor 192
Heinemann, Gustav 264
Heinrich 145, 176, 264, 268
Heinz 221
Hektor 287
Helena 149, 287
Helga 236, 241

Helmut 264, 331
Hemingway, Ernest 248
Henoch 181
Henriette 178
Henry 278 f.
Herder, Johann Gottfried von 172
Hermanfried 173
Hermann 225
Hermlin, Stephan 309
Herulf 218
Herwinde 218
Heß, Rudolf 247
Heuss, Theodor 264, 318
Heym, Stefan 316
Heyse, Paul 63, 139, 156, 158
Hildebrand 239
Hildebrand, Klaus 19
Hildegard 187
Hildemar 239
Himmler, Heinrich 258
Hindenburg (als Vorname) 214
Hindenburg, Paul von 221
Hitler, Adolf 12, 15, 212 ff., 220 f., 222–228, 238, 243, 246, 251 ff., 255, 258, 264, 365
Hitlerike (Hitlerine) 11, 213, 227
Ho Chi Minh 276
Hoffmann, Heinrich 196
Höfler, Constantin 84, 128
Horsa 230
Hörsch, Nicoline 20, 359
Horst 11 f., 14, 35, 208, 212, 218 ff., 228, 230–233, 236, 238, 265, 335
Horsta 11, 14–17
Hosea 214
Huchel, Peter 231
Humanismus 257
Hurter, Friedrich Emanuel 84
Huss, Elmar 361

Ignaz 150, 272
Ines 283
Ingeborg 241
innovative Namen 30 f., 41–44, 50, 54, 130, 137, 142, 146, 162, 167, 187, 204, 268, 269, 274, 295, 298, 307, 323, 340 f., 344, 346, 349
– im Altmühltal 324, 326 ff., 338 f.
– Statistiken 382–385
Isaak 34
Isabella 283
Isidor 357
Isolde 287
Italien 177, 179, 250 f., 282 f.
italienische Namen 177–180, 206, 210, 250, 256, 282 ff., 284, 293, 296, 299, 340, 344, 389
– in der DDR 313

Jäckel, Eberhard 187 f.
Jahn, Friedrich Ludwig 173
Jakob 34, 181, 244 f., 290
Jakobine 164
James 278
Jan 284
Jana 336
Janine 281
Jean Paul 153
Jean-Jacques 280
Jedlicka, Andrea 358
Jehoshua 245
Jemme 273
Jena 39, 47
Jennifer 278 f.
Jessica 278 f.
Jesus 245
Joël 281
Johann 187, 216, 268, 377
Johanna 218, 268, 305
John 278 f.
Johnny 212
Johnson, Uwe 270
Jonas 290
Jörg, Joseph Edmund 117, 123, 125
Joseph 28 f., 32, 149 f., 187, 218, 244, 269, 377
Josepha 272, 377
Josephe 53
Joshua (Josua) 181, 245
Juan 283
Judith 34
Julia 287

Julirevolution (1830) 91, 146, 327
Julius 170, 216
Justus 287
Kaisernamen 188 ff., 193 f., 196 f., 202, 248, 333
Karin 241
Karl 264, 268, 377
Karl Theodor, Kurfürst 60, *131* f.
Karl-Heinz 266
Kästner, Erich 219
katholische Vornamengebung 31 f., 46, 73, 88, 142, 145, 148, 258, 344, 346
- biblische Namen 180 ff., 207
- Bildungsnamen 168 ff., 174, 205
- deutsche Namen 173
- dynastische Namen 60 ff., 64 ff., 70–76, 78, 80 ff., 85 ff., 89 f., *132, 133*, 201 f., *341*
- englische Namen 179, 206, *340*
- französische Namen 69, 206, *340*
- germanische Namen 173 f., 176 f., 206, *341*, 350
- hebräisch-jüdische Namen 181, 207
- Heiligennamen *136*, 143 ff., *340*
- innovative Namen *137*, 146, *340* f.
- italienische Namen 178, 206, *340*
- Königinnennamen *137*, 153 ff., 203
- Königsnamen 93, 97 f., 100 ff., 104 ff., 109–115, 118, *132*, *134* f., *169*, 203
- movierte Namen 164 f., 204
- »Otto« 110–115, 118 f., 120–124, 126
- regional-bayerische Namen *137*, 174, *340*
- traditionelle Namen *136*, 143, *340, 376, 377* f.

Katholizismus 45, 53, 59, 90 ff., 125, 152, 156 f.

Kentharo 274
Kernstock, Ottokar 239
Kershaw, Ian 212
Kevin 279
Kiel 23, 232
Kiesinger, Kurt-Georg 264
Kilian 269
Klaus-Jürgen 266
Kleinteich, Bernd 23, 301, 366, *375, 384* f.
Klemperer, Victor 14, 237
Kleopha 170
Knut 215, 241
Koeppen, Wolfgang 275, 290
Kohl, Helmut 264, 278, 348
Kommunismus 23, 253 f.
Königgrätz 119
Königinnennamen 28, 60, 66, *137*, 151–156, 163, *203*, 359
Königsnamen 60, 65 f., 69, 73–115, 118, *130–136*, 163, 169, 179, 190, 195 f., 202, 203
Konrad 176, 197, 264, 331
Kossuth (als Vorname) 15
Krafto 173
Kraus, Karl 192
Kreszenz 150, 272
Kriemhild 308
Krispin 28
Kuntert, Günter 281
Kurt-Georg 264
Kurthan 274
Kurzmann, Franz 230

Laetitia 287
Lamartine (als Vorname) 15
Lamke 273
Lasaulx, Ernst von 85
lateinische Namen 34, 257, 285 ff., 292, 297, 391
- in der DDR 314, 337
Laura 170, 178
Lea 34, 289
Leander 287
Leanna 274
Leipzig 51
Lenin 253, 254

Leonhard 149
Leonie 281
Leonore 287
Leopoldine 164
Letzner, Andreas 361
Liberalismus 97, 100f., 117, 123, 126, 171, 172, 345
Liebhart, Wilhelm 96, 100
Liebig, Justus von 63
Lotte 33
Louis 281
Louise 28, 59, 178, 377
Lübke, Heinrich 264
Ludovika 164
Ludwig 28f., 60, 65, 70ff., 80ff., 85–89, 91ff., 97f., 104, 106–110, 123, 127f., 131, 132, 133, 134, 160ff., 191, 195f., 203, 207, 264, 330, 377
Ludwig, Kronprinz 70–73, 78ff., 82f., 159; *siehe auch* Ludwig I.
Ludwig I., König von Bayern 66, 83–90, 92ff., 99, 103, 112, 131f., 134, 146f., 151, 154, 160, 203, 318, 331
Ludwig II., König von Bayern 83, 85, 103–106, 108f., 125, 127f., 131f., 134, 320, 331
Ludwig III., König von Bayern 191
Ludwig IV., der Baier, römisch-deutscher Kaiser 111
Luisa (Luise) 178, 359
Luitpold, Prinzregent 83
Lukas 290
Luncke, Friedrich 220
Lunéville, Frieden von 73
Lutz, Joseph Freiherr von 125

Mackensen (als Vorname) 214
Madeleine 336
Magdalena 34, 145, 181, 245, 377
Mandy (Mendy) 307
Mann, Heinrich 188f., 194
Mann, Thomas 284
Mannheim 23
Manon 287
Manuel 289

Marco 282
Margaretha 377
Maria 28, 31, 145, 149, 187, 216, 218, 236, 244, 269, 271f., 305f., 323, 377
Marianne 280
Marie-Luise 238
Marie-Therese 238
Mario 282
Markus 181, 286
Martha 34, 181
Martin 323
Marvin 279
Marx, Karl 314
Masser, Achim 23
Mathilde 176
Maurice 281
Max 60, 65, 73, 75, 97, 101, 104, 132, 135, 160f., 169, 377
Maximilian 60, 65ff., 69f., 74–78, 80f., 85ff., 97–100, 102, 104f., 131ff., 134, 135, 169, 203, 330, 377
Maximilian I. Joseph, König von Bayern (als Maximilian IV. Joseph, Kurfürst von Bayern) 57, 65f., 69f., 73, 75–79, 81f., 85f., 103, 128, 131ff., 146, 151ff., 160f., 203
Maximilian II. Joseph, König von Bayern 63, 65f., 83, 85, 87, 90, 95f., 98ff., 105, 119, 128, 131f., 134, 141, 150, 168f., 331
Maximiliane 35
Mayer, Anton 120ff.
Mayer, Hans 328
Meinert 216
Melanie 281, 287
Menzel, Adolf 259
Merve 274
Michael 267
Michelangelo 282
Mike (Maik, Maic, Mayk, Meik, Myk) 307
Mirjam 181, 236, 244, 289
Mitterauer, Michael 21, 357f.

Modenamen 28 f., 269, 279, 286, 287, 350 ff.
Mommsen, Hans 217
Montez, Lola 83 ff., 87, 89, 92 f.
Montgelas, Maximilian Joseph Freiherr von 65 f., 69, 75–79, 81 f.
movierte Namen 11, 35, 164 f., 213, 393
Mühsam, Erich 194 f.
Müller, Heiner 317
Münsterland 39–54, 57
- Geburtenstatistik 368
Mussolini, Benito 225, 250 f.
Mutwine 239

Nadine (Nadyn) 281, 307
Nadja 284
Napoleon 40, 51 f., 67, 69, 71, 107, 172
Nastassja 284
Natascha 284
Nathan 33
Nationalismus 171–175, 177 f., 191, 345, 349 f.
Nationalsozialismus 11–15, 202, 211–259, 261, 263, 265, 308, 334 f., 346, 348
Naumann, Horst 23, 301
Neologismen 274, 295
Neues Testament 245
Neuss, Wolfgang 285
Nicole 280
Nipperdey, Thomas 167, 343
Nora 287
nordische Namen 33, 77, 209, 215, 218, 240 f., 242, 266 f., 294, 298, 349, 388
- in der DDR 308 f.

obrigkeitsorientierte Namen 116–128, 263 f., 330–333; *siehe auch* dynastische sowie Kaiser-, Königinnen- und Königsnamen
- in der DDR 302–305
Octavia 286

Ohler, Norbert 359
Okkel 273
Olaf 241
Oliver 279
Oskar 170
Ossian 33
Österreich 70, 95, 119, 250, 329
Oswinde 239
Oto 212
Ottheinrich (Otto Heinrich), Pfalzgraf 110
Ottilie 33
Otto 31, 110–128, 135, 304, 331, 333, 346, 366
Otto, Prinz von Bayern, später König von Griechenland 31, 112, 116, 135 f.
Otto I. von Wittelsbach, Herzog 111
Otto von Baiern, Pfalzgraf 111

Pablo 283
Pacifica 274
Pagona 274
Patriachalismus 164 f.
Patrick 278 f.
Paul 181, 200
Pauline 35, 164
Peggy 278
Peter 32, 216, 218, 305
Petronilla 269
Pfordten, Ludwig Freiherr von der 95, 97
Philippine 35
Picasso, Pablo 251
Picht, Georg 285
Pieck, Wilhelm 304 f.
Pierre 281
Pirmin 269
Pleschinksi, Hans 300, 312
Plessner, Helmut 346 f.
Pound, Ezra 248
Preußen-Otto 110, 116, 118
protestantische Namengebung 142, 346
- biblische Namen 207, 182

- Bildungsnamen 168f., 174, 205, 341
- deutsche Namen 173
- dynastische Namen 60ff., 64, 66, 70ff., 76–79, 82, 87, 89f., 131ff., 169, 341
- englische Namen 179, 340
- französische Namen 179, 340
- germanische Namen 173f., 176f., 206, 341, 350
- hebräisch-jüdische Namen 181, 207
- Heiligennamen 136, 144f., 340
- innovative Namen 137, 340f.
- italienische Namen 179, 340
- Königinnennamen 137, 155f.
- Königsnamen 91, 97–106, 110f., 114f., 131f., 135
- movierte Namen 165
- »Otto« 110f., 114f., 118f., 122ff., 135
- regional-bayerische Namen 137, 340
- südwestorientierte Namen 177f.
- traditionelle Namen 136, 144f., 340, 376, 377
Protestantismus 45f., 59, 63, 91, 92, 151f., 168
Pulvermacher, Nathan 361

Räder, Gustav Adolf 141
Ragnar 241
Ragnhild 215, 241
Rahel 181, 289
Rall, Hans 119f., 122, 124
Ramon 283
Ranke, Leopold von 96
Reagan, Ronald 278
Regina 286
regional-bayerische Namen 35, 137, 150, 162, 174, 178, 272f., 293, 295, 340, 342, 344, 392
religiöse Namen 15, 21, 28, 31, 41, 43, 46, 54, 272, 326, 385ff.; *siehe auch* biblische Namen, hebräisch-jüdische Namen

Religiosität 245f., 268ff., 272, 287, 314f., 319f., 326, 335
Renate 286
Revolution (1848) 87, 93, 131, 144, 146, 327, 331, 364
Rheinbund 54
Richard 179, 264, 278
Richtrude 173, 239
Riehl, Wilhelm Heinrich 16, 141, 146, 150f.
Ringelnatz, Joachim 201f.
Robindro 274
Ronald 278
Rosa 178, 282
Rosalia 178, 282
Rosina 178, 377
Rößler, Constantin 117, 122
Ruben 289
Rudolf 59
Ruland, Anton 125f.
russische Namen 33, 253–256, 284, 292f., 296, 299, 342, 390
- in der DDR 310f.
Rußland 67ff., 177, 255, 326, 352; *siehe auch* Sowjetunion
Ruth 181

Säkularisierung 44f., 53, 73f., 79f., 142–145, 150, 167, 180, 182, 260, 269f., 320, 344, 347f.
Samuel 181, 289
Sara (Sarah) 34, 181, 217, 289
Sascha 284
Scheel, Walter 264, 267, 284
Scheidt, Wilhelm 255
Schmeller, Johann Andreas 89
Schmidt, Helmut 264
Schmidtbauer, Peter 164f.
Schnabel, Franz 90
Schott, Sigmund 361
Schubart, Christian Friedrich 141, 146
Schubert, Gotthilf Heinrich 138
Seibert, Winfried 220
Selina 279
Selma 287

Sendenhorst 40, 50, 368
Separatismus, bayerischer 150
Shulamit 289
Sidney 279
Siebenpfeiffer, Philipp Jakob 175
Siegfried 226, 290, 302, 308
Siemen 273
Sigrun 212
Simon 181, 244 f., 290
Sing, Achim 96
slawische Namen 33, 177, 254 ff., 284, 292, 299, 342, 390
– in der DDR 310 f.
Smetana, Friedrich 107
Sophie (Sophia) 59, 216, 377
Sowjetunion 309
Sozialismus 314 ff., 352
Spanien 283
spanische Namen 210, 252, 256, 284, 293, 296, 299, 389 f.
– in der DDR 313
Stalin, Jossif W. 222, 254 f., 302, 309 ff.
Stalina 213
Stalingrad 242, 252
Stefanie 281
Stein, Freiherr vom 67
Stella 33
Steve (Stiev, Stief, Stev) 307
Steven 279
Stichart, Franz Otto 173
stigmatisierte Namen 163
Strauß, Franz Josef 286
Stresemann, Gustav 249
Stuttgart 23
Suanhilde 173
südwestorientierte Namen 177–180, 342, 344
Sundwin 212, 218
Susan 278
Susanne 34
Sven 215, 241
Sybel, Heinrich von 95, 102, 169

Tanja 284
Tankmut 212
Tanno 273
Tassilo 287
Teoman 274
Teutoburger Wald, Schlacht 225
Thaddäus 269
Thatcher, Margaret 279
Theodor 264
Therese (Theresia, Theresa, Theres) 72, *137*, 159–162, 377
Therese von Sachsen-Hiltburghausen, Prinzessin, später Königin von Bayern 71, 112, *137*, 151, 159, 161 f., 167, 203
Theresienmonument 112
Theresienwiese 72
Thoma, Ludwig 191
Thomas 181, 245
Thrasolde 239
Thun-Hohenstein, Graf Friedrich von 168
Timotheus 269
Tirpitz, Alfred von 247
Tizia 286
Tobias 290
Tom 279
traditionelle Namen 15, 30 f., 41, 136, 143–146, 162 f., 223, 259 f., 267 f., 293, 295, 298, 340, 344, 347, 366, 376, *377* f.
– im Altmühltal 321 ff., 325 ff., 338 f.
– in der DDR 305
Trynke 273

Ulbricht, Walter 302 ff.
Ulrich 237
Ultramontane 92
Upke 273
Uta (Utta, Utha, Utah) 28, 35, 208, 212, 218 f., 233 f., 235 ff., 240, 242, 335, 366
Uta von Naumburg 233 f., 240
Uwe 216

Vanessa 279
Veronika 181
Viehbeck, Friedrich Wilhelm 173
Vietnamkrieg 276 ff.

Vitus 286
Volprecht 212
Vornamengebung bei ehelichen Kindern 203 ff.
Vornamengebung bei nichtehelichen Kindern 156, 158
- Bildungsnamen 170f., 205
- Heiligennamen 162
- innovative Namen 162
- Königinnennamen 159f., 162f., 179, 203
- Königsnamen 160-163, 179, 203
- movierte Namen 165f., 204
- regional-bayerische Namen 162
- stigmatisierte Namen 163
- traditionelle Namen 162
Vornamengebung, bildungsbürgerliche 58, 142, 258, 346, 351, 362
- Bildungsnamen 205
- dynastische Namen 61–64, 73ff., 78f., 81f., 88–91, 131, 133
- englische Namen 178f., 246f.
- französische Namen 178f.
- germanische Namen 176, 206
- in der DDR 313f.
- innovative Namen 149
- Königinnennamen 154
- Königsnamen 91ff., 100–103, 106, 109, 111, 113f., 127, 131, 134f.
- lateinische Namen 285f.
- movierte Namen 165, 204
- »Otto« 120f., 123, 127, 135f.
Vornamengebung in handwerklich-gewerblichen Schichten (= traditionelles Bürgertum) 58, 142, 246f., 362
- Bildungsnamen 170f., 205
- dynastische Namen 61f., 73f., 76, 78, 80ff., 87–90, 131, 133

- germanische Namen 174, 176, 206
- innovative Namen 137, 148f.
- Königinnennamen 154
- Königsnamen 98f., 102, 106, 109f., 113, 131, 134f.
- movierte Namen 165, 204
- »Otto« 111, 123f., 127, 135f.
Vornamengebung in unterbürgerlichen Schichten 58, 82, 142, 346
- Bildungsnamen 170f., 205
- dynastische Namen 61f., 73–78, 80f., 88, 131, 133
- englische Namen 179
- germanische Namen 174, 176, 206
- innovative Namen 137, 149
- italienische Namen 178
- Königinnennamen 154f.
- Königsnamen 92, 97f., 106, 109f., 113, 128, 134f.
- movierte Namen 165, 204
- »Otto« 113, 121, 126, 128, 135
Vornamenstatistiken 377–393

Walburga 150, 176
Walter 187, 264, 302, 304
Waltrada 218
Wartburger Fest 175
Wedekind, Frank 192
Wehler, Hans-Ulrich 18f., 343
Weimarer Republik 201, 248, 251, 256, 259
Weinert, Erich 221
Weitman, Sasha 21f.
Weizsäcker, Richard von 264, 312
Weltwirtschaftskrise 249
Wendelin 269
Werner 237
Wessel, Horst 11, 208, 229f., 232
Wiarda, Tilemann Dothias 173
Wiebke 216
Wiedervereinigung 23, 312

Wigbrand 239
Wigmar 239
Wilhelm 47, 56, 59, *130*, 145, 184, 189ff., 193, 196, 200f., 207, 248, 304, 333, 361, 377
Wilhelm I., König von Preußen und deutscher Kaiser 109, 188
Wilhelm II., König von Preußen und deutscher Kaiser 12, 184, 186, 188, 190f., 192f., 247, 332
Wilhelmine 35, 59, 164
Willi (Willy) 189ff., 207, 264, 304, 361
Wimschneider, Anna 334ff.
Wobke 273
Wolf, Christa 316
Wolf-Dieter 266

Wolfgang 220
Wolfgang Amadeus 33
Wunibald 269
Wunigard 239

Xaver 150, 272

Yannick 31
Yvonne 281

Zentrumspartei *siehe* Bayerische Patriotenpartei
zionistisch-israelische Namen 21f.; *siehe auch* hebräisch-jüdische Namen
Zitelmann, Rainer 255
Zweiter Weltkrieg 202, 247, 252, 257ff., 286, 325, 352

Rechtenachweis

Alfred Andersch: Der Vater eines Mörders. Zürich 1980. Mit freundlicher Genehmigung der Diogenes Verlag AG, Zürich. – *Johannes R. Becher:* »Für Walter Ulbricht«. In *Der gespaltene Dichter. [...] Gedichte, Briefe, Dokumente 1945 bis 1958* und weitere Zitate aus o.a. Werk. Berlin, Aufbau-Verlag 1991. Mit freundlicher Genehmigung der Aufbau Taschenbuch Verlag GmbH, Berlin. – *Johannes R. Becher:* »Hitlers kleine Friedens-Chronik oder Wofür Hitler Krieg führt«. In *Gesammelte Werke, Bd. 5.* Berlin und Weimar, Aufbau-Verlag 1967. Mit freundlicher Genehmigung des Aufbau-Verlags, Berlin. – *Wolf Biermann:* »Warte nicht auf bessre Zeiten«. In *Alle Lieder.* Köln 1991. Mit freundlicher Genehmigung des Verlags Kiepenheuer & Witsch, Köln. – *Bertolt Brecht: Schweyk im zweiten Weltkrieg.* Frankfurt am Main 1962. Mit freundlicher Genehmigung des Suhrkamp Verlags, Frankfurt am Main. – *Hans Magnus Enzensberger:* »E.G. de la S. (1928–1967)«. In *Mausoleum.* Frankfurt am Main 1975. Mit freundlicher Genehmigung des Suhrkamp Verlags, Frankfurt am Main. – *Erich Fried:* »Verhinderter Liebesdienst«. In *und Vietnam und. Einundvierzig Gedichte.* Berlin 1966. Mit freundlicher Genehmigung des Verlags Klaus Wagenbach, Berlin. – *Oskar Maria Graf: Das Leben meiner Mutter.* München 1994. Mit freundlicher Genehmigung des Paul List Verlags, München. – *Günter Grass: Die Blechtrommel.* Werkausgabe Band 3. Göttingen 1997. Mit freundlicher Genehmigung des Steidl Verlags, Göttingen. – *Günter Grass:* »Gesamtdeutscher März«. In *Werkausgabe Band 1 (Gedichte und Kurzprosa).* Göttingen 1997. Mit freundlicher Genehmigung des Steidl Verlags, Göttingen. – *Stefan Heym:* »Mein Richard«. In *Die richtige Einstellung und andere Erzählungen.* München 1976. Mit freundlicher Genehmigung des C. Bertelsmann Verlags in der Verlagsgruppe Bertelsmann GmbH, München. – *Wolfgang Koeppen: Tauben im Gras.* Frankfurt am Main 1980. Mit freundlicher Genehmigung des Suhrkamp Verlags, Frankfurt am Main. – *Karl Kraus: Die letzten Tage der Menschheit.* Frankfurt am Main 1986. Mit freundlicher Genehmigung des Suhrkamp Verlags, Frankfurt am Main. – *Günter Kunert:* »Als ich ein Baum war.« In *Das kreuzbrave Liederbuch.* Berlin, Aufbau-Verlag 1961. Mit freundlicher Genehmigung des Autors. – *Heinrich Mann: Der Untertan.* Berlin und Weimar, Aufbau-Verlag 1965. Mit freundlicher Genehmigung der S. Fischer Verlag GmbH, Frankfurt am Main 1995.– *Anton Mayer: Dortmals. Ein Leben in Bayern vor hundert Jahren.* Hg. v. Carl Amery. München, Kurt Desch Verlag 1975. Mit freundlicher Genehmigung des Herausgebers. – *Erich Mühsam:* »Der Revoluzzer. Der deutschen Sozialdemokratie gewidmet«. In *Gedichte,* hg. v. Günther Emig. Berlin 1983. Mit freundlicher Genehmigung der Erich Mühsam Gesellschaft. – *Hans Pleschinski: Ostsucht. Eine Jugend im deutsch-deutschen Grenzland.* München 1993. Mit freundlicher Genehmigung der C.H. Beck'schen Verlagsbuchhandlung, München. – *Joachim Ringelnatz:* »Umzug aus Berlin«. In *Das Gesamtwerk in sieben Bänden.* Zürich 1994. Mit freundlicher Genehmigung der Diogenes Verlag AG, Zürich. – *Erich Weinert:* »Dicht am Nationalhelden vorbei«. In *Gesammelte Gedichte,* Berlin und Weimar, Aufbau-Verlag 1970. Mit freundlicher Genehmigung des Aufbau-Verlags, Berlin. – *Anna Wimschneider: Herbstmilch. Lebenserinnerungen einer Bäuerin.* München 1984. Mit freundlicher Genehmigung der Piper Verlag GmbH, München.